KB108101

김대중 시대의 민주주의와 인권

Democracy and Human Rights in the Kim Dae-jung Era

김대중 시대의 민주주의와 인권

제1판 1쇄 인쇄 2024. 6. 1.
제1판 1쇄 발행 2024. 6. 10.

발　　간　김대중평화회의, 김대중학술원
기　　획　백학순
책임편집　신진욱
지 은 이　한홍구, 김동춘, 강우진, 신진욱, 한상희, 하네스 모슬러
펴 낸 이　김경희
펴 낸 곳　(주)지식산업사
　　　　　본사•10881, 경기도 파주시 광인사길 53
　　　　　전화 (031)955-4226-7 팩스 (031)955-4228
　　　　　서울사무소•03044, 서울특별시 종로구 자하문로6길 18-7
　　　　　전화 (02)734-1978 팩스 (02)720-7900
　　　　　한글문패　　지식산업사
　　　　　영문문패　　www.jisik.co.kr
　　　　　전자우편　　jsp@jisik.co.kr
　　　　　등록번호　　1-363
　　　　　등록날짜　　1969. 5. 8.

책값은 뒤표지에 있습니다.

ⓒ 한홍구, 김동춘, 강우진, 신진욱, 한상희, 하네스 모슬러 지음, 2024

ISBN 978-89-423-9128-8　(93990)

이 책을 읽고 저자에게 문의하고자 하는 이는
지식산업사 전자우편으로 연락 바랍니다.

김대중 시대의 민주주의와 인권

신진욱 책임편집

한홍구, 김동춘, 강우진, 신진욱, 한상희, 하네스 모슬러 지음

기획의 말씀

백학순 (김대중학술원 원장)

올 2024년 김대중 대통령 탄생 100주년을 맞아 김대중연구서《김대중 시대의 민주주의와 인권》을 출간한다. '김대중평화회의 연구' 시리즈 기획자로서 가슴 설렘과 기쁜 마음을 독자들과 함께하고 싶다.

김대중 대통령은 여느 정치인과 달리, 자신의 철학과 사상을 세우고 그것을 정책으로 실천한 '사상가 지도자'였다.[1]

본 연구서는 김대중 대통령이 평생 이루고자 했던 민주주의, 인권, 평화[2]에 대한 철학과 사상, 정책, 업적, 헌신을 학문적인 관점에서 정리하고 평가한 것이다. 구체적으로, 본 연구서는 김대중 정부 시기의 민주주의, 인권, 시민사회와 거버넌스 변화에 초점을 맞추어, 1987년 민주화 이후 정치사회 발전의 특성과 그 현재적, 실천적 함의를 살펴보고 있다.

---

[1] 참고로, '사상가 김대중'에 대한 연구서로서 황태연 책임편집, 《사상가 김대중: 그의 철학과 사상》(서울: 지식산업사, 2024) ('김대중평화회의 연구 1')이 있다.

[2] 본 연구서에서는 '평화'를 '민주주의'와 '인권'처럼 하나의 독립된 장, 절로 다루고 있지는 않다. 그러나 '평화'는 '민주주의'와 '인권'과 불가분의 가치로서 상호영향을 미치는 관계에 있다. 우리는 민주주의, 인권, 용서와 화해를 통해 평화를 얻게 된다. 또 평화는 민주주의, 인권의 실현에 영향을 미친다. 한편, 평화는 국내적으로 누리는 평화와 더불어 민족화해, 종전, 평화체제 수립을 통한 한반도 평화, 국제 평화, '코스모 민주주의'에 의한 자연과 인간의 평화 등 여러 범위를 생각할 수 있다.

　김대중 대통령의 정치 역정은 대한민국 현대사, 특히 대한민국 민주주의와 인권, 평화의 역사라고 할 수 있다. 민주주의, 인권, 평화를 위해 김대중 대통령은 목숨까지 바칠 각오로 투쟁하는 중에 다섯 번의 죽을 고비를 겪고, 6년간 감옥 생활을 하고, 40여 년간 망명, 연금, 감시를 당하였다. 그러나 그는 '행동하는 양심'으로서 한 번도 좌절하거나 불의한 세력과 타협하지 않고 끝까지 역사와 국민을 믿었다. 마침내 1997년 제15대 대통령 선거에서 승리함으로써 1948년 대한민국 정부수립 이후 50년 만에 처음으로 민주적, 수평적, 평화적 정권교체를 이뤄냈고, 집권하여 자신의 민주주의, 인권, 평화에 대한 철학과 사상을 정책으로 실천해냈다. 이로써 대한민국의 민주주의, 인권, 평화는 김대중 대통령 '이전'과 '이후'로 나뉘었다.[3]

　여기서 강조할 것은 김대중 대통령의 민주주의, 인권, 평화는 이념이나 학술적 개념이 아니라 목숨을 건 실사구시의 실재였고, 또 김대중 대통령의 민주주의, 인권, 평화는 과거와의 투쟁이 아니라 대한민국이 미래로 나아가는 민주주의, 인권, 평화였다는 점이다.[4]

　이러한 '실사구시'와 '미래' 지향성, 그리고 '실천'은 김대중 대통령의 모든 정책분야에서 나타나는 특징이었다.

　본 연구서의 책임편집을 맡은 신진욱 교수님이 '책머리에'에서 밝히고 있듯이, 김대중 대통령이 일생 동안 주장해 온 민주주의는 자유민주주의, 의회민주주의, 참여민주주의, 사회민주주의를 포함한 다양한 정치이념으로 채워진 민주주의였다. 또 김대중 대통령은 '자연의 생명붙이에도 생명권이 존중되어야 한다'는 자연과 평화·상생하는 '코스모 민주주의'를 주창했다. 따라서 김대중 대통령 시기에 대

---

3) 김성재, "김대중 대통령의 민주주의, 인권, 평화", 김대중정치학교 제5기 교육과정 강의, 2023년 9월 21일, 대한민국 국회 국회의원회관 2층 제1 소회의실.
4) 김성재, "김대중 대통령의 민주주의, 인권, 평화".

한민국 민주주의는 전대미문의 폭과 깊이를 경험했다.

또한 김대중 대통령 재임 기간에 정부정책, 제도, 정당정치, 시민사회에서 일어난 변화들은 '민주화 이후 한국사회'의 여러 특성과 그것이 형성된 과정을 그 원형原型의 모습으로 보여주면서 향후 한국 민주주의 발전에 심오한 영향을 미쳤다.

본 연구서가 김대중 시대의 민주주의와 인권에 대해 갖고 있는 독자들의 궁금증에 대해 충분히 만족스러운 답을 주지 못할 수도 있고, 심지어 선뜻 동의하기 어려운 부분이 있을지도 모른다. 집필자들마다 생각이 다를 수 있기 때문이다. 그럼에도 불구하고 본 연구서는 김대중 대통령과 김대중 시대의 민주주의와 인권의 전체적인 모습을 보여주기 위한 본격적인 학문적·체계적 시도이며, 김대중 시대의 민주주의와 인권의 연구에 대한 큰 기여임은 말할 것도 없다.

본 연구서는 많은 분의 참여와 수고로 이뤄졌다. 무엇보다도 책임편집을 맡아주신 신진욱 교수님(중앙대 사회학과)과 집필자로 참여한 한홍구(성공회대 열림교양대학), 김동춘(성공회대 사회과학부), 강우진(경북대 정치외교학과), 신진욱(중앙대 사회학과), 한상희(건국대 법학전문대학원), 하네스 모슬러(독일 뒤스부르크-에센대 정치학과: Hannes Mosler, University of Duisburg-Essen) 교수님께 깊이 감사드린다.

본 연구서는 전라남도가 주최하고 김대중평화센터가 주관한 김대중평화회의의 지원 덕분에 기획·연구·출판이 가능했다. 2021년에 김대중평화회의를 창립한 김영록 전라남도 지사님과 김대중평화센터 김홍업 이사장님, 김성재 상임이사님에게 특별한 감사를 드린다. 2023년 김대중평화회의에는 전라남도 외에 목포시, 신안군이 함께 힘을 합했다. 박홍률 목포시장님, 박우량 신안군수님께도 특별한 감사를 드린다. 전라남도 의회, 목포시 의회, 신안군 의회에게도 마찬가지로 감사드린다. 김대중평화회의의 성공을 위해 애쓰신 김대중평화회의 조직위원회와 집행위원회 여러분, 전라남도, 목포시, 신안군 관계자 여러분, 김대중평화센터 박한수 기획실장님과 직원 여러분, 김대중학술원의 조은영(서울대 정치외교학부 박사과정)과 이민정(서울대 정치외교학부 박사과정) 조교 연구원들에게도 깊이 감사드린다.

마지막으로, 본 연구서의 출판을 맡아주신 지식산업사의 김경희 사장님, 문영준 국장님, 권민서 편집자님께 깊은 고마움을 표한다.

2024년 5월

김대중학술원 원장
김대중평화회의 집행위원장
백학순 지識

책머리에

책임편집자 신진욱 (중앙대학교 교수)

김대중평화회의와 김대중학술원이 '김대중평화회의 연구' 시리즈 두 번째 책으로 발간하는 《김대중 시대의 민주주의와 인권》은 김대중 정부 시기의 민주주의, 인권, 시민사회와 거버넌스 변화에 초점을 맞추어, 1987년 민주화 이후 정치사회 발전의 특성과 그 현재적 함의를 고찰한다. 책을 여는 첫 번째 글은 김대중 전 대통령의 당선 이전까지 40여 년 간의 정치인으로서의 일생을 따라가면서, 우리나라에서 독재의 실상과 민주주의, 자유, 인권을 향한 수많은 사람의 희생과 헌신을 기록하였다. 그 뒤에 실린 다섯 편의 글은 1987년 민주화 이후의 정치사회적 상황을 배경으로 하여 특히 김대중 정부 때인 1998-2003년 시기에 정치와 정책, 제도의 변화와 그것의 의미를 고찰하였다. 오늘날 민주주의와 자유, 인권이 퇴보하고 정치에 대한 국민들의 신뢰와 기대가 무너지고 있는 현실에서, 김대중 전 대통령의 평생에 걸친 민주화 투쟁을 돌아보고 87년 독재 종식 이후 민주주의와 인권, 시민사회가 가장 크게 발전했던 시기를 재조명하면서 우리가 수호할 가치와 미래의 목표를 숙고하는 것은 큰 실천적 의미가 있을 것이다.

김대중 전 대통령은 정치인의 삶을 살면서 자신의 철학과 사상을 체계적으로 정립해간 드문 인물로 알려져 있는데, 특히 '민주주의'는 그가 목숨보다도 중하게 여긴 가치이자 신념이었다는 것이 그의 수많은 연설과 옥중서신에서 확인된다. 그 유명한 1971년 장충단공원 유세에서 47세의 신민당 대통령 후보 김대중은 100만 군중 앞에서 박정희 당시 대통령의 3선 개헌 시도를 막지 못한다면 "영구집권의 총통시대가 열릴 것"이라고 경고하면서, 민주주의를 위해 자신의 "정치적 생명 뿐 아니라 육체적 생명까지 바쳐서라도, 의정단상에서 내 목숨을 바치면서 싸울 거란 걸 여러분 앞에 맹서"한다고 외쳤다. 그의 예언대로 다음 해인 1972년에 박정희는 '유신維新'을 내걸고 1인 독재 체제를 수립하였고, 김대중은 그 후 수차례 납치, 고문, 테러, 사형선고로 '육체적 생명'을 잃을 뻔했지만, 신앙에 기대어 두려움을 이겨내고 민주주의를 향한 투쟁을 계속하였다.

그가 일생 동안 주창해 온 민주주의는 자유민주주의, 의회민주주의, 참여민주주의, 사회민주주의를 포함한 다양한 정치이념으로 채워져 있다. 자유민주주의자로서 그는 민주주의가 보편적 인권과 시민들의 포괄적 자유에 기초해야 하며, 민주주의의 정치적 자유와 시장경제의 경제적 자유가 함께 발전해야 정치와 경제 모두 번영할 수 있다는 신념을 갖고 있었다. 의회민주주의자로서 그는 민주주의와 인권에 대한 동의가 전제되는 한 누구와도 대화할 수 있어야 한다는 태도를 견지하였고, 정치는 절대적 진리의 추구가 아니라 현실에 발딛고 협상하면서 함께 사회를 발전시켜가는 일이라고 믿었다. 참여민주주의자로서 그는, 1982년 옥중서신에 썼듯이, "민주주의의 핵심은 'by the people'"이며, "국민의 충분히 자유로운 참여 없이는 아무리 국민의 이익을 도모한다 하더라도 민주주의는 아니"라는 민주주의관을 갖고 있었다. 또한 사회민주주의자로서 그는 일찍이 1960년대부터 최저임금, 조세개혁, 재벌규제, 무상교육, 공공의료,

대중참여경제 등 진보적 의제들을 표방해왔다. 이처럼 정치인 김대중에게 '민주주의'는 많은 것을 의미했기 때문에, 그의 대통령 당선은 한국 민주주의 발전에서 커다란 사건이었다.

하지만 이 책의 저자들은 김대중이라는 인물을 조명하는 것보다는 민주화운동과 김대중 정부의 성취와 한계를 엄밀히 연구하고 그 역사적 의미와 현재적 함의를 성찰하는 데 집중했다. 김대중 정부의 출범은 1987년에 독재가 종식된 이후에 처음으로 민주화운동 세력이 주축이 되어 선거를 통한 평화적 정권교체를 이룬 역사적 사건이었다. 나아가 김대중 대통령의 재임기간 동안에 정부 정책과 제도, 정당정치와 시민사회에 일어난 변화들은 단지 김대중 정부에만 국한된 사건이 아니라, 현재까지 지속되고 있는 '민주화 이후 한국사회'의 여러 특성과 그것이 형성된 과정을 그 원형原型의 모습으로 보여준다는 점에서 특별한 중요성을 갖고 있다.

김대중 정부 시기는 정치와 사회의 양 측면에서 민주화의 에너지가 생동하고 있던 때였기 때문에, 그 후 한국사회의 긴 미래를 규정할 여러 제도개혁이 이때 이뤄질 수 있었다. 대통령 김대중은 독재정권에 의해 여러 차례 죽음의 위기를 맞으면서도 수십 년간 민주주의, 인권, 경제정의, 평화, 평등과 같은 가치를 추구해온 정치인이었기 때문에, 집권 후에 정치와 제도, 사회를 개혁하려는 강한 의지를 갖고 있었다. 또한 이 시기의 시민사회 개혁 세력들은 강력한 조직과 연대 네트워크, 높은 사회적 신뢰를 가지고 있었기 때문에, 대통령과 청와대, 정부, 국회, 정당들과 비판적 협력관계를 맺으면서 제도개혁의 비전과 내용을 제공할 수 있었다.

하지만 김대중 정부는 또한 여러 제약 조건들에 둘러싸여 있었고, 내재적 문제들과 개혁의지의 한계를 노정하기도 했다. 무엇보다 김대중 후보의 대통령 당선은 한국전쟁 이후 최대의 국가적 환난으로 불린 1997년 외환위기의 한 가운데서 일어났기 때문에, 국가부채와 기업들의 연쇄도산, 자영업자들의 파산, 대량실업, 비정규직 확대, 불평등의 심화, 빈곤, 고립, 자살과 같은 수많은 사회경제적 위기들이 민주주의 정치의 역량을 시험대에 올려놓았다. 이처럼 위중했던 시대상황은 복지확대나 재벌개혁 등 진보적 의제의 추진을 용이하게 해주기도 했지만, 고용불안과 노동시장 양극화와 같이 지금까지 한국사회의 큰 문제가 되고 있는 사회구조와 제도들이 이 시기에 형성되기 시작한 것도 또한 사실이다.

그러므로 현재 시점에서 그와 같은 김대중 정부의 역사적 기여와 그 이면의 한계들을 학문적으로 정리하고 평가하는 일은, 정치인 김대중과 민주화 투쟁의 참여자들이 표방했던 민주주의와 인권, 평등, 평화의 이상에 한국사회가 한 걸음 더 가까이 다가가기 위한 변화의 과정에 밑거름이 될 것이다. 그러한 목적의식을 가지고 이 책의 집필에 참여한 여섯 명의 학자들은 역사학, 정치학, 사회학, 법학 등 다양한 학제의 관점에서 민주화운동의 역사와 민주화 이후의 민주주의, 김대중 정부 시기의 정당정치 및 시민사회의 제도화, 인권 제도의 발전과 자유권·사회권의 확대, 그리고 국제비교 관점에서 한국 민주주의의 현주소를 조명하였다. 독자들이 이 책을 개괄할 수 있도록 아래에서는 집필자들의 요약글에 기초하여 각 장의 주요 내용을 간단히 소개한다.

역사학자 한홍구가 집필한 **제Ⅰ장 '김대중과 한국민주화운동'**은 정치인 김대중의 전 생애를 따라가면서 한국에서의 독재 현실과 민주주의 쟁취의 역사를 심도 있게 서술한 글이다. 저자가 강조한 바와 같이 1960년대 이후 한국 정치사가 김대중을 빼놓고는 얘기할 수 없음에도 불구하고 정작 김대중의 정치활동에 대한 연대기적 서술은

자서전과 연보 등을 제외하면 거의 없으므로 이 글에 특별히 많은
지면이 할애되었다. 이 글은 '야당의 신예 김대중(1945-1971)'의 이
야기에서 출발하여 '1971년 대통령선거와 김대중(1971-1973)', '인
고의 시절: 납치사건에서 내란음모까지(1973-1982)', '국외에서 국내
로, 장외에서 장내로(1982-1987)', '야당총재 김대중(1987-1997)'으
로 이어지는 소절들에서 그러한 공백을 메우는 의미 깊은 학문적 기
여를 하고 있다.

한홍구에 의하면 젊은 정치인 김대중은 천신만고 끝에 의회에 진
출한 뒤에 '야당의 입'으로 주목을 끌었으며, 1967년 6·8 부정선거
에서는 박정희가 직접 나선 정권 차원에서의 낙선 공작을 이겨내고
당선되어 야당의 기대주로 부상했다. 1971년 대통령 선거 후보 경선
에서 예상을 깨고 대통령 후보로 선출된 김대중은 참신한 공약을 내
세우며 신민당을 정책정당으로 탈바꿈시키기 위해 노력했다. 박정희
'유신' 후에 일본에 망명해 있던 중에 일어난 '김대중 납치사건'으로
국내로 강제 귀국하게 된 그는, 이후 박정희·전두환 정권의 박해
속에서 재야민주화운동 세력과 깊은 관계를 맺으며 상호영향을 주고
받았다. 미국 망명 중에 1985년 2.12총선을 앞두고 귀국한 김대중
은 김영삼과 손잡고 선거에서 돌풍을 일으켰다. 재건된 신민당은 재
야와 손잡고 치열한 개헌투쟁을 벌여 성과를 거두었지만, 급진적인
재야민주화운동 세력과의 관계 설정에 고심하기도 했다. 1987년 6
월 항쟁의 성과로 직선제 대통령선거가 실시되었을 때, 개헌투쟁 과
정에서 협력했던 김영삼과 김대중은 모두 선거에 출마하였고 민주진
영의 분열은 군사정권이 내세운 노태우의 당선을 가져왔다. 양 김의
분열에 힘입어 당선된 노태우는 여소야대 국면을 타개하기 위해 보
수대연합을 추진했는데, 그렇게 성사된 '3당합당'으로 김영삼은 민주
진영의 'PK(부산·경남) 세력'을 이끌고 군사정권과 야합함으로써 민

주정권의 성격은 크게 축소되고 호남이 고립되는 등 지역분열이 심화됐다. 김대중은 1992년 대통령선거에서 김영삼에 패배하여 정계에서 은퇴했지만, 1997년 외환위기 속에 치러진 대통령선거에서 역사상 최초로 수평적 정권교체에 성공했으며 민주진영이 배출한 세 명의 대통령 중 유일하게 정권재창출에 성공했다. 한홍구는 이 같은 김대중의 정치역정을 서술하면서 한국 정치의 굵직한 사건들과 그 배경의 맥락을 설명하고 있어서, 이 글은 한국현대정치사를 이해하는 데에도 많은 도움이 될 것이다.

제Ⅱ장 '민주화 이후 민주주의 발전과 한계'를 집필한 사회학자 김동춘은 김대중 대통령이 '민주화 이후'의 민주주의 정착을 위해 전방위적인 시도를 하여 일정한 성과를 거두었지만, 또한 다른 많은 점에서 미완에 그칠 수밖에 없었던 원인은 무엇이었는지를 고찰했다. 그는 무엇보다 김대중 정부가 호남과 일부 도시 중산층의 지지에 의존하는 것 이외에 다른 여러 사회집단의 동력을 이끌어 내기 어려웠다는 점을 강조하는데, 이것은 한국 정치가 대통령 1인의 리더십에 과도하게 의존하여 정당정치가 제도화되어 있지 않고 그 사회적 기반도 취약하기 때문이라고 해석하였다. 즉 시민사회의 밀도를 좌우하는 가장 중요한 부분인 지역사회의 시민조직이 취약하고, 노조 조직율도 낮고, 이들 세력이 풀뿌리 정치나 노동정치의 주체가 되지 못하기 때문이라는 것이다.

또한 김동춘은 김대중의 개혁자유주의 지향이 한국 분단 냉전 반공주의 정치지형에서는 분명히 '진보적인' 측면을 갖고 있지만, 신자유주의 세계화 이후 더욱 확대되는 불평등과 청년실업, 비정규직 문제, 부동산 등 자산의 양극화, 신빈곤 문제, 점증하는 환경 이슈 등에 대처하기에는 한계를 안고 있었다는 점을 지적한다. 그래서 그 이후까지 양극화와 민생위기의 심각성을 제대로 보지 못한 노무현 정부의 한계는 2007년 대선에서 '묻지 마 풍요', '묻지 마 성장'에 대한 열망으로 이어졌고 결국 이명박, 박근혜 두 정부가 이어졌다. 저자는 이 글에서 '민주화'를 정당정치 영역에서 선거에 따라 '교체되는 권력'과, 재벌·관료·법원 등 '교체되지 않는 권력'이라는 두 측면을 포괄하는 개념으로 정의하고, 독재 시대 반공자유주의의 유산과 신자유주의 세계화의 새로운 도전을 뚫고 어떻게 그러한 두 측면의 민주화를 함께 진전시킬 것인지를 제시한다.

제Ⅲ장은 '민주화 이후 정당정치의 발전과 과제'에 관하여, 정치학자 강우진이 김대중 정부 시기까지 민주당 계열 정당을 중심으로 연구한 결과를 담고 있다. 강우진은 민주화 이후 김대중 대통령의 '국민의 정부' 때까지 김대중이 이끌었던 민주당 계열의 정당들이 한국 현대 정치사에서 매우 중요한 위치를 차지한다고 평가한다. 국민의 정부의 등장으로 한국은 최초로 평화적 정권교체를 달성했고 국민회의와 자민련은 선거연합을 통해 집권에 성공하여 3년 반 동안 공동정부를 운영했는데, 저자에 따르면 이 사례는 다수제적 선거제도와 결합된 대통령제에서 찾기 어려운 사례로서 오직 한국에서만 있었던 경험이었다. 또한 2002년 제16대 대선에서 새천년민주당 후보 노무현의 당선으로 국민의 정부는 정권 재창출까지 성공했다.

그러나 저자는 민주당 계열정당을 이끌었던 김대중이 민주화 이후 본격화된 지역주의의 가장 큰 피해자였으면서, 또 다른 의미에서는 수혜자이기도 했다고 본다. 김대중은 이른바 동진으로 대표되는 다양한 전략을 활용하여 지역을 넘어서는 전국정당화를 시도했지만, 그가 이끌었던 민주당 계열정당은 지역정당 체제를 재편하는데 성공하지 못했다는 것이다. 또한 이 시기에 시민과 정당의 관계가 카리스마적인 연계를 벗어나지 못했다는 한계도 지적된다. 김대중의 카리스마적인 정치 리더십이 한국 민주주의의 결정적 국면에서 정치혁신가의 전형을 보여주었지만, 다른 한편으로 정당의 제도화가 지체되는 데에 기여했다. 강우진은 김대중이 이끌었던 민주당 계열정당 시기에 일어난 이 같은 복합적인 정치적 변화들이 이후 한국 민주주의와 정당정치의 궤적에 깊은 유산을 남겼음을 강조하면서, 이에 대한 성찰로부터 현재의 정치개혁을 위한 함의를 도출한다.

사회학자 신진욱은 **제Ⅳ장 '김대중 정부 시기의 시민사회 제도화와 참여민주주의'**에서 민주화 이후 2000년대 전반기까지 사회운동을 포함한 시민사회 활동들과 협력적 거버넌스의 제도화를 다양한 각도에서 조명하고, 그것의 긍정적인 역사적 의의와 더불어 거기에 잠재되어 있던 문제들을 고찰했다. 한국에서는 독재 시대 동안 가혹한 국가폭력과 억압 속에서도 민주화운동을 중심으로 하는 저항적 시민사회가 발전했는데, 민주화 이후에는 개선된 정치환경에서 자율적 시민사회가 만개하기 시작했고 경제정의, 정치개혁, 노동, 여성, 환경 등 다양한 의제 부문에서 단체들이 발전했다. 특히 김대중 정부 시기에는 사회운동의 조직적 체계화와 연대 네트워크의 형성, 시민사회의 정치개혁 운동, 정책과정 참여와 복지·환경·여성 등 의제 부문에서 제도개혁의 성과, 노사정위원회와 같은 협력적 거버넌스 기구의 설립, 시민사회단체에 대한 공공지원의 제도화 등, 여러 측면에서 구조와 행위의 패러다임 전환이 일어났고, 이때 형성된 시민사회의 이념과 구조는 큰 틀에서 지금까지 이어지고 있다.

하지만 김대중 정부 당시의 시민사회 제도화와 거버넌스 혁신에는 내외적 원인으로 인한 많은 한계가 있었을 뿐 아니라, 성공적인 제도화에 수반되는 역설적 문제들도 나타나기 시작했는데 이 같은 부정적 측면들은 김대중 정부 이후에 점점 더 분명히 모습을 드러냈다. 대통령에 권력이 집중된 정치체제에서 시민사회의 정책적 영향력은 정치환경에 따라 흔들렸고, 노사정위원회에서 경제사회노동위원회까지 이어진 사회적 대화의 제도들은 성공적이지 못했으며, 시민사회단체들에 대한 공공의 지원은 종종 시민사회의 자율성과 활기를 약화시켰을 뿐 아니라 정권교체에 따라 제도환경이 극심하게 변하는 문제를 발생시켰다. 그러므로 김대중 정부 시기에 대한 연구는 민주화 이후 한국 시민사회와 거버넌스의 발전과 미완의 과제들을 성찰하고, 그 바탕 위에서 미래를 위한 대안들을 수립하는 데에 큰 의미를 갖는다.

인권법학자 한상희가 집필한 **제Ⅴ장은 '김대중 정부와 인권의 제도화'**이라는 주제를 다룬다. 저자는 최초로 인권의제를 정치의 중심에 자리하게 하였던 김대중 정부가 관료집단과 보수세력의 저항, 신자유주의를 내세운 시장의 압력 속에서도 인권의 보편성과 민주화의 달성이라는 정책의지를 놓치지 않았다고 평가하며, 여기에 최초의 실질적 정권교체라는 성취에 힘입은 시민사회의 인권운동이 또 다른 동력으로 작용하였다는 점도 함께 언급한다. 이 시기에 국가인권위원회의 설치를 비롯한 인권의 제도화, 사회권의 법제화, 여성인권 및 성평등 법제의 확보 등은 인권의 발전을 위한 중요한 기반을 마련하였다. 하지만 소수정부이기에 직면해야 했던 관료들과 보수세력의 저항, 신자유주의를 등에 업은 자본과 시장의 위세는 김대중 정부가 인권의 실질적 보장으로까지 나아감에 한계로 작용하였다는 점도 지적된다. 노동권이나 사회보장의 권리, 여성의 고용평등 등 인권의 실체적 측면에서는 주춤거릴 수밖에 없었던 점 등, 김대중 정부의 인권정책이 총론과 각론에서 다른 모습을 보였던 것은 그 같은 역학관계의 결과로 해석된다.

그런 한계에도 불구하고 한상희는 김대중 정부 시기에 인권의 일상화와 다양화가 이루어졌다는 점이 무엇보다 중요하다고 본다. 말하자면 다양한 일상의 권리로서 그 자체 목적이 된 인권의제들이 구성되고 또 확산되었는데, 스크린쿼터의 문제, 감시사회와 사생활보호의 문제, 소수자의 권리나 난민·이주민의 권리, 주민자치권 등이 그 대표적인 사례다. 뿐만 아니라 시민사회의 다양한 요구들이 평화, 환경, 여성, 나아가 소비자운동, 공익법운동 등의 인권의제로 집적되어 이후의 인권정치에 기반이 되는 틀이 마련되었고, 정보고속도로 사업에 의해 사이버공간을 통한 소통의 장이 열리고 이러한 매체혁명으로 인권 논의의 내용과 틀이 확대됐다. 그래서 한상희는 김대중 정부가 소수정부의 한계로 인해 인권의 구체화에 미흡하였지만 이후의 인권발전을 위한 기초를 굳건히 했으며, 인권이라는 명제는 완성태가 아니라 진행형이므로 김대중 정부의 인권정책은 아직도 형성중인 인권을 향한 인권정치의 장을 열어 놓았다고 평가한다.

끝으로 **제Ⅵ장**에서는 독일 뒤스부르크-에센 대학교의 정치학자이자 동아시아 연구의 전문가인 하네스 모슬러(Hannes B. Mosler) 교수가 **'바깥에서 본 민주화 이후의 한국 민주주의 현주소'**라는 제목의 글에서, 민주화 이후 한국 정치의 변화와 현재의 현황을 국제비교 관점에서 분석했다. 여기서 그는 한국의 민주주의 발전을 외부의 시각에서 평가하고, 그 바탕 위에서 현재 한국 정치 상황을 분석하여 향후 민주주의를 강화하기 위한 과제를 고찰했다. 그는 세계 민주주의 평가 지표들을 활용하여 한국 민주주의의 변화 과정을 분석했는데, 특히 김대중 대통령 시대부터 주요한 개혁 주제로 간주되어 왔으며 지금도 큰 중요성을 갖고 있는 시민사회와 정치제도 분야를 짚어보는 데에 초점을 맞추었다.

국제비교 분석 결과를 바탕으로 모슬러 교수는 한국이 민주화 이후에 '민주주의 후퇴' 현상을 막으며 국제적인 주목을 받았지만, 현재 정치상황은 민주주의의 질(quality)을 저하시키고 있다고 평가한다. 한국은 그동안 오랜 독재 지배 끝에 마치 "잿더미에서 피어난 불사조"와 같은 "민주주의 성공 이야기"를 보여주었지만, 지금은 시민사회의 측면에서는 정부가 보수단체에 대한 이념화된 지원에 경도되어 있고 정치제도의 측면에서도 개선되기보다는 거꾸로 가고 있다는 것이다. 이러한 현실을 타파하고 한국 민주주의를 다시금 발전시키기 위한 대안으로 그는, 한편으로 성숙한 민주시민사회를 위한 교육과 혁신을, 다른 한편으론 권력분산과 비례적 참여를 확대하는 정치제도 개혁을 촉구했다.

김대중 전 대통령은 퇴임 후에 자서전을 집필하면서 자신이 한평생 보고 겪은 이 나라의 정치사와 민중의 투쟁을 세밀히 기록하고자 심혈을 기울였으나 안타깝게도 출간을 보지 못하고 세상을 떠났다. 〈생의 끄트머리에서〉라는 제목으로 자서전에 실린 서문에서 그는 정치가 해야 하는 일이 무엇이며 그에게 정치는 과연 무엇이었는지를 이렇게 썼다.

> "나는 정치를 증오하거나 정치인을 폄훼하지 않았다. 정치인은 현실의 장에서 국민과 힘을 합쳐 국민을 괴롭히는 구조적인 악을 제거해야 한다. … 나는 정치를 심산유곡에 핀 순결한 백합화가 아니라 흙탕물 속에 피어나는 연꽃 같은 것이라 여겼다. 악을 보고 행동하지 않는 은둔과 침묵은 기만이고 위선이다. 내가 훌륭한 정치인이라고 생각하지는 않지만, 정치인으로 살아온 것을 후회하지 않는다."

이 책에 실린 글들은 정치인 김대중과 그의 동지들, 김대중 정부와 함께 한 많은 사람이 역사로부터 물려받은 흙탕물 같은 현실에서 민주주의와 인권, 평등, 평화라는 연꽃을 피우기 위해 어떤 노력을 했으며 그 제도적, 문화적인 결실이 무엇이었는지, 그러나 어떤 외적 제약과 그들 자신의 한계가 있었고, 당시에 선명히 인지되지 않았던 그런 한계들이 이후에 한국 정치와 사회의 어떤 문제들로 발현되었는지를 면밀히 살폈다. 1987년에 독재와 국가폭력의 시대가 종식되고 민주주의가 열린 후에도 한국사회는 언제나 각 시대의 도전과 씨름하며 극복해왔지만, 지금처럼 더 나은 미래에 대한 낙관과 열정이 사라지고 사회 전체가 냉소와 무기력에 빠진 듯이 느껴진 적은 없었던 것 같다. 하지만 민주주의의 쇠퇴, 자유의 상실, 희망 없는 정치, 불평등과 불안, 전쟁의 위험과 같은 잔인한 대가를 치르지 않고자 한다면 우리는 문제의 본질과 원천을 성찰하고 변화를 위해 각자 할 수 있는 것을 해야 할 것이다. 이 책이 그런 집단적 노력의 일환으로서 기여할 수 있길 바란다. 감동과 좌절, 역설과 반전이 엉클어진 과거를 넘어 역사의 새 단계로 나아갈 수 있을지는, 지금 이곳에서 미래를 만들고 있는 우리들의 행동하는 양심에 달려 있을 것이다.

2024년 5월

필진을 대표하여 책임편집자
신진욱 지識

22

I

김대중과 한국민주화운동

한홍구(성공회대학교 교양학부 교수)

democracy &
human rights

들어가는 말

1960년대 후반 이후 오늘에 이르기까지 김대중을 빼놓고는 한국의 민주주의와 민주화운동을 이야기할 수 없다. 김대중은 격동의 한국현대사에서 대표적인 민주투사이자 야당지도자였으며, 선거에 의한 최초의 정권교체를 이룬 지도자였다. 뿐만 아니라 김대중은 3기에 걸친 민주정권의 대통령 중 유일하게 정권 재창출에 성공한 대통령이었다. 한국같이 보수세력이 민주주의의 룰을 지키지 않고 수구냉전적 사고방식과 행태에 빠져있는 나라에서 민주정권의 재창출은 대단히 중요한 과제였다.

험난했던 한국현대사를 돌이켜보면 김대중은 '살아남아' 대통령이 되었다는 것 자체가 큰 업적이었다 아니할 수 없다. 한국은 해방과 정부수립 초기의 혼란기에 송진우, 여운형, 장덕수, 김구를 암살로 잃었고, 김규식, 조소앙, 안재홍 등을 납북으로 잃었다. 신익희와 조병옥 같은 보수야당의 유력한 대통령 후보는 선거를 얼마 앞두고 갑자기 사망했고, 1960년 대통령 선거에서 이승만을 위협할 조봉암은 이승만 정권에 의해 사법살인을 당했다. 그리고 재야의 지도자 장준하는 박정희 정권 시기에 의문의 죽음을 당했다. 김대중도 1973년 박정희 정권이 자행한 납치사건과 1980년 전두환 정권의 김대중 내란음모사건 조작 등 여러 차례 죽음의 문턱까지 갔다가 살아남았다. 한국현대사에서 대중의 꿈을 짊어진 유력 정치지도자에게 '살아남았다'는 것은 그 자체가 중요한 업적이 될 수밖에 없었다. 김대중과 그의 시대는 그만큼 험난한 시대였고, 민주주의의 시련기였다.

김대중은 단순히 살아남은 게 아니라 야당의 성격 변화를 가져왔다. 그 점이 평생의 라이벌로 비교되는 김영삼과는 다른 측면이다. 한국의 정당체제는 현실적으로 보수양당제를 아직도 벗어나지 못하고 있다. 그럼에도 현재의 양당제 하의 더불어민주당은 이승만 정권 시대에 확립된 양당제에서 뿌리가 되는 민주당과는 성격을 달리한다. 1960-70년대에는 '정통 보수야당 한민당의 법통을 계승'했다는 표현이 종종 쓰였지만, 이런 표현은 3당합당 이후 김대중이 야당을 이끌게 되면서 더는 사용되지 않게 되었다. 야당이 군정종식 이외에는 아무런 정책대안도 제시하지 못했던 1963년 대통령 선거와 비교할 때 1971년 선거는 확실히 달랐다. 야당은 김대중의 주도 아래 정책정당으로 탈바꿈하기 시작했으며, 일정하게 진보적인 아젠다를 수용하기 시작했다. 분단이란 결정적인 제약요인 속에서 한국에서 진보정당의 발전가능성은 극도로 제한되었다. 그런 상황에서 대중들의 진보에 대한 억눌린 지향이 모인 곳은 김대중이었다. 김대중의 이런 점이 바로 그에게 군사정권의 음해와 모략이 집중되고, 김대중이 위험시되는 이유가 되었다.

군사정권 하 한국의 민주화운동과 정치지형을 살펴볼 때 빼놓을 수 없는 세력은 '재야'라는, 어쩌면 한국에만 있는 독특한 집단이다. 재야는 일반적으로 정당이나 의회에 속하지 않은 상태로 정치적인 활동을 하거나 정치적 목소리를 내는 사람들을 지칭한다. 한국의 재야는 생성 과정에서부터 김대중과 밀접한 관련을 맺고 있다. 김대중 자신은 일찍이 정당에 가입해서 의회진출을 시도했고, 국회의원 경력을 바탕으로 야당의 대통령 후보에 선출된 의회정치인이었다. 그러나 한국의 정치상황은 김대중 자신의 망명, 납치, 투옥을 포함하여 많은 수의 지식인, 전문가, 종교인에게 투옥, 해직, 연금 또는 자격정지 등을 강요했다. 그들은 직장에서 쫓겨났으며, 원래 종사하던 전문직역에 더는 종사할 수 없는 처지에 놓이게 되었다. 이렇게 제도권에서 배제된 사람들은 전업 정치인이 될 의사가 없는 사람도 많았고, 의사가 있었다 해도 진입경로가 모두 차단되어 있었기 때문에 자연스럽게 하나의 집단으로 묶이게 되었다. 특히 1976년 3·1구국선언 사건은 이들을 김대중과 깊이 연결된 집단으로 묶어주는 결정적인 계기가 되었다. 1970년대나 1980년대 혹심한 억압 속에서 의회와 야당이 제 역할을 못할 때 장외의 학생과 재야의 민주화운동은 한국민주주의의 발전에서 대단히 중요한 자리를 차지했다. 김대중만이 제도권과 재야 양쪽에 확고한 지분을 갖고 큰 영향을 미칠 수 있는 사람이었다. 재야와의 결합은 김대중을 변화시켰다. 재야와의 결합 속에서 확고한 '선민주, 후통일론자'였던 김대중은 통일문제의 중요성을 점차 자각하게 되었고, 통일문제는 6월항쟁 이후 중심적인 정치적 과제로 등장했다. 김대중이 2000년 6.15남북공동선언의 주역이 된 것은 우연한 일이 아니었다. 북에서 월남한 기독교 반공주의자가 주축을 이루었던 재야세력도 김대중과의 만남을 통해 보수반공의 틀을 넘어 민중을 발견하고 진보적인 성격을 갖게 되었다.

1987년 대통령선거 과정에서 김대중과 김영삼의 분열은 대통령선거에서 민주진영의 패배를 가져왔을 뿐 아니라, 한국 정당의 성격에도 근본적인 변화를 가져왔다. 박정희의 지역차별전략으로 발생하여 그동안 잠복해 있던 지역주의가 폭발했고, 정당들은 정책정당이나 계급정당의 성격을 갖기보다는 지역당이라는 한계를 벗어나지 못하게 되었다. 특히 1990년의 3당합당은 5.18 민주화운동의 정신과 과제를 계승하고자 했던 김대중과 그의 지지세력을 '호남당'으로 낙인찍는 효과를 가져왔다. 김대중에게는 지역주의의 제약을 극복하는 것은 사활적인 문제가 아닐 수 없었다.

1970년 9월 29일 신민당 대통령 후보로 처음 선출되어 1997년 12월 18일 대통령 선거에서 당선될 때까지 김대중은 무려 28년 동안 대통령 후보였다. 이 긴 기간 동안 김대중은 군사독재 정권으로부터 일상적으로 음해와 모략을 받았으며 여러 차례 생명의 위협을 당하기도 했다. 김대중은 어떻게 이런 위협에서 살아남아 대통령에 당선될 수 있었을까? 김대중은 급진적 학생운동이나 민중운동 입장에서는 제도권 부르주아 정치인이었지만, 군사독재 정권 입장에서는 위험하고 불온한 권모술수의 화신이었다. 김대중은 매우 보수적이었던 한국의 야당을 어느 정도 변화시킨 것이었을까? 왜 한국의 민주주의는 정당과 의회라는 장에서 꽃피우지 못하고 최루탄 연기 자욱한 거리에서 발전할 수밖에 없었으며, 의회정치인을 지향했던 김대중은 제도권 밖의 거리의 민주주의나 재야세력과 어떤 영향을 주고받았을까?

이런 주제들은 각각 한 편의 논문으로 별도로 다루어져야 할 내용이겠지만, 김대중이라는 매우 오랜 기간 정치의 중심에서 활동해온 정치인에게서는 그의 긴 정치역정 속에서 이런 문제들이 어떻게 서로 얽힌 채 형성되어왔는가를 시간의 흐름에 따라 고찰해볼 필요가 있다. 본고는 김대중의 일생을 1)정치 입문에서 1971년 대통령 선거 이전 2)1971년 대통령선거 3)1972-1982까지 일본 망명, 납치, 국내에서의 박해와 내란음모 사건 4) 1982-1987까지 김대중의 귀국과 2.12총선, 6월항쟁과 1987년 대통령 선거 5) 1987-1997까지 야당총재로서의 김대중의 정치여정으로 나누어 살펴볼 것이다. 대통령 재직 기간의 김대중과 퇴임 이후, 특히 애써 발전시킨 민주주의가 보수정권 등장 이후 후퇴하는 과정에서 김대중이 보인 결연한 태도 역시 매우 중요한 주제이나 지면의 제약과 역량의 부족으로 다음 기회로 미루고자 한다.

1. 야당의 신예 김대중

1) 정치인 김대중의 탄생

김대중은 1924년 1월 6일 전남 무안군(현 신안군) 하의면 후광리에서 태어났다. 1924년생은 일본군국주의의 조선인 징병 1기에 해당하는 나이로 흔히 '묻지 마라 갑자생'이란 말로 상징되는 모진 고생을 겪은 세대였다. 김대중이 처음 가입한 정치조직은 건국준비위원회 목포지부였다. 중앙에서나 지역에서나 초기의 건국준비위원회는 좌우 가릴 것 없이 해방의 감격 속에서 출발했으나, 곧 인민위원회 체제로 개편되면서 좌경화되어 많은 우익인사가 이탈했다. 그러나 김대중은 우익인사들이 건준을 이탈할 때 건준에 잔류했고, 1946년 2월에는 해방 전 중국 연안에 근거를 둔 조선독립동맹 인사들이 만든 좌파 계열의 남조선신민당 목포시당에 입당하여 조직부장으로 활동했다. 김대중은 1946년 10월경까지 남조선신민당에서 선전 유인물 살포 및 교양 사업 등 조직확대 사업에 참여했지만,[1] 1946년 11월 23일 당이 조선공산당, 조선인민당과 합당하여 남조선로동당(남로당)을 결성할 때는 참가하지 않았다. 김대중은 "신민당을 떠난 후 우익 진영에 참여했지만 이름만 올려놓았을 뿐, 깊숙이 관여하지는 않았다"고 한다.[2] 그는 사업에 몰두하여 상당한 성공을 거두고 젊은 나이에 목포의 유지 반열에 올랐다.

1950년 한국전쟁 발발 후 김대중은 8월 말경 목포에서 공산군에 체포되어 목포형무소에 수감되었다. 목포형무소 수감자 다수는 인천 상륙작전 후 퇴각하는 공산군에 의해 학살당했는데, 김대중과 그의 장인 차보륜 등은 구사일생으로 학살을 모면했다.

---

1) 류상영 외, 《김대중 연보: 1924-2009》 제1권, (서울: 시대의창, 2011), 24쪽.
2) 김대중, 《김대중 자서전》 1, (서울: 삼인, 2011), 65쪽.

김대중은 한국전쟁과 1952년 부산정치파동을 겪으며 정계 투신을 결심했다. 그는 전쟁으로 숱한 인명이 희생되고, 자신도 생사의 위기를 겪으며 "위정자의 빈번한 거짓말은 결국 나라를 위기로 몰아갔고, 국민을 절망 속으로 밀어 넣었다"는 것을 절감했다. 또 "국민의 이름으로 폭력을 동원하여 집권을 연장했던" 부산정치파동을 통해 그는 "국민을 섬기는 참다운 민주주의가 아니면 국민이 참된 행복을 누릴 수 없다고 결론"에 도달했다.[3]

김대중은 굳은 마음을 먹고 정계에 발을 들였지만, 본인이 자서전에서 "떨어지고 또 떨어졌다"라고 할 만큼 국회의원 선거에서 계속 떨어졌다. 김대중은 1954년 목포에서 노동조합의 지원을 받아 제3대 민의원 선거에 무소속으로 처음 출마했지만, 후보자 10명 중 5등이라는 좋지 않은 성적으로 낙선했다. 김대중은 《사상계》 1955년 10월호에 〈한국노동운동의 진로〉라는 논문을 발표하는 등 노동운동과 정치현실에 대해 각종 매체에 활발히 기고했고, 1957년 2월에는 잡지 《신세계》의 주간을, 같은 해 9월에는 한국노동문제연구소 주간을 맡았다. 김대중은 1956년 5월 15일의 정부통령 선거를 앞두고 2월 28일 장택상, 이범석, 배은희 등을 중심으로 한 가칭 민정당(3월 30일 공화당으로 정식 개칭)에 참여했으나, 두 달 만에 탈당하고 민주당 정·부통령 후보를 지지한다는 성명을 발표했다.[4] 그는 선거가 끝난 직후인 6월 2일 부통령 당선자 장면을 대부로 하여 토머스 모어를 세례명으로 하여 천주교 영세를 받았다.[5]

1958년 자유당과 민주당은 이른바 협상선거법을 제정하여 두 보수정당에 극히 유리한 환경에서 4대 총선을 치렀다. 그 결과 무소속

---

3) 김대중, 《김대중 자서전》 1, 86–87쪽.
4) 류상영 외, 《김대중 연보》 1, 38쪽.
5) 김대중, 《김대중 자서전》 1, 65쪽.

후보들과 군소정당 후보들이 퇴조하고 보수여당과 보수야당에 의한 양당제가 확립되었다.[6] 김대중은 이 선거에서 원래 38도선 이북으로 북한 통치 아래 있다가 한국전쟁 이후 남한 영토로 편입된 수복지구인 강원도 인제군에 후보로 출마하고자 했다. 김대중은 선거 6개월쯤 전인 1957년 9월 27일 민주당 강원도 인제군당 위원장이 되었다.[7] 김대중은 고향인 목포는 선배들에게 양보하고 "군대가 많은 곳이라 자유당 공천만 받으면 당선된다고 생각하는 자유당계 인사들의 공천 쟁탈전은 어느 지방보다도 격심"한 인제에 "이런 지방일수록 야당으로서 출마하여 신개지新開地를 개척하겠다고 용감한 출마변"을 토했다.[8] 김대중에게 인제는 아는 사람 하나 없는 타향이었지만, 유권자의 구성을 보면 군인과 군속, 그 가족이 유권자의 80%를 넘는 곳이었다. 그 당시는 부재자 투표 제도가 없었기 때문에 군인들은 모두 근무지에서 투표했다. 당시 군대 내의 혹심한 부정부패와 인권 침해 때문에 병사들은 야당을 지지하고 있었기에 김대중은 이곳에 승부수를 던진 것이다. 그러나 김대중은 본 게임을 뛰어보지도 못했다. 4대 국회의원 선거는 악명높은 관권선거이기도 했는데, 자유당과 인제군 당국, 지역경찰의 농간으로 김대중은 후보자 추천인에 중복이 있다는 이유로 등록이 취소된 것이다. 김대중은 이에 불복하여 소송을 제기했고, 1959년 3월 인제군 선거는 무효라는 판결을 받아냈다. 그러나 자유당은 1959년 6월 5일의 재선거에 김대중의 등록을 방해한 주역인 인제경찰서장 전형산을 공천했는데, 김대중은 재선거에서 차점을 하긴 했으나 전형산에게 21,665표 대 8,483표란

---

6) 서복경, 〈제1공화국의 선거〉, 한국선거학회,《한국선거 60년 – 이론과 실제》, (서울: 오름, 2011), 56–58쪽.
7) 〈내외동정〉,《경향신문》, 1957년 9월 27일.
8) 〈선거바람 드센 수복구〉,《조선일보》, 1957년 11월 25일.

큰 표 차이로 패배했다.[9] "외지인이라고 선동하고, 공산주의자로 매
도하고 그것도 모자라 투표 부정까지 자행"한 결과였다.[10] 낙선한
지 채 석 달이 안 돼 김대중은 부인 차용애와 사별했다. 시련의 연속
이었다.

　4월혁명으로 4대 국회는 2년 만에 해산되고 1960년 7월 29일 5
대 국회의원 선거가 실시되었다. 4월혁명의 열기 속에서 민주당은
민의원 의석의 3/4을 얻는 압승을 거두었지만, 민주당 후보 김대중
은 또다시 낙선의 고배를 마셨다. 김대중은 '느닷없이' 선거법이 개
정되어 부재자 투표 제도가 도입된 것을 패배요인으로 꼽았다. 김대
중이 믿었던, 유권자의 80%인 인제군 군인들의 표가 각지의 고향으
로 흩어져 버린 것이다.[11] 김대중은 이 선거에서 자유당 후보로 나
선 인제 토박이 4대의원 전형산에게 또다시 패배했다. 이번에는 1천
표 차이의 석패였다.

　민주당은 1956년 출범 당시부터 신익희, 조병옥, 김도연, 윤보선
등의 구파와 장면, 곽상훈, 박순천, 주요한 등의 신파로 나뉘어 있었
는데, 신구파의 갈등은 민주당이 집권당이 된 이후 더욱 심해졌다.
우여곡절 끝에 대통령은 구파의 윤보선, 실권을 가진 내각책임제 하
의 국무총리는 신파의 장면으로 결정되었다. 장면은 민주당의 대변
인을 맡아왔던 3선의 조재천 의원을 법무장관으로 발탁하면서 그 후
임으로 원외인 김대중을 임명했다. 민주당이 원내 의석의 3/4을 점
하는 상황에서 의원 당선 경험이 없는 김대중을 집권당의 대변인에
임명한 것은 실로 파격이 아닐 수 없었다. 김대중은 비록 의원은 아

---

9)　중앙선거관리위원회, 《역대 국회의원 선거상황》, (서울: 중앙선거관리위원회, 1967),
　　323쪽.
10)　김대중, 《김대중 자서전》 1, 102쪽.
11)　김대중, 《김대중 자서전》 1, 120쪽.

니었지만, 민주당 신파의 주목받는 신예로 등장했다. 그의 평생의 라이벌 김영삼은 이 당시 민주당 구파의 재선의원이었다. 옛 한민당 출신들이 중심이었던 구파는 지역적으로 호남 출신이 많았고, 관료, 법조인, 금융인이 많았던 반면 신파는 평안도 출신과 영남 출신이 다수였다. 뒷날 호남 출신 김대중과 영남 출신 김영삼의 정당이 지역당의 성격을 벗어나지 못했던 것을 고려한다면, 한국의 야당이 처음부터 지역문제에 매몰되어 있었던 것은 아니었다.

1958년, 1959년, 1960년, 3년 동안 매년 선거에 떨어진 김대중에게 1961년 또다시 기회가 찾아왔다. 민주당의 김상돈 의원이 서울시장 선거 출마를 위해 의원직을 사퇴하여 마포에 보궐선거가 실시된 것이다. 민주당 대변인 김대중은 유력한 후보였지만, 공천은 영입인사 신상초에게 돌아가 김대중은 선거에 출마도 못 하고 다시 쓴잔을 마셨다. 그러나 5대 선거에서 인제에서 당선된 자유당 전형산은 1961년 3월 8일 3·15 부정선거와 관련하여 공민권 제한 판정을 받았다. 이 때문에 5월 13일 보궐선거가 치러져 김대중은 마침내 당선되었다. 14일 당선증을 받은 김대중은 그날과 다음날인 15일 인제의 구석구석을 누비며 당선인사를 드렸는데, 5월 16일 새벽 육군소장 박정희가 주도하는 군사반란이 일어났다. 김대중은 당선증만 받았을 뿐 국회의사당에는 한 발도 들여놓지 못한 채 국회가 해산되어 버린 것이다. 4수 끝에 대통령에 당선된 김대중은 이렇게 해서 국회의원 도전 4수 끝에 이틀짜리 초선의원이 되었다. 참으로 고난에 찬 등장이었다.

2) 야당의원 김대중

5.16 세력은 자신들의 반란을 정당화하기 위해 장면 정권에게 무능과 부패를 넘어 용공혐의까지 뒤집어씌우려 했다. 민주당 정권의

요인 다수가 체포되었고, 집권당의 핵심간부인 대변인 김대중도 구속되었다. 당국이 발표한 김대중의 공식 혐의는 5·13선거 당시 선거법을 어기고 호별방문을 했다는 것이었다. 그러나 김대중을 구속한 서울지검 검사 강태훈은 김대중이 민주당 선전부장으로 있으면서 당에서 모 반공학생단체에 줄 3,600만 환 중 2,700만 환을 횡령한 혐의에 대해 중앙정보부장에게 강제수사 사전승인을 요청했다.[12] 선거법 위반 및 횡령혐의로 조사를 받던 김대중은 8월 5일 밤 불구속 수사 방침에 따라 석방되었다.[13] 국가재건최고회의 공보실은 1961년 8월 11일 〈민주당 정권의 부패상〉이라는 발표문을 통해 민주당 정권 요인들의 부정부패 행각이라고 대대적으로 선전하면서 위의 횡령혐의를 포함했다. 8월 17일에는 〈민주당 정권의 부패상〉 세부내용을 발표하면서 위 횡령혐의 이외에 '부정부패의 특례'의 15개 항목 중 마지막에 '김대중의 월권'으로 기름을 특별 배정한 일과 선박의 태풍피해 사정액을 인상한 것 등을 열거했다.[14] 김대중은 자서전에서 이때 자신이 체포되었다가 군법회의 회부를 면하고 일반검찰로 넘겨졌는데, 담당검사가 조사결과 자신의 횡령혐의가 조작된 것을 알고 "나쁜 놈의 새끼들, 조작을 하다니…"라며 "계엄군의 서슬이 시퍼런 상황에서 무혐의 결정이 쉽지 않았을 텐데" 용기 있는 결정을 내려줘 두 달 만에 풀려났다고 회고했다.[15]

　　김대중은 1962년 5월 10일 당시 YWCA 총무로 있던 평생의 동지이자 반려인 이희호와 재혼했다. 그러나 신혼 열흘만인 5월 19일

---

12) 〈전민주당선전부장 김대중씨 구속〉,《조선일보》1961년 7월 21일; 〈강제수사 사전승인' 첫 케이스 김대중씨 사건에〉,《경향신문》1961년 7월 23일.
13) 〈김대중씨 석방 불구속 수사키로〉,《경향신문》, 1961년 8월 6일.
14) 〈민주당정권의 부패상 국가재건최고회의 공보실발표전문 (상)〉,《동아일보》1961년 8월 11일; 〈민주당정권의 부패상 세부내용을 발표 최고회의공보실서〉,《조선일보》1961년 8월 17일.
15) 김대중,《김대중 자서전》1, 135쪽.

민주당 정권 서울시장 김상돈, 전 민주당 조직부장 조중서 등과 함께 중앙정보부로 연행되었다. 《동아일보》는 5월 24일 자 신문에서 이들 3인의 구속을 1면 톱으로 보도했다. 1962년 6월 1일 중앙정보부장 김종필은 기자회견을 열고 '어마어마한 반국가사건'의 진상을 발표했다.16) 이날 각 신문에는 김대중의 사진이 조중서, 김상돈 등의 사진과 함께 크게 실렸지만, 정작 김대중의 이름은 구속자 명단에만 있을 뿐, 발표 내용에 그의 구체적인 행동이나 역할은 보도되지 않았다. 이 사건으로 조중서는 사형판결을 받았지만, 김상돈은 무죄판결을 받았고17), 김대중은 재판에 회부되지 않고 한 달여 만인 6월 24일 새벽 풀려났다.18) 중앙정보부는 김대중 등을 석방하면서 "수사 결과 직접 간접적으로 사건에 관련된 혐의가 판명되었으나 그 혐의 정도가 경미하고 개전의 정이 인정"되며 "구 정치인들에 대한 불필요한 보복이라는 그릇된 인상을 불식"하기 위한 조치라고 해명했다.19) 군사정권 아래서 김대중은 "총구는 나에게 정조준되어 있었으니 내 정치 인생은 늘 바람 앞의 촛불" 같은 신세였다고 회고했다.20)

1962년 말부터 5.16 군사반란을 주도한 세력 내부에서는 김종필의 민주공화당 사전 조직을 둘러싸고 심각한 갈등이 벌어졌다. 또한 군정에서 민정으로 넘어가는 절차와 방식을 둘러싸고 정국은 혼돈에 빠졌다. 이런 상황에서 구 정치인들의 발을 묶어 놓은 상태에서 민주공화당의 창당 작업은 계속되었다. 최고회의 공보실장 이후락은 "앞으로 구성될 여당은 양심적이고 허물없는 구정치인도 대량 포섭하는 범국민적인 당이 될 것"이라며 구정치인의 포섭을 공식화했다.21)

---

16) 〈'어마어마한' 반국가사건 진상발표〉, 《동아일보》, 1962년 6월 2일.
17) 〈조중서 피고에 사형〉, 《동아일보》 1962년 9월 29일.
18) 〈김대중씨 등 석방〉, 《경향신문》, 1962년 6월 24일.
19) 〈개전의 정을 참작〉, 《동아일보》, 1962년 6월 26일.
20) 김대중, 《김대중 자서전》 1, 137쪽.

1962년 12월 31일 최고회의 의장 박정희는 정치활동정화법에 의해 정치활동이 금지된 3,033명 중 171명을 1차로 해금했다. 이 명단에는 김정렬, 윤치영, 최규남, 김재순 등 곧 공화당 발기인으로 참여하게 되는 사람들, 곽상훈, 박순천 등 민주당 신파 지도자이나 유신 이후 박정희 정권에 적극 협력하게 되는 사람들이 포함되어 있었다.22) 정치인들의 관심은 당연히 2차 해금에 쏠리게 되었다.

이 무렵 김대중은 1963년 1월 중앙정보부의 아지트라 할 수 있는 반도호텔에서 중앙정보부 고 모 국장(고제훈―필자)을 만났다. 그는 김대중에게 공화당 창당작업에 동참할 것을 권유하면서, "만일 우리 제안을 거부하면 앞으로 8년간은 정치할 생각을 말아야 할 것"이라고 협박했다. 김대중이 이를 거부하자 그는 공화당 창당 작업을 주도하고 있는 전 중앙정보부장 김종필이 옆방에 있으니 만나보라 권유했으나 김대중이 이마저 거절하자 쌍욕을 퍼부었고, 김대중은 2차 해금에서도 제외되었다.23) 김대중은 어려운 각오를 하고 5.16세력의 회유와 협박을 물리쳤지만, 다행히 한 달 뒤의 3차 해금에서 배제되지 않았다. 김대중은 1963년 2월 28일 정치정화법에 의거, 정치활동이 금지되었던 구 정치인 2,322명의 해금에 포함되어 정치활동을 재개할 수 있게 되었다.24)

대통령선거가 가을로 다가왔지만, 야당은 분열되어 있었다. 김대중이 속했던 옛 민주당 신파는 박순천을 총재로 민주당을 재건했지만, 군사쿠데타를 막지 못한 책임을 진다는 명분으로 대통령선거에 후보를 내지 않기로 했다. 민주당 구파는 민정당을 조직하고 윤보선

21) 〈여당구성에는 구정객 대량 포섭〉, 《동아일보》, 1962년 12월 25일.
22) 〈구정치인 171명을 해제〉, 《경향신문》, 1963년 1월 1일.
23) 김대중, 《김대중 자서전》 1, 143–144쪽. 1963년 2월 1일의 2차 해금으로 허정, 백남훈, 이상돈, 권중돈 등 275명이 구제되었으나, 김대중은 여기에 포함되지 못했다.
24) 〈구정치인 2,322명 해금〉, 《동아일보》, 1963년 2월 28일.

을 대통령 후보로 내세웠다. 민주당은 신구파 대립의 앙금에 윤보선이 쿠데타 세력과 야합했다는 등의 문제로 윤보선 지지를 망설였다. 민주당은 한 때 4월혁명 후 과도정부 수반을 지낸 국민의 당 허정에 대한 지지로 기울었으나 허정이 자유당 세력과 손잡고 있었다는 점과 지명도와 당선가능성을 고려하여 결국 윤보선으로 야권후보 단일화를 이루게 되었다.

아직 민정당 후보 윤보선으로 야권후보 단일화가 이뤄지기 전, 민주당 대변인 김대중은 대통령 선거판 자체를 뒤흔들 수 있는 엄청난 사실을 발견하고 이를 1963년 9월 2일 민주당 총재 박순천의 기자회견을 통해 발표토록 했다. 대통령 권한대행 겸 국가재건최고회의 의장인 박정희는 8월 30일 성대한 전역식을 갖고 현역 육군대장직에서 물러났고, 다음날일 8월 31일 민주공화당에 입당했다. 민주공화당은 같은 날 전당대회를 열고 박정희를 대통령 후보로 지명했고, 박정희는 공화당 전당대회에 출석하여 대통령 후보 지명 수락 연설문을 낭독했는데, 민주당 측은 박정희의 공화당 입당은 위헌이며, 대통령 후보 지명은 무효라고 주장했다.25) 국가재건최고회의 의장 박정희는 윤보선 대통령이 정치활동정화법이 공포된 직후인 1962년 3월 22일 사임하자 '국가재건비상조치법' 제11조에 의거하여 대통령 권한대행을 맡았다. 그런데 당시 헌법 53조 3항에 따르면 대통령은 정당에 가입할 수 없었다. 또한 '국가재건비상조치법' 9조 1항은 "헌법에 규정된 국회의 권한은 국가재건최고회의가 이를 행한다"고 규정했고, 국회법 19조는 국회 민의원과 참의원 의장은 "정당의 적을 가질 수 없다"고 되어 있었다. 5.16세력이 짓밟은 헌법이나 국회법은 물론, 자신들이 통치의 근거로 삼기 위해 제정한 '국가재건비상조

---

25) 〈박의장 공화 입당은 위헌〉, 《경향신문》, 1963년 9월 2일.

치법'에 따르더라도 박정희가 대통령 권한대행직과 국가재건최고회의 의장직을 사임하지 않고 공화당에 입당하여 대통령 후보에 선출된 것은 명백한 위헌, 위법이었다.

박정희와 공화당은 자신들이 범한 명백한 절차상의 하자에 크게 당황했다. 공화당은 박정희가 대통령 권한대행일 뿐 대통령은 아니고, 최고회의 의장은 국회의장이 아니라 법에 저촉되지 않는다고 강변[26]했다. 그러나 민주당의 기자회견 다음 날인 9월 3일 국가재건최고회의는 긴급회의를 열어 대통령 권한대행과 국가재건최고회의 의장의 당적보유를 합법화하도록 '국가재건비상조치법'을 황급히 개정했다. 민주당 대변인 김대중은 "이제 뒤늦게 개정한다 하더라도 이미 범해진 이번 위법행위는 엄연히 존재한다"며 소급입법에도 불구하고 박정희의 공화당 입당 및 후보지명은 무효라는 논평을 발표했다.[27]

절체절명의 위기에 빠진 박정희와 공화당을 구해 준 것은 중앙선거관리위원회와 법원이었다. 중앙선거관리위원회는 9월 23일 박정희의 공화당 입당과 총재직 취임은 합법이라는 해석을 내렸다. 공화당 측은 9월 2일 민주당의 기자회견이 있자 서둘러 법을 개정한 뒤 9월 4일자로 성동지구당에 입당원서를 제출했고, 입당원이 처리된 뒤인 9월 5일 총재직 취임동의서를 작성했는데, 선관위는 이를 그대로 인정해 준 것이다.[28] 민주당, 민정당, 정민당, 자민당, 국민의당, 자유당 등 재야 6개당은 6당 영수 명의로 중앙선거관리위원회를 상대로 박정희를 공화당 대통령선거 후보로 등록 공고한 행정처분을 취소하라는 소송을 제기했지만,[29] 법원 역시 선관위의 논리를 따랐

---

26) 〈박의장 공화 입당은 위헌〉, 《경향신문》, 1963년 9월 2일.
27) 〈불법모면위한 입법은 부당〉, 《조선일보》, 1963년 9월 4일.
28) 〈박의장, 8월 30일 입당은 천하공지의 사실〉, 《동아일보》, 1963년 9월 24일.
29) 〈박정희 후보 등록 취소 소송 제기〉, 1963년 9월 27일.

다.

　제대로 판단했을 경우 박정희의 출마 자체가 무산되는 엄청난 결과를 가져오기 때문에 선관위나 법원이 올바른 결정을 내리지 못했지만, 박정희와 공화당이 절차 상 중대한 실수를 범한 것은 분명했다. 이 명백한 사실을 제일 먼저 발견하고 정치쟁점화 한 사람은 바로 김대중이었다. 당시 언론은 "박정희 의장의 민주공화당 입당은 '위헌'이고 '불법'이며 '무효'라는 민주당의 거포가 명중"했으며, 이 명중탄을 "손수 제조"한 사람은 민주당 대변인 김대중이라고 분명히 지적했다.30) 김대중 자신도 자서전에서 "이것이 박정희가 평생 그토록 나를 미워한 최초의 동기였는지도 모른다"고 회상했다.31)

　민주당의 김대중은 박정희의 위헌위법행위는 "정치투쟁 및 법적 투쟁의 가장 큰 목표가 될 것"32)이라고 처음 기자회견을 하면서 주장했지만, 아직 야권의 단일후보로 확정되지 못한 민정당의 윤보선은 이 문제보다는 박정희의 좌익 경력과 사상문제를 승부처로 보았다. 9월 24일 윤보선은 기자회견에서 "여순반란사건 관련자가 정부에 있는 듯하다"는 중대발언을 하여 선거판을 뒤흔들어 놓았다.33) 김대중은 매우 접전을 벌이고 있던 선거전에서 윤보선이 반공을 국시로 내세운 박정희를 공산당으로 본 것은 결정적 실수였다고 평가했다. 김대중은 특히 "윤 후보 측이 박정희 후보를 공산당이라고 비난하는 방식은 과거 한민당 시대의 어두운 기억을 떠오르게 했다"고 주장했다. 미군정 시대의 한민당은 "김구 선생의 한독당을 비롯하여 반대 세력을 공산당으로 몰아서 무자비하게 숙청한 역사"가 있었는

---

30) 〈손바닥 뒤집듯 하는 수작〉, 《경향신문》, 1963년 9월 4일.
31) 김대중, 《김대중 자서전》 1, 150쪽.
32) 〈박의장 공화 입당은 위헌〉, 《경향신문》, 1963년 9월 2일.
33) 〈박의장의 민주 신봉 의심〉, 《동아일보》 1963년 9월 24일; 〈여순반란사건 관련자가 정부에 있는 듯〉, 《경향신문》1963년 9월 24일.

데, 한민당을 계승한 윤보선의 발언은 "유권자들에게 그런 공포정치를 연상하게" 했고, "미세한 국면에서 윤 후보의 이 같은 실언은 치명적"이었다고 김대중은 평가한 것이다.[34] 실제로 박정희는 윤보선의 사상논쟁에 대해 지상광고를 통해 이렇게 받아쳤다.

> 매카시즘의 **한국적 아류들**(강조는 필자)인 그들은 그 **악습의 보검**을 구사하고 있습니다. 시커먼 새우를 매카시즘이라는 번철(후라이판)에 달달 볶아 새빨간 빨갱이로 만들려는 수법을 즐기고 있습니다. (…) 무슨 일이 있든지 우리는 차제에 **한국적 매카시즘의 신봉자**를 우리 사회에서 일소시키기 위해 분연히 궐기하여 과감히 투쟁합시다.[35]

선거 결과는 15만 표 차이였다. 김대중은 자서전에서 "윤 후보의 실언만 없었다면 선거는 승리할 수 있었다"고 아쉬워했다. 자서전에서뿐만 아니라 선거 직후에도 김대중은 사상논쟁이 선거에 미친 부정적인 영향을 지적했다. 당시 박정희는 출신지역인 경북에서 55.64%의 득표율을 올린 반면, 연고가 없는 전남에서 오히려 이보다 높은 57.22%를 얻었다.[36] 《경향신문》은 현지에 파견된 기자들의 의견을 종합하여 윤보선이 영남에서 패배한 것은 "부산과 대구에 빨갱이가 많다"는 민정당 김사만 유세원의 발언이 결정적인 원인"이라면서, '문제의 사나이 김사만'의 정치행장을 자세히 소개했다.[37] 민주당 대변인 김대중은 "영남인의 기질로 보아 (김사만의 발언이) 충격적으로 영남표를 깎았으리라는 것은 틀림없다. 그리고 총체적으로

---

34) 김대중, 《김대중 자서전》 1, 159-160쪽.
35) 〈전진이냐? 후퇴냐?〉, 《동아일보》, 1963년 10월 5일 1면 광고.
36) 강원택, 〈제3공화국의 선거〉, 한국선거학회, 《한국선거 60년 - 이론과 실제》, (서울: 오름, 2011), 101쪽.
37) 〈영남 야당 기질에 불지른 문제의 사나이〉, 《경향신문》, 1963년 10월 17일.

보아 민정당은 사상논쟁의 결과로서 '마이너스'를 보았으며 특히 호
남지방에서의 패배는 사상논쟁의 영향을 받은 결과라고 본다"고 논
평했다. 김사만과 같은 민정당 소속의 김영삼도 김사만의 발언으로
윤보선 후보가 큰 타격을 입었다고 인정했다.[38] 당시 박정희 측의
선거책임자였던 중앙정보부장 김형욱도 회고록에서 박정희의 승리
를 "좌익표의 지지 때문"으로 분석했다. 박정희의 좌익전력이 결정
타가 될 것이라고 오판하고, 군사정권의 실정에 대한 대안제시를 등
한히 하고, 경제정책에 대해서는 미국에 가서 원조를 많이 얻어오겠
다는 것[39] 이외에는 이렇다 할 정책 비전을 보여주지 못한 채 사상논
쟁에 매달리다 선거에서 패배한 윤보선에 대한 반성은 훗날 김대중
이 대통령 선거에 임하는 자세에 큰 영향을 미쳤음에 틀림없다.

　1963년 11월 26일 6대 국회의원 선거에서 목포로 지역구를 옮긴
김대중은 차점자인 공화당 후보를 더블스코어로 누르고 여유 있게
당선되었다. 김대중이 속한 민주당은 14석을 얻어 독자적인 원내교
섭단체를 만들 수 없었기에, 자민당, 국민당과 함께 삼민회라는 교섭
단체를 만들었고, 김대중은 원내에서 삼민회 소속으로 활동했다. 김
대중이 국회에서 그의 존재감을 한껏 드러낸 것은 1964년 4월 20일
김준연 의원의 구속동의안 처리를 저지하기 위해 행한 5시간 19분의
필리버스터 때였다. 김준연은 국회에서 한일협정 비밀회담 진행 당
시 김종필이 오히라로부터 1억3천만 달러 상당의 정치자금을 받았
다고 폭로하자 박정권이 허위사실 유포와 명예훼손 등의 혐의로 김
준연을 구속하겠다고 나선 것이다. 삼민회 총무 한건수는 점심을 먹
고 의사당에 돌아온 김대중에게 김준연에 대한 구속동의안 상정을

---

38) 〈공천실패로 탈당〉, 《경향신문》, 1963년 10월 17일.
39) 윤보선은 하필 이 발언을 박정희의 사상문제를 본격적으로 제기하는 기자회견에서
　　했다. 《동아일보》 1963년 9월 24일.

막기 위해 자정까지 시간을 끌어달라고 부탁했다. 김대중은 오후 2시 37분 속대된 본회의에서 의사진행발언(정확하게는 김대중 외 25명의 의사일정 변경동의 제안설명)에 나서 오후 7시 56분 국회의장 이효상이 의장 직권으로 발언을 중단시키고 산회를 선포할 때까지 무려 5시간 19분에 걸쳐 필리버스터를 이어나갔다. 아무런 원고 없이 발언에 나서 주제를 벗어나지 않고 구속동의안의 부당성을 5시간 정도에 걸쳐 논리적으로 설파한 것이 동아방송을 통해 생중계되면서 김대중은 화제의 인물이 되었다.40)

사상논쟁에 대한 평가에 이어 김대중의 남다른 현실감각을 보여준 사례는 한일회담에 대한 그의 태도였다. 당시 학생들과 야당의 분위기는 박정희 정권의 졸속, 굴욕외교에 대한 격렬한 반대가 주조를 이루고 있었다. 야당에서는 민정당 총재 윤보선이 한일회담에 무조건 반대하며 강경론을 주도했다. 김대중은 이에 대해 일본과의 관계 정상화는 불가피하며 다만 "협상에서 불이익이 있어서는 안 된다"며 "정부안이 나왔으니 야당도 적절한 대안을 마련하여 싸워야" 한다고 주장했다. 이런 온건론을 펴다가 김대중은 "여당 첩자다. 사쿠라(여당에 매수된 야당 정치인)다. 사쿠라 중에서도 왕사쿠라다"라는 비난을 받고 "죽고 싶을 만큼" 괴로운 처지에 놓이기도 했다. 김대중은 야당의 대안 없는 강경대응은 결국 "박정권에게 독재 강화의 빌미를 제공한 셈"이 되고 말았다고 아쉬워했다. 김대중은 "협정 내용을 보고 분노를 넘어 수치심에 어찌할 바를 몰랐다"고 한다. 우선 대일 청구권 3억 달러는 역대 정부가 요구한 액수(이승만 정부 20억 달러, 장면 정부 28억 5천만 달러) 가운데 최저였으며, "35년간 수탈의 역사를 3억 달러로 보상받는다는 것에는 누구도 동의할 수 없었"던 것이

---

40) 김대중, 《김대중 자서전》 1, 161-163쪽. 김대중의 발언은 국회사무처, 〈6대국회 제41회 19차 국회본회의〉, 1964년 4월 20일에 수록되어 있다.

다. 김대중은 국회에서 차라리 일본으로부터 단 한 푼도 받지 말고, 대신 진정한 사과를 받는 것이 중요하다고 강조했다.[41] 이와 같은 김대중의 입장은 그 후 납치 사건 등 여러 가지 변수가 더해지긴 했지만, 대통령 당선 이후 한일관계의 개선에 적극 임하여 일본으로부터 진지한 사과를 받고 한동안이나마 한일관계의 새로운 시대를 연 토대가 되었다고 할 수 있다.

3) 6·8 부정선거를 넘어

1967년은 대통령 선거와 국회의원 선거가 동시에 치러지는 해였다. 5월 3일의 대통령선거를 앞두고, 야당은 오랜 분열을 끝내고 통합야당 신민당을 출범시켰다. 통합야당의 대통령 후보로는 우여곡절 끝에 다시 윤보선이 선출되었다. 김대중은 그때의 상황을 이렇게 요약했다.

> "지난번 대통령 선거에서 이미 심판을 받은 윤보선 후보로는 박정희 후보에 필패할 것이라는 예상들을 했다. 하지만 윤보선 씨 주변에서는 그때 겨우 15만 표 차로 졌기에 이번만은 틀림없다며 출마를 부추겼다. 더욱이 윤보선 씨 개인의 출마의욕이 강했다. 양보란 절대 없었다. 유진오박사가 양보하지 않으면 야권은 다시 깨질 위기를 맞았다. 다시 야권을 분열시킬 수는 없었다. 결국 윤보선 씨는 특유의 고집으로 후보가 됐고, 그 고집이 결국 또 선거를 망치고 말았다.[42]

대통령 선거에서 윤보선을 상대로 무난한 승리를 거둔 박정희는 6월 8일의 7대 국회의원 선거에 전력을 기울였다. 7대 국회의원 선

---

41) 김대중,《김대중 자서전》1, 155-169쪽.
42) 김대중,《김대중 자서전》1, 175쪽.

거가 3·15부정선거를 능가하는 6·8부정선거로 자리매김된 데에
는 박정희의 장기집권 욕망이 있었다. 박정희는 5월 3일 대통령 선
거로 재선에 성공하여 4년의 임기를 보장받았지만, 1971년에 권력
을 손에서 놓을 마음은 전혀 없었다. 그는 3선개헌을 추진했고, 그러
기 위해서는 6월 8일의 국회의원 선거에서 개헌선을 확보해야 했던
것이다. 박정희는 6·8총선에서 단순히 개헌선을 확보하는데 그치
지 않고 개헌에 걸림돌이 될 인물들을 낙선시키기 위해 적극적으로
나섰다. 그 대표적인 표적이 바로 김대중이었다. 김대중에 따르면
박정희는 중앙정보부와 내무부 간부들을 청와대로 불러 "이번 선거
에서 김대중은 무슨 일이 있더라도 낙선시켜야 한다. 여당후보 열
명이나 스무 명이 떨어져도 상관없다. 하지만 김대중만은 절대 당선
시켜서는 안 된다"라고 지시했다고 한다.[43]

역대 부정선거는 경찰이나 내무관료들이 총동원된 관권선거가 대
부분이었지만, 대통령이 직접 부정선거의 감독을 맡고 특별출연까지
하지는 않았다. 사실 대통령중심제 국가에서 대통령이 각부 장관 이
끌고 특정인을 위한 선거운동을 벌인다는 것은 상상도 할 수 없는
일이기 때문이다. 5.3 대통령선거 기간 중인 4월 15일 중앙선거관리
위원장 사광욱은 국무위원의 지방출장에서 특정 후보 지지나 반대를
하는 것은 위법이라고 분명히 밝혔다.[44] 그러나 대통령 선거가 끝나
자마자 박정희 정권은 5월 9일 법제처의 담당 법제관들도 모르게
전격적으로 선거법 시행령을 개정하여 대통령과 국무위원 등의 선거
운동을 합법화하려 했다. 법을 뛰어넘는 시행령 공화국을 만들어 의
회도 장악하고 종신집권의 길을 열려는 의도를 명백히한 것이다. 여
당인 공화당은 지난 대통령 선거에서 여야 간 시소를 벌였던 기호

---

43) 김대중, 《김대중 자서전》 1, 176-177쪽.
44) 〈각료들의 특정후보 지지 위법〉, 《조선일보》, 1967년 4월 16일.

및 호남지역에 '박정희 총재 유세반'을 집중 투입하는 계획을 세웠다.[45]

　행정부의 전격적인 시행령 개정에 대하여 중앙선거관리위원회는 5월 13일 전체회의를 열고 각료들의 선거운동은 불가하고 시행령 개정은 부당하다는 공식 견해를 다시 한번 명확히 밝혔다.[46] 공화당의 유세계획은 중대한 차질을 빚지 않을 수 없었고, 박정희는 일단 유세계획을 취소했다.[47] 중앙선거관리위원장 사광욱은 1967년 5월 15일 국무총리 정일권과 내무부 장관 엄민영 및 법무부 장관 권오병에게 공무원의 정치적 중립을 요청하는 공한을 보냈다. 박정희 정권은 법무장관 권오병을 내세워 대통령을 비롯한 별정직 공무원의 선거운동을 허용한 개정 선거법 시행령이 적법타당한 것이라며 중앙선거관리위원회와 논쟁을 벌였다.[48] 박정희 정권은 논쟁만 벌인 것이 아니었다. 정부와 공화당이 추천한 김치열 등 선거관리위원들을 움직여 여러 차례 회의를 열어 "대통령과 국무위원 등 별정직 공무원은 국회의원 선거법상의 선거운동을 할 수 없다"는 5월 13일에 내린 공식 결정을 5:4로 스스로 뒤집어버렸다.[49] 1949년 국회프락치 사건의 재판장으로 매우 편파적인 재판을 진행해 지탄받았던 극우판사 사광욱은 1967년에는 중앙선거관리위원장으로 행정부의 부당한 선거개입을 막기 위해 혼신의 힘을 기울였지만 역부족이었다. 이제 박정희는 거칠 것이 없었고, 대통령을 수반으로 하는 총체적인 부정선거가 자행되었다. 박정희는 목포로 내려가 민주공화당 김병삼 후보

45) 〈공화당 호남·기호에 주력〉, 《동아일보》, 1967년 5월 11일.
46) 〈6.8열전…초점지대〉, 《조선일보》, 1967년 5월 14일.
47) 〈박대통령 유세 않기로"〉, 《동아일보》, 1967년 5월 16일.
48) 〈개정선거법시행령 싸고 정부 선관위 논전〉, 《조선일보》, 1967년 5월 16일.
49) 〈대통령 당총재로 유세 가능—선위: 유권해석을 번복〉, 《동아일보》, 1967년 5월 22일; 〈선관위, 해석 번복 대통령 당총재로 유세 가능〉, 《조선일보》, 1967년 5월 23일.

에 대한 지원유세를 실시했고, 호남개발을 주제로 한 현지 각료회의
를 열고[50] 목포에는 "날마다 꿀단지가 떨어졌다"고 할 만큼 장밋빛
공약이 연달아 제시되었다.

7대 국회의원 선거에서 김대중과 경쟁한 민주공화당 후보는 김병
삼이었다. 5.16후 내각 사무처장(총무처장관), 원호처장, 체신부장
관 등 세 차례나 각료급 직위를 역임하는 등 박정희의 큰 신임을
받는 인물이었다. 헌병사령관으로 예비역 소장 출신인 김병삼은 안
두희의 백범 김구 암살사건 당시 헌병중대장으로 사건 현장을 장악
하고 안두희의 신병을 헌병사령부로 빼돌린 백범 암살 사건의 주요
관련자이기도 했다. 1967년 3월 7일 김병삼의 집에서는 의문의 권
총강도 사건이 발생하여 김병삼이 다리에 관통상을 입었다. 이 사건
은 큰 관심을 불러일으켰지만, 사건 발생 이틀 만인 3월 9일 경찰은
수사본부를 사실상 해체했고, 치안국장 한옥신은 예정된 기자회견
을 취소했으며, 경찰에는 함구령이 내려졌다.[51] 김병삼은 원래 진
도 출신으로, 진도에서 출마하면 쉽게 당선될 수 있었다. 그러나
박정희가 김대중의 대항마로 김병삼을 선택했고, 목포 출마를 꺼린
김병삼은 불출마의 구실로 권총강도 자작극을 벌인 것이라고 김대
중은 당시의 소문을 자서전에서 소개했다.[52]

김병삼은 결국 목포에 출마했고, 박정희 정권은 김병삼의 당선,
아니 김대중의 낙선을 위해 현지에서 선거를 치르는 공화당에서 "돈
이 너무 많아 걱정"이라 할 만큼 천문학적인 돈을 쏟아부었다. 금품
살포를 위해 공화당 선거 운동원들은 집집마다 돌아다니며 처마 밑

---

50) 〈행정부, 여당후보지원 적극화〉, 《동아일보》, 1967년 5월 26일; 〈박대통령, 목포서
　　유세〉, 《경향신문》 1967년 5월 26일.
51) 〈갑자기 수사중지〉, 《동아일보》, 1967년 3월 10일.
52) 김대중, 《김대중 자서전》 1, 178쪽.

에 여당 성향의 집에는 ○, 중립은 △, 야당성향의 집에는 ×표시를 하고 그 표시대로 돈을 뿌렸다. 이 같은 사실을 포착한 김대중 진영에서는 이를 역이용하여 이 표시를 ○는 ×로, ×는 ○로 바꿔 놓았고, 다음날 당연히 대소동이 일어났다.[53] 이런 '출중한 지략'으로 "행정력이 총동원된 관권 선거를 무력화"시킨 장본인은 바로 '선거판의 귀재' 엄창록이었다.[54] 김대중이 대통령까지 직접 출동한 관권선거에서 살아남자, 권력은 김대중이 음흉하고 권모술수에 능한 정치인이라고 매도했다.

물론 엄창록 등의 지략이나 술수도 김대중의 승리에 기여했지만, 김대중이 살아남을 수 있었던 근본적인 이유는 민중의 지지였다. 박정희 정권의 관권, 금권 선거에 김대중도 사생결단하고 맞설 수밖에 없었다. 김대중은 "나는 민주주의를 지키기 위해서 내 목숨을 걸겠습니다. 내가 싸우다가 죽으면, 여러분은 내 시체에 꽃을 바치기 전에 먼저 내 시체를 밟고 전진해서 4 · 19부정선거의 원흉인 제2의 최인규를 타도"해 달라면서 "나를 구하는 길은 오직 시민 여러분에게 있습니다"라고 호소했다.[55] 실제 목포의 열기는 뜨거웠다. 중앙정보부는 김대중의 유세가 끝난 후 3만여 청중들이 부정선거를 항의하여 데모를 감행한 사실에 우려하지 않을 수 없었다. 목포는 이미 전국 최대의 열전장이 되어 국내외 기자들이 몰려 있는 판이었다. 중앙정보부장 김형욱은 박정희에게 자칫 잘못하면 '제2의 마산사태'(3 · 15 부정선거 항의시위로 4월혁명의 도화선이 되었음—필자)가 일어날지 모른다며 박정희에게 "김대중 하나쯤이 무슨

---

53) 김대중, 《김대중 자서전》 1, 181쪽.
54) 김대중, 《김대중 자서전》 1, 224쪽. 엄창록의 활약과 1971년 대통령선거에서 중앙정보부의 엄창록에 대한 공작에 대해서는 김충식, 《남산의 부장들》(서울: 메디치미디어, 2012년 개정증보판), 261–275쪽을 볼 것.
55) 김대중, 《김대중 자서전》 1, 182–183쪽.

문제가 되겠습니까. 너무 목포에서 무리를 하다가 자칫하면 대국을 그르칠까 염려됩니다"라고 보고했다.[56] 결국 박정희도 중앙정부 차원에서의 공작을 중지하는데 동의하지 않을 수 없었다. 결국 김대중은 6천여 표 차이로 김병삼을 꺾고 3선 의원이 되었다.[57]

김대중은 6·8부정선거에서 살아남았지만, 제7대 국회의원 총선거에서 지역구는 공화당 103석, 신민당 27석, 대중당 1석, 전국구에서는 공화당 27석, 신민당 17석을 차지해 공화당은 개헌선인 117석을 훨씬 넘는 130석을 확보했다. 당시 중앙정보부장 김형욱은 7대 국회의원 선거를 이렇게 평가했다.

> 1967년 6월 8일에 실시됐던 제7대국회의원 선거는 결론부터 말하자면 김대중을 위한 선거였다 해도 과언이 아니었다. 그전에도 유명하지 않았던 것은 아니나 그 선거를 계기로 하여 김대중은 일약 전 국민적인 인물로 부상되었다. 역설적이게도 김대중을 그런 국민적 지도자급으로 올려놓은 것은 김대중이라면 문자 그대로 '치를 떨던' 박정희 자신이었다.[58]

2. 1971년 대통령선거와 김대중

1) 40대 기수론과 김대중의 대통령 후보 선출

한국의 야당사에는 대통령 선거와 관련하여 불행한 징크스가 있었다. 1956년 대통령 선거에서는 민주당의 신익희 후보가 유세를 위해 이동 중 뇌일혈로 갑자기 세상을 떴고, 1960년 대통령 선거에서는

---

56) 김형욱, 《김형욱 회고록》 2, (서울: 아침, 1985) 190쪽.
57) 김대중, 《김대중 자서전》 1, 185~187쪽.
58) 김형욱, 《김형욱 회고록》 2, 186쪽.

역시 민주당의 조병옥 후보가 미국에서 수술을 받고 회복 중 역시 갑자기 별세한 것이다. 다행히 1963년과 1967년의 대통령 선거에서는 무사히 넘어갔지만, 3선을 노리는 박정희와 맞설 1971년 대통령 선거를 앞두고 이 불행한 징크스의 암운이 다시 드리운 것이다. 1971년 대통령선거의 야당 후보로는 1967년 통합 신민당 출범 당시 윤보선에게 후보직을 양보했던 신민당 유진오 총재가 확정적이었다. 그러나 1969년 삼선개헌 반대투쟁을 지휘하며 무리했던 유진오는 개헌안이 국회에서 변칙 처리된 직후 건강 문제로 정작 국민투표를 위한 전국 유세에는 한 번도 참석하지 못했다. 유진오 총재는 건강상의 이유로 사퇴의사를 철회하지 않았고[59] 그가 일본으로 장기요양을 떠나는 것이 결정되면서 1971년 신민당의 대통령 후보 자리는 원점에서 재검토해야 할 상황이 도래한 것이다.

김대중은 학자 출신인 유진오 총재의 지도력이나 당장악력에 문제가 있다고 생각했다. 그는 이용희 의원 등의 권유로 대통령 후보에 도전해 '유진오 박사와 일전'을 벌이는 것을 비밀리에 준비하기 시작했는데, 유진오 총재가 갑자기 쓰러졌다고 한다.[60] 유진오의 건강 이상에 제일 먼저 공개적으로 반응한 것은 김영삼이었다. 김영삼은 1969년 11월 8일 신민당 대통령 후보 경선 출마를 선언하면서 40대 기수론을 제창했다. 김영삼은 김대중과는 달리 유진오의 건강이 좋았다면 그가 1971년 대통령 후보로 나서는 데에는 당내에 큰 이론이 없었을 것이라고 했다.[61] 김영삼의 출마 발표 10일 후인 1969년 11월 18일, 김대중도 신민당 대통령후보 지명전에 출마할 뜻을 표했

---

59) 〈유총재 성명 '행정권, 국민 강압'〉, 《조선일보》, 1969년 10월 21일; 〈사퇴, 최상책은 아니다〉, 《조선일보》, 10월 23일.
60) 김대중, 《김대중 자서전》 1, 198쪽.
61) 김영삼, 《40대 기수론》 (서울: 신진문화사, 1971), 9, 16쪽.

다. 1968년 8월 15일 정치정화법 시효 만료로 오랜 정치활동 규제
에서 풀려난 뒤 상황을 관망하던 이철승도 뒤늦게 신민당에 입당하
여 오랜 공백에도 불구하고 후보 지명전에 뛰어들 뜻을 밝혔다.[62]

1970년 1월 26일 신민당 전당대회에서는 신병으로 사퇴한 유진
오 총재의 후임으로 수석부총재였던 유진산을 선출했다. 민주당 구
파 출신의 유진산은 분명 당내에서는 가장 큰 시분을 갖고 있던 '진산
계'의 수장이었지만, '사쿠라'라는 부정적인 이미지가 너무 강해 대통
령 후보로 나설 수는 없는 인물이었다. 유진산은 그래도 미련을 버리
지 않고, '정치적 미성년자', '구상유취' 등의 언사를 써가며 40대 기
수의 부상을 막아보려 했지만, 개혁과 변화를 바라는 대세를 꺾을
수 없었다. 대중들은 변화를 바라고 있었다. 1963년의 대통령 선거
는 젊고 참신한 박정희와 늙고 전혀 새롭지 못한 윤보선의 대결이었
고, 1967년 선거는 그 구도가 더욱 악화된 상태에서 야당이 참패했
던 것이다. 40대 기수론이 대세가 되자 유진산은 자신이 대통령 후
보 지명권을 행사하겠다고 나섰다. 유진산과 같은 민주당 구파 출신
으로 진산계에 속해 있었던 김영삼은 유진산의 후보 지명권 행사를
마다할 이유가 없었다. 이철승은 김대중과 함께 민주당 신파 출신으
로 계보 상으로는 유진산과 거리가 있었지만, 과거 반탁반공운동 시
절 깊은 인연이 있었고, 무엇보다도 오랜 공백으로 당내 경선으로
당선될 가능성이 희박했기 때문에 유진산의 지명이 대통령 후보가
될 수 있는 유일한 길이었다. 이렇게 김영삼과 이철승은 유진산의
지명권 행사에 동의했지만, 김대중은 거부했다. 유진산이 김대중을
대통령 후보로 지명할 가능성이 극히 희박했다는 것 때문만은 아니
었다. 더 중요한 이유는 당수의 후보지명이란 민주주의의 원칙에 어

---

62) 〈국민이 바라면 출마 이철승씨 대통령에〉, 《조선일보》, 1970년 2월 13일.

굿나기 때문이었다.

1970년 9월 29일에 열린 신민당의 대통령후보 지명 임시전당대
회는 그야말로 한 편의 드라마였다. 후보지명대회를 하루 앞둔 9월
28일 오후 유진산은 신민당 중앙상임위원회에서 김영삼을 대통령
후보로 추천하면서 거당적인 지지를 호소했고, 이철승도 김영삼 지
지를 약속했다. 언론은 김영삼의 지명획득이 확실시된다고 보도했
다.[63] 29일의 전당대회에서 김영삼은 대의원 885명 중 421표를 획
득, 382표를 획득한 김대중에 앞섰으나 과반 득표에 실패했다. 무효
표가 82표나 나온 것으로 볼 때 이철승 지지표의 상당수가 김영삼에
투표하는 대신 무효표를 던져 존재감을 과시한 것으로 보인다. 2차
투표를 앞두고 김영삼이 후보지명 수락 연설문을 다듬는 사이, 김대
중은 다음 신민당 총재선거에서 이철승을 적극 지지한다는 각서를
써 주었다. 같은 민주당 신파로 뿌리가 같고 호남이라는 지역성을
공유한 이철승 계는 2차 투표에서 대부분 김대중을 지지했다. 김대
중은 2차 투표에서 과반에서 15표를 상회하는 458표를 얻어 극적인
역전승을 거두었다. 김대중은 2차 투표에서 무효표 대부분을 획득하
여 76표가 늘어난 반면, 김영삼은 이철승 계 표 일부가 떨어져 나가
1차 투표 때보다 11표가 줄어든 410표에 그쳤다.[64] 한 번도 써 보지
못한 국회의원 당선증을 받은 지 10년, 제대로 의정활동을 한 것으
로 치면 7년여 만에 김대중은 예상을 뒤엎고 야당의 젊은 대통령 후
보에 선출된 것이다.

2) 1971년 대통령 선거
대통령 후보로 선출된 김대중이 주력한 것은 신민당이 수권정당임

63) 〈신민후보에 김영삼씨 추천〉, 《동아일보》, 1970년 9월 28일.
64) 〈신민 대통령 후보 김대중씨 지명〉, 《동아일보》, 1970년 9월 29일.

을 보여주기 위해 국민들이 공감할 수 있는 정책대안을 제시하는 것
이었다. 과거의 대통령 선거에서 야당은 국민들에게 다가갈 수 있는
정책대안을 제시하지 못했다. 1963년 5대 대통령 선거에서는 윤보
선 후보가 기호 5번을 뽑자 "5대째 대통령에 / 5복 갖춘 윤대통령
/ 5번을 찍고 보면 / 5곡 풍년 절로 들고 / 5륜이 바로 서서 / 5복이
찾아드네"65)라고 5자 타령을 늘어놓았다. 몇 차례 안 되는 신문광고
에서 야당이 공약이라고 제시한 것은 농어촌 수입을 배로 늘리고,
직업 없는 이에게 모두 일자리를 마련하겠다, 무탁 노인과 고아들을
돌보겠다는 것뿐이었다.66) 공약 자체가 대단히 막연할 뿐 아니라 실
현 방안도 전혀 제시되지 않았다. 1967년 7대 대통령 선거에서는
그래도 나름 분야별 공약을 제시67)하여 1963년처럼 참담하지는 않
았지만, 구체성에서 집권여당인 공화당을 따라잡을 수 없었다. 더구
나 대통령 선거 자체가 구도와 후보 면에서 신민당 윤보선 후보가
민주공화당 박정희 후보에 완전히 밀리게 되니 공약이나 정책은 큰
쟁점으로 부각되지 않았다. 신민당은 1971년 3월 야당으로서는 처
음으로《주요정책집 – 집권공약을 중심으로》라는 95쪽짜리 소책자
를 출간했다. 그동안 야당이 정부의 실정이나 비리에 대해 공격만
퍼붓고 야당의 정책을 제시하지 못한 것에 대한 반성이라 할 수 있
다. 이 책은 신민당 명의로 나왔지만, 사실 김대중이 스스로 조사·
연구한 내용을 담고 있었다. 김대중은 "당시 신민당은 체계적으로
정책을 입안하는 기구가 없었다. 이때 제시한 정책들은 의원 생활을
하면서 내 스스로가 연구하고 조사해서 만든, 그야말로 땀의 결정체
였다"고 회고했다.68)

---

65) 〈기호5번 윤보선〉,《경향신문》,1963년 10월 3일자 1면 광고.
66) 〈선언: 공포와 기여와 부패를 추방한다〉,《경향신문》, 1963년 10월 11일자 1면 광고.
67) 〈흐려진 선거초반〉,《경향신문》, 1967년 3월 29일.

　김대중이 제시한 정책과 공약 중 중요한 것은 경제 분야의 대중경제론, 외교 분야의 4대국 보장론, 통일 분야의 남북한의 화해와 교류 및 평화통일론, 그리고 국방 분야의 향토예비군 폐지 등이 있다. 불과 12년 전인 1959년, 진보당의 조봉암 당수가 평화통일이란 말이 빌미가 되어 사형까지 당했던 것을 고려한다면 김대중이 남북한의 화해와 교류 및 평화통일론을 주요 정책으로 내세운 것은 한국 정치사에서 매우 뜻 깊은 일이었다. 당시 중앙정보부에 근무했던 이종찬은 "김대중이 내세운 공약은 마치 살아 움직이는 활어 같았다"면서 "그는 그동안 금기시되던 통일 문제를 공개적으로 거론했다. 대단히 민감한 문제를 용감하게 제기했던 것이다. 이승만 시절 조봉암은 평화통일론으로 사형까지 당하지 않았던가"라고 김대중의 공약을 높이 평가했다. 박정희 정권은 김대중의 평화통일과 남북교류 분야 공약을 문제삼으려 했지만, "서신 교류, 기자 교류, 체육 교류 등을 제안했기 때문에 정부가 이를 색깔 문제로 비판하기도 어려웠다"고 한다. "봐라! 독일도 분단국가이지만 자신감 있는 동방 정책으로 동독이 자유화하도록 유도하고 있지 않은가?" 김대중이 이렇게 외치는데, "정부도 부인할 도리가 없었다"는 것이다.[69] 박정희 정권은 김대중이 공약을 발표하면 벌떼처럼 일어나 흠집을 내고자 했지만, 통일분야 정책의 경우 김대중의 주장은 박정희에 의해 실현되었다. 김대중은 이에 대해 이렇게 평가했다.

　　그러던 박정권이 불과 1년 뒤에는 내가 주장한 것과 똑같은 남북통일정책을 추진하였다. 남한정부의 제의로 남북적십자회담이 성사되었고, 그 회담을 진행하면서 그 유명한 '7·4 남북 공동성명'을 채택했기 때문이

---

68) 김대중, 《김대중 자서전》 1, 213쪽.
69) 이종찬, 《숲은 고요하지 않다》 1, (서울: 한울, 2015), 238쪽.

다. 그렇게 나를 비난했던 저들도 결국은 내 주장을 뒤쫓아 왔다. 그러나 그 정신은 달랐다. 박정권이 목표한 바는 남북의 화해 협력이 아니라 이를 통해서 정권의 안전을 보장받고 통일을 원하는 민심을 달래고자 함이었다.[70]

한국정당사에서 김영삼과 대비되는 김대중의 확실한 기여는 한국의 야당을 정책정당으로 변모하게 만들었다는 점이다. 1971년 그가 대통령 후보로 지명된 것은 그 출발점이었다. 또한 그 정책의 지향이 당시의 한국 정치 지형을 고려해 볼 때 상당히 진보적인 색깔을 띠었음을 부인할 수 없다. 이 때문에 그는 색깔론의 표적(특히 향토예비군 폐지론)이 되어 위험하고 불온한 인물, 심지어 공산주의자로 매도되기도 했지만, 한국전쟁 이후 남한에서 뿌리 뽑힌 진보적 아젠다가 되살아나는데 중요한 역할을 했다.

박정희 정권은 김대중이 예상을 뒤엎고 신민당의 대통령 후보가 되고, 그가 내놓는 정책과 공약들이 대중들의 폭발적인 반응을 불러오자 몹시 당황했다. 3선개헌안을 날치기 처리한 이후 김계원의 중앙정보부는 유진산을 박정희의 상대 후보로 만들기 위해 전력을 기울여 왔다. 그러나 이 공작[71]은 파탄이 났고 박정희 정권은 김대중이라는 까다로운 맞수를 상대해야 했다. 박정희는 공작에 실패한 김계원은 그대로 둔 채, 훗날 보안사령관으로 윤필용 사건을 처리한 강창성을 중앙정보부 보안차장보로 불러들여 김대중에 대한 대비책을 세우게 했다. 그러나 사람은 좋지만 무능한 김계원으로는 김대중 바람을 잠재우고 대통령 선거를 치를 수 없다고 판단한 박정희는 선

---

70) 김대중, 《김대중 자서전》 1, 208쪽.
71) 중앙정보부의 유진산 후보 추대 공작에 대해서는 김충식, 《남산의 부장들》, 250-254를 참조할 것.

거를 넉 달 앞두고 1970년 12월 19일 주일대사로 밀려나 있던 이후락을 중앙정보부장으로 기용했다. 조직개편과 인사를 통해 중앙정보부를 단기간에 휘어잡은 이후락은 국무총리 백두진, 공화당의 의장 백남억, 사무총장 길재호, 원내총무 김진만, 재정위원장 김성곤, 그리고 내무장관 박경원, 청와대 비서실장 김정렴, 검찰총장 신직수 등을 멤버로 한 최고위급 중앙대책위원회를 구성하고 이 모임의 간사를 맡았다. 중앙정보부 보안차장보 강창성도 배석자로 참가했다. 이 모임을 뒷받침하는 실무위원회는 청와대 정무담당 수석비서관 김상복, 내무차관 박영수, 국무총리 비서실장 서인석, 공화당 사무차장 문창탁, 중앙정보부의 보안차장보 강창성과 국내정치 담당 국장 전재구 등이 참가했고, 또 홍보를 위해 청와대 대변인 윤주영, 당 대변인 김창근, 문공차관 홍경모 등이, 선거사범 처리를 위해 대검차장 이봉성 등이 참여했다. 강창성의 보좌관 이종찬은 강창성을 수행해 늘 회의에 참석해 기록을 맡았다.[72]

이종찬에 따르면 선거를 앞둔 긴박한 상황에서 여권의 대통령 선거대책은 모든 것이 중앙정보부장 이후락을 중심으로 "마련되고 추진되어갔으며, 분위기 자체가 전임 김 부장 때와는 사뭇 달랐다. 한 곳으로 힘이 모인다는 느낌이 분명했다"고 한다. 중앙정보부가 중심이 된 이 기구는 김대중의 동정, 신민당 내부 사정, 민심의 추이 등에 대한 보고를 받고 자세한 대책을 마련했다. 이 기구는 심지어는 당시 돈으로 20억 원을 들여 1표 당 4천 원 씩 50만 표를 엄선된 유권자로부터 사들인다거나, 신민당 간부들을 매수, 회유하여 엄창록처럼 중앙정보부에서 활용하거나 신민당 부녀국장 박윤현처럼 언론에 탈당 성명 등을 발표케 했다. 중앙정보부는 또 점쟁이를 찾아가 박정희와

---

72) 이종찬, 《숲은 고요하지 않다》 1, 234-240, 253-255쪽.

김대중 두 사람의 사주를 주고 선거 날짜를 받아오기도 했는데. 김대중의 경우는 한자명 金大仲을 金大中으로 개명했고, 생년월일도 여럿이어서 혼란스러웠다고 한다. 중앙정보부가 점쟁이로부터 받아와 실제 대통령선거일로 확정된 1971년 4월 27일은 "박정희에게는 길일 吉日, 김대중에게는 절명일絶命日, 또는 혼망일魂忘日이었다고 한다.73)

김대중 후보가 미국을 방문 중이던 1971년 1월 28일 밤 김대중 후보의 동교동 자택에서 의문의 사제 폭발물이 터지는 사고가 일어났다. 소리는 요란했지만, 다행히 인명이나 가옥피해는 없었다. 당국은 김대중 후보 집 가정부를 연행하여 겁박한 결과, 김대중 후보의 중학교 2학년생인 조카 김홍준을 범인으로 단정하고 물고문까지 하여 자백을 받아낸 뒤 구속했다. 김홍준을 구속적부심에서 풀어준 주심 조준희 판사는 얼마 뒤 사표를 냈고, 재판장 백종무 부장판사는 유신 후 법관재임명에서 탈락했다. 김대중은 이 사건을 자신이 미국 지도자들을 만나지 못하게 미국방문을 중단하고 돌아오게 하려고 중앙정보부가 조작한 사건으로 추측했다.74) 그러나 다른 사건들에 대해서는 대부분 사실관계를 인정하는 당시 중앙정보부 관계자들은 이 사건에 대해서는 아는 바 없다고 중앙정보부가 관련된 사실을 인정하지 않고 있다. 한편 김대중 후보 자택 폭발물 사건으로 세상이 시끄럽던 2월 5일에는 김 후보의 선거대책본부장인 정일형 의원 집에 의문의 화재가 발생하여 별채 30평을 모두 태워버렸다. 경찰은 화인을 별채 아궁이 옆에서 고양이 세 마리가 바람막이 공터 쓰레기통에서 종이를 물어다 놓고 장난을 치다가 불이 났다고 발표75)하여 빈축

---

73) 이종찬, 《숲은 고요하지 않다》 1, 255-258쪽.
74) 김대중, 《김대중 자서전》 1, 218쪽.
75) 〈신민 선거대책본부장 정일형의원 집에 불, 선거 · 기밀서류 전소〉, 《동아일보》, 1971

을 샀다.

중앙정보부가 김대중 후보를 방해하기 위해 벌인 공작으로는 잡지 《다리》 필화사건이 있다. 김대중의 최측근 의원인 김상현은 김대중이 신민당 대통령 후보로 확정되기 직전인 1970년 9월 잡지 《다리》를 창간했다. 《다리》는 1970년 5월 폐간된 《사상계》의 공백을 메울 뿐 아니라, 새로운 젊은 필진까지 더 해 독자들의 뜨거운 호응을 받았다. 중앙정보부는 1971년 2월 10일과 11일 《다리》지 1970년 11월호에 실린 〈사회참여를 통한 학생운동〉의 필자 임중빈, 《다리》지 주간 윤형두, 발행인 윤재식 등을 연행했다. 사실 중앙정보부가 문제삼은 〈사회참여를 통한 학생운동〉이란 글은 핑계일 뿐이었다. 필자 임중빈은 당시 김대중의 자서전을 집필하고 있었고, 발행인인 윤재식은 김대중의 공보비서였으며, 주간 윤형두는 김대중의 《내가 걷는 70년대》와 《대중경제 100문 100답》을 간행한 범우사의 대표로 김대중의 대통령선거 관련 출판업무를 총괄하고 있었다. "이 사건은 단순한 필화사건이 아니라, 김대중을 표적으로 하는 정치적 탄압사건의 한 부분"임이 분명했다.[76] 이 사건 관련자들은 대통령 선거가 끝난 뒤 진행된 재판에서 무죄를 선고받았지만, 목요상 판사의 이 판결은 몇 달 뒤 사법파동을 불러오는 불씨가 되었다.

박정희 정권은 중앙정보부를 중심으로 방대한 조직과 막대한 예산을 들여 다양한 선거대책을 세워갔지만, 거세게 불기 시작한 김대중 바람 앞에서 모든 대책이 효과를 본 것은 아니었다. 중앙정보부의 대선 기획 중 하나는 "제3의 후보를 내세워 야당표를 분산시키는 작업"이었다. 이런 식의 공작은 1963년 대통령 선거 당시 큰 효과를 거두었다. 이승만 정권 시절 국무총리를 지낸 변영태는 사실 당선

년 2월 5일.

76) 한승헌, 《재판으로 본 한국현대사》 (서울: 창작과비평사, 2018), 192–195쪽.

가능성이 없었지만, 중앙정보부는 변영태가 대통령 선거에 나서고 또 끝까지 사퇴하지 않도록 유권자 다수의 이름으로 편지를 보내는 서신공작을 벌였다. 변영태는 주변의 강력한 사퇴권유에도 불구하고 끝까지 버텨 박정희와 윤보선 간의 표 차이인 156,026표를 훌쩍 넘는 224,443표를 얻었다. 변영태가 얻은 표가 대부분 야당 지지표였다는 것을 고려하면, 변영태의 출마와 완주는 당락을 좌우할 수 있는 변수였다.77) 그러나 1971년에는 사정이 달랐다. 중앙정보부는 윤보선을 제3당인 국민당 대통령 후보로 나서도록 공작했으나 실패했고, 이범석을 단일후보로 추대하는 운동78)도 벌였으나 이 역시 실패했다. 중앙정보부는 진보당 부통령 후보였던 박기출을 내세우는 것도 고려했지만, 영남출신인 박기출은 김대중 표보다는 같은 영남 출신인 박정희의 표를 갈라가서 오히려 김대중에게 유리할 뿐이라고 판단해, 중앙정보부의 제3후보 옹립공작은 실패로 돌아갔다.79)

선거가 가까워질수록 김대중의 바람은 더욱 거세게 불었고, "사회 전반에 동요가 일기 시작"했다. 언론보도도 처음에는 여야를 균형 있게 다루다가 차츰 야당에 유리한 방향으로 흘러갔다. 이제 신문사에 출입하는 중앙정보부 조정관의 말이 먹혀들지 않는 상황이 도래한 것이다.80) 100만 인파가 운집한 4월 18일 김대중 후보의 서울 장충단공원 유세는 김대중 진영의 기를 한껏 살린 반면, 박정희 정권의 간담을 서늘하게 만들었다. 김대중의 핵심 메시지는 "이번에 박정희씨가 승리하면 앞으로는 선거도 없는 영구 집권의 총통 시대가 온

---

77) 이종찬, 《숲은 고요하지 않다》 1, 257쪽.
78) 1971년 2월 26일 국민당과 재야정치인 및 신민당의 일부 비주류인사들을 포함한 300여 명이 '범야 대통령후보 옹립추진위원회'를 결성하고 재야단일대통령후보로 이범석을 추대하기로 결정했다. 〈범야후보 옹립위 결성 이범석씨 추대〉, 《동아일보》, 1971년 2월 26일.
79) 이종찬, 《숲은 고요하지 않다》 1, 257~258쪽.
80) 이종찬, 《숲은 고요하지 않다》 1, 259쪽.

다"는 것이었다. 이 주장은 1970년 11월 김대중이 대통령 후보 출마를 선언한 때부터 되풀이해 온 것이지만, 구름 같은 인파, 거센 바람과 결합하여 엄청난 힘을 발휘했다. 김대중은 이렇게 외치면서 연설을 마쳤다. "서울시민 여러분! 7월1일에 청와대에서 만납시다."[81]

이 바람을 잠재울 수 있는 특단의 조치가 필요했다. 우선 보안사는 서승, 서준식 형제 등이 포함된 '북괴 대규모 간첩단' 4개망 51명을 검거했다고 간첩단 사건을 터뜨렸다. 특히 박정희가 이준구 사장으로부터 빼앗아 자신의 손아귀에 넣은 《경향신문》의 면 배치는 남달랐다. '박―김후보 오늘부터 계속 접전'이란 1면 탑 기사 옆에 사이드로 〈북괴 대규모 간첩단 타진〉이란 기사를 배치했다. 사진도 유세장소와 각도를 잘 잡아 박정희 쪽에 훨씬 많은 인파가 모인 것처럼 보

〈박·김 후보, 오늘부터 계속 접전〉, 《경향신문》 1971년 4월 20일.

---

81) 김대중, 《김대중 자서전》 1, 229쪽.

이게 했다.

서승·서준식 재일동포 형제간첩단 사건은 하마터면 김대중에게 치명적인 위협이 될 수도 있는 사건이었다. 서승은 한국으로 유학 온 후 재일동포 문제에 깊은 관심 갖고 저서까지 출간한 김상현 의원의 집에 한동안 머물렀는데, 보안사는 북한이 서승을 통해 김대중의 최측근인 김상현을 거쳐 김대중에게 북의 자금을 전하려 한 것으로 조작하려 했다. 보안사의 흉계는 서승이 자신으로 인하여 "군사독재 타도와 미래의 희망"이 꺾이게 할 수 없다며 분신을 시도한 결과 실현되지는 못했다.[82]

박정희 정권은 중요한 정치적 고비에 종종 대형 공안사건을 터뜨려 재미를 보곤 했지만, 김대중 바람을 탄 총통제 의혹은 이런 간첩 사건 발표로 막을 수 있는 것은 아니었다. 특단의 조치가 필요했다. 중앙정보부나 여권 대책회의의 의견은 일치했다. 박정희가 직접 이번 선거가 마지막 출마라는 것을 밝히는 수밖에 없다는 것이었다. 문제는 누가 박정희에게 이런 '불경'스러운 건의를 하느냐는 것이었다. 여권의 핵심 요인들은 이 문제를 놓고 골머리를 썩었지만, 그럴 필요가 없었다. 박정희와 이후락은 이미 이런 선언이 불가피하다는 것을 인식하고 대책을 마련 중이었던 것이다.[83] 투표 직전인 4월 24일의 부산과 4월 25일의 서울 유세에서 박정희는 "이번이 대통령으로 출마하는 마지막 기회"라고 호소했고, 언론은 이를 1975년 선거에는 출마하지 않을 뜻을 분명히 한 것이라고 보도했다.[84] 박정희의 이 발언으로 "청중은 물을 끼얹은 듯 조용"해졌고, "총통제가 될

---

82) 서승, 《옥중 19년》 (서울: 진실의 힘, 2018), 36-37쪽.
83) 이종찬, 《숲은 고요하지 않다》 1, 257-258쪽.
84) 〈박후보 서울 유세 '이번이 마지막 출마 임기중 부정부패 근절'〉, 《동아일보》, 1971년 4월 26일.

것이라는 김대중의 발언은 선동 정치의 대표적인 표현으로 이해되었다"고 한다.[85]

1971년 4월 27일 대통령 선거 결과 박정희는 94만 표 차이로 간신히 김대중을 따돌리고 재선에 성공했다. 현직의 프리미엄을 갖고 엄청난 자금과 방대한 조직, 그리고 정보정치와 공작정치를 통해 지역감정 조장, 매수, 위협, 언론 봉쇄 등을 감행한 것을 감안한다면 사실상 박정희는 결코 승리한 것이라 할 수 없었다. 김대중은 자서전에서 "나는 선거에서 이기고 투개표에서 졌다"고 선언했다.[86] 정상적으로 정치일정이 전개되어 1975년에 대통령 선거가 실시된다면 그 선거에서 당선될 확률이 압도적으로 높은 사람이 김대중임은 분명해졌다. 박정희로서는 이번이 마지막이라고 공언한 마당에 이런 직선제 방식을 통해 다시 대통령이 된다는 것을 꿈꿀 수는 없었다. 1971년의 김대중 바람과 박정희의 "이번이 마지막"이라는 발언, 유신은 이렇게 시작되었다.

3) 8대 국회의원 선거

대통령 선거 3일 뒤인 1971년 4월 30일 정부는 국무회의를 열고 8대 국회의원 선거를 예상보다 빠른, 5월 25일에 실시하기로 결의했다. 대통령 선거를 치른 후 전열을 정비할 틈도 없이 총선을 치르게 된 신민당은 조기 총선은 4.27대통령 선거의 부정과 불법을 감추려는 술책이라며 선거연기를 강력히 주장[87]했지만 소용이 없었다. 신민당이 총선 후보들의 등록을 받던 중 당내에 청천벽력 같은 사건이 발생했다. 당 총재인 유진산이 지역구인 영등포 갑구를 버리고 전국

---

85) 이종찬, 《숲은 고요하지 않다》 1, 263쪽.
86) 김대중, 《김대중 자서전》 1, 235쪽.
87) 〈신민의원 조기선거 비난〉, 《동아일보》, 1971년 4월 30일.

구 1번으로 등록해 버린 것이다. 유진산은 여러 면에서 그냥 '사쿠라'
가 아니라 '왕사쿠라', '겹사쿠라'라는 비난을 받고 있었는데, 이번에
는 지역구 문제로 대형 사고를 쳤다. 유진산의 지역구는 원래 전북
금산(금산은 원래 전라북도에 속해 있었으나 5.16 후 충청남도로 편입되었다)
이었으나 6대 총선에서 평안북도 영변 출신으로 5.16 세력의 실력자
인 길재호가 금산에 해평 길씨 집성촌이 있다는 이유로 이곳 출마를
원하자 지역구를 넘겨주고 서울 영등포 갑구로 옮겨가 뒷말이 많았
다. 그런 유진산이 6, 7대 때 당선되었던 영등포 갑구를 이번에는
박정희의 처조카인 장덕진에게 넘겨주고 자신은 다시 전국구로 옮긴
것이다.[88] 당의 최정상에서 발생한 대지진은 당을 완전히 뒤흔들어
놓았다. 유진산은 당수직은 사퇴했으나 전국구의원 후보직은 끝내
사퇴하지 않았다. 신민당은 독립운동가 출신인 김홍일 전당대회의장
에게 당수권한대행직을 맡겨 진산파동의 충격을 일단 봉합하고 보름
밖에 안 남은 총선에 임해야 했다. 당의 중진들은 김대중이 총재 대
행을 맡아야 한다고 했으나, 김대중이 당권까지 쥐는 것을 경계한
김영삼 이철승 등 40대 기수 경쟁자들의 반대로 김대중의 총재대행
추대는 무산되었다.[89] 4.27대통령선거 당시의 "팽배했던 야당 붐을
타고 상당한 기대에 부풀었던 전국 각 지구의 신민당 입후보자들이
이 파동 이후 중앙당에 기대했던 것은 '더 이상 시끄럽게만 하지 말았
으면…'하는 것"이었다고 한다.[90] 4.27대통령선거의 선거부정과 패
배에 좌절한 데 이어 진산파동에 크게 실망한 이근성, 손호철, 김문
수 등 24명의 서울대학생은 5월 17일 신민당사를 점거하고 5·25총

---

88) 중앙선거관리위원회, 《역대 국회의원 선거상황》, (서울: 중앙선거관리위원회, 1967),
   387, 565, 676, 697쪽; 김형욱, 《김형욱 회고록》 3, (서울: 아침, 1985), 91쪽.
89) 김대중, 《김대중 자서전》 1, 240쪽.
90) 〈신민당파동….그 이후 전열 재정비….자금조달에 안간힘〉, 《조선일보》, 1971년 5월
   16일.

선을 거부할 것을 촉구하다가 7명이 구속되기도 했다.[91]

김대중은 당수권한대행직을 맡을 수 없었지만, 총선은 김대중 중심으로 치러졌다고 해도 과언이 아니었다. 모든 지역구에서 김대중에 대한 지원유세 요청이 쇄도했고, 가는 곳마다 김대중의 유세는 큰 인기를 끌었다. 김대중은 혼신의 힘을 다해 박정희의 장기집권을 저지하고 자신이 대통령이 되기 위해서는 신민당 후보가 꼭 당선되어야 한다고 호소했고, 반응은 뜨거웠다. 8대 국회의원 선거에서 신민당은 예상 밖의 좋은 결과를 올렸다. 7대 국회 당시 개헌 저지선에 한참 못 미치는 45석(지역구 28석)에 불과했던 신민당의 의석수는 개헌 저지선을 훌쩍 넘는 89석(지역구 65석)으로 거의 두 배 늘어났다. 신민당의 지역구 의석수 증가는 눈부셨고, 서울의 경우 전체 19석 중 진산파동의 여파로 신민당 지역구 후보가 사퇴한 영등포 갑구를 제외한 18석을 휩쓸었다. 의석수가 7대 175석에서 8대 204석으로 늘어난 것을 감안한다 해도 대단한 약진이 아닐 수 없었다. 정당 득표율은 공화당 48.8% 대 신민당 44.4%였는데 대통령 선거 당시의 격차 8%에 비하면 오히려 줄어들었다. 공화당에서는 현역 의원이 29명이나 낙선했는데, 그중 대통령 선거 당시 지역감정을 부추기는 데 앞장섰던 국회의장 이효상이 포함되어 눈길을 끌었다. 당수 없이 치른 총선에서 신민당이 이렇게 선전할 수 있었던 데에 김대중의 기여가 결정적이었다는 것은 누구도 부인할 수 없는 일이었다.

김대중은 8대 국회의원 선거를 승리로 이끌었지만, 두 달 뒤 전당대회에서 당수에 도전했다가 실패했다. 진산파동에도 불구하고 진산계는 여전히 막강했고, 김영삼이나 이철승 등 40대 기수 경쟁자들은 김대중에게 당권이라는 날개가 달리는 것을 원치 않았다. 민심과 당

---

91) 〈신민당사서 총선거부 농성 서울대생 7명 구속〉, 《경향신문》, 1971년 5월 19일.

심은 거리가 있었다. 이 틈을 박정희 정권은 놓치지 않으며 유신이라는 친위쿠데타를 준비하고 있었다. 대통령 선거와 국회의원 선거를 동시에 치른 1971년은 격동의 해였다. 1960년대 이후 경제성장이 본격화하면서 노동문제, 이농문제, 도시빈민문제, 실업문제 등 여러 가지 사회문제가 복잡하게 얽히며 심화되고 있었고, 박정희의 독재에 대한 청년학생과 지식인의 저항은 심화되고 있었다. 베트남전쟁과 데탕트, 닉슨의 아시아독트린 등 국제정세와 남북관계의 변화는 한국사회의 새로운 대응을 요구하고 있었다. 1970년 말 전태일의 분신에 이어, 사법파동, 광주대단지 사건, 실미도 사건, KAL 빌딩 사건 교련반대 데모 등이 연달아 일어났다. 박정희는 이에 비상사태와 유신으로 답했다.

3. 인고의 시절: 납치사건에서 내란음모까지(1973-1982)

1) 김대중의 망명과 납치사건

1972년 7월 4일 중앙정보부장 이후락은 7.4남북공동성명을 발표했다. 자주, 평화, 민족대단결의 3대 원칙에 따라 통일을 실현하고, 상호 비방과 무장도발을 중단하고 다방면에 걸친 남북교류를 추진한다는 충격적인 내용이었다. 이승만 정권 시절 진보당의 조봉암은 평화통일이라는 말만으로도 사형을 당했고, 민족일보, 사회당, 통혁당, 해방전략당 등 박정희 정권 시기의 주요 공안사건으로 사형을 당한 사람들도 모두 통일을 주장했던 사람들이었다. 남북화해만 이야기해도 용공으로 몰고, 통일을 이야기하면 반공법을 들이밀던 정권이 갑자기 통일을 다짐하고 나선 것이다. 1년 전 대통령 선거 시기 김대중이 큰 용기를 내어 아주 조심스럽게 통일과 남북화해를 얘기했을 때 용공이라고 펄펄 뛰던 정권이 김대중의 주장보다 훨씬 더 적극적으로 통일을 들고나오니, 김대중으로서는 의심이 들 수밖에 없었다. "우리가 통일을 외치면 죄가 되고, 정부는 국민의 뜻을 묻지 않고도 저토록 정책을 마음대로 바꿔도 되는가. '어디까지가 진실인 가? 북한은 왜 이런 합의를 했을까? 박 대통령은 진정 남북화해의 뜻이 있는가?" 의문이 꼬리를 물었지만, 김대중은 이를 일단 받아들 이기로 했다. 김대중은 7월 13일 성명을 발표하고 원칙적으로는 남 북공동선언을 지지하고 환영하지만, "영구집권에 악용하고 있지 않 나하는 의혹"을 떨칠 수 없다는 것이었다.

김대중의 불길한 예감이 현실화되는 데는 채 100여 일밖에 걸리 지 않았다. 1972년 10월 17일 박정희는 계엄령을 선포하면서 "국회 를 해산하고 현행 헌법 일부조항의 효력을 정지"시켰다. 종신집권을 향한 친위쿠데타였다. 김대중이 경고했던 '총통'이란 말이 안 나올 뿐, 박정희는 총통제와 다름없는 유신헌법을 내놓으면서 이 헌법이 "조국의 평화통일을 지향하는 새로운 헌법"이라고 주장했다.[92]

김대중은 이 느닷없는 친위쿠데타 소식을 일본 도쿄에서 들었다. 8대 5 · 25 총선 전날인 1971년 5월 24일 김대중은 의문의 교통사 고를 당했다.[93] 사고 후 제대로 치료를 받지 못하고 유세를 강행한 결과 후유증이 심해져 결국 평생 지팡이 신세를 지게 만든 사고였다. 김대중은 1972년 10월 11일 사고 후유증 치료를 위해 일본으로 건 너와 19일 귀국예정이었다.

---

92) 〈헌법기능 비상국무회의서 수행, 박대통령특별선언…전국에 비상계엄 선포〉,《동아일 보》, 1972년 10월 18일.

93) 김대중은 이 사고를 암살기도로 보고 있다. 김대중,《김대중 자서전》1, 243-246쪽. 반면 조갑제는 이 사고가 단순 교통사고라고 주장했다. 조갑제,《김대중의 정체》(서 울: 조갑제닷컴, 2006), 제2장 〈선동의 구조: '암살기도' 트럭사고의 반전〉, 69-84 쪽.

김대중은 "한국 내에서는 지금 어느 누구도 아무 말도 하지 못하고, 또 말할 사람도 적다. 다행히도 나는 현재 국외에 있으며, 자유로이 의사를 표현할 수 있다. 그런데도 만약 내가 독재정권의 보복을 두려워한 나머지 입을 봉하고 있으면 이는 전 국민을 배신하는 짓이 된다"[94]고 생각하고, 망명을 결심했다. 고국에서 들려오는 소식은 참담했다. 김상현, 조윤형, 이종남, 김녹영, 조연하, 김경인, 강근호 등 김대중 계파의 의원들이 보안사나 영등포 헌병대로 끌려가 모진 고문을 당했다. 의원들만이 아니었다. 권노갑, 한화갑, 엄영달, 김옥두, 방대엽, 이수동, 이윤수 등 비서진도 말로 표현할 수 없는 고초를 겪었다. 헌법기관인 국회의원들이 짓밟히는데, 그 비서들이야 오죽했을까. 이희호는 도쿄의 김대중에게 그런 사정을 편지로 전했다. "끌려가서는 무서운 고문을 당하고 모두 몸에 멍이 들었어요. 마음속까지 시퍼렇게 멍들었어요. 우리 비서들, 측근들 그리고 기사, 누구 하나 빠짐없이 끌려가서 고문당하고 나올 때는 다시는 동교동에 가지 않겠다는 각서를 쓰고서야 나올 수 있다는 것입니다."[95]

한국민주주의가 파괴되는 데 대한 분노와 책임감뿐 아니라, 가장 가까웠던 사람들이 당하는 고초에 대한 분노, 그 고통을 함께하지 못하는 죄책감 속에서 김대중은 행동을 시작했다. 김대중은 일본의 정치인, 지식인들과 접촉하면서 한국의 상황을 알리고, 열심히 기고와 인터뷰를 했다. 김대중은 민단 단장을 여러 차례 역임한 재일동포 사회의 지도자로 신민당 소속 8대 국회의원인 김재화를 통해 배동호와 김재화의 사위인 곽동의, 동경민단 단장 정재준, 그리고 조활준 등과 접촉했다. 김대중의 초등학교 동창인 김종충도 김대중을 도왔다. 김대중은 일본에서 미국으로 활동무대를 넓히려 했다. "박정희

---

94) 김대중, 《독재와 나의 투쟁》(《김대중 전집》 6), (서울: 중심서원, 1993), 159쪽.
95) 김대중, 《김대중 자서전》 1, 274-275쪽.

독재정권의 실상을 세계에 알리기에는 도쿄보다 워싱턴이 나아 보였"고, 박정희 정권에 대한 미국의 영향력은 막강했기 때문이다. 김대중은 일본뿐 아니라 미국, 캐나다 등지에 반독재투쟁을 위한 기구를 만들기 위해 노력했다.

김대중이 미국으로 건너가자 중앙정보부 미국 조직(책임자 양두원)은 김대중의 활동을 밀착 감시하면서 그의 활동을 방해했다. 1973년 5월 18일 김대중이 샌프란시스코에서 강연회를 열었을 때는 그 지역 폭력조직의 일원으로 알려진 이민희를 사주해 연단에 토마토 케첩과 달걀을 던져 난장판을 만들어 놓았다.[96] 중앙정보부가 미국에서 사사건건 김대중의 활동을 방해하자 이 사실이 미 국무부에 알려졌고, 미 국무부가 한국대사관에 한국 중앙정보부원들의 미국 내 활동이 내정간섭이고 미국법에 저촉된다는 사실을 엄중 경고한 뒤에야 (중앙정보부에 방해공작은) 중단되었다.[97] 양두원은 이런 활동이 누적되어 1974년 1월 미국 정부의 요구로 한국으로 소환되었다.[98]

망명 중의 김대중이 해외에서 제일 먼저 만든 조직은 1973년 7월 5일 미국 워싱턴에서 김상돈(전 서울시장), 임창영(전 UN대사), 문명자(재미 언론인), 최석남(예비역 준장), 이근팔(전 주미대사관 2등 서기관) 등과 함께 결성한 '한국민주회복통일촉진국민회의'(한민통韓民統) 미국본부 준비위원회로 김대중은 준비위원회 의장을 맡았다.[99] 이어 일본으로 돌아온 김대중은 김재화, 배동호, 김종충, 조활준 등과 함께 한민통 일본본부 결성에 박차를 가했다. 김대중은 미국 한민통을 만들면서 '대한민국 절대지지'와 '선 민주회복 후 통일'을 원칙으로 내

---

96) 문명자, 《내가 본 박정희와 김대중, (서울: 월간 말 1999), 45, 247쪽.
97) 김대중, 《김대중 자서전》 1, 279쪽.
98) 반헌법행위자열전 편찬위원회, 〈양두원〉, 2023, 미발표원고.
99) 류상영 외, 《김대중 연보》 1, 2011, 311쪽.

세웠다. 망명 이전, 누구보다도 통일문제에 관심 갖고 열정적으로
통일문제의 중요성을 전파해온 김대중이었지만, 통일운동을 전면에
내걸었다가는 자칫 박정희 정권의 책략에 말려들어 용공세력으로 몰
릴 수 있기 때문이었다. 김대중은 일본 한민통에게는 미국 한민통에
게 요구했던 두 가지 원칙 이외에 "조총련과 선을 그을 것"이라는
한 가지를 더 요구하면서 8월 15일로 예정된 민단과 조총련과의 합
동 경축행사도 중지하도록 촉구했다.[100] 민단 동경본부와 조총련 동
경본부는 이미 7.4공동성명 직후인 1972년 8월 15일 양측 15,000
동포가 모인 가운데 8.15민족해방 기념대회를 성대히 가진 바 있었
다.[101] 도쿄 민단 측은 "본국에서도 북한과 통일을 협의하는 데 문제
될 것이 없다"고 반발했지만, 김대중은 "나는 내 요구가 관철되지
않으면 함께할 수 없다"며 회의장을 나와 버릴 징도로 강하게 밀어붙
여 요구사항을 관철했다. 이미 작년에 거행했던 예정된 행사를 중단
하라는 것은 어찌 보면 야박한 요구였을지 모르지만, 이런 조심성
때문에 김대중은 살아남을 수 있었다. 미국 한민통을 조직할 무렵
이순신 연구자로도 널리 알려진 예비역 준장(전 육군통신감, 박정희
와 육사 2기 동기) 최석남이 김대중에게 미국에 망명정권을 제의했
을 때 김대중이 단호히 거절한 것도 같은 맥락이었다.[102]

　일본 한민통의 결성은 8월 13일로 예정되었다. 김대중은 8월 13
일 한민통 일본본부 결성식을 치른 뒤 도미하여 하버드대학에서 수
학할 계획을 갖고 있었다.[103] 김대중이 미국으로 건너간다면 일본에
서 김대중을 처리할 기회는 물 건너가는 셈이 되기 때문에, 그동안

---

100) 김대중, 《김대중 자서전》 1, 280–282쪽.
101) 〈민족통일협의회 기조보고〉, 《민족시보》, 1972년 9월 1일 (《민족시보》 축쇄판, 도
　　쿄: 민족시보사, 1983), 3쪽.
102) 김대중, 《김대중 자서전》 1, 280쪽.
103) 한홍구, 《유신》 (서울: 한겨레출판, 2014), 83쪽.

그의 동정을 밀착감시 해 온 중앙정보부는 급하게 움직였다. 박정희로부터 김대중 문제를 처리하라는 압박을 받아온 중앙정보부장 이후락은 해외차장보 이철희와 공모하여 해외공작단장 육군대령 윤진원을 일본으로 파견했다. 윤진원은 중앙정보부의 일본 거점 책임자인 주일공사 김기완(전 주한 미 대사 성 김의 아버지)의 적극적인 협조 아래 그의 휘하에 있는 중앙정보부원들을 동원하여 1973년 8월 8일 도쿄 그랜드팔레스 호텔에서 김대중을 납치한 뒤, 8월 9일 중앙정보부 공작선 용금호에 실어 국내로 보냈다. 중앙정보부는 김대중을 8월 13일 밤 동교동 자택 부근에서 풀어주었다.[104] 그를 납치한 윤진원도, 풀어준 중앙정보부원 이휘윤 등도 실미도를 관리하던 요원들이었다.

납치사건을 겪으면서 김대중은 여러 면에서 다른 사람이 되었다. 우선 이 엄청난 임사체험으로 김대중 스스로 자신에 대한 평가와 삶의 자세, 각오와 소명의식이 달라질 수밖에 없었다. 대중들에게나 김대중 본인에게나 그는 이 엄청난 사건에서 살아남은 새로운 사람으로 각인되었다. 김대중은 그 점에서 송진우, 여운형, 장덕수, 김구나 조봉암과는 다른 지도자였다. 김대중 본인이나 그의 열혈지지자들은 그가 살아남았다는 사실에서 어떤 다른 쓰임이 예비되어 있다는 종교적 믿음을 갖게 되었다. 김대중 본인을 포함하여 많은 사람은 김대중이 살아날 수 있었던 것은 예수님과 미국 덕분이라고 생각했다. 한미관계의 특수성 속에서 미국이 살려낸 지도자란 인상은 그 사실 여부에 대한 논쟁의 여지에도 불구하고 다른 경쟁자들이 넘볼 수 없는 엄청난 자산으로 작용했다. 다음으로 김대중은 한국민주주

---

104) 김대중 납치사건에 대한 상세한 내용은 국가정보원 과거사건 진실규명을 통한 발전위원회, (서울: 국가정보원, 2007),《과거와 대화 미래의 성찰》2, 430-552쪽을 볼 것.

의를 상징하는 국제적 인물로 부상했다. 납치 사건 이전까지 김대중은 해외에서 널리 알려진 인물은 아니었다. 그러나 김대중 납치사건으로 그는 일약 국제무대에서 박정희 다음으로 널리 알려진 한국인이 된 것이다. 김대중은 강제귀국 이후 박정희 정권에 의해 외부와는 철저히 단절되었지만, 그를 향한 국제적인 관심은 식지 않았다.

　김대중 납치사건은 한일관계에 중대한 영향을 미쳤다. 중앙정보부는 1967년 동백림 사건 당시 독일에 거주하고 있는 한국지식인과 유학생들을 납치해와 중앙정보부에서 고문 수사하여 기소한 바 있다. 한국과 서독이 아무리 같은 분단국가에 우방국이었다 하더라도 이는 명백한 주권침해가 아닐 수 없었다. 독일정부는 국교단절까지 거론하며 강력히 항의했고, 한국정부는 서둘러 재판절차를 마친 뒤 이들을 독일로 보내는 원상복구 조치를 취해야했다.[105] 이런 선례가 있음에도 불구하고, 이후락의 중앙정보부는 일본 내 중앙정보부원을 이용해 김대중을 납치했다. 이는 한일관계의 특수성을 반영하는 것이며, 특히 이후락이 중앙정보부장이 되기 직전 주일한국대사를 지내며 일본 정관계 인사들과 특별한 관계를 맺어온 자신감의 표현이기도 했다. 한국과 일본 정부는 납치현장에 원래 중앙정보부원으로 한국대사관 서기관으로 위장하고 있던 김동운이 지문이라는 결정적인 증거를 남겼음에도 불구하고, 김대중 납치사건을 '결착'이라는 용어를 써가며 덮어버리기로 했다. 한일결착의 과정에서 한국정부가 일본 수상 다나카 가쿠에이에게 거액의 정치자금을 건넸음은 물론이다. 김대중 납치사건을 둘러싼 한일결착의 주요내용은 "일본은 더 이상 한국 정부의 김대중 납치사건 개입에 대한 책임을 추궁하지 않는다"는 것과 "한국은 김대중의 일본에서의 활동에 대한 책임을

---

105) 동백림 사건에 대한 자세한 서술은 국가정보원 과거사건 진실구명을 통한 발전위원회, 《과거와 대화 미래의 성찰》 2, 292-429쪽을 볼 것.

추궁하지 않는다"는 것으로 요약할 수 있다.

한일 양 정부의 이런 파렴치한 '결착'은 일본과 한국의 양심세력으로서는 도저히 받아들일 수 없는 것이었다. 1960년대 후반 베트남평화연대를 중심으로 활동해온 일본의 양심세력은 1973년 초 파리협정으로 베트남전이 마무리된 뒤, 김대중 사건을 만나게 되면서 활동 방향을 새롭게 정립했다. 처음에는 당장 급한 대로 김대중의 구명을 목표로 활동을 시작했지만, 점차 그들의 인식은 한국의 민주회복으로 확산되었고, 점차 유신독재를 출현하게 한 근본원인인 분단과 일본의 식민지지배 책임에 대한 성찰로 이어졌다.

또한 재일동포사회에서는 김대중이 제시한 '대한민국 절대지지', '선민주 후통일', '조총련과의 관계 단절'의 원칙을 수용하면서 그와 함께 반유신민주화운동을 전개하려던 세력이 한민통 일본본부로 결집했다. 김대중이 서울의 자택에 살아 돌아온 직후인 8월 15일에 열린 한민통 일본본부 결성대회는 일본본부 의장으로 김대중을 선출했다. 원래 김대중은 미국, 일본, 캐나다 등 한민통 외국본부를 결성한 다음 이를 총괄 지도하는 한민통 총본부를 결성하여 총본부의 의장으로 취임할 예정이었기 때문에 산하단체인 일본본부의 의장을 맡기로 되어있었던 것은 아니었다.106) 김대중의 한민통 일본본부 의장 추대는 납치 사건의 급박한 분위기 속에서 일본본부의 인사들이 본인의 동의를 받지 않고 취한 조치로 1980년 내란음모 사건 당시 김대중을 매우 곤혹스럽게 만들었지만, 일본본부 측 인사들의 충정은 이해할 만한 일이었다. 한민통 일본본부는 이후 일본의 양심세력과 미국, 캐나다, 유럽 등의 해외동포와 연대하여 김대중 구출운동 및 한국민주화운동을 쉬지 않고 전개했다.

---

106) 김대중 외, 〈항소이유서〉, 이도성, 《남산의 부장들》 3, (서울: 동아일보사, 1993), 391-392쪽.

　김대중 납치 사건은 유신 이후 침묵하고 있던 한국의 민주화운동에 되살아나는 계기로 작용했다. 1973년 10월 2일, 서울대학교 문리대 학생들은 유신 이후 최초로 시위를 벌였고, 이 시위는 곧 전국의 각 대학으로 확산되었다. 학생들의 시위에 자극받은 장준하 등 민주인사들은 유신헌법의 개정을 촉구하는 개헌청원 서명운동을 전개했고, 이 기세에 놀란 박정희 정권은 긴급조치 1호를 선포했다. 1974년 신학기에도 학생시위가 계속되자 유신정권은 긴급조치 4호를 선포하고, 민청학련 사건과 인혁당재건 사건을 조작했다.

2) 3.1구국선언 사건과 김대중의 투옥

　인혁당 · 민청학련사건 사건 관련자들이 서슬 푸른 비상보통군법회의에 기소된 며칠 후 김대중은 갑자기 서울지방법원으로부터 1967년 대통령 선거 기간 중에 윤보선 후보 지지 연설 문제와 관련하여 재판을 받으라는 통지를 받았다. 일본 내에서 김대중에 대한 원상회복(강제 귀국 이전 상태로의 복귀, 즉 일본으로 귀환) 요구가 강해지자 한국 정부가 김대중의 출국을 막기 위해 7년 전 선거법 위반 사건을 들고 나온 것이다.

　1974년 4월 30일 신민당 총재 유진산이 사망하자 신민당은 8월 22일 전당대회를 열고 후임 총재에 유신체제와의 대결하는 선명야당을 만들겠다고 선언한 김영삼을 선출했다. 김대중은 비록 외부활동이 극히 제한된 처지였지만, 적극적으로 김영삼을 지원하여 그의 당선에 크게 기여했다. 1974년 말에서 1975년 초는 유신시대의 저항세력의 민주화운동이 뜨겁게 달아오른 시기였다. 철통같던 연금도 조금 풀려 김대중은 1974년 11월 27일 민주회복국민회의 발족식에 참가하기도 했다. 김영삼의 총재 당선 이후 신민당도 야당성을 회복하고 개헌투쟁에 나섰다. 신민당 의원들이 12월 5일부터 개헌을 요구하며 국회에서 농성에 돌입하자 김대중은 12월 7일 농성 중인 신민당 의원들을 격려하기 위해 국회를 방문했으나 경찰의 저지로 의사당에 들어가지 못 한 채 되돌아갔다. 박정희 정권은 당시 유일하게 유신체제를 비판하던 민주언론《동아일보》에 재갈을 물리기 위해 광고주들에게 압력을 넣어 광고를 싣지 못하게 하는 광고탄압에 들어갔다. 초유의 백지광고 사태가 발생하자 시민들은 동아일보를 지지 격려하는 의견광고를 게재하기 시작했다. 이때 제일 먼저 격려 광고를 게재하여 시민들의 백지광고의 물꼬를 튼 사람은 바로 김대중이었다.107) 유신에 대한 저항이 거세지자 박정희 정권은 1975년 2월 12일 유신헌법에 대한 기만적인 찬반 국민투표를 실시하여 찬성 73.1%라는 결과를 발표했다. 박정희는 국민투표 결과 유신헌법 반대운동을 잠재울 수 있을 거라 생각하고 구속자 중 상당수를 석방했지만, 이들은 박정희 정권의 고문조작을 폭로하며 투쟁을 이어갔다.

　1975년 3월 31일 윤보선 전 대통령, 김대중 전 신민당 대통령 후보, 김영삼 신민당 총재, 양일동 통일당 당수 등은 국민의 여망에 부응하기 위해 야당통합의 원칙에 합의했다. 유신정권은 민주화운동을 탄압하기 위해 1975년 4월 8일 대법원에서 인혁당사건 관련자 8명 사형을 확정하고, 18시간 만인 4월 9일 새벽 이들 8명을 사형을 집행하는 연쇄사법살인을 자행했다. 이에 서울농대생 김상진이 할복 자살을 하는 등 유신체제에 대한 저항은 끊이지 않았다. 그러나 거센 민주화운동을 일시적으로라도 잠재운 것은 1975년 4월말 남부 월남 정권의 패망이었다. 5월 21일 신민당 총재 김영삼은 박정희와의 영수회담 직후 민주화운동 대열에서 발을 빼고 유신정권과 타협적인 태도를 취하기 시작했다. 이에 장준하는 활동이 자유롭지 않은 김대

---

107) 김대중, 《김대중 자서전》 1, 319쪽.

중을 대신하여 전국을 돌며 민주화운동 세력을 규합하다가 의문의
죽음을 당하였다. 함석헌은 "장준하는 김대중과 화해한 것이 죽음을
불러왔어. 저놈들이 둘이 합치면 어찌 된다는 것을 알기 때문이지.
둘 중 하나는 죽어야만 했을 것이야"라고 지적했다.[108]

장준하의 죽음으로 민주화운동은 일시 주춤했지만, 김대중은 "학
생들은 가위눌린 채 방황했고 거대한 폭력은 국민들을 노려보고" 있
는 상황을 방관할 수 없었다. 마침 재야인사들과 일부 개신교 지도자
들은 각각 모종의 행동을 준비하고 있었다. 이 움직임이 합쳐져 탄생
한 것이 바로 1976년의 3.1구국선언이었다. 명동성당 미사에서 구
국선언을 발표했을 당시에는 아무런 문제가 없었다. 그러나 며칠 후
국무회의에서 이 사안이 보고되자 박정희가 발끈하면서 미사에서 선
언문 한 장 읽은 것이 "헌정 질서를 파괴하는 비합법적 활동", "정부
전복 선동 사건"이 되었다. 이렇게 일이 커진 것은 서명자 10명의
명단에 김대중이란 이름 석 자가 들어있었기 때문이었다. 김대중은
이 사건으로 구속되어 징역 5년을 선고받고 1년 9개월을 교도소에서
복역 후 1977년 12월 19일 갑자기 서울대병원으로 이감되었다. 김
대중이 오랫동안 신병으로 고통받으면서 병원치료를 요구해 왔다는
점에서 병원 이감은 한편으로는 인도적인 조치로 보인다. 그러나 이
는 김대중을 석방하라는 내외의 압력을 피하려는 술책이었다. 김대
중은 "교도소에서는 매일 한 시간씩 운동하러 밖에 나가 흙도 밟고
하늘도 볼 수 있었지만, 병원에서는 모든 것이 금지"되었다면서 "병
원 속의 특별 감방은 실은 특별한 지옥이었다"고 몸서리쳤다. 오죽했
으면 교도소로 다시 보내달라며 단식까지 했을까.[109] 김대중은 박정
희의 9대 대통령 취임 특별사면의 일환으로 12월 27일 수감된 지

---

108) 김대중, 《김대중 자서전》 1, 328쪽.
109) 김대중, 《김대중 자서전》 1, 341, 343쪽.

2년 9개월 만에 형집행정지로 석방되었다. 110) 보름 전인 12월 12
일 실시된 제10대 국회의원 총선거에서 야당인 신민당이 여당인 공
화당을 득표율에서 1.1% 앞선 충격적인 결과가 김대중의 석방을 끌
어낸 것이다.

김대중은 석방되었지만, 또 연금 상태에 놓였다. 유신의 마지막
해인 1979년 김대중은 '당외 인사', '동계동 모 씨', '형 집행 정지로
출옥한 원외의 모 인사' 등 해괴한 명칭으로 언론에 등장할 뿐이었
다. 그런 와중에도 김대중은 3.1구국선언 발표 3주년인 1979년 3월
1일 구국선언에 같이 서명했던 윤보선, 함석헌과 함께 '민주주의와
민족통일을 위한 국민연합'을 결성하고, 공동의장으로 취임했다.
1979년 5월 30일 개최된 신민당 전당대회는 지난 총선거에서 표출
된 국민들의 반유신 정서를 반영하여 유신체제와 각을 세운 김영삼
을 다시 총재로 선출했다. 이 선거에서 김영삼이 승리할 수 있었던
것은 선거 전날 저녁에 열린 김영삼 측의 대의원 단합대회에 김대중
이 참석하여 한 시간 가량 연설한 것이 결정적인 요인으로 작용했다.
연금 상태에 놓여있던 김대중이 이날 따라 외출이 허용된 것에 허용
된 이유를 두고는 여러 가지 추측이 분분하지만, 김대중의 영향력은
충분히 입증되었다.

3) 10.26 사건과 김대중에 대한 군부의 비토

18년간 대한민국을 철권통치해 온 독재자 박정희가 최측근이자
정권수호의 핵심기구인 중앙정보부의 수장 김재규의 총에 사살당한
것은 전 국민에게 큰 충격을 주었다. 사람들은 유신체제가 종말을
고했으니 '겨울공화국' 한국에 봄이 오리라 기대했지만, 김대중은

---

110) 〈구속 2년 9개월 만에 김대중씨 석방〉, 《경향신문》, 1978년 12월 27일.

"10.26 사태에 대해 상당한 위협을 느꼈다"고 한다. 그는 부마항쟁과 같은 대규모 시위가 "광주와 서울에서도 일어나 4.19처럼 국민의힘으로 박정희 독재를 종식시켜야지 이렇게 끝나서는 안 된다는 생각"을 한 것이다.[111]

구 여권은 박정희 없는 박정희 체제를 유지하려고 했다. 구 여권세력은 국무총리로 유신헌법에 따라 대통령 권한대행이 된 최규하를 1979년 12월 6일 통일주체국민회의를 열어 정식 대통령으로 선출하려 했다. 이는 유신체제 연장음모임에 분명했다. 재야 민주인사들은 계엄령 하에 집회가 금지되어 있었기 때문에 11월 24일 결혼식을 위장하여 YWCA 회관에서 '통일주체국민회의 대의원에 의한 대통령 보궐선거 저지를 위한 국민대회'를 열었지만, 계엄군은 무력진압으로 대회장소를 쑥대밭으로 만들었고, 재야인사 다수를 연행하여 조사과정에서 고문과 비인간적 능욕을 가했다.[112] 순수한 열정을 지닌 재야인사들과 청년들에게 이 행사를 준비하게 하는데 중앙정보부가 깊이 개입되어 있다고 판단한 김대중[113]은 이 집회에 참여하지 않았다.[114]

최규하는 12월 6일 통일주체국민회의에서 10대 대통령으로 선출되었다. 최규하는 독자적인 세력기반도, 대한민국을 이끌 정치적 비전도 갖고 있지 않았지만 감당하기 힘든 감투를 쓰게 되자 과도기의

111) 김대중, 《김대중 자서전》 1, 355쪽.
112) 민주화운동기념사업회 한국민주주의연구소 엮음, 《한국민주화운동사》 3, (서울: 돌베개, 2010), 52쪽
113) 김대중, 《김대중 자서전》 1, 362쪽.
114) 김대중은 YWCA집회에 대해 매우 부정적인 견해를 갖고 있었다. 그는 이 집회는 군부가 "자기를 함정에 몰아 넣기 위하여 앞뒤를 가리지 못하는 일부 재야인사를 이용하여 만든 하나의 조작극이라고 발언"하여 백기완, 조성우 등 집회를 추진한 인사들의 반발을 샀다. 예춘호, 《서울의 봄 - 그 많은 사연》, (서울: 언어문화, 1996), 58-59쪽.

관리자 역할에 충실했던 허정과는 달리 정치적 욕심을 냈었던 것으로 보인다.[115] 최규하와 그를 내세운 구여권 일각의 망상은 전두환 등 신군부가 권력을 장악할 기회를 제공한 것이다.

박정희가 죽고 계엄령이 선포되자 대한민국의 실권은 허수아비 대통령 최규하가 아니라 군인들의 손에 들어갔다. 10.26사건으로 대통령, 중앙정보부장, 대통령 경호실장, 대통령 비서실장 등 유신체제의 권력서열 1-4위가 모두 궐위 상태에 놓이게 되자 계엄사령관을 맡은 육군참모총장 정승화와 군·검·경 합동수사본부장으로 모든 정보수사기구를 통합하게 된 보안사령관 전두환이 막강한 실력자로 부상했다. 흔히 전두환은 신군부, 정승화는 구 군부를 대표한다고 평가되었다.

정승화를 대표로 하는 군의 상층부는 표면적으로는 군의 정치적 중립과 정치불개입을 표방하고, 유신헌법을 폐기한다는 방침을 결정했다. 정승화는 11월 8일 담화문을 발표하여 군은 "군 본연의 임무인 국토방위에만 전념할 수 있게 되기를 바라고 있다"며 군의 정치불개입을 공개적으로 약속했다.[116] 그러나 이 약속은 어디까지나 말뿐이었다. 정승화 등 군 상층부는 군부 자체의 집권을 꾀하지는 않았을지라도 박정희 사후 유신권력의 대주주로서 자기 입맛에 맞는 군통수권자를 선택하겠다는 의지를 갖고 있었다. 그들은 표면적으로는 민간정부에 복종하고, 문민우위를 존중하겠다고 약속했지만, 그 민간정부란 자기들이 선택하고 만들어낸 민간정부일 뿐이었다. 당시 일반 대중이 관심 갖고 있던 정치지도자인 김대중, 김영삼, 김종필 3김은 김대중은 '불온'해서, 김영삼은 '무능'해서, 김종필은 '부패'해서 각각 최고지도자로 부적격하다는 것이었다. 그중에서도 김대중은

첫 번째 비토 대상이었다.

정승화는 11월 24일의 YWCA위장결혼식 사건을 제압한 직후인 11월 26일 언론사 사장들을 만나 앞으로 국가원수가 될 사람은 용공 혐의나 좌익전력이 있는 사람은 안 된다고 못 박았다. 그는 구체적으로 김대중을 지목하며 "김대중씨가 과거 공산주의자였고 그 후에도 전향한 뚜렷한 증거가 없다. 국회의원으로 활동했고 대통령 선거에 입후보하여 많은 표를 얻은 것은 사실이지만 그의 정치활동에는 석연치 않은 점이 많다"고 주장했다. "용공의 과거가 있는 자가 대통령이 되어서는 안 된다는 의견은 육군참모총장 개인의 의견인가"라는 질문에 대해 정승화는 "내 개인의 의견이지만, 국군의 장성들은 대개 이러한 나의 의견에 찬동하고 있고 따라서 국군의 입장이라고 볼 수도 있을 것이다"고 대답했다. 이어 "선거법상 입후보 요건에 하자가 없고, 또 국민이 그를 선출한다면 어떤 태도를 취할 것이냐"는 질문에 대해 정승화는 "그의 출마에 대해서 현재의 법으로 어떤 제한도 할 수 없기 때문에 문제가 심각하고 걱정이 된다. 해결하는 방법은 온 국민이 이와 같은 사실을 올바르게 인식해서 우리의 국시인 반공이 무너지지 않도록 하는 것이다. 그 때문에 여러분에게 우리의 생각을 충분히 알려주는 것이고 여러분은 국민들에게 이 같은 점을 이해시켜주기 바라는 것"이라고 대답했다.117) 정승화는 나중에 이 발언에 정치에 관여하겠다는 의도는 없었다고 주장했지만, 이것은 술 마시고 운전대는 잡았지만 음주운전은 아니라는 것과 다를 바 없는 일이었다.

이런 견해는 비단 구군부로 구성된 군 상층부에 국한된 것이 아니었다. 전두환 등 신군부 역시 김대중에 대해서는 똑같은 생각을 갖고

---

117) 정승화, 《12.12사건—정승화는 말한다》, (서울: 까치, 1987), 140–141쪽.

있었다. 보안사령관 전두환은 정승화에게 언론사 사장들과의 오찬에서 김대중에 대한 정승화의 발언이 "상당히 큰 파문을 일으키고 있는 것 같다"고 보고하면서 김대중 세력이 정승화에게 "어떤 모략을 해올지도 모른다며, 보안사에 있는 김대중 씨의 용공혐의 자료들을 각 지구 보안사 파견대에 보내어 각급 주요지휘관들에게 알리도록 조치하겠다"고 건의했다. 정승화가 이를 승낙했음은 물론이다.[118]

정승화 본인의 회고에 의하면 그는 김대중에 대해서 "이전부터 약간의 의혹"을 갖고 있었지만, 자세한 내용은 모르고 있었다. 그는 10.26사건 직후 중앙정보부장 서리로 임명된 현역 육군 중장 이희성이 가져다준 중앙정보부의 '김대중 자료철'을 보고 위에 언급한 견해를 굳히게 되었다. 김대중 자료철이란 중앙정보부가 김대중에 대한 온갖 편견과 부정적인 – 그리고 부정확한 – 정보를 집대성한 것이었다. 김대중 내란음모사건 당시 신군부가 김대중에 대한 아주 오래된 과거의 시시콜콜한 내용을 제시할 수 있었던 것을 보면 이 정보들이 결코 단기간에 수집되지 않았음을 보여준다. 즉, 박정희 정권 시절부터 모아둔 김대중에 대한 부정적인 정보를 전두환 세력이 내란음모사건을 조작하면서 활용한 것이다. 정승화는 이 파일을 통해 김대중이 '특유의 조직과 선전술' 이용하여 국회의원 선거에서 당선되었다는 사실을 알게 되었다고 썼는데, 이는 김대중이 권모술수에 능한 신뢰할 수 없는 정치인이라는 부정적인 이미지도 김대중 자료철의 중요 부분이었음을 시사한다.

정승화가 "특히 놀란 것"은 김대중이 "1960년대에는 불순인물과 '은밀히' 만난 사실이 있었다는 것 등에 대한 기록"이었다고 썼다.[119] 정승화가 구체적으로 언급하지는 않았지만, 김대중이 '은밀

---

118) 정승화, 《12.12사건-정승화는 말한다》, 141쪽.
119) 정승화, 《12.12사건-정승화는 말한다》, 136-137쪽.

히' 만났다는 인물은 1968년 임자도 간첩단 사건으로 사형당한 정태
묵(정태홍)인 것으로 보인다. 김대중의 목포상고 1년 선배인 정태묵
은 과거 남로당에서 활동하여 복역하였지만, 출옥 후 염전을 경영하
는 등 사업가로 변신했다. 김대중이 정태묵과 만난 것은 사실이었다.
임자도 간첩단 사건 당시 중앙정보부도 이를 파악하여 중앙정보부장
김형욱이 당시 국회의원이었던 김대중을 직접 조사한 결과 아무런
문제가 없음이 밝혀졌던 일이다.[120] 즉, 1970년대의 중앙정보부는
1960대에 자체조사 결과 아무 문제 없는 것으로 밝혀진 정태묵과의
접촉을 김대중 자료철의 주요항목으로 보관해온 것이다.

  "적을 앞에 두고 직접 적과 대결하는 지휘관이나 국군을 통솔하는
국가의 원수는 용공의 혐의가 있는 사람만은 피해야 한다"고 김대중
에 대한 부정적인 견해를 굳힌 정승화는 자기 생각을 국방장관을 비
롯하여 군수뇌들에게 이야기하였더니 "모두가 나의 의견에 공감하고
찬동"했다고 주장했다. 정승화는 '입후보자의 숨은 과거'를 국민들이
잘 모르는 경우가 많으니 언론사 사장들이 국민들에게 이를 알려줄
의무가 있다며 언론사 사장단과 회합을 가진데 이어 편집국장단과
국방부출입기자들을 따로 만나 이 문제를 제기했다. 정승화는 자신
의 발언이 "빠른 시간 내에 정가에 퍼져 정치인의 양식에 의해 이
문제가 좀 더 깊게 검토되고 논의되기를 바랐다"고 솔직히 인정했
다.[121]

  김대중에 따르면 정승화 등 군부가 김대중을 비토하는 언론플레이
를 벌리자 주한미국대사 글라이스틴이 나서 대변인을 통해 김대중에
대한 미 대사관의 견해를 밝혔다. 미 대사관 측은 계엄사령부의 견해
와는 전혀 달리 김대중을 신뢰할 수 있는 민주주의자이자 반공주의

120) 이에 대한 자세한 내용은 김형욱, 《김형욱 회고록》 2, 244-246쪽
121) 정승화, 《12.12사건-정승화는 말한다》, 140-141쪽.

자로 생각한다는 것이다.[122]

4) 안개정국과 김대중의 체포

최규하 정권은 1979년 12월 8일 0시를 기해 긴급조치 9호를 해제하고, 구속자 68명을 석방했으며, 김대중에 대한 자택연금을 해제했다. 김대중의 자택연금은 해제되었지만, 그는 여전히 계엄당국의 검열에 의해 언론에 등장할 수 없었다. 긴급조치의 해제와 구속자 석방, 김대중 연금해제 등의 조치는 10.26직후에 이루어졌어야 마땅한 일이었지만, 최규하 정부나 정승화의 계엄사령부나 전두환의 합동수사본부나 모두 자기에게 유리한 정치적 계산을 하면서 당연히 취해야 할 조치를 미룬 것이다.

10.26 사건 이후 계엄사령관인 육군참모총장 정승화와 합동수사본부장인 보안사령관 전두환이 실권자로 부상했다. 계엄령 아래서 계엄사령관은 전권을 쥔 자리였지만, 특별한 법적근거 없이 합동수사본부장이 된 전두환에게도 엄청난 권력이 집중되었다. 박정희는 자신이 쿠데타로 권력을 장악했기 때문에 군부에서 쿠데타가 발생할 가능성을 차단하기 위해 군의 쿠데타 감시기관인 보안사에 막강한 권력을 부여했다. 박정희 시절 중앙정보부가 엄청난 권력을 행사했지만, 박정희는 중앙정보부를 견제하기 위해 때로는 청와대 경호실을, 때로는 보안사를 활용하여 권력이 한쪽으로 과도하게 쏠리지 않도록 관리했다. 10.26사건으로 중앙정보부, 청와대 경호실, 청와대 비서실의 수장이 모두 유고가 되고, 이들 기구도 제 기능을 할 수 없게 되자 원래 강력한 권한을 가졌던 보안사의 힘은 더더욱 커질 수밖에 없었다. 특히 합동 수사본부가 설치되면서 전두환이 중앙정

---

122) 김대중, 《김대중 자서전》I, 362-363쪽.

보부를 접수하고 검찰과 경찰까지 통제하게 되자 전두환은 계엄사령
관 정승화에 맞설 만한 강력한 힘을 갖게 되었다. 정치적 야심이 큰
전두환에게 권력이 집중되자 여러 곳에서 우려의 목소리가 나왔다.
정승화는 12월 9일 국방장관 노재현에게 전두환의 월권으로 인한
마찰이 심하다며 그의 교체를 건의했다. 이 사실이 군의 통신체계를
장악하고 있던 보안사에 의해 감청되었고, 권력 상실을 우려한 전두
환이 12.12하극상 사건을 일으키게 된 것이다.[123]

　정승화는 계엄사령관으로 정권을 장악하고 있었지만, 중대한 약
점이 있었다. 김재규는 군 복무 시절부터 정승화와 돈독한 관계를
유지해 왔는데, 10.26사건 당시에도 정승화를 궁정동에 불러놓았
다. 김재규로서는 정승화를 사건 현장 주변에 불러놓음으로서 마치
군부 전체가 자신의 거사를 지지하는 것과 같은 효과를 노렸던 것으
로 보인다. 그러나 정승화는 사건 후 중앙정보부로 가려던 김재규를
육군본부로 가자고 돌려세웠고, 김재규가 박정희를 살해한 장본인임
을 인지하고는 곧바로 김재규를 체포케 했다. 그런데도 전두환 세력
은 정승화가 현장 인근에 있었다는 사실을 빌미로 군 통수권자인 대
통령의 재가도 받지 않고 상급자인 계엄사령관을 연행하는 하극상을
저지른 것이다. 전두환의 하극상이 성공을 거둘 수 있었던 이유는
10.26사건을 바라보는 관점에서 전두환이 군부 내 장교들의 더 광범
한 지지를 받을 수 있었기 때문이었다. 정승화는 10.26사건을 '혁명
도 변혁도 아닌 단순한 사고'라고 본 반면, 전두환은 '국난을 초래한
사건으로서 신명을 다 바쳐 정확히 조사해야 할 과제'라고 강조하여
대립각을 세웠는데 이를 군통수권자 박정희에 대한 충성도의 차이로

---

123) 정승화가 전두환의 동해경비사령관 전출 건의서를 대통령 최규하에게 올렸는데 결재
　　가 늦어지는 사이 12.12사건이 나타났다는 설에 대해 정승화는 결재를 올린 적이
　　없다고 부인했다. 정승화, 《12.12사건-정승화는 말한다》, 151쪽.

보는 관점이 장교들 사이에 확산되었다는 것이다.[124] 박정희는 집권 18년 동안 광범위한 지지세력을 만들어냈고, 김대중은 이들 유신세력의 준동으로 민주화로의 길이 순탄치 않을 것이라고 보았다. 이제 그 우려가 현실화된 것이다.

12.12 사건으로 계엄사령관 정승화를 거세한 전두환은 최고의 실권자로 떠올랐지만, 최고지도자가 되기에는 민주화를 바라는 국민은 물론이고 지배세력 내부나 미국의 동의를 끌어낼 수 없었다. 그 때문에 전두환의 대권장악은 12.12 사건 5개월 뒤의 5.17쿠데타를 통해서 마무리될 수 있었고, 이 과정은 흔히 세계에서 가장 길었던 쿠데타 또는 2단계 쿠데타라 불리게 되었다.

12.12의 사건으로 정치적 야심을 드러낸 전두환은 김대중, 김영삼, 김종필 등 대중적으로 널리 알려진 민간정치인들, 그중에서도 특히 1971년 대통령 선거에 나서 만만치 않은 지지를 거두었던 김대중을 대권장악의 걸림돌로 인식했다. 김대중의 연금은 풀렸지만 그의 활동이 일체 언론에 보도되지는 않고 있던 1980년 1월 말쯤 신군부는 김대중에게 접근했다. 김대중은 전두환 쪽에서 만나고 싶다는 연락이 와 안국동 뒷골목의 합동수사본부 안가로 찾아갔는데 정작 전두환은 나오지 않고 보안사의 권정달과 이학봉 두 사람이 나와 있었다는 것이다. 이학봉은 "해외에 나가지 않겠다, 정치적으로 자중하겠다, 그리고 정부에 협조하겠다라고 약속하면 복권시켜 주겠다"고 매우 위압적인 태도로 말했다고 한다. 김대중은 "그런 일이라면 복권시켜 주지 않아도 좋다"라며 서명을 거절했지만, 전두환 세력이 권력을 잡기 위한 정치작업을 하고 있다는 생각을 떨칠 수 없었다.[125] 이학봉 등의 협박과는 달리 김대중은 1980년 2월 29일 정부

124) 한용원, 《한용원 회고록: 1980년 바보들의 행진》 (서울: 선인, 2012), 52쪽.
125) 김대중, 《김대중 자서전》 I, 367쪽.

가 687명의 복권조치를 단행할 때, 윤보선, 함석헌, 정일형, 문익환, 김찬국, 이영희, 백낙청 등과 함께 복권되었다. 전두환 등 신군부에서 김대중에게 접근하여 그의 생각을 떠본 것은 자신들이 이미 갖고 있었던 김대중에 대한 편견을 강화하기 위한 것일 뿐, 자신들의 생각을 바꾼다든가 민간정치인들에게 새로운 대한민국의 정치질서 형성을 맡기려는 것은 결코 아니었다. 극도의 혼란이 조성되어야만 계엄령 해제 이후에도 정치권력을 유지할 수 있는 신군부로서는 김대중을 풀어놓고 김영삼과 경쟁시키는 것이 자신들에게 유리하다고 본 것이다.

김대중의 복권은 "비단 그의 정치활동의 길을 터주었을 뿐만 아니라 추상명사로부터 자신의 고유명사를 되찾는 기회"였다. 이제 김대중은 자신의 이름으로 대중과 만날 수 있게 된 것이다. 기자와 만난 김대중의 첫 발언은 그의 신중한 성격과 앞으로의 상황전개를 꿰뚫어보는 통찰력이 그대로 드러난다. 김대중은 "어부지리라는 말이 있듯이 경합이 심해지면 게도 구럭도 잃어버릴 염려가 있으므로 파열한 경쟁을 하기 보다는 그 과정에 더 신경을 쓸 필요가 있"다고 말했다. 김대중은 또 최규하 정권이 제시한 과도정부 기간 1년에 대해 "긴 느낌은 있으나 국민이 충분히 납득할 수 있도록 설명해준다면 참을 수"도 있지만, "그런 자세한 설명이 없기 때문에 과도정부가 딴 뜻이라도 가지고 있는 것 아닌가 하는 여지를 남기는 것"이라고 비판했다.[126]

김대중은 4월 7일 신민당이 재야인사들의 입당에 소극적이라는 이유로 신민당 입당 포기를 선언했다. 문제는 당시 민주화에 대한 염원은 널리 퍼져있었지만 범민주진영이 하나로 결속되어 있지도 못

---

126) 〈동아 인터뷰 '민주선행이 국가수호길' 복권인사 5명에게 들어본다〉, 《동아일보》, 1980년 2월 29일.

했고, 각 집단의 역량도 충분히 성숙되어 있지 못했다는 점이다. 야당인 신민당은 제도권 내에서 유리한 위치를 선점하고 있었지만, 유신체제와의 대결과정에서 보인 헌신과 희생에서 재야에 비해 뒤처져 있었다. 지식인과 종교계 인사들로 주축이 된 재야는 도덕적인 우위를 점하고 있었지만, 현실정치에서 지도력을 발휘할만한 의지도 능력도 사실상 갖고 있지 못했다. 정치공간이 극도로 제한되었던 유신체제가 초래한 불행한 결과였다. 민주세력에서 무거운 짐은 또 다시 충분히 성숙하지 못한 학생들이 짊어지게 되었다. 1980년 안개에 뒤덮인 '서울의 봄'은 점차 강한 국가를 대표하는 군부와 약한 시민사회를 대표하는 학생의 격돌을 향해 치달아가고 있었다.

　김대중은 12.12 직후부터 신군부의 무기는 계엄령이라며 "계엄령만 해제하면 호랑이의 어금니를 빼 버리는 것"이라며 계엄령 해제를 주장했지만, 정치권에서 이를 등한시했다고 아쉬워했다.[127] 이런 사이 전두환은 1980년 4월 14일 중앙정보부장 서리의 취임하면서 정권장악 야욕을 분명히 드러냈다. 계엄해제 요구는 1980년 신학기가 시작되고 대학가에 학생회가 부활하면서 전면화되기 시작했다. 학생운동 일각에서도 아직 학생들의 역량도 부족하고 박정희의 갑작스러운 사망 이후 시민들의 불안감도 크기 때문에, 준비가 안 된 상태에서 학생들이 가두로 나갔다가는 신군부가 정치적 혼란을 핑계로 전면에 나설지 모른다는 위험성을 제기하기도 했다. 그러나 상황은 불확실했고, 아마도 보안사가 역정보를 흘리는 등 온갖 루머가 난무하면서 점점 더 민주화운동 진영의 누구도 상황을 통제할 수 없게 되었다.[128] 신군부의 공격 목표가 될 가능성이 가장 컸던 김대중은

---

127) 김대중, 《김대중 자서전》 I, 366쪽.
128) 그 대표적인 예로 1980년 5월 11일 경 서울대에서 농성 중이던 학생들이 군이 출동한다는 잘못된 정보로 해산된 사건을 들 수 있다. 이런 유형의 사건은 학생운동을

누구보다도 신중한 태도를 보이며 군이 출동할 수 없는 상황을 만들고자 노력했다. 김대중은 5월 7일 계엄 해제와 전두환, 신현확 퇴진을 촉구하는 '민주화 촉진 국민선언'을 발표했고, 5월 9일에는 신민당 총재 김영삼과 공동 기자회견을 열고 계엄해제와 임시국회 소집을 요구했다. 5월 11일 김대중은 김영삼, 김종필과 자신을 포함한 3김씨와 최규하, 전두환의 5자 회담을 제의했고, 5월 12일에는 동교동 자택을 방문한 미국대사 글라이스틴과 만나 "쿠데타는 결코 용납을 할 수 없으니 군부에 어떤 빌미도 주어서는 안 된다"며 군과 학생들의 충돌에 대해 깊은 우려를 표명했다.[129]

  5월 14일 학생들 수만 명이 거리로 몰려나와 대규모 시위를 벌였다. 이에 고무된 문익환, 예춘호 등 국민연합의 핵심 인사들은 김대중을 찾아가 비상계엄령은 무효이므로 국군에게 비상계엄령에 근거한 일체 지시에 불복종할 것을 촉구하고 5월 20일 장충단공원에서 대규모 집회를 열 것을 제안했다. 이런 주장에 김대중은 펄쩍 뛰며 반대했다. "계엄은 원천적으로 무효이므로 계엄군은 상관의 명령에 복종하지 말라"고 하면 당장 내란선동죄로 몰리게 된다면서 무엇 때문에 신군부에 그런 구실을 줘야 하냐는 것이다. 특히 계엄당국의 검열 때문에 이런 성명을 발표한다 해도 신문에 나지도 않고 계엄군에 전달도 안 될 것이기 때문에 신군부에 빌미를 줄 이유가 없었다. 김대중은 또 재야인사들이 제안한 장충단공원 집회에 대해서도 대규모 집회를 열었다가 자칫 유혈사태라도 나면 신군부가 그 책임을 주최 측에 뒤집어씌울 것이라고 우려했다.[130]

  5월 14, 15일 이틀간 10만 명이 넘는 대규모 시위가 있던 후 학생

    자극하여 학생들이 강경하게 행동하도록 만들었다.
129) 김대중, 《김대중 자서전》 I, 372쪽.
130) 류상영 외 편, 《김대중 연보》 I, 368-371쪽.

운동 지도부는 오랜 논란 끝에 일단 학원으로 돌아가기로 결정했다. 지금까지 논란이 되고 있는 '서울역 회군'을 결정한 것이다. 회군 결정의 이유는 군이 사회혼란을 이유로 뛰쳐나오는 것을 막아야 한다는 것과 이틀간의 시위에서 "민주시민 동참하라"는 구호를 외쳤지만 시민들의 참여가 저조하였기 때문에 대국민 선전이 더 필요하다는 것이었다. 김대중은 이 같은 학생들의 결정에 안도하고 환영했지만, 전두환은 5.17쿠데타를 감행했고, 5.18광주 학살 만행을 자행했다. 김대중은 5.17비상계엄 확대조치와 함께 체포되었다. 내란을 일으킨 신군부는 '김대중 내란음모 사건'을 조작하여 김대중을 그 '수괴'로 몰아 죽이려는 음모를 구체화하기 시작했다.

5) 김대중 내란음모 조작사건과 사형선고

5.17 밤 12시를 기해 전두환 일당이 친위쿠데타에 돌입하자, 학생들은 다음 날 아침 서울역 회군 이후 정한 계획에 따라 예정된 장소에 모여 집회를 열려 했으나 계엄군에 의해 손쉽게 진압되었다. 그러나 광주는 달랐다. 1979년 10월 김영삼의 제명이 부마항쟁의 한 요인이 되었던 것처럼, 김대중의 연행은 광주시민들을 크게 자극했다. 시민들의 시위를 공수부대가 잔혹하게 진압하면서 피로 얼룩진 5.18광주민중항쟁이 시작되었다.

김대중은 광주민중항쟁 발발 이전에 체포되었지만, 신군부는 광주항쟁이 마치 김대중이 미리 치밀하게 준비한 내란의 일부인 것처럼 몰고 갔다. 계엄사령부는 1980년 5월 31일 "광주사태"에 대한 발표에서 "불순한 정치적 목적을 달성하기 위하여 학생 소요 사태를 배후 조정해 온 김대중이 광주시의 전남대와 조선대 내 추종학생(주로 복학생 중심)들을 조종 선동하여 온 것이 소요사태의 발단"이 되었고, "사태의 악화와 폭동의 과정에서 광주 시내 골수 추종분자들이 단계적이며 조직적으로 이를 격화시킨 사실이 수사 과정에서 계속 판명"되고 있다고 주장했다.[131] 신군부는 수많은 청년학생과 재야 인사들을 고문하여 김대중 내란음모사건을 조작해갔다.

전두환 등 신군부는 광주에서 어떤 일이 벌어졌는지도 알 수 없었던 김대중이 광주항쟁을 배후조종했다며 김대중을 내란음모의 수괴로 몰고 갔지만, 형법상 내란음모의 최고형은 무기징역도 아니고 유기징역이었다. 김대중을 죽이기 위해서는 다른 죄목이 필요했다. 계엄사 합동수사본부는 보안사 이학봉의 지휘 아래 검찰의 안경상, 정경식, 중앙정보부의 김근수 등이 공모하여 김대중을 '반국가단체' 한민통의 수괴로 몰아 국가보안법 1조 1항을 적용하여 사형시키려 했다. 한민통은 앞서 서술한 바와 같이 대한민국을 절대 지지한다는 원칙에 입각해 결성되었고, 김대중은 납치 이후인 1973년 8월 15일 한민통 일본본부의 의장으로 추대되었을 뿐인데, 김대중은 반국가단체의 의장으로 몰려 생사의 기로에 서게 된 것이다. 더구나 김대중의 일본에서의 활동에 대해서는 법적, 정치적 책임을 묻지 않는다는 것은 한국정부와 일본 정부 사이의 김대중 납치사건 한일결착의 두 기둥의 하나였다. 신군부는 이를 우려하여 일본 측에는 한민통 부분을 왜곡한 '가짜' 공소장을 전달했고, 김대중에 대한 사형 판결문은 오랫동안 극비에 부쳤다.[132] 일본 정부는 이런 눈속임에 기꺼이 속아주면서, '우려 표명'의 시늉만 내며 새로운 한일결착을 이어나갔다. 일본 체류 중의 행적을 문제삼아 자신을 죽이려는 음모는 "일본 정부가 문제 삼을 것"이며 이는 "그 당시로서는 가장 큰 버팀목"이라 생각했던 김대중으로서는 분개하고 낙담하지 않을 수 없었다.[133] 신군

---

131) 〈광주사태에 대한 계엄사 발표 전문〉, 《경향신문》, 1980년 5월 31일.
132) 〈남산의 부장들 (146) 김대중 공소장 일에 '가짜' 전달〉, 《동아일보》, 1993년 6월 27일.

부는 중앙정보부 출신 유정회의원 김영광에게는 "김대중의 야욕이 한일관계의 암초"라거나 대검공안부장 출신의 또 다른 유정회의원 한옥신에게는 "사법문제에 대한 일본 정부의 개입은 국제법상 주권 원칙의 파괴행위"라는 등의 기고문을 발표케 했다.[134]

  김대중의 구명에 소극적인 일본과 달리 미국은 적극적으로 움직였다. 미국은 특히 1980년 대통령 선거에서 공화당의 레이건 후보가 승리하자 전두환 측근의 젊은 대령들이 김대중을 살려두면 자신들의 '구국 노력'이 허사가 될 것이라며 공공연히 김대중의 처형을 주장하는 상황을 몹시 우려했다. 당시 주한 미대사였던 글라이스틴은 "내 외교관 생활을 통틀어 한 개인을 위해 미국 정부가 그 정도로 노력을 경주한 예는 찾아보기 힘들다"고 할 정도로 다양한 채널을 통해 오해 불가능한 강력한 메시지를 거듭 전달했다.[135] 레이건 행정부에서 국가안보보좌관을 맡게 될 리처드 앨런은 전두환의 특사인 특전사령관 정호용에게 김대중을 죽였다가는 "날벼락이 칠 거요. 난 특전사령관보다 강해!"라고 쏘아붙였다.[136] 1981년 1월 21일 한국과 미국 정부는 전두환이 레이건의 초청으로 1월 28일 미국을 방문한다고 공식 발표했다. 1월 23일 대법원이 김대중에 대한 사형을 확정하자 전두환은 그 즉시 김대중을 무기로 감형했다.

4. 국외에서 국내로, 장외에서 장내로(1982-1987)

133) 김대중, 《김대중 자서전》 I. 388쪽.
134) 한옥신, 〈사법문제에 대한 개입의 법리와 한계 (상)〉, 《동아일보》 1980년 12월 4일; 한옥신, 〈사법문제에 대한 개입의 법리와 한계 (상)〉, 《동아일보》 1980년 12월, 6일.
135) 윌리엄 글라이스틴, 《알려지지 않은 역사》, (서울, 중앙 M&B, 1999), 242, 254쪽.
136) 김충식, 《5공 남산의 부장들》 1, (서울: 동아일보사, 2022), 224쪽.

1) 김대중의 귀국과 2.12총선

2년 반의 수감생활은 매우 힘들었지만, 그 기간 김대중은 폭넓은 독서와 깊은 사색의 시간을 가질 수 있었다. 김대중 석방을 외치다 광주에서 희생된 수많은 사람, 그리고 자신으로 인해 옥에 갇힌 수많은 시민에 대한 고마움과 미안함과 책임감, 사형 직전까지 갔던 임사체험 등은 정치인 김대중의 장래 행보를 규정하는 요인이 되었다. 다른 정치인들과 뚜렷이 구별되는 김대중의 장점은 이런 고난의 기간을 헛되이 하지 않아 마련된 것이다.

김대중은 1982년 12월 23일 형집행정지로 석방되어 가족과 함께 미국으로 떠났다. "미국에서 바라본 한국의 상황은 그야말로 절망 그 자체"였지만, 그는 늘 길 위에 있었다고 할 만큼 많은 강연을 소화하고 열심히 언론과 인터뷰했다. 국내에서는 1983년 5월 김영삼이 단식을 시작해 얼어붙은 정국에 돌파구를 만들었다. 9월에는 학생운동 출신 청년들이 민주화운동청년연합을 조직하면서 광주학살 이후 위축되었던 민주화운동이 다시 전열을 정비하고 투쟁에 나섰다. 정치인들도 움직이기 시작했다. 1984년 6월 14일 민주화추진협의회(민추협)이 결성되었다. 김대중의 동교동계와 김영삼의 상도동계는 민추협의 임원진을 사이좋게 반분했고, 김영삼은 공동의장에, 김대중을 대신하여 김상현이 공동의장 대행에 취임했다. 1985년 초에는 12대 총선이 예정되어 있었다. 신군부는 1980년 11월 '정치풍토 쇄신을 위한 특별조치법'이라는 악법으로 567명의 정치인의 활동을 규제했는데, 1, 2차 해금에 이어 1984년 11월 30일 김대중, 김영삼, 김종필, 김상현, 이후락 등 15명을 제외한 나머지 인사들에 대한 추가 해금을 발표했다.[137] 그동안 정치규제를 당해 온 민추협의 야당

---

137) 〈3차해금 84명, '3김'씨 등 15명은 계속 규제〉, 《동아일보》, 1984년 11월 30일.

성향 정치인들은 해금이 되자 전두환이 만든 '가짜 야당' 민한당이 아닌 진짜 야당을 만들기로 했다. 이들은 과거 신민당의 이름을 복원하려 했으나, 선관위에서 기존에 존재했던 정당 이름을 쓸 수 없다고 하자 신한민주당이란 이름으로 등록하여 약칭이지만 신민당을 살려냈다.

김대중은 귀국을 결심했다. 이보다 앞서 1983년 8월 21일 미국에 망명 중이던 필리핀의 야당지도자 베니그노 아키노 전 상원의원은 마닐라 공항에 내리던 순간, 정체불명 괴한의 기관총 사격을 받고 피살되었고, 암살범은 현장에서 군인들의 총격을 받고 사망했다.[138] 광주에서 수많은 시민을 학살했던 전두환 정권이 무슨 짓을 할지 모른다는 우려에 하원의원, 예비역 해군대장, 교수 등 미국의 저명인사 30여 명이 인간방패를 자원해서 김대중과 동행했다. 정권의 통제하에 있던 언론의 축소보도에도 김포공항 인근에는 10만 인파가 몰려 김대중의 귀국을 열렬히 환영했다.

선거에서는 인물, 구도, 정책 등이 중요하다지만, 제일 중요한 것은 바람이었다. 김대중의 귀국은 2.12총선에서 불고 있던 진짜 야당 신민당의 바람을 태풍으로 만들었다. 안기부나 소위 전문가들은 신민당이 잘해야 20석 정도 얻을 것이라 전망했지만, 예상을 뒤엎고 신민당은 지역구에서 관제야당 민한당의 두 배 가까운 50석을 얻었다. 선거 결과는 보안사령부가 친위쿠데타를 준비[139]할 정도로 충격적이었다. 전두환 정권은 3월 6일 김대중과 김영삼 등 14명(피규제자 15명 중 예비역 해병 소장 박성철은 김대중의 귀국 직전인 1985년 1월 30일 사망)을 해금했다.[140] 김대중은 3월 15일 민추협 공동의장에 취임하

---

138) 〈마닐라공항서 아키노씨 귀국 즉시 피살〉, 《경향신문》, 1983년 8월 22일.
139) 보안사령관 안필준은 선거 직후 보안사 감찰실장 한용원에게 친위쿠데타 계획을 수립하라고 지시했다. 한용원, 《한용원 회고록》, 122-124쪽.

여 1980년 서울의 봄 이후 4년 10개월 만에 정치전면에 나섰다. 그
러나 정치해금 선언에도 불구하고 김대중은 여전히 동교동 자택에
가택연금 상태였고, 사면복권도 되지 않았다. 민한당의 12대 국회의
원 당선자들은 4월 3일 21명이 집단으로 신민당에 입당하는 것을
시작으로 대부분 난파선에서 뛰어내리듯 신민당으로 당적을 옮겼고,
민한당은 자연 소멸되었다.

2) 개헌투쟁과 6월항쟁

2.12총선으로 양당체제의 한 축으로 자리 잡은 신민당은 개헌투
쟁에 돌입했다. 총선에서 증명된 변화의 요구에 대해 민정당도 무턱
대고 거부할 수는 없었다. 민정당은 국민이 직접 대통령 후보를 뽑는
직선제는 한사코 기피하면서 내각제 개헌이나 때로는 이원집정제 개
헌을 들고 나왔다. 1986년 초 신민당은 2.12총선 일주년을 맞아 대
통령 직선제 개헌 1000만 명 서명운동을 시작했다. 전두환 정권은
신민당의 개헌서명 운동이나 개헌운동추진본부 현판식이 실정법 위
반이라며 서명한 일반인까지 처벌하겠다고 신경질적인 반응을 보였
다.[141] 검찰과 경찰은 신민당 간부들의 개헌서명을 막기 위해 신민
당사를 봉쇄하고 압수수색을 실시하기까지 했다.[142] 그러나 부산,
광주 그리고 등에서 강행된 신민당의 개헌운동추진본부 현판식에는
각각 수만 명의 인파가 몰려들어 대성황을 이뤘다.

한편 이 시기 학생운동은 대단히 급진화 되고 있었다. 1985년 5월
대학생들이 미국문화원 점거, 7월의 삼민투 수사 발표, 8월의 깃발
사건 발표, 9월의 민청련 의장 김근태 구속과 고문, 10월의 민추위

---

140) 〈3김씨등 모두 해금〉, 《경향신문》, 1985년 3월 6일.
141) 〈신민, 법리 따져가며 서명운동 단속 반박〉, 《조선일보》, 1986년 2월 12일.
142) 〈신민, 20일의 상위대책 등 논의〉, 《조선일보》, 1986년 2월 20일.

92

사건 발표, 11월의 민정당 중앙정치연수원 점거, 1986년 3월 구국
학생연맹(구학련) 결성, 4월의 김세진 이재호 분신 등의 사건이 연이
어 일어났다. 급진화된 청년학생운동과 노동운동세력은 신민당 개헌
추진운동본부 인천경기지부 현판식이 예정된 1986년 5월 3일 "인천
을 해방구로!"라는 슬로건을 내세우며 격렬한 시위를 벌였다. 전두
환 정권은 5·3 인천 시위를 좌경 용공 세력의 체제 전복 시도로
규정하면서 좌경학생들이 민중폭력혁명과 무장봉기를 책동143)한다
고 호들갑을 떨었다. 부천서 성고문 사건이 발생한 것은 이런 분위기
속에서였다. 김대중은 공안당국의 이 같은 탄압은 "제도권 야당인
신민당과 재야 및 학생운동 진영의 연대를 깨뜨리려는 전략"이라고
분석했다.144)

　1986년 10월 7일 아시안 게임 폐막과 함께 전두환 정권의 탄압이
시작되었다. 10월 10일 서울대 대자보 사건, 10월 13일 유성환 의
원의 통일국시 발언 사건, 10월 17일 구학련 사건, 10월 24일 ML당
사건에 이어 10월 28일에는 당국이 '공산혁명분자 건국대 점거 난동
사건'이라 명명한 건대 사태가 일어나 1200명이 넘는 대학생이 구속
되었다. 건국대 사건이 한창 진행 중이던 10월 30일, 정부는 북한이
금강산댐을 만들어 서울을 물에 잠기게 하려한다고 공포분위기를 조
성했다. 이와 같은 상황은 전두환 본인이 개헌정국을 돌파하고 자신
의 권력을 연장하기 위해 친위쿠테타를 모색145)하는 가운데 일어난
것이다. 이때 전두환은 11월 8일 국회를 해산하고 비상계엄을 선포
하고 김대중을 정계에서 은퇴시켜 재수감과 외국행 중 택일하도록

143) 〈좌경학생 '5월 무장봉기' 책동〉, 《경향신문》, 1986년 5월 6일.
144) 김대중, 《김대중 자서전》 I. 464쪽.
145) 전두환의 친위쿠테타 모색과 공안탄압에 강화에 대해서는 당시 권부 핵심에 있었던
　　박철언이 자세히 증언한 바 있다. 박철언, 《바른 역사를 위한 증언》 1, (서울: 랜덤하
　　우스중앙, 2005), 229-245쪽.

하려 했다고 한다.[146] 상황은 엄중했다. 1980년 5.17친위쿠데타로 서울의 봄을 깨버린 사태가 재현될 가능성이 높아진 것이다. 김대중 으로서는 이 위기를 돌파할 계기를 마련해야 했다. 그는 오랜 고민 끝에 "이 난국을 풀어나가는 데 필요하다면 대선 불출마선언을 해야 겠다고 마음먹었다." 그는 11월 5일 "대통령중심제 개헌을 전두환 정권이 수락한다면 비록 사면·복권이 되더라도 대통령 선거에 출마 하지 않겠다"고 선언했다.[147]

전두환 정권의 강경 분위기 속에서 신민당 내의 직선제 개헌 투쟁 전선에 균열이 발생했다. 12월 24일 신민당 총재 이민우는 공정한 선거 보장 등의 전제조건을 내세우면서 민정당과의 내각제 협상을 검토하겠다는 뜻을 밝혔다. 이 발언으로 신민당은 격랑에 휩싸였다. 1987년 1월 14일 남영동 치안본부 대공분실에서 발생한 박종철 군 고문치사사건은 신민당이 심각한 내분에 휩싸였을 때 일어난 것이 다. 신민당은 결국 이 내분을 수습하지 못했고, 당인을 쥔 이민우가 고집을 부리자 절대적인 지분을 갖고 있는 양대 주주 김대중과 김영 삼은 의원 4월 8일 74명의 서명을 받아 분당을 선언했다.[148]

전두환이 국민의 거센 개헌 요구를 무시하고 5공화국 헌법으로 대통령 선거를 치르겠다는 이른바 4.13 호헌조치를 선언한 것은 신 민당의 내분을 틈탄 것이었다. 전두환 정권은 김대중과 김영삼이 힘 을 합쳐 통일민주당을 창당하려고 하자, 깡패들을 동원하여 각 지역 의 지구당 창당 대회를 습격하기도 했다.[149] 전두환은 박종철 군 고 문치사 사건으로 인한 국민의 분노와 저항도 2.7국민추도대회와 3.3

---

146) 박철언, 《바른 역사를 위한 증언》 1, 238쪽.
147) 김대중, 《김대중 자서전》 I. 467쪽.
148) 〈두 김씨 신민 분당선언〉, 《경향신문》, 1987년 4월 8일.
149) 〈괴폭력에 짓밟히는 신당 창당〉, 《동아일보》 1987년 4월 24일.

고문추방 국민대행진을 거치면서 어느 정도 사그라졌다고 오판한 것으로 보인다. 전두환 정권의 오만한 4.13호헌조치를 규탄하는 각계각층의 규탄선언이 줄을 잇는 가운데 5월 18일 천주교정의구현사제단은 충격적인 성명을 발표했다. 박종철 군 고문치사의 범인은 정부가 발표한 2명 이외에 3명이 더 있다는 것이다. 1960년 3.15 부정선거 규탄시위가 수그러들다가 4월 11일 김주열 군의 시신이 떠오르면서 4월혁명으로 폭발한 것처럼 박종철 고문치사 사건을 전두환 정권이 은폐·조작한 사실의 폭로는 6월항쟁을 불러왔다.

박종철 고문치사 사건과 그 은폐 조작의 폭로는 1986년 5.3 인천사태 이후 소원해졌던 제도권 야당과 재야, 청년학생, 노동운동진영을 다시 하나로 뭉치게 했다. 5월 27일 민주당과 천주교, 개신교, 불교 등 종교계, 민통련, 민가협, 노동계 등 재야단체는 서울 명동 향린교회에서 '민주헌법쟁취 국민운동본부'를 결성했다. 자택에 연금된 김대중은 결성식에 참석할 수 없었지만, 김영삼, 김수환, 문익환, 함석헌 등과 함께 국민운동본부의 고문으로 추대되었다. 국민운동본부는 6월항쟁의 사령탑 역할을 충실히 수행했다.

격렬한 시위가 전국에서 계속 벌어지자 전두환 정권은 심각하게 군의 동원을 고민했다. 그러나 1987년 대한민국의 국민은 이미 1980년의 국민이 아니었다. 더구나 1980년 전두환 정권의 군 동원을 묵인했던 미국은 이번에는 강력하게 군을 동원하는 것에 반대했다. 6월항쟁에서 시민들의 구호는 자연스럽게 "호헌철폐 독재타도, 직선제로 민주쟁취" 열여섯 자로 압축되었다. 진보진영 내의 복잡했던 사상논쟁이나, 보수적인 제도권 야당과 진보적인 재야, 급진적인 학생운동이나 노동운동 간의 입장 차이도 적어도 6월항쟁 기간에는 3.1운동 당시와 마찬가지로 문제로 부각되지 않았다. 절대다수의 시위대는 직선제는 전두환 정권이 절대로 받아들일 수 없는 것으로 생각했다. 전두환 정권은 틀림없이 벼랑 끝에 몰려 있었다. 직선제를 수용하겠다는 민정당 대통령 후보 노태우의 6.29선언은 벼랑 끝에 몰린 전두환 군사정권이 '사즉생'의 각오로 내놓은 승부수였다. 전두환은 김대중과 김영삼을 분열시킨다는 직선제로도 해 볼만 하다고 판단하여 노태우를 앞세워 정면돌파를 시도한 것이다. 직선제의 쟁취는 6월항쟁의 소중한 성과였지만, 민주진영에게 새로운 과제를 던진 것이다.

3) 1987년 대통령 선거

김대중은 7월 9일 드디어 사면복권 되었다. 김대중이 사면복권될 무렵 전국에서는 놀라운 일이 벌어지고 있었다. 3.1운동 직후에도, 해방 직후에도, 4월혁명 직후에도, 10.26 직후에도, 정치적 격동기에는 늘 노동자들의 경제적인 요구가 뒤따랐지만 1987년은 매우 특별했다. 1987년 한국자본주의는 매우 성숙해있었고, 6월항쟁에서 노동자들은 앞서의 정치적 격동기와는 비교가 안 될 정도로 중요한 역할을 수행했다. 대중들의 힘에 의한 정치적 변화를 체험한 노동자들은 자신들의 삶의 현장에서 변화를 추구했다. 그들의 요구는 노동조합결성으로 집약되었다. 노동자들의 폭발적인 진출로 1987년 7월부터 1년간 결성된 노동조합 숫자는 한국전쟁 정전 이후 1987년까지 34년간 결성된 노동조합 수만큼이나 되었다. 1987년 7, 8, 9월 노동자 대투쟁으로 한국사회는 처음이자 마지막으로 구조적인 분배의 정의를 실현할 수 있었다. 그러나 노동자 대투쟁의 한계150)도 분명했다.

김대중은 1950년대부터 노동문제에 대해 연구하고 기고해 온 보

---

150) 1987년 노동자 대투쟁의 성격과 한계에 대해서는 김동춘, 《한국사회 노동자 연구
　　－ 1987 이후를 중심으로》, (서울: 역사비평사, 1995), 100-144쪽을 볼 것.

기 드문 정치인이었다. 그러나 막상 노동문제가 폭발적으로 분출했을 때 기대만큼 활약을 보이지 못했다. 김대중이나 김영삼은 노동쟁의가 폭발적으로 분출한 것을 "26년간 독재정권에 의해 억눌려 온 근로자들의 정당한 요구분출"로 긍정적으로 평가했지만, "분규가 장기화 폭력화해 자칫 민주화가 원하지 않는 세력에 의해 악용되지 않게 해야 한다"고 일정한 거리를 두었다.[151] 김대중이 노동자 대투쟁에 대해 다소 소극적인 태도를 보인 것은 대통령선거를 앞두고 그가 당시 이념적으로 과격하다는 오해를 받고 있는 상황에서 노동문제의 해결을 집권 이후의 과제로 미뤄둔 탓이 아닐까 한다. 김대중은 1987년 10월 26일 안양에서 열린 한 연설회에서 4만여 군중 앞에서 "다음 정권 하에서는 노동조합 자유결성의 권리, 단체교섭권 등 노동 3권과 8시간노동제, 최저임금제 등 근로자들을 위한 복지정책을 최우선으로 실시할 것"이라고 공약했다.[152] 김대중은 또한 《월스트리트저널》과의 인터뷰에서 "노동자 및 학생들이 심각한 혼란을 초래하게 된다면 중간계급이 그동안 민주화를 지지했던 태도를 바꿔서 군사정권의 유지를 원하게 될 수도 있다"라는 입장을 밝혔다.[153] 실제로 김대중의 이런 우려는 현실화되었다. 노동자대투쟁의 중심지는 울산과 마산창원이었는데, 그 중간에 김영삼의 정치적 기반이 부산이 자리 잡고 있었다. 김영삼이 1990년 1월 3당합당이라는 보수대연합에 나선 것은 대통령이 되고 싶은 욕망 때문이기도 하지만, 노동자들이 역사의 주체로서 자신들의 몫을 찾겠다고 나서자 부산-경남지역의 보수적 중산층이 위기의식을 느낀 점도 크게 작용했던 것으로 보인다. 1979년 YH노동조합 사건 당시는 중산층은 물론 보수층

151) 〈'분규묘방' 없는 여야…정치불안 우려〉, 《동아일보》, 1987년 8월 24일.
152) 〈'근로자정책에 최우선' 김대중씨 안양서〉, 《조선일보》, 1987년 10월 27일.
153) 류상영 외 편, 《김대중 연보》 I, 548쪽.

일부까지 '불쌍한 여공들'에 대해 동정적인 자세를 보였지만, 1987
년 노동계급이 폭발적으로 진출하여 구조적인 개혁을 요구하자 심한
두려움을 느낀 것이다.

6.29선언으로 직선제로 대통령 선거를 치르게 되자 헌법개정이
중대한 과제로 떠올랐다. 9차 개헌안은 국민투표를 거쳐 1987년 10
월 29일 공포되었다. 9차 개헌안은 일제 36년보다 더 길게 지금까지
존속하게 된 '1987년 체제'를 규정하는 헌법이지만, 참으로 졸속으
로 만들어졌다. 개헌협상에 임하는 정치세력은 오로지 권력구조에만
관심이 있었다. 각 세력이 한 번이라도 대통령을 차지하려는 욕망에
4년 중임제는 6년 단임제로, 다시 5년 단임제로 되어 뒷날 관료들의
천국을 만드는 씨앗을 뿌렸다. 국민들의 권리와 관련해서는 자유권
과 관련된 조항만 일부 정비되었을 뿐, 개헌협상 진행 중 한국사회를
뒤흔든 노동자대투쟁의 성과는 평등권 등 헌법조항에 전혀 반영되지
않았다. 또한 군인에 대한 배상을 제한하는 국가배상법 조항은 1971
년 대법원이 위헌 판결을 내려 사법파동까지 불러오게 되었다. 박정
희는 위헌의 소지를 없애기 위해 이 내용을 유신헌법에 집어넣었다.
이 조항은 유신헌법의 대표적인 독소조항이지만 1987년 헌법 29조
2항에 살아남았다.154) 또한 6월항쟁에도 불구하고 아직 전두환이
대통령인 시절에 헌법안이 마련되었기 때문에 그가 '단임 실현'이라
는 빛나는 업적'을 남기고 퇴임한 후에도 '상왕'으로서 권력을 행사할
수 있는 장치인 국가원로자문회의도 90조에 규정되었다.

김대중이 사면복권되어 유력한 대통령 후보의 한 사람으로 떠오르
자 수구세력들은 또다시 시대착오적인 김대중 비토론을 들고 나왔

---

154) "군인 · 군무원 · 경찰공무원 기타 법률이 정하는 자가 전투 · 훈련등 직무집행과 관련
하여 받은 손해에 대하여는 법률이 정하는 보상 외에 국가 또는 공공단체에 공무원의
직무상 불법행위로 인한 배상은 청구할 수 없다."

다. 김대중에 대한 가장 강경한 비토세력은 역시 군이었다. 1986년 육군참모총장 박희도는 보안사가 작성한 《김대중 정치방황 30년》이란 책자를 김대중은 "선동정치가요 분별없는 정치인인 동시에 술수의 대명사"라는 자신의 독후감과 함께 예하부대에 배포하여 독후감 작성을 독려한 바 있다. 그는 대선을 앞두고 1987년 7월 "김대중이 대통령이 될 수 없다"라거나 "김대중 씨가 대통령에 출마하면 불행한 일이 발생할 것"이라는 등의 발언을 통해 정치군인의 면모를 드러내며 김대중 폄하에 앞장섰다.155) 박희도가 국방부 출입기자단을 상대로 이런 망언을 할 때 배석했던 육군본부 보안부대장 최경조는 "김대중이 대통령이 된다면 수류탄을 들고 뛰어들고 싶다"고 발언했다.156)

이런 분위기 속에서 김대중의 행보는 매우 조심스러울 수밖에 없었다. 그는 사면복권이 되고도 두 달이 지나서야 16년 만에 정치적 고향 광주를 방문했다. 수십만 인파의 환영 속에 광주에 도착한 김대중은 제일 먼저 망월동 5.18묘역에 참배했다. "김대중을 석방하라"를 외치다 희생된 분들의 묘역에서 김대중은 오열을 참을 수 없었고, 유가족들과 부둥켜안고 하염없이 눈물을 쏟았다. 광주의 아픔에 공감하는 사람들은 신문에 보도된 김대중이 오열하는 모습의 사진을 보고 같이 아파했지만, 그렇지 않은 사람들은 이 사진을 보고 '김대중이 집권하면 정치보복을 할 것이다'나 '김대중은 과격한 인물로 집권해서는 안 된다'라는 자신들의 편견을 증폭시켰다.

사면복권 된 김대중이 해결해야 할 가장 어려운 문제는 역시 야당 대통령 후보의 단일화였다. 김대중도 김영삼도 대통령 후보를 양보

155) 〈박희도 총장 발언 관련 민주, 진상규명 등 촉구〉, 《조선일보》, 1987년 7월 29일.
156) 국회사무처, 〈제12대 국회 135회 국회 국방위원회 회의록〉 제2호, 1987년 8월 13일, 11쪽.

할 마음은 전혀 없었다. 제도권 내에서 유리한 고지를 점하고 있던 김영삼 측은 한사코 김대중에게 출마 포기를 종용했다. 김대중은 김대중대로 "우리의 눈물을 닦아 주십시오"라는 호남의 한과 열망을 외면할 수 없었다. 김영삼 측은 "만일 김대중이 후보가 되면 군부가 그날로 죽여 버릴 것이다. 군부가 빨갱이라고 비토하니 DJ는 후보가 돼선 안 된다"고 주장하기까지 했다.157) 민주화투쟁의 오랜 동지이기도 했던 김영삼이 군부의 김대중 비토론에 기대어 김대중 불가론을 편 것에 대하여 김대중은 크게 분노했다. 김대중의 분노와 김영삼의 과욕이 격렬히 충돌한 것은 후보 단일화를 가로막는 중요한 요인의 하나로 작용했다.158)

군사정권을 종식하기 위해서는 야당의 후보가 무조건 단일화되어야 한다는 목소리가 높았지만, 단일화는 쉽지 않았다. 무엇보다도 김대중과 김영삼 두 사람의 출마의지가 너무나 확고했다. 김대중은 1986년 11월 5일 직선제가 실시된다면, 대통령선거에 출마하지 않겠다는 불출마선언을 한 바 있고, 김영삼은 이에 화답하여 김대중의 "불출마선언에도 불구하고 대통령 직선제 개헌이 이루어지면 김(대중) 의장이 출마할 수도 있다고 생각한다"고 화답한 바 있다.159) 그러나 막상 직선제 대통령 선거의 판이 벌어지자 두 사람은 모두 출마의지를 불태웠다. 김대중은 분명 1973년의 납치사건과 1980년의 사형선고로 죽음의 고비를 넘나들었으며 투옥과 망명으로 점철된 민주화 투쟁의 역사를 갖고 있었다. 그러나 김영삼 역시 부마항쟁을 촉발한 유신 말기의 제명사태와 1983년의 단식투쟁 등 만만치 않은 투쟁

---

157) 김대중, 《김대중 자서전》 I. 492–493쪽.
158) 장신기, 《성공한 대통령 김대중과 현대사–김대중 재평가》 (서울: 시대의창, 2021), 163쪽.
159) 〈귀국 즉시 함께 시국대책 협의, 김영삼씨 서독서 성명〉, 《조선일보》, 1986년 11월 6일.

경력을 갖고 있었고, 무엇보다도 제도권 내에서 김대중에 비해 확고한 우위를 점하고 있었다. 또한 김대중은 호남에서, 김영삼은 부산-경남지역에서 열광적인 지지를 받고 있었다. 정치에 목말라 있었던 대중들은 자신이 지지하는 후보를 보기 위해 대통령 선거 유세에 수백만 명씩 몰려들었다. 지금과 같은 전국적인 여론조사가 실시되지 않던 시절, 김영삼 진영과 김대중 진영은 각각 자신의 정치적 기반이 있는 지역에서 나타난 폭발적인 열기에 도취하여 승리를 장담했다.

많은 시민의 열망과 우려에도 불구하고 민주당은 끝내 갈라졌고, 김대중은 마침내 10월 28일 신당(평화민주당) 창당과 대통령 선거 출마를 선언했다. 김대중과 김영삼이 동시에 출마하자 민주진영 내에서는 실망감을 넘어 선거 패배에 대한 우려가 쏟아져 나왔다. 민주진영의 표가 두 사람으로 나뉘는 것은 전두환 노태우 등 군사독재 세력이 가장 바라는 바였다. 후보단일화를 주장하는 사람들은 표면적으로는 두 사람 중 누가 후보가 되도 상관없다는 태도를 취하는 경우가 많았지만 속내는 간단치 않았다. 영남 출신 재야인사들 중에는 제도권 내에서 우위를 점하고 있는 김영삼 지지를 후보단일화라는 우아한 이름으로 포장하기도 했다. 김대중의 지지자 중에도 후보단일화를 이야기하는 사람들은 김영삼은 절대로 양보할 사람이 아니기 때문에 김대중이 대승적 결단을 내려야 한다고 주장하는 경우도 있었다.[160]

대통령 선거 구도는 이제 대구-경북 지역을 기반으로 민정당 노태우, 부산-경남에 기반을 둔 통일민주당의 김영삼, 호남에 기반을 둔 평화민주당의 김대중, 충청 지역에 기반을 둔 신민주공화당의 김

---

160) 이태호, 《영웅의 최후-김대중 평전》(서울: 한뜻, 1992), 437-441쪽. 당시까지 김대중의 비서였던 이태호가 작성한 보고서에 따르면 김대중 내란음모 사건 당시 김대중과 같이 고초를 겪은 송건호, 장을병이나 김대중과 오랜 인연을 갖고 있는 대전교구 이계창, 김종국 신부 등이 이런 입장을 취했다.

종필 등 4자구도로 짰었다. 동교동계에서는 단일화 실패에 따른 부
정적인 선거전망에 대해 '4자필승론'을 일컬으며 노태우, 김영삼, 김
대중, 김종필이 모두 출마하는 것이 김대중에게 가장 유리한 상황이
라는 주장을 폈다. 이 주장에 따르면 김종필이 보수표를 상당히 잠식
할 것이고, 영남표는 노태우와 김영삼이 나눠 가질 것이기 때문에
호남이라는 확고한 기반을 갖고 서울과 경기에서 강세를 보이는 김
대중에게 4자 동반 출마라는 상황이 가장 유리하다는 것이다. 이 주
장은 망국적인 지역감정에 편승한 발상으로 김대중을 호남지역 후보
로 갇히게 만들었을 뿐만 아니라, 후보 단일화를 등한시하게 만들었
다. 한편 재야 22개 단체의 연합기구인 민통련은 상당수 회원의 반
발에도 불구하고 김영삼과 김대중 중 "민주화실현구상, 군사독재 종
식 결의, 민생문제 해결책, 민족통일정책, 5월 광주항쟁의 계승과
그 상처의 치유책 등에 있어 상대적으로 적극적인 자세를 보이고 있
다는 판단을 근거로" 김대중을 범국민적 후보로 추천한다고 밝혔
다.161) 이 입장은 흔히 '비판적 지지'로 알려졌다. 재야는 이로써 '비
판적 지지'라는 이름의 김대중지지 세력, '후보단일화'를 표방하지만
사실상 김영삼지지 세력(물론 순수한 후보단일화도 있었다), 그리고 민중
진영의 독자후보 등 세 갈래로 나뉘었다. 학생운동이나 노동운동 같
은 급진적인 운동 역시 출신 지역에 따라 갈가리 나뉘었다. 재야는
용기 있고 희생적인 투쟁을 통해 전두환 학살 정권에 맞서 민주화를
이루는 데 크게 기여했지만, 김대중과 김영삼 두 사람의 단일화를
강제할 만한 도덕적 권위와 정치력을 갖지 못했고, 오히려 양 김 씨
각각의 흡인력에 빨려 들어가며 분열되고 말았다.

12월 16일 대통령 선거에서 노태우는 824만표(득표율 36.7%)를 얻

---

161) 〈김고문 후보 추대 민통련 공식발표 결의문〉, 《경향신문》, 1987년 10월 13일.

어 2위 김영삼(630만표, 28%), 3위 김대중(607만표, 27%)을 여유 있게 따돌리고 대통령에 당선되었다. 선거 직전의 KAL 858기 폭파사건과 폭파범 김현희의 국내 압송은 분명 노태우에게 유리하게 작용했다. 김영삼과 김대중은 각각 전두환 노태우 진영이 자행한 부정선거를 대통령 선거 패배의 중요한 요인으로 꼽았다. 그러나 두 김씨가 얻은 표를 합치면 노태우가 얻은 표의 1.5배에 달한다는 점에서 민주진영 선거 패배의 결정적인 요인은 다름 아닌 양 김의 분열이었다. 김대중은 자서전에서 "국민들의 원성이 하늘을 찌를 듯했다. 나라도 양보를 했어야 했다. 지난 일이지만 너무도 후회스럽다"라고 썼다. 그러나 그가 "물론 단일화했어도 이긴다는 보장은 없었다. 저들의 선거부정을 당시로서는 막을 수 없었을 것이다"라고 덧붙이고 있는 것[162]으로 보아 단일화 실패에 대한 책임을 철저하게 통감하고 있는 것에 대해서는 의문이 든다.

5. 야당총재 김대중(1987~1997)

1) 제1야당 총재에서 유일 야당의 총재로

1987년 12월 16일 대통령 선거에서 3위로 낙선한 김대중과 평민당은 4개월 뒤인 1988년 4월 26일 13대 총선을 치러야 했다. 이 선거에 배수진을 친 김대중은 전국구 후보 1번으로 등록하리라는 예상을 깨고, 11번으로 등록했다. 선거 결과 노태우의 민정당은 과반수에서 한참 못 미치는 125석에 그쳤고, 김대중의 평민당이 70석으로 제1야당이 되었으며, 김영삼의 통일민주당은 59석, 김종필의 신

---

162) 김대중, 《김대중 자서전》 I. 501쪽.

민주공화당은 35석을 얻었다.163) 여당과 야당이 의석수로는 125 대 174, 득표율로는 34% 대 66%라는 큰 차이로 여소야대 구도가 펼쳐진 것이다.

13대 국회의원 선거에서 김대중은 재야인사들을 대거 영입하여 선거에 출마시켰고, 박영숙, 문동환, 이해찬, 이상수, 정상용, 박석무, 이철용, 양성우, 서경원 등 9명의 재야입당파가 당선되어 의회에 진출했다. 통일민주당에서는 부산에서 김광일과 노무현 두 인권변호사가 재야 출신으로 당선되었다. 평민당의 재야입당파 중 북한 출신으로는 전국구 1번의 박영숙 부총재와 12번의 문동환 두 사람뿐이었다. 1970년대의 주요 재야인사들 중 절반 이상이 북한 출신이었던 점에 비하면 1980년대 후반이 되면 재야의 인적 구성에도 큰 변화가 있었고, 정당과 선거라는 현실정치의 벽이 북한 출신 재야인사들의 의회진출에 일정한 제약 요인으로 작용했다고 볼 수 있다. 이들 재야 출신의원들은 개인에 따라 편차가 있었지만, 보수 일변도였던 한국의 의회와 야당에 뚜렷한 변화를 가져왔다. 김대중은 1992년 14대 총선과 1996년 15대 총선에서도 계속 재야인사들을 영입함으로써 한국야당의 전통적인 보수체질을 상당히 개선했고, 이들은 재야에서 주장하던 아젠다들을 당내로 가져와 평민당이 정책정당으로 변화하는데 크게 기여했다. 1989년 12월 19일 재산상속 차별 삭제 등 남녀차별조항이 큰 폭으로 개정되어 "악법 개폐의 첫걸음"이라 평가받은 가족법 개정안이 김대중의 주도로 우여곡절 끝에 '공개투표'로 통과된 것164)은 그 대표적인 사례라 할 것이다. 김대중 역시 자서전에서

---

163) 〈민정 125평민 70민주 59공화 35석 13대 총선 개표 완료〉, 《조선일보》, 1988년 4월 28일.

164) 〈재산상속 차별 삭제 등 가족법개정안 국회 통과, "악법개폐 첫걸음" 여성계 일단 환영〉, 《한겨레신문》, 1989년 12월 20일.

가족법 개정안의 통과과정을 3쪽에 걸쳐 자세히 설명하며 의미를 부여했다.[165]

여소야대는 이승만 정권 시기 자유당 창당 이래 한국 정치사에 익숙하지 않은 모습이었다. 여소야대 국회는 곡절 많은 개원협상 끝에 5월 30일 개원했다. 한 달 가량의 여야 협상 끝에 5.18광주민주화운동 진상조사 특별위원회(광주특위), 민주발전을 위한 법률개정 특별위원회, 통일정책 특별위원회, 지역감정해소특별위원회, 제5공화국 정치권력 비리조사특별위원회(5공특위), 양대 선거부정조사특별위원회, 양심수 등의 석방 및 수배해제를 위한 특별위원회 등의 설치에 합의했다.[166] 5공 청산은 이제 피할 수 없는 대세가 된 듯싶었고, 국회는 그 중심무대가 되었다.

여소야대 국회가 힘을 발휘한 대표적인 사례는 노태우가 국회에 제출한 '정기승 대법원장 임명동의안'이 1988년 7월 2일 가결정족수 148표에 7표가 미달하여 부결된 사건이었다.[167] 6월항쟁 이후 사법부에서는 젊은 법관들을 중심으로 권력에 종속된 사법부의 부끄러운 과거를 바로잡기 위해 5공 정권의 대법원장 김용철의 퇴진을 촉구했다. 김용철이 물러나고 노태우가 그 후임으로 5공 시절 서울형사지법원장으로 정권에 적극 협력했던 정기승을 임명하자 사법부 내외에서 반발이 터져 나왔고, 결국 여소야대 국회에서 임명동의안이 부결된 것이다. 결국 노태우는 5공화국 시절 송씨 일가 간첩사건 등에 무죄를 선고하여 대쪽 판사의 이름을 얻었던 이일규를 대법원장으로 지명했고, 그의 임명동의안은 가 275표 대 부 14표의 압도적인 다수의 동의로 통과되었다.[168]

---

165) 김대중, 《김대중 자서전》 I, 517–519쪽.
166) 〈국회정상화 7개 특위 구성〉, 《동아일보》, 1988년 6월 27일.
167) 〈정기승 대법원장 임명동의안 부결〉, 《동아일보》, 1988년 7월 2일.

정기승 대법원장 임명동의안 부결에서 힘을 발한 여소야대 국회는 서울올림픽 기간 잠시의 휴식기를 거쳐 16년 만에 부활한 10월의 국정감사와 11월 5공청문회가 시작되면서 다시 뜨겁게 달아올랐다. 평민당은 제1야당으로서 청문회 정국을 주도했고, 특히 김대중 총재가 직접 증인으로 나선 광주청문회는 성격상 평민당의 독무대가 되지 않을 수 없었다. 5공특위가 본격 가동되면서 전두환 일가와 권력 실세들의 부패와 비리가 쏟아져 나왔고, 국민들의 관심은 집중되고, 분노는 하늘을 찌를 듯했다. 방송사들은 앞다투어 낮 시간에도 각종 청문회를 장시간에 걸쳐 생방송으로 중계했고, 최고 60%에 육박한 청문회 시청률은 서울올림픽 낮 경기 중계방송 시청률보다도 훨씬 높았다고 한다.169)

전두환 부부는 11월 23일 전 재산을 헌납한다고 발표하고, 재임 기간 중에 실책과 비리에 대해 사과한 뒤, 강원도 인제군 백담사로 은둔했다. 노태우는 시민들의 분노가 극에 달한 상황에서 전두환에 대한 정치적 사면을 호소하면서 양심수 전면 석방, 국가보안법, 사회안전법 등 악법의 개정, 광주와 삼청교육대 피해자들의 명예회복과 보상 등을 내용으로 하는 특별담화를 발표했다.170) 그 후속 조치로 정부는 12월 20일 복역 중인 기결수 128명과 구속 수사 중인 30명, 그리고 수배 중인 61명에 대한 석방 또는 수배해제 조치를 실시했다.171) 풀려난 양심수들은 자신들의 사건이 어떻게 고문조작 되었는가를 폭로했고, 이근안 등 고문수사관들에 대한 고소·고발이 잇달았다.

168) 〈이일규 대법원장 동의안 가결〉, 《동아일보》, 1988년 7월 5일.
169) 〈청문회 시청률 올림픽때 보다 높아〉, 《동아일보》, 1988년 11월 8일.
170) 〈노대통령 담화에 대한 각당 반응〉, 《한겨레신문》, 1988년 11월 27일.
171) 〈굳게 닫힌 옥문…국민 힘으로 열었다, 석방자 긴급 인터뷰〉, 《한겨레신문》, 1988년 12월 22일.

　　여소야대와 청문회 등에 이어 고문수사관들에 대한 고소 · 고발까지 진행되면서 공안세력을 중심으로 한 강경보수우파들의 위기감과 분노는 매우 고조되었다. 1989년에 접어들자 가장 먼저 움직인 것은 대공경찰 등 공안세력이었다. 1987년 1월 박종철 사건 이후 대공경찰은 위축되었고, 공안당국은 1988년 서울올림픽이 열리던 해에는 국제적인 시선 때문에 국가보안법 위반 사범을 단 한 명도 검거하지 못했다. 이제 오히려 민주세력의 고소 · 고발로 자신들이 검거되거나 조사받을 처지에 놓이자 대공경찰은 "우리가 이대로 앉아서 죽을 수만은 없다"고 하면서 적극적으로 사건을 만들기 시작했다.172) 이와 같은 상황에서 발생한 사건이 바로 2022년 프락치 출신 치안감 김순호의 행정안전부 경찰국장 임명을 둘러싸고 재조명된 인천부천민주노동자회(인노회) 사건이었다. 1989년 1월 발생한 인노회 사건은 1989년 한 해를 뒤흔든 공안정국의 개막을 알리는 신호탄이었다.

　　1987년 대통령 선거 당시 노태우는 판세가 불확실하자 중간평가를 받겠다는 것을 공약으로 내세웠다. 제2야당으로 전락하여 위기위식을 갖게 된 김영삼은 노태우의 5년 임기에서 1년 정도밖에 지나지 않은 상황에서 중간평가를 서둘렀다.173) 반면 김대중은 중간평가는 "잘못 쓰면 독이 될 수 있다"는 이유로 신중한 자세를 취했다. 그는 노태우 정권이 "조기 중간평가를 통해 국민 신임을 얻는다면 여권 내에 극우 세력이 득세할 가능성이 있다"고 본 것이다.174) 중간평가 문제와 5공청산 문제가 공안정국의 전개와 맞물리면서 여소야대 국

---

172) 홍승상,《현장에서 본 좌익의 실체-보안경찰 교양도서》, (서울: 풍산기획, 2010), 142쪽.
173) 김영삼은 연두기자회견에서 중간평가는 노태우 자신의 공약인 만큼 반드시 실시되어야 한다고 강조했다. 〈민주, 중간평가 정치 절충 거부, 김영삼 총재 신년 회견〉,《경향신문》, 1989년 1월 5일.
174) 김대중,《김대중 자서전》 I. 513쪽.

면에서의 야권 3당의 공조에도 균열이 가기 시작했다. 특히 재야의 원로 문익환 목사가 1989년 3월 25일 북한을 방문한 사실은 극우세력에게 반격의 기회를 제공했다. 그러지 않아도 노태우 정권은 3월 22일 대통령이 주재한 공안장관 회의에서 공공시설을 습격, 방화할 때는 총기를 사용하겠다고 발표[175]했던 참이었다. 진두환이 백담사에 유폐된 데 이어 5공정권의 핵심이던 정호용의 의원직 사퇴를 요구하는 강력한 5공청산 열기에 힘겹게 맞서던 강경극우세력에게 문익환 목사의 방북은 울고 싶은 아이 뺨을 세게 때려준 셈이었다.

정국은 계속 요동쳤다. 4월 말에는 경찰관들의 집단 사표 파동, 5월 3일에는 시위 진압 과정에서 화재가 발생하여 진압경관 6명이 숨지는 동의대 사태가 발생했다. 5월 10일에는 경찰의 추적을 받던 조선대 교집 편집장 이철규 군이 광주에서 변사체로 발견되어 정국을 긴장시켰고, 5월 28일 전국교직원노동조합의 결성은 온 나라를 뒤흔들어 놓았다.

1989년의 공안정국 시기에 수구세력은 김대중 총재를 정조준했다. 그 계기는 카톨릭농민회 회장 출신으로 대표적인 재야입당파인 평민당 서경원 의원이 평양을 방문했다는 이유로 6월 27일 구속된 사건이었다. 현역 의원의 평양 방문이라는 충격이 가시기도 전에 6월 30일 외국어대생 임수경이 전대협 대표 자격으로 평양 세계청년학생축전에 참가하기 위해 평양을 방문했다. 서경원 의원의 경우는 그의 방북 사실을 뒤늦게 알게 된 평민당과 김대중 총재가 서경원 의원을 안기부에 자수시킨 사건이었다. 당시 안기부장 박세직은 평민당이 먼저 서경원 의원을 자수시킨 데 대하여 김대중 총재에게 사의를 표하면서 불구속수사 등 선처를 약속했다고 한다.[176] 그러나

175) 〈공공시설 피습 땐 무기 사용〉,《동아일보》, 1989년 3월 23일.
176) 김대중,《김대중 자서전》I, 522쪽.

공안세력은 이 사건을 그들의 숙원이었던 김대중 제거의 기회로 삼고자 했다. 7월 19일 개각으로 온건파였던 안기부장 박세직이 경질되고 후임으로는 5공화국 시절 부천서 성고문 당시의 검찰총장이었던 TK 강경파 서동권이 임명되었다. 서경원과 그 보좌관 방양균 등은 안기부뿐만 아니라 검찰에서도 심한 고문을 당했고, 간첩죄까지 추가되었다. 검찰과 안기부는 서경원이 김대중의 지령과 경비 일부를 받아 평양을 방문했고, 김일성에게 보내는 김대중의 친서를 전달했으며, 북에서 받아온 돈 중 1만 달러를 김대중에게 주었기에 조사가 불가피하다고 주장했다.[177] 결국 검찰은 8월 2일 김대중 총재와 문동환 전 부총재를 서울중부경찰서로 구인하여 다음 날 새벽 5시까지 조사한 뒤 귀가시켰다.[178] 검찰은 8월 25일 김대중 총재를 기소[179]했지만 재판은 흐지부지되었다.

이러는 사이 청문회 역시 힘이 빠져 갔고, 결국 1989년 12월 30일 전두환이 백담사에서 내려와 증언을 하는 것으로 청문회를 마무리 짓기로 했다. 전두환은 증언대에서 미리 준비해온 거짓말을 쏟아부은 뒤 유유히 퇴장했고, 노무현이 텅 빈 발언대를 향해 명패를 집어 던졌을 뿐이었다. 5공 청산이 이렇게 허무하게 마무리 되는 동안 물밑에서는 인위적인 정계개편이 진행되고 있었다. 1990년 1월 22일 노태우의 민정당과 김영삼의 통일민주당, 김종필의 신민주공화당은 전격적으로 합당을 선언했다. 1988년 4월 총선에서 국민들이 선택한 여소야대의 정치 구도를 3당합당이라는 인위적인 정계개편을 통해 거대한 보수대연합을 만들어낸 것이다. 야당이 주도했던 여소

177) 〈김대중 평민 총재 친서 북에 전달가능성 조사〉, 《동아일보》, 1989년 7월 24일; 〈친서 조사설 정국 초긴장〉, 《동아일보》, 1989년 7월 25일.
178) 〈김대중 총재 구인〉, 《동아일보》, 1989년 8월 2일; 〈김대중 총재 문동환 의원 조사 받고 귀가〉, 《동아일보》, 1989년 8월 3일.
179) 〈김대중 총재 기소〉, 《경향신문》, 1989년 8월 25일.

야대의 국회는 3당합당으로 민주자유당(민자당)이라는 전체 의석수 299석 중 221석을 차지하는 공룡정당이 출현하면서 민자당의 지배 하에 들어가게 되었다.

김영삼의 통일민주당에서 대다수 의원은 보스를 따라 3당합당에 합류했지만 노무현, 김광일, 이기택, 김정길, 장석화 등 일부 의원들은 합당에 반발하여 통일민주당을 탈당했고, 박찬종, 이철 등 1987년 대통령 선거 당시 야권 분열에 대한 항의 표시로 무소속을 택한 의원들이 있었다. 이들은 1990년 6월 15일 민주당을 창당했는데, 세간에서는 과거에 민주당과 구분하여 '꼬마민주당'이라고 불렀다. 3당합당으로 여소야대의 국회가 여대야소로 재편되자 민자당은 폭주를 시작했다. 민자당은 7월 14일 방송관계법, 광주보상법 등 쟁점 법안을 포함한 26개 안건을 날치기 처리했다.[180] 이에 반발하여 야당의원 전원이 의원직 사퇴서를 제출하여 정국은 꽁꽁 얼어붙었다.[181] 정국 표류가 장기화되는 가운데 다시금 충격적인 사건이 발생했다. 군 복무 중 입대 전의 사건으로 보안사에 연행돼 강제로 '수사협조'를 해오던 윤석양 이병이 탈영하여 보안사가 김영삼 민자당 대표, 김대중 평민당 총재 등 정당대표를 포함한 민간인 1300여 명에 대해 광범위하게 사찰해왔다는 사실을 폭로한 것이다.[182] 김대중 총재는 10월 8일 내각제 포기, 지방자치제 전면 실시, 군의 정치사찰 금지, 물가 및 치안 등 민생문제 해결 등 정국 정상화 4개 조건을 수용하며 무기한 단식투쟁에 돌입했다.[183] 노태우는 10월 13일 '범죄와의 전쟁'을 선포하는 등 정국 주도권을 잡기 위해 노력했으나,

---

180) 〈26개 안건 날치기 처리〉, 《조선일보》, 1990년 7월 15일.
181) 〈야당의원 전원 사퇴서 제출〉, 《한겨레신문》, 1990년 7월 24일.
182) 〈민자당 민주계의원도 상당수, 베일 벗겨진 보안사 민간인 사찰 실상〉, 《한겨레신문》, 1990년 10월 5일.
183) 〈김대중 총재 단식 돌입〉, 《동아일보》, 1990년 10월 8일.

결국 민자당은 10월 20일 1991년 지방회 선거, 1993년 자치단체장 선거를 실시하겠다고 약속하지 않을 수 없었다.[184]

3당합당 직후부터 야권통합의 압력이 각계에서 제기되었지만, 통합은 쉽지 않았다. 꼬마민주당과의 합당은 1991년 4월 9일 평민당이 "광역의회 선거를 앞두고 재야인사들과 구 야권 인사들을 영입히여 신민주연합당(신민당)으로 재출범"하는 우회로를 거쳐, 9월 16일에 가서야 이루어졌다. 의석수 67 대 8이었지만 "당 대 당 통합, 공동대표제"를 채택한 것[185]으로 김대중 측으로서는 파격적인 양보를 한 것이었다. 이제 김대중은 제1야당의 지도자에서 유일야당의 지도자가 되었다.

1991년 4월 26일 명지대생 강경대 군이 시위 도중 경찰이 휘두른 쇠파이프에 맞아 숨지는 비극이 발생했다. 당시 청년학생들은 1987년 대통령 선거 패배의 좌절감, 1989년 중국 천안문 사태와 동베를린 장벽 붕괴로 인한 이념적 혼란, 그리고 살인정권에 대한 분노 등이 겹쳐진 상태에서, 분신과 투신이 잇달았다. 이른바 분신정국이 시작된 것이다. 광주에서 노태우 정권의 퇴진을 요구하는 집회에 30만이 모이는 등 노태우 정권은 그야말로 존망의 위기를 맞이했다. 그런 상황 속에서도 노태우 정권과 민자당은 5월 10일 국회에서 국가보안법 개정안과 경찰법을 날치기 처리했다.[186] 민주화 이후 안기부, 보안사, 대공경찰이 모두 한 발 물러날 수밖에 없는 상황에서 검찰은 체제수호의 버팀목 역할을 톡톡히 수행하며 검찰공화국을 향한 첫발을 떼었다. 검찰은 잇단 분신사태의 배후에 추궁을 부추기는 어두운 세력이 있다면서, 전민련 간부 김기설의 유서를 동료인 강기

---

184) 〈91년 지방의회, 93년 단체장선거〉, 《동아일보》, 1990년 10월 20일.
185) 김대중, 《김대중 자서전》 I, 538쪽.
186) 〈보안, 경찰법 날치기 처리〉, 《동아일보》, 1991년 5월 11일.

훈이 대필했다는 유서대필 사건을 일으켰다. 강기훈은 2년여의 재판 끝에 대법원에서 징역 3년형을 받았지만, 2015년 9월 14일 재심에서 무죄 판결을 받았다. 안타깝게도 이 혹독했던 분신정국에서 신민주연합당(평민당)과 김대중의 역할과 입지는 그리 크지 않았다. 김대중도 자서전에서 5월 24일 뒤늦게 열린 강경대의 영결식에서 조사하고 신촌에서 시위하던 중 머리 위에서 터진 최루탄 때문에 숨을 쉬지 못할 정도로 괴로워하다가 비서진과 당원들에 의해 동교동 자택으로 옮겨진 사실만 언급[187]할 뿐 분신정국에 대해서는 별다른 서술을 하지는 않았다.

2) 1992년 대통령 선거

1991년 6월 20일 실시된 시도의회 선거에서 민자당이 압승하여 전체 886명 중 564석을 차지했고 신민당은 민자당 의석수의 30%도 안 되는 165명을 얻는데 그쳤다. 관심을 모았던 서울에서도 민자당은 110석을 얻은 반면 신민당은 겨우 21석을 얻었다. 민자당의 압승이었고, 신민당의 참패였다. 선거 결과를 두고 분신정국의 피로감이 유권자들의 보수심리를 자극했다거나, 지방자치는 김대중이나 시민사회의 기대처럼 풀뿌리 민주주의의 토대라기보다는 지역 토호들의 돈 잔치로 전락하는 것이 아니냐는 등 여러 가지 해석이 분분했다. 김대중은 스스로 "정치인 김대중에게 별명을 붙인다면 '미스터 지방자치'가 제일 어울릴 것도 같다"[188]고까지 했지만, 지방자치 선거의 현실은 김대중의 기대를 철저히 배신했다. 1992년 대통령 선거에도 빨간 불이 켜졌다.

그러나 1991년 지방 선거에서 야당의 참패는 야당에게 매우 중요

---

187) 김대중, 《김대중 자서전》 I. 538쪽.
188) 김대중, 《김대중 자서전》 I. 536쪽.

한 기회로 작용했다. 1990년 1월 3당합당 이후 야권 진영 내부에서
도 통합의 필요성이 대두되었지만, 평민당과 꼬마민주당의 통합 논
의는 합의 지점을 찾지 못했고, 지역 정당 이미지를 탈피하는 것이
급했던 평민당은 재야 인사들을 받아들여 신민주연합당으로 간판만
바꾼 채 광역의원 선거에 임했던 것이다. 그런데 "전혀 가망 없어
보이던 야권의 통합이 성사된 가장 큰 요인은 1991년 6월 20일에
실시된 지방의회선거에서 야권의 참패"였다. "야권의 분열이 민자당
승리에 결정적으로 기여한 것으로 드러나자, 김대중과 이기택 모두
공멸의 위기감을 느끼지 않을 수 없어 합당에 임"했다는 것이다.[189]

　1992년 3월 24일에 치러진 14대 총선에는 현대 재벌 정주영이
통일국민당을 창당하고 도전장을 내밀었다. 이 선거에서 219석이었
던 민자당이 149석을 얻어 1석 차이로 과반의석 확보에 실패했다.
민주당은 63석에서 97석으로 의석수를 크게 늘렸고, 신생 국민당은
31석을 차지해 돌풍을 일으켰다는 평가를 받았다. 일반적으로 민자
당의 의석수가 크게 줄어들어 참패했다는 평가를 받았으나, 민자당
은 상당히 큰 차이로 제1당의 위치를 굳혔고, 곧 무소속과 일부 국민
당 위원을 흡수하여 의석수를 158석으로 늘렸다. 민주당은 5월 25
일 전당대회를 열고 김대중을 1992년 대통령 선거의 후보로 선출했
다. 김대중은 1971년 첫 출마, 1987년 두 번째 출마에 이어 대통령
선거에 세 번째 도전하게 된 것이다.

　김대중은 누구보다 확실한 지역 기반과 고정표를 갖고 있지만, 다
른 정치인들에게서는 볼 수 없는 강력한 비토 집단을 갖고 있었다.
이 비토 계층을 어떻게 설득하느냐가 승패의 열쇠였다. 김대중 진영
은 첫째 기득권층의 김대중에 대한 거부감 불식, 둘째 지역 색깔 완

---

189) 심지연, 《한국정당정치사―위기와 통합의 정치》, (서울: 백산서당, 2017, 제3차증보
　　판), 401쪽.

화, 셋째 온건이미지 구축, 넷째 신생유권자 흡수 등을 목표로 '새로
운 김대중'을 만드는 '뉴DJ플랜'을 준비했다.[190] 김대중이 67 대 8
이라는 현격한 의석차이에도 불구하고 꼬마민주당과 1 대 1 통합을
단행한 것은 호남당에 머물러서는 절대로 집권할 수 없다는 것을 절
감했기 때문이었다.

김대중은 1992년 대통령 선거에서의 낙선 가능성을 높게 보았나,
국민당 정주영 후보의 출마는 야권 분열이라는 의미보다는 보수표를
잠식할 가능성이 더 큰 것으로 보였다. 1987년 대통령 선거 당시
김대중 후보는 오랫동안 제도정치에서 배제된 상태에서 일방적으로
수구세력의 부정적인 이미지 덮어씌우기에 당할 수밖에 없었지만 지
난 5년간 김대중은 제1 야당의 총재로서 다양한 경로와 방식으로
대중들과 만나 왔었고, 그 토대 위에서 "김대중도 알고 보면 부드러
운 남자"라는 새로운 이미지를 만들어낼 수 있었다. 김대중은 뉴DJ
플랜을 통해 상당한 성과를 거뒀지만, 그 성과는 전통적인 색깔론과
지역감정을 극복할 만큼 충분하지는 않았다.

9월 26일 김대중 민주당 공동대표의 이근희 비서가 안기부 수사
관들에 의해 강제연행되었다.[191] 이근희는 군사 2급비밀인 국방부
예산안 및 관련자료를 중부지역당 사건으로 구속된 황인욱에게 넘겨
준 혐의를 받았다.[192] 자신의 비서가 '간첩'에게 군사기밀을 넘겼다
는 당혹스러운 사건이 발생하자 민주당은 이 사건이 김대중에 대한
국민들의 레드컴플렉스를 자극하지 않을까 우려하면서 신속하게 김
대중의 사과를 포함한 조기 진화에 나섰다.[193] 그러나 안기부는

190) 〈'비토계층' 설득이 열쇠〉, 《경향신문》, 1992년 5월 27일.
191) 〈김대중 대표 비서 안기부 연행〉, 《한겨레신문》, 1992년 9월 27일.
192) 〈장기표씨 부부 구속〉, 《한겨레신문》, 1992년 9월 29일.
193) 〈'레드 콤플렉스' 신경…'비서구속' 조기진화 부심 DJ〉, 《조선일보》, 1992년 9월 30
　　　일.

1992년 10월 6일 남로당 이후 최대 규모의 간첩단이라는 '남한조선노동당'사건 관련자 62명을 구속했다고 발표했다.[194] 안기부는 조선노동당 후보 위원으로 북한 권력서열 22위인 이선실이라는 여간첩이 이 간첩단의 배후라고 주장했다. 민자당이나 보수언론은 북한이 김대중을 당선시키라고 지령을 내렸다고 떠들어댔다. 11월 중순 대통령 선거전이 본격화되자 안기부는 서울역, 강남고속터미널 등 유동인구가 많은 장소에서 간첩장비 전시회를 열고 "대선 때 김대중 민주당 후보를 지지하라"는 내용의 '지령문'을 확대 복사해 전시했고, 지방전시계획도 세웠다.[195]

이 같은 색깔론은 선거 막판이 되자 더욱 기승을 부렸다. 선거 전 마지막 휴일이었던 12월 13일 민자당의 김영삼 후보는 경기도 일대에서 행한 유세에서 "평양방송은 이 김영삼이만은 반드시 떨어뜨리라고 선동하고 있다", "북한이 원하는 후보를 대통령으로 뽑아야 하느냐, 아니면 우리가 원하는 후보를 대통령으로 뽑아야 하느냐", "색깔이 분명치 않은 정당에게 정권을 맡겨서 무엇을 하자는 것이냐", "책임 있는 대통령 후보라면 김일성 노선에 동조하는 세력과 손을 끊어야 한다"는 등 김대중 후보에 대한 색깔론 공세를 직접 퍼부었다.[196] 김영삼이 직접 나선 색깔공세에 대해 김대중은 "30년 민주화 동지를 용공으로 몰고 역대 군사정권이 자행해 온 가장 비열한 흑색선전을 서슴치 않는 것을 볼 때 정치적 시비에 앞서 인간적 비애를 금할 수 없다"면서, 김영삼이 재야세력을 북한에 동조하는 용공세력으로 비난한 데 대해 과거 "자신이 공동투쟁하고 당에 포섭하고 영입

---

194) 〈북한 장관급 '수사잠입'에 충격〉, 《동아일보》, 1992년 10월 6일.
195) 〈안기부 서울역·강남터미널 거쳐 지방도 계획 '선거 때까지 지속' 정치적 이용 의혹〉, 《한겨레신문》, 1992년 11월 14일.
196) 〈'색깔론'에 '용공조작' 반격〉, 《경향신문》, 1992년 12월 14일.

하려던 세력을 김일성 노선에 동조하는 세력이라 비난하고 있다"고 반박했다.[197]

선거를 4일 앞둔 12월 15일 국민당은 기자회견을 열고 12월 11일 김기춘 전 법무장관이 부산시장 김영환, 부산경찰청장 박일룡 등 부산지역 기관장들을 모아놓고 지역감정을 부추겨 김영삼을 돕자는 모임을 가졌다며, 그 증거로 녹음테이프와 녹취록 등을 공개했다. 녹음테이프에는 "다른 사람이 되면 부산경남 사람들 영도다리에 빠져 죽자" "우리가 남이가" 등 원색적으로 지역감정을 부추기는 발언 뿐 아니라 각 기관이 조직적으로 선거개입을 논의하는 생생한 육성이 가득했다. 흔히 초원복집 사건이라 불리는 이 사건이 터지자, 김대중은 "이것으로 선거는 이기지 않을까"라 생각하면서 "이 사건을 계기로 선거판에서 지역감정이 사라질 것"으로 기대하기까지 했다.[198] 이런 기대를 품은 사람은 김대중뿐이 아니었다.

그러나 막상 12월 18일 대통령 선거가 치러지고, 투표함을 열자 뜻밖의 결과가 벌어졌다. 김영삼 997만 표(41.9%), 김대중 804만 표(33.8%), 정주영 388만 표(16.3%), 박찬종 151만 표(6.3%)이 나왔고, 영남권은 압도적으로 김영삼을 지지했다. 1971년 8대 국회의원 선거 당시 대구시민들은 대통령선거 기간 지역감정을 부추기는데 앞장섰던 국회의장 이효상을 낙선시킨 것을 비롯하여, 대구 5개 선거구 중 4개 선거구에서 신민당 후보를 국회의원으로 당선시켰었다.[199] 이는 분명 대통령 선거기간 지역감정을 부추긴 것에 대한 응징이었지만, 20년 사이 한국사회는 많이 변화한 것이다. 초원복집 사건은 역풍을 불러왔고, 영남 후보 김영삼의 낙선에 대한 위기감에 영남지

197) 〈'색깔론'에 '용공조작' 반격〉, 《경향신문》, 1992년 12월 14일.
198) 김대중, 《김대중 자서전》 I, 562쪽.
199) 〈여당거물급 된서리〉, 《동아일보》, 1971년 5월 27일.

역 유권자들은 김영삼에게 표를 몰아준 것이다. 김대중은 대통령 선거에서 세 번째 패배했다.

3) 정계 은퇴와 정계 복귀

선거 다음 날인 12월 19일 김대중은 김영삼의 당선을 축하하고, 그의 성공을 기원하면서 평범한 시민으로 돌아가겠다며 정계를 은퇴했다. 지지자들은 눈물을 흘렸고, 김대중을 음해했던 보수언론들은 언제 그랬냐는 듯싶게 김대중에 대한 찬사를 쏟아부었다. 김대중은 1993년 1월 26일 영국 케임브리지 대학으로 유학길에 올랐다. 김대중은 처음에는 과거에 생활한 바 있던 미국유학을 계획했지만, 미국은 아무래도 한국의 현실 정치와 가까운 곳이었기 때문에, 영국으로 계획을 바꾸었다. 김대중은 한국을 떠날 때는 무엇을 할 것인지 구체적인 계획은 없었고, 다만 "유럽 공동체 문제와 통일된 독일을 둘러보고 그쪽 방향으로 연구해 볼까 하는 막연한 생각을 가지고 있었다"고 회고했다. 김대중은 "그러다 흡수 통합된 독일이 심각한 통일 후유증을 앓고 있는 것을 보고 정신이 번쩍" 들면서 "내가 무엇을 해야 할지가 분명해졌다"는 것이다. 김대중은 영국에 머무는 동안 독일을 세 차례 방문하면서, "조급한 흡수 통일은 사회 전반에 거의 재앙 수준의 문제를 안겨 주었다"는 사실을 절감했다.[200]

김대중은 1993년 7월 4일 6개월간의 케임브리지 대학 유학생활을 마치고 서울로 돌아왔다. 그는 이듬해 1월 27일 그동안 공들여 온 '아시아—태평양 평화재단'(아태재단)을 출범시켰다. 김대중은 한반도의 평화와 통일, 아시아 민주주의 세계평화에 대한 연구 등을 주요한 연구과제로 한 아태재단의 이사장직을 맡아, 이 재단을 기반

---

200) 김대중, 《김대중 자서전》 I, 575-577쪽.

으로 활동했다. 아태재단이 출범하고 채 두 달이 안 된 3월 19일에는
'서울 불바다' 발언 파문이 일어나는 등 한반도는 북핵문제를 둘러싸
고 일촉즉발의 위기상황에 빠져들었다. 1994년 6월 미국은 북한의
영변 핵시설을 파괴하기 위한 폭격을 결정하여 전쟁발발이 초읽기에
들어갔을 때 전 미국 대통령 카터가 평양을 방문하여 김일성을 만나
미국이 북한에 대한 핵 공격의 위협을 제거한다면 북한은 핵 개발을
동결하겠다는 내용의 합의를 했고, 카터의 중재로 남북정상회담의
개최에도 합의했다. 이 극적인 반전을 이루는 데서 핵심적인 역할은
카터 전 대통령이 수행했는데, 미국이 카터 전 대통령을 대북특사로
보내야 한다고 처음 제안한 사람은 다름 아닌 김대중이었다. 김대중
은 1994년 5월 12일 워싱턴 내셔널 프레스 클럽 연설에서 미국은
김일성 주석과 대화가 가능한 인물을 평양에 보내야 하며, 그에 가장
적합한 인물은 지미 카터 전 대통령이라 주장했다.[201] 그러나 1994
년 7월 열릴 뻔했던 김영삼과 김일성의 남북정상회담은 김일성의 갑
작스러운 사망으로 무산되었고, 남한 사회는 조문 파동에 휩싸였고,
남북관계는 다시 얼어붙었다.

　문민정부 초기, 김영삼의 인기는 하늘을 찌를 듯했다. 그는 1993
년 2월 25일 대통령 취임사에서 "어느 동맹국도 민족보다 더 나을
수는 없다"고 선언하고는 3월 19일 비전향장기수 이인모 노인을 아
무 조건 없이 북한으로 돌려보냈다. 3월 9일에는 하나회 출신 육군
참모총장 김진영과 기무사령관 서완수를 전격 해임하여 세상을 깜짝
놀라게 했다. 김영삼 정부는 이어 비리나 부동산투기를 행한 국회의
원, 고위 공직자들에 대한 '중단 없는 사정', 고위 공직자 재산등록,
금융실명제 전격실시(월 12일) 등을 밀어붙였다. 중국의 《광명일보》

---

201) 김대중, 《김대중 자서전》 I, 591쪽.

조차 김영삼의 개혁은 '무혈혁명'이라면서 지지율이 90%를 넘어 섰다고 보도했다.[202] 1992년 12월의 대통령 선거에서 지지율 41.9%로 당선된 김영삼이 어떻게 1993년 여름의 여론조사에서는 90%를 넘나들 수 있었을까? 김영삼의 예상 밖의 과감한 개혁에 김대중 지지자나 정주영을 찍었던 사람들의 다수가 환호했기 때문이었다. 특히 김영삼의 하나회 척결에 가장 놀라고 또 지지를 보낸 사람들은 바로 김대중 지지자였다. 김대중이었다면 하나회 중심의 군부라는 강력한 비토집단에 맞서 이런 과감하고 신속한 개혁을 단칼에 단행할 수 없었을 것이라며, 김영삼의 군개혁에 열렬한 박수를 보낸 것이다.

김영삼의 개혁이 순항만 한 것은 아니었다. '사고공화국'이란 말이 나올 만큼 각종 사건 사고가 연달아 터졌다. 김영삼이 아직 취임하기 전 당선자 시절에 청주에서 아파트가 붕괴하여 29명이 사망했고, 취임 한 달 후에는 구포에서 무궁화호 열차 전복사고가 발생해 78명이 사망했다. 김영삼의 인기가 절정에 달했던 1993년 7월 26일에는 목포 아시아나항공 733편 추락 사고가 발생해 66명이 사망했고, 10월 10일에는 서해페리호가 부안군 위도 앞바다에서 침몰하는 사고로 292명이 사망했고, 10월 21일에는 성수대교가 붕괴해 32명이 사망했고, 사흘 뒤 10월 24일에는 충주호 유람선 화재 사건으로 25명이 사망했다. 12월 7일에는 서울 아현동 도시가스 폭발 사고로 12명이 사망했고, 해가 바뀌어 1995년 4월 28일, 대구에서 지하철 공사장 가스폭발 사고가 일어나 102명이 사망했고, 마침내 1995년 6월 29일에는 서울의 최고급 백화점인 삼풍백화점이 붕괴해 502명이 사망했다. 하늘에서, 땅에서, 강에서, 바다에서, 호수에서, 땅 밑에서

202) 〈YS개혁은 무혈혁명〉, 《경향신문》, 1993년 7월 23일.

연달아 터지는 사고에 민심이 흉흉해졌지만 김영삼은 "우째 이런 일이…"만 연발할 뿐 별다른 대책을 내놓지 못했다.

1994년 4월 22일 김영삼은 국무총리 이회창을 임명 4개월 만에 해임했다. 이회창의 해임은 상징적인 사건이었다. 개혁에 대한 철학과 역사적 소명의식이 없던 김영삼의 개혁은 길을 잃고 헤매기 시작했고, 연예인을 능가하던 그의 인기는 급속히 추락하기 시작했다. 김영삼의 개혁이 성공했더라면, 김대중에게 정계 복귀의 기회는 오지 않았을 것이다. 김영삼의 무능은 보수 측에서는 박정희 신드롬을 불러왔다. 죽은 박정희도 불러내는 판에 살아있는 김대중을 지지자들이 소환하는 것은 당연한 일이었다.

1995년 7월 6일 검찰은 5.18 관련 고소·고발사건에 대해 전두환, 노태우를 포함한 피고인 58명 전원에 대해 불기소 처분했다.[203] 김대중은 이로부터 일주일 후인 1995년 7월 13일 정계복귀를 선언했다. 그는 "국민과의 약속 위반을 변명하지 않겠다"고 말하지 않을 수 없었다.[204] 김대중의 지지자들은 그의 정계 복귀를 학수고대했지만, 그의 비판자들이나 중도적인 시민들은 김대중에게 고질적으로 붙어온 부정적 이미지의 하나인 '말 바꾸기' 문제를 제기했고 김대중은 이를 정면돌파 해야 했다. 김대중의 정계 복귀에 가장 격렬히 반발한 것은 여당인 신한국당이나 보수언론이 아니라 민주당의 이기택 총재였다. 결국 민주당은 7월 18일 분당하게 된다.[205] 김대중이 민주당 분당을 공식 선언한 바로 그 날, 검찰은 5.18 관련자 58명 전원 불기소를 골자로 한 5.18 관련 수사결과를 공식 발표했다. 검찰은

203) 〈5.18 '공소권없음' 결정〉, 《경향신문》, 1995년 7월 19일.
204) 〈대권 도전, 내각제 수용 시사, 김대중씨 창당 선언 '은퇴약속 못지킨 것 사과'〉, 《동아일보》, 1995년 7월 19일.
205) 〈민주당 오늘 분당〉, 《조선일보》, 1995년 7월 18일.

이성계의 위화도 회군이라는 성공한 쿠데타를 고려 조정이 어떻게 처벌할 수 있냐며, '공소권 없음'이라는 불기소처분 결정을 내린 것이었다.[206] 재야 시민단체들이 격렬히 반발하는 가운데, 김대중은 즉각 5.18진상규명 특별법을 만들자고 제안했다.[207]

5.18수사결과가 밝혀지면서 합참의장 김동진이 5.18 당시 20사단 61연대장으로 민간인을 학살한 지휘관이며, 5.18진압 유공으로 훈장까지 받았다는 사실도 밝혀졌지만, 그는 자리를 지켰을 뿐 아니라, 1년 뒤에는 국방장관으로 영전했다. 김대중은 이 당시 5.18 문제보다는 민주당 분당과 신당 창당에 주력하고 있었고, 불기소처분에 대한 분노는 아직 국민적인 분노로 확산되지는 않았다. 민주당 내에서는 김대중 지지세력이 이기택 세력보다 압도적인 우위를 점하고 있었지만, 당의 공식적인 총재직을 유지하고 있는 이기택이 완강히 버티는 한 방법이 없었기에 김대중이 지지자들과 함께 민주당을 탈당해 신당을 조직해야 했다. 김대중을 중심으로 한 신당 '새정치국민회의'가 53석의 의석을 갖는 제1야당으로 정식 창당된 것은 1995년 9월 5일이었다.[208] 새정치국민회의는 '당'이라는 말을 명칭에서 빼고 보다 민주적이고 국민들의 합의를 끌어내겠다는 지향을 분명히 했다.

전두환, 노태우의 처벌은 다른 계기를 통해 마련되었다. 1995년 10월 19일 김대중의 새정치국민회의에 합류하지 않고 민주당에 잔류했던 박계동은 국회에서 노태우의 비자금 4천억 원이 차명계좌에 나눠져 시내 은행에 예치되어 있다고 폭로하여 세상을 발칵 뒤집어

---

206) 〈주임검사 장윤석 부장 인터뷰 "이성계 위화도회군' 사법심사 대상 되겠나〉, 《동아일보》, 1995년 7월 19일.
207) 〈'광주 분노' 확산〉, 《동아일보》, 1995년 7월 22일.
208) 〈보수깃발 든 국민회의〉, 《한겨레신문》, 1995년 9월 6일.

놓았다.209) 비자금에 대한 증거가 속속 드러나고 비난 여론이 들끓
는 가운데 노태우는 통치자금 5천억을 조성했고, 현재 1,700억이
남아있으며, 어떤 처벌도 감수하겠다고 밝혔다. 뜻밖에도 이 상황은
김대중을 곤혹스럽게 만들었고, 중국을 방문 중이던 그는 현지에서
기자들에게 14대 대통령선거 기간 당시 대통령 노태우로부터 선거
운동 자금 20억 원을 받았다고 고백했다.210) 김대중이 스스로 이
사실을 고백한 것은 노태우 측이나 김영삼 측이 먼저 이 사실을 폭로
할 경우 그가 입게 될 타격은 상상 이상이었기 때문이다. 김대중에게
20억이 갔다면, 같은 당 후보인 김영삼에게는 수백 수천억이 전해졌
을 것으로 예상되었지만, 김대중의 입지는 매우 불리해졌다. "현직
대통령의 격려금을 뿌리치기는 참으로 어려웠다"지만, 그 스스로 인
정하듯이 "그 돈은 받아서는 안 될 돈"이었고, 김대중의 "정치 인생
에서도 돈과 관련된 추문이었으니 부끄러운 일"이었다.211) 민자당,
특히 사무총장 강삼재는 김대중 총재가 중간평가를 안 해도 된다는
등에의 대가로 노태우로부터 수차례 돈 받은 의혹이 있다면서 그의
정계은퇴를 촉구하기도 했다.212) 김대중 측도 몹시 긴장하면서 전면
전이 불가피하다고 보고 김영삼이 틀림없이 받았을 수천억의 대선자
금을 물고 늘어졌다. 사안 자체가 여당과 검찰이 김대중만을 물고
늘어질 수는 없는 것이었기에 검찰은 11월 20일 1992년 여야후보가
독자적으로 조성한 대선자금에 대해서는 여야 모두 수사하지 않기로
했다고 발표했다.213)

---

209) 〈비자금 파문 꼬리문 의혹 서석재씨 증권가 풍문 첫 발설〉, 《경향신문》, 1995년
    10월 20일.
210) 〈김대중씨 '20억 받았다'〉, 《동아일보》, 1995년 10월 28일.
211) 김대중, 《김대중 자서전》 I, 591쪽, 612쪽.
212) 〈정치권 '비자금 사정' 조정〉, 《동아일보》, 1995년 11월 12일.
213) 〈독자조성 92 대선자금 여야 모두 조사않기로〉, 《동아일보》, 1995년 11월 21일.

대중들은 5,18불기소보다는 노태우 비자금과 그에 뒤이어 밝혀진 전두환의 비자금에 더욱 분노했다. 거칠게 비유하자면 광주학살의 살인마 전두환, 노태우보다는 도둑놈 전두환, 노태우에 더 분노한 것이다. 한국민주화의 보수적 성격을 보여주는 한 측면이 아닐까 한다. 노태우는 1995년 11월 16일 구속되었고, 김영삼은 11월 25일 그동안의 태도를 바꾸어 민자당에 정기국회 회기 내에 5.18특별법 제정하도록 지시했다.[214] 검찰도 태도를 바꿔 성공한 내란도 처벌 가능하다는 입장을 보였다. 검찰의 갑작스러운 태도 변화에 대한 비판에 한 검찰간부는 "우리는 개다. 물라면 물고, 물지 말라면 안 문다"고 자조적으로 내뱉었다[215] 전두환은 급격한 상황변화에 대해 검찰의 소환에 응할 수 없다며 이른바 '골목성명'을 내며 반발했지만, 결국 12월 3일 구속수감되었다.[216] 그리고 1995년 12월 19일 '5.18민주화운동등에관한특별법'이 국회를 통과했다.

1996년 3월 11일 성공한 쿠데타의 주역인 전두환·노태우는 마침내 법정에 섰다. 전직 대통령 두 명을 동시에 법정에 세운 '세기의 재판'이 한창 진행 중인 가운데 1997년 12월의 15대 대통령선거의 전초전이라는 15대 국회의원선거가 4월 11일 실시되었다. 민자당에서 당명을 바꾼 신한국당은 34.5%의 득표율로 149석을 얻어 과반의석 확보에 실패했다. 새정치국민회의는 25.3%의 득표율로 79석을 얻는 부진한 성적을 거두었다. 민자당에서 쫓겨나다시피 떨어져 나온 김종필의 자유민주연합은 충청도뿐만 아니라 대부·경북 지역에서도 강세를 보여 16.2%의 득표율로 50석을 얻어 기염을 토했다.

---

214) 〈5.18 특별법 내용, 처리방향 사법처리대상 10명선 예상〉, 《동아일보》, 1995년 11월 26일.
215) 〈검찰의 '과거청산' 떳떳한가〉, 《한겨레신문》, 1995년 12월 18일.
216) 〈합천서 안양까지 '숨가쁨 4시간'〉, 《동아일보》, 1995년 12월 4일.

민주당은 11.2%의 득표율을 얻었지만, 의석수는 15석에 그쳐 원내 교섭단체 구성도 못하는 처지로 전락했다. 1988년 13대 총선 당시 전국구 후보 11번으로 등록하여 14번까지 당선시켜 대성공을 거두었던 김대중은 이번에는 14번으로 등록했으나, 13번까지만 당선되어 원외총재 신세가 되었다. 야당의 분열이 선거에 미친 영향은 심각했다. 신한국당은 역대 국회의원 선거 사상 여당으로서는 처음으로 서울에서 승리를 거두었다. 서울의 47개 선거구에서 신한국당이 27석을 얻은 반면, 새정치국민회의는 18석, 민주당은 1석에 그쳤다. 이런 구도로 대통령 선거를 치를 수 없다는 것은 분명해졌다.

　신한국당은 원내 과반의석 확보를 위해 친여 무소속 당선자들의 입당을 추진하고, 자민련은 물론 일부 민주당 소속 당선자까지 입당시켰다. 이 같은 신한국당의 야당파괴공작은 새정치국민회의와 자민련의 거리를 좁히게 만들었다. 두 당은 역사와 체질이 매우 달랐지만 과반의석을 확보하려는 신한국당의 무리수는 국회 원구성 이전에 새로운 야당공조체제를 만들었다. 새정치국민회의와 자민련은 5월 26일 보라매공원에서 신한국당을 규탄하는 장외집회를 열고, DJ와 JP가 나란히 연설을 하기로 했다. 이 집회에서 김대중은 "국민회의와 자유민주연합이 시멘트 콘크리트 같은 공조를 이루게 됐다"고 선언했다.[217] 'DJP연합'이라는 신조어는 15대 국회 개원과 함께 정가의 일상적인 용어로 자리 잡았다.

　1996년 8월이 한총련 사태(연세대 사태)는 보수적 민주화 경로를 밟는 한국에서 급진적 학생운동이 확실히 고립되는 전기를 마련한 사건이었다. 사실 김대중은 재야를 정치권으로 인입하는데 힘을 기울였지만, 과격한 학생운동에 대해서는 일정하게 선을 그었었다. 김

---

217) 〈2야 '찰떡공조'〉, 《조선일보》, 1996년 6월 11일.

대중은 정계 복귀 이전인 1994년 6월 초에 열린 한 세미나에서도 한총련에 대하여 "과격한 학생들의 성급한 통일논의는 오히려 진정한 통일논의에 방해된다"며 거리두기를 시도한 바 있다.218) 1996년 8월 연세대 한총련 사태가 발생한 직후에 김대중은 연세대 현장을 방문하여 "한총련은 국가와 국민에게 동의를 받을 수 없을 뿐 아니라 민주세력과 건전한 통일세력에 큰 피해를 주었다"면서, "과격한 학생운동은 끝이 나야 하고 한총련은 자진해산해야 한다"고 밝혔다.219) 그동안 학생운동이 김대중의 중요한 정치적 기반이었던 점을 고려한다면 이와 같은 발언은 놀라운 것이며, DJP연합으로 김대중의 보수적 성격이 강화된 것이라 할 수 있다. 김대중의 발언은 "색깔론 차단을 노린 의도된 충격 요법"이었다 하더라도, DJP연합으로 당의 정체성에 대해 혼란을 겪던 새정치국민회의 내의 재야 입당파들을 한층 더 당혹스럽게 만드는 것이었다.220)

개혁의지를 상실하고 비틀거리던 김영삼의 문민정부는 1996년 12월 26일 노동관계법과 안기부법의 날치기 통과로 국민들의 강력한 저항을 자초했다. 8월의 한총련 사태 이후 김영삼 정권의 국가운영기조는 완전히 보수강경으로 후퇴했다. 안기부와 여당 내의 공안세력은 '좌익척결'이라는 명분하에 문민정부가 들어선 뒤인 1993년 12월 7일 안기부법의 개정으로 폐지된 국가보안법상의 고무찬양죄와 불고지죄에 대한 수사권을 복구시키는데 혈안이 되어왔다. 12월 26일의 날치기 통과로 김영삼은 "자신의 손으로 고친 안기부법을 다시 날치기해 원상복구"해버린 것이다. 안기부법 날치기 통과보다 더 큰 저항을 불러온 것은 노동관계법의 개악이었다. 정리해고 요건 완

218) 〈한총련 통일론 부적절 김대중 아.태 이사장〉, 《경향신문》, 1994년 6월 4일.
219) 〈김대중 총재 '한총련 자진해산을'〉, 《경향신문》, 1996년 8월 31일.
220) 〈김대중 총재 '한총련 발언' 당내 재야입당파 '당혹'〉, 《경향신문》, 1996년 9월 1일.

화, 상급단체 복수노조 유예, 대체근로 허용 등은 노동자 대 정부-기업의 대립구도를 확실하게 하는 것으로 노동계, 특히 민주노총이 도저히 받아들일 수 없는 내용이었다. 안기부법과 노동관계법의 날치기 처리는 김영삼의 개혁이라는 것이 원칙과 철학을 결여한 미사여구에 불과했다는 것을 뚜렷이 보여주었다. 김영삼은 1995년 한국통신 노동쟁의 당시 "정보통신업무를 방해하는 것은 국가전복 음모가 있지 않고서는 생각할 수 없는 일"이라는 시대착오적인 노동문제에 대한 인식을 보인 바 있는데, 1996년 말의 노동법개악은 김영삼의 노동문제에 대한 태도가 어떤 것인지를 잘 보여주었다.[221]

김영삼의 '힘의 우위의 기초한 강공드라마'를 좌절시키고 김영삼 정권을 바닥 없는 추락으로 몰아넣은 것은 날치기 통과 직후 노동계가 선언한 총파업이었다. 1948년 정부수립 이후 노동계가 정치 사회적 요구를 내걸고 총파업에 돌입한 것은 처음 있는 일이었다. 노동계의 강력한 총파업과 시민사회의 저항에 김영삼 정권은 비틀거렸다. 총파업의 여파가 가시기 전에 한보철강의 부도라는 폭탄이 터지며 '소통령'이라 불리던 김영삼의 차남 김현철이 한보사태의 배후라는 주장이 강력히 제기[222]되었고, 100여 일을 버티던 김현철은 1997년 5월 17일 마침내 구속되었다. 추락하는 것은 날개가 없었다. 김영삼 정권은 준비 안 된 세계화를 했고, 재벌의 과도한 단기 차입에 의한 무리한 설비투자나 문어발식 기업 확장에 대해 방임했다. 그 결과 7월 9일 진로그룹 부도에 이어 7월 15일 10대 그룹 중 처음으로 기아그룹이 '부도유예협약 적용'이라는 사실상의 부도를 맞았다.[223]

221) 〈표류하는 문민정치: YS 정치행태 날치기 정국 개혁 간데없고 보수·강경만 남아〉, 《한겨레신문》, 1996년 12월 27일.
222) 〈'한보' 권력 배후설 정치권 정면 격돌〉, 《한겨레신문》, 1997년 1월 27일.

4) 마침내 정권교체를 이루다

김대중은 1997년 5월 19일 새정치국민회의 대통령 후보로 선출되었다. 자민련은 김종필을 후보로 선출했고, 신한국당은 이른바 9룡의 경쟁 끝에 이회창과 이인제의 대결로 압축된 결선투표에서 이회창을 후보로 선출했다. 집권당 대통령 후보로는 처음으로 비영남권 출신의 후보였던 이회창은 두 아들의 병역비리에 휘말리면서 지지율이 급락했다. 그러자 이인제는 신한국당을 탈당하여 국민신당을 조직하고 독자출마를 감행했다.

김대중은 1996년 4월 15대 총선 이후 공을 들여온 자민련과의 연합에 힘을 쏟아 김종필과의 후보단일화 협상에 나섰다. 김대중은 내각제 개헌 수용 가능, 자민련이 맡게 될 국무총리의 각료임명 제청권과 해임청구권 보장 등 많은 것을 양보했다. DJP연합에 이어 민자당 대표최고위원을 지낸 포항제철 박태준도 김대중 진영에 합류했다. 김대중은 "'색깔론 망령'과 3당합당 이후 강화된 호남고립 구도를 타파하기 위해서는 자민련과의 연합이 필요하다"고 주변을 설득224)했지만, 김근태 등 재야입당파나 당 밖의 재야인사들과 시민사회, 종교계 등 반발은 심각했다.

김대중이 김종필, 박태준 등 보수세력과 손을 잡은 것은 호남고립을 벗어나는데 크게 기여했을 뿐 아니라, 색깔론을 막아내는데서 매우 효과적이었다. 천도교 전 교령 오익제의 월북으로 인한 북풍, 이회창 후보의 비선조직으로 활동하던 일부 인사들이 선거 직전 휴전선에서 무력시위를 벌여 이회창에게 유리한 국면을 조성해보려는 시도 등이 있었지만, 1987년 대통령 선거나 1992년 대통령 선거 때처

223) 〈기아그룹 부도유예〉, 《조선일보》, 1997년 7월 16일.
224) 김대중, 《김대중 자서전》 I, 619-620쪽.

럼 색깔론이나 안보위기가 먹혀들지는 않았다. 김대중은 인혁당 사건을 비롯한 수많은 공안조작사건의 주역인 중앙정보부 6국장 이용택, 조직폭력배들의 배후였던 슬럿머신 사건의 전 인기부 기조실장 엄삼탁 등을 받아들였다. 이들의 새정치국민회의 영입은 북풍에 대한 방패 역할이라는 현실적인 필요성을 옹호하는 일부의 목소리에도 불구하고 원칙의 문제를 훼손했다는 비판을 낳았다.

대통령 선거의 구도가 '수평적 정권교체'를 주장한 김대중, '3김 청산'을 주장한 이회창, '세대교체'를 외친 이인제 의 3자 구도로 정립된 1997년 10월 7일 신한국당 사무총장 강삼재는 김대중이 비자금 670억을 조성했고, 노태우로부터도 20억 이외에 5억을 더 수수했다고 주장했다.[225] 강삼재는 비자금 폭로는 이회창이 직접 지시한 것이고, 백과사전 두께 분량의 자료도 이회창이 직접 준 것이라고 밝혔다.[226] 지지율이 김대중은 물론 이인제에게도 크게 뒤진 이회창은 검찰이 김대중의 비자금 수사에 나설 것을 촉구했다. 김대중도 "만일 검찰이 수사에 착수하면 사실 여부와 상관없이 나는 치명상을 입을 수밖에 없었다"며 사태의 심각성을 인정했다.[227] 그러나 김영삼과 그의 검찰은 김대중 비자금 수사를 망설였다. 김영삼은 자신이 속한 신한국당 후보 이회창을 불신했다. 이회창은 '법대로'를 외치며 김영삼의 1992년 대선자금도 법 앞에 만인은 평등하기 때문에 진상규명에서 차이를 두지 않겠다고 강조했다.[228] 이회창의 1992년 대선자금 조사 발언이 청와대와 큰 갈등을 가져온 가운데, 그의 지지율이 이인제의 절반을 밑돌자 신한국당 내에서는 후보교체가 공론화되기까지 했다.[229] 10월 21일 검찰총장 김태정은 김대중에 대한 비자금 의혹 고발사건 수사를 15대 대통령 선거 이후로 유보한다고 공식 발표했다.[230] 김대중은 '여당의 집요한 수사요청에 고민을 거듭했을' 김태정이 '현명하고 용기가 있'어 의로운 결단을 내린 것[231]이라고 찬양했지만, 김태정의 결정은 김영삼과의 협의 끝에 나온 것이었다. 김영삼은 자신이 김태정에게 비자금 수사 유보를 지시한 이유를 회고록에서 밝혔다.

> 대통령 선거를 불과 2개월 앞둔 시점이었다. 일단 김대중씨의 부정축재를 수사하게 되면 그의 구속은 피할 수 없을 것이었다. 만약 그렇게 되면 전라도 지역은 물론 서울에서도 폭동이 일어날 것이고, 그럴 경우 대통령 선거를 치를 수 없게 될 것은 불을 보듯 뻔한 일이었다. 선거 자체가 없어질 상황인데 어떻게 당선될 수 있다는 말인가. 이회창씨의 생각은 경쟁자를 선거에서 배제하려다가 선거 자체를 없애 버리게 될 무모한 발상이었다.[232]

이회창은 검찰의 비자금 수사 유보 선언에 강력히 반발했다. 이회창은 비자금의 성역 없는 수사를 촉구하면서, 김영삼 대통령의 신한국당 탈당을 요구했고, 신한국당은 분당 위기에 빠졌다.[233] 결국 김영삼은 11월 7일 신한국당을 탈당했다. 김영삼을 신한국당에서 몰아낸 이회창은 같은 날 민주당 총재 조순과 회동하고 신한국당과 민

---

229) 〈'대선자금' 이쪽에 서면 저쪽이…' 샌드위치 입장〉, 《동아일보》, 1997년 10월 20일.
230) 〈이회창 총재 강력 반발, 검찰 'DJ 비자금' 수사 유보〉, 《동아일보》, 1997년 10월 22일.
231) 김대중, 《김대중 자서전》 I. 618쪽.
232) 김영삼, 《김영삼 대통령 회고록》 하, (서울: 조선일보사, 2001), 344쪽.
233) 〈신한국당의 대란〉, 《동아일보》, 1997년 10월 23일.

주당의 합당에 합의했다.234) 이회창을 대통령 후보, 조순을 총재로
한 한나라당은 11월 21일 공식 출범했다. 인기가 땅에 떨어진 김영
삼과의 관계를 끊고, 강원도 출신 조순과 손을 잡은 것은 이회창에게
는 김대중의 DJP연합 못지않은 효과를 가져왔다. 이인제와 그의 국
민신당은 청와대의 물밑 지원을 받았음에도 주춤한 반면, 이회창의
지지율은 급상승하여 이인제를 추월했다. 11월 17일 보도된 여론조
사에서 김대중은 34%, 이회창 24.4%, 이인제 23.7%를 기록235)하
더니 11월 24일에는 김대중 33.8%, 이회창 32.2%, 이인제 21.2%
로 대통령 선거를 양자대결 구도로 바꿔 놓았다.236)

부진했던 이회창이 이인제를 제치고 양강구도에 돌입할 무렵, 대
한민국은 국가부도를 맞았다. 1997년 11월 21일 밤 10시, 경제부총
리 임창열은 IMF에 200억 달러의 구제 금융을 신청한다고 발표한
것이다. 국가부도 상태의 대한민국은 《경향신문》 1면 톱기사의 제목
마냥 IMF가 "달라는 대로 다 줬다."237) 정부와 IMF 사이의 양해각
서 체결을 언론은 '항복문서 서명', '제2의 경술국치', '경제신탁통치
의 시작' 등으로 불렀다. 1997년 대통령 선거는 이런 상황에서 치러
진 것이다.

1997년 12월 18일 대통령 선거에서 김대중은 4수 끝에 마침내
대통령에 당선되었다. 김대중은 40.3%의 득표율로 1,032만 표를
얻었고, 이회창은 38.7%로 993만 표를 얻었다. 1위와 2위는 득표율
에서 1.6%, 득표수에서는 39만 표 차이밖에는 나지 않았다. 3위 이

---

234) 〈신한국 · 민주 합당 선언〉, 《조선일보》, 1997년 11월 8일.
235) 〈김대중 34%, 이회창 24.4%, 이인제 23.7%. 이회창 상승세…2위 올라〉, 《조선일
보》, 1997년 11월 17일.
236) 〈김대중 33.8% 이회창 32.2% 이인제 21.2% 대선 '양자대결' 양상〉, 《동아일보》,
1997년 11월 24일
237) 〈달라는 대로 다 줬다〉, 《경향신문》, 1997년 12월 4일.

인제가 492만표를 얻어 보수표를 크게 잠식한 것에 비하면 표 차이는 아주 적었다. 김대중은 매우 훌륭한 준비된 후보였지만, 그가 승리할 수 있었던 데에는 여러 가지 요인이 작용했다. 첫째, IMF 외환위기라는 국가부도사태였다. 나라를 부도낸 세력에게 다시 정권을 맡길 수는 없지 않은가? 이 하나만으로도 정권교체는 당연한 것으로 보이지만, 1, 2위와의 표차는 겨우 39만 표였다. 그만큼 한국사회에서는 보수 쪽으로 한참 기울어진 운동장이었던 것이다. 둘째, 이인제효과를 들 수 있다. 근 500만 표를 얻은 이인제가 보수표를 잠식하지 않았다면 나라가 결딴났어도 김대중은 1992년 14대 대통령 선거 때와 마찬가지로 큰 표 차이로 패했을 것이다. 셋째, DJP연합의 효과를 저평가해서는 안 된다. DJP연합은 충청도와 손을 잡아 호남 고립을 벗어난 것이지만, 지역감정을 역이용한 것으로 지역감정을 극복한 것은 아니었다. 김대중의 지지자 중 진보적인 층은 5.16군사쿠데타의 주역이자 중앙정보부의 창설자인 김종필과 손잡은 것을 원칙을 훼손한 야합이라고 비난했다. 야합이라 규정하든 연합이라 부르든 김종필과 손잡은 것은 정치인 김대중의 진보성을 훼손한 것임에 틀림없지만, 정치의 현실에서 DJP연합이 없었다면 김대중의 당선은 불가능했다. 중요한 점은 김대중의 당선이 정치인 김대중의 진보이미지 손상과는 상관없이 한국사회의 진보에 크게 기여했다는 점이다. 넷째, 이회창 후보 두 아들의 병역비리 또한 승패를 가른 변수였다. 병역비리에 분노한 수많은 사람 중 현역사병 55만과 그 부모들만 해도 이회창과의 표 차이 39만 표를 훨씬 뛰어넘었다. 다섯째, 김영삼의 아들 소통령 김현철의 전횡과 비리도 매우 중요한 요인이었다. 의원내각제 국가 같았으면 이것 하나만으로도 정권이 교체되어도 이상할 것 없는 일이었다.

이들 요인은 각각이 하나만이라도 빠졌다면 김대중의 당선이 불가

능할 만한 중요한 사안들이었다. 이런 요인들이 적어도 5개가 합쳐
져서 김대중은 거우 39만 표 차이로 승리할 수 있었던 것이다. 그만
큼 분단한국의 정치지형은 민주진영, 진보진영에 극도로 불리했던
것이다. 민주진영은 1987년의 김대중 김영삼 양 김씨의 분열로 군사
독재 종식의 좋은 기회를 놓친 데다가, 1990년 3당합당으로 그나마
반토막이 나 버린 상태였다. 그런 의미에서 1992년의 패배는 어쩌면
당연한 것이었다. 그러나 김대중은 위의 여러 가지 요인들의 작용에
힘입었지만, 3당합당 7년여 만에 정권교체를 이룩한 것이다. 김대중
은 이러한 역사적인 불리함을 이기고 집권했을 뿐 아니라, 민주진영
이 배출한 세 명의 대통령 중 유일하게 정권재창출에 성공했다.

맺음말

20대 초반 잠시 진보진영에 몸 담았던 김대중은 천신만고 끝에
의회에 진출한 뒤, 최장시간 필리버스터와 야당의 명대변인 역할을
수행하여 주목을 끌었다. 1967년 6.8부정선거 당시 박정희가 목포
에서 국무회의를 여는 등 초특급 낙선공작을 벌였지만 김대중은 살
아남았다. 박정희가 3선 개헌을 단행한 뒤 야당은 40대 기수론을
내세우며 세대교체를 시도했다. 김대중은 매우 불리해 보였던 지형
을 뒤엎고 평생의 라이벌 김영삼에게 극적인 역전승을 거두며 야당
인 신민당의 대통령 후보로 선출되었다. 김대중은 향토예비군 폐지,
대중경제론, 4대국 보장론 등 참신한 공약을 내세우며 대통령 선거
에서 정책 대결의 주도권을 잡았다. 야당이 정부여당을 상대로 정책
이슈를 선점한다는 것은 매우 어려운 일이지만, 김대중은 신민당을
기존의 야당과는 달리 정책정당, 나아가 수권정당으로 변모시킬 수

있는 가능성을 보여주었다. 김대중은 1971년 대통령 선거에서 박정희 정권의 어마어마한 물량공세와 관권개입, 그리고 지역감정 악용 등 총체적 부정선거를 극복하지 못하고 석패했지만, 박정희 정권의 간담을 서늘하게 만들었다.

1972년 10월 신병 치료차 당시 일본에 머무르고 있던 김대중은 박정희가 유신 친일쿠데타를 단행하자 귀국을 포기하고 일본에서 망명객이 되어 반유신민주화운동을 전개했다. 국내의 모든 반대 세력을 잠재운 박정희로서는 김대중의 입을 다물게 하라고 중앙정보부장 이후락을 압박했고, 결국 중앙정보부는 김대중을 한국으로 납치해왔다. 한국과 일본 정부는 김대중의 일본에서의 행동을 한국정부가 문제 삼지 않고, 한국의 중앙정보부가 일본의 주권을 침해하여 일본에 있던 김대중을 한국으로 납치해온 것을 일본 정부가 문제삼지 않기로 하는 방식으로 김대중 납치 사건을 '결착'이라는 용어를 사용하여 덮어버렸다. 국내에서 연금과 감시로 활동을 제약받던 김대중은 3.1 구국선언 사건으로 투옥되었다가 1978년 12월 말 2년 9개월 만에 석방되었다.

1979년 10.26사건으로 박정희가 사망하고, 김대중도 오랜 족쇄에서 풀려나 정치활동을 재개할 수 있었지만, 그가 부딪혀야 했던 것은 군부 등의 강한 비토였다. 1980년 5월 17일 짧았던 서울의 봄을 짓밟고 쿠데타를 일으킨 전두환 등 신군부 세력은 자신들의 내란과 그에 대한 저항인 광주민중항쟁에 대한 진압을 정당화하기 위해 김대중을 체포하고, 광주의 시위를 김대중의 정부 장악을 위한 내란음모의 일환으로 조작했다. 전두환 세력은 군법회의에서 김대중에게 사형을 선고했으나, 미국으로부터 전두환 체제의 승인을 받는 대가로 김대중을 무기징역으로 감형했다. 1982년 말 석방된 김대중은 미국으로 망명했다. 1985년 2월 12일의 12대 국회의원 총선거를 앞두고 귀국한 김대중은 총선돌풍의 핵이 되었고, 김영삼과 함께 원외에서 신민당을 이끌면서 직선제 개헌 투쟁에 나섰다.

박종철 군 고문치사사건 이후 신민당은 재야 민주화운동 세력과 함께 민주헌법쟁취국민운동본부를 결성하여 6월항쟁에 나선 결과, 군사독재 세력은 6.29선언을 통해 직선제 개헌요구를 수용하지 않을 수 없었다. 그러나 16년 만에 치러진 1987년 12월의 대통령 선거에서 김영삼과 김대중은 분열하였고, 결국 군사독재 세력의 노태우 후보가 당선되어 민주세력은 정권교체에 실패했다. 이어 벌어진 13대 총선에서 노태우의 민정당은 제1당이 되었지만, 과반의석에 크게 미달하여 여소야대 국면이 형성되었고, 김대중의 평민당은 제1야당이 되었다. 노태우 정권은 1989년 들어와 공안정국을 조성하여 정국 주도권 탈환을 시도했고, 1990년 1월에는 노태우의 민정당, 김영삼의 통일민주당, 김종필의 신민주공화당 3당이 합당하여 민주자유당을 창당, 보수대연합을 이룩했다.

1992년 대통령 선거는 3당합당으로 6월항쟁 당시의 민주세력이 반 토막 난 뒤 치른 첫 선거였다. 뉴DJ플랜 등을 내세운 김대중은 호남 고립의 지역구도를 넘지 못하고 민자당의 김영삼에게 패배한 뒤, 정계를 은퇴하고 영국으로 유학을 떠났다. 김영삼은 정권 초기에는 하나회 숙청, 공직자 재산등록, 금융실명제 실시 등의 개혁으로 국민들의 전폭적인 지지를 받았으나, 원칙과 철학 없이 시작된 개혁은 곧 길을 잃었다. 김영삼이 추진한 개혁의 좌절은 김대중에게 새로운 기회를 열어주었고, 김대중은 지지자들의 기대와 비판자들의 비난 속에 정계에 복귀했다.

1997년 5월 19일 새정치국민회의 대통령 후보로 선출된 김대중은 10월 선거전이 본격화된 이후, 열세에 놓인 신한국당 이회창 후보 측의 김대중 비자금설 주장으로 곤혹스러운 처지에 놓였다. 그러나 비자금 수사가 본격화된다면 제2의 광주항쟁이 일어날 것을 우려한 김영삼 정권과 검찰의 수사보류로 위기를 모면할 수 있었다. 신한국당에서는 이인제가 탈당 후 독자출마한 반면, 김대중은 김종필과 DJP연합을 성사시켜 선거 구도를 유리하게 이끌었다. 이회창은 선거 막판 맹추격을 하였지만 김영삼 대통령의 아들 김현철의 국정농단과 이회창 후보 두 아들의 병역비리가 발생한데다가, IMF 외환위기까지 겹치면서 선거운동 기간 내에는 선두를 유지한 김대중을 따라잡을 수 없었다. 1997년 12월 18일 대통령 선거에서 김대중은 4수 끝에 마침내 대통령에 당선되었다. 대한민국 역사상 최초의 수평적 정권교체였다.

선거의 구도로나 선거 직전 발생한 국가부도사태, 그리고 집권당 대통령과 대통령 후보 아들들과 관련된 비리 등으로 김대중에게 매우 유리한 조건이 조성되었음에도, 표차는 39만 표에 불과했다. 김대중 정권을 포함해 2023년 현재까지 민주정권이 세 차례나 들어섰기 때문에, 많은 사람이 민주정권의 탄생을 자연스러운 것이라 생각하고 있는 듯하다. 그렇지만 1997년 김대중의 대통령 당선은 분단 한국이 겪어야 했던 고난의 역사에 비춰본다면 거의 기적에 가까운 일이라 하지 않을 수 없다. 1997년 대통령 선거 당시의 국가부도사태, 500만 표를 획득한 이인제의 독자출마, DJP연합, 이회창 후보 아들의 병역비리, 김영삼 아들 김현철의 국정농단 등은 각각 최소한 50만 표 이상 표의 향배를 가를 수 있는 메가톤급 요인이었다. 이런 요인이 다섯 가지가 겹쳐도 겨우 39만 표 차이가 날 만큼 분단한국의 정치지형은 민주진영에게는 가파르게 기울어진 운동장이었던 것이다. 바꿔 말하면 이 중 어느 하나의 요인이라도 없었더라면 나라가 부도나고, 집권세력이 분열했다 하더라도 정권교체는 불가능했다는 것을 의미했다. 1987년 6월항쟁 당시 한국의 민주진영은 독재정권

타도에 근접했지만, 김대중과 김영삼의 안타까운 분열로 그 기회를 날려버렸다. 위기감을 느낀 군사독재세력은 보수대연합을 추진했고, 민주세력의 한 축을 이뤄왔던 김영삼은 추종세력 대부분을 이끌고 독재세력과 손을 잡았다. 3당합당이라논 보수 대연합을 통해 초유의 거대 여당 민자당이 출현했을 때 평민당 의석수는 97석으로 전체의 32%에 불과했다. 1992년 대통령 선거는 이렇게 1987년 당시의 민주진영이 거의 반 토막이 된 상태에서 치른 것으로 그 패배는 불가피했다. 그러나 5년 뒤 민주진영과 김대중은 마침내 선거를 통해 수평적 정권교체를 이룬 것이다.

김대중의 대통령 재임기간에 대한 평가는 본고의 범위를 넘어서는 것이며, 별도로 작업해서 세밀하게 검토가 이루어져야 할 주제이다. 그러나 한 가지 본고에서 꼭 짚고 넘어가야 할 것은 세 차례의 민주정권 중 김대중 대통령만이 정권 재창출에 성공했다는 점이다. 특히 아주 기울어진 경기장에서 DJP연합이라는 불안정한 동맹에 기초하여 겨우 39만 표 차이로 간신히 승리했던 민주진영이, 5년 뒤에는 DJP연합의 성공과는 정반대로 정몽준과의 단일화과 선거 전날 깨진 극한 상황임에도 다시 승리할 수 있었던 데에는 김대중의 공이 매우 컸다는 점을 부인할 수 없다. 특히 김대중이 민주세력의 재집권을 위해 자신의 직계인 동교동계 대신 대통령 선거 본선에서 훨씬 더 경쟁력이 있는 노무현이 민주당의 후보가 되도록 음양으로 지원했다. 우리나라 노무현의 돌풍, 즉 노풍이 광주에서부터 불기 시작했다는 점을 기억해야한다.

김대중은 기본적으로 정당과 선거와 의회를 무대로 활동해온 제도권 정치인이었다. 그러나 그는 본의 아니게 15년이라는 긴 기간을 독재정권에 의해 제도정치에서 배제된 채 보내야했다. 이 기간 그는 이른바 재야민주화운동 세력과 깊은 영향을 주고받았다. '재야'[238)

란 다른 자유민주주의 국가에서는 찾아보기 힘든 독특한 정치세력이
다. 한국에서 재야가 장기간에 걸쳐 독자적인 저항세력으로 존재했
던 것은 제도권 내의 의회나 야당이 제구실을 못했기 때문이다. 김대
중이 재야세력으로부터의 지지를 독점한 것은 아니었지만, 김영삼
등 다른 정치인들과는 비교할 수 없는 우위를 점했다고 할 수 있다.
한국전쟁으로 남한의 진보세력은 멸균실 수준으로 궤멸되었다. 재야
는 흔히 진보적인 집단으로 알려져 있지만, 1970년대 중반 처음 재
야인사들이 하나의 세력으로 결집할 때 주요 인물들의 면면을 보면
북한에서 월남한 기독교인(김재준, 문익환, 문동환, 안병무, 함석헌, 김관
석, 강원룡, 김동길 등)이나 천주교인(지학순, 김승훈), 민족주의자(장준하,
리영희, 계훈제, 백기완) 등을 꼽을 수 있다. 물론 박형규, 천관우, 이병
린, 서남동, 송건호, 김찬국, 성래운, 한완상, 함세웅, 이창복 등 남
쪽 출신으로 재야에서 활발하게 활동한 사람들도 있지만, 인구비율
을 감안한다면 월남 인사들의 비중이 매우 크다는 점을 알 수 있다.
재야는 진보가 사라진 한국 땅에서 보수세력 속의 '양심세력'이었지,
처음부터 진보적인 입장에 서 있었던 것은 아니었다. 양심적인 보수
반공세력으로서의 재야는 고난받는 사람들과 함께하다가 자신들도
고난을 받게 되고, 학생운동이나 노동운동 세력과 교류하면서 점차
진보적인 성격을 띄어가게 되었다. 그 결정적인 계기는 바로 재야인
사들이 김대중과 함께 추진했던 1976년의 3.1구국선언 사건이었다.
이들은 또 1980년 김대중 내란음모 사건을 같이 겪으면서 더욱 굳은
결속력을 갖게 되었다. 6월항쟁 이후 제도권에 다시 진입한 뒤에도
김대중은 동교동계뿐만이 아니라 재야민주화운동 세력을 기반으로

---

238) 박명림은 '재야를 "한국의 권위주의 체제 하에서 존재하였던 비제도적인 조직적 반대
    운동"으로 정의했다. 박명림, 〈박정희 시대의 민중운동과 민주주의: 재야의 기원, 제
    도관계, 이념을 중심으로〉, 《한국과 국제정치》, 제24권 제2호 2008년(여름) 통권 61
    호, 232쪽.

정치활동을 전개했다. 1988년 13대 총선을 시작으로 14대, 15대, 16대 총선까지 김대중은 재야인사들을 적극적으로 영입하여 공천을 주어 이들을 의회에 진출시켰다.

김대중은 무엇보다도 보수일변도였던 한국 야당의 체질을 크게 변화시켰다. 이것은 꼭 재야입당파의 영입으로 인한 인적 체질개선만을 의미하는 것이 아니다. 김대중은 한국 야당을 일정한 진보성을 갖는 정책정당으로 탈바꿈시키는 데 크게 기여했다. 1971년 대통령 선거에서 신민당후보 김대중은 참신하고 파격적인 공약으로 정책이슈 논쟁을 주도했다. 1963년과 1967년 두 차례의 대통령 선거에 비추어볼 때, 자금, 정보, 인력, 국정경험 등 모든 면에서 열세일 수밖에 없는 야당이 정부여당을 상대로 정책논쟁의 주도권을 잡는다는 것은 거의 불가능한 일이었지만, 김대중은 짧은 기간 신민당을 정책정당으로 변모시켜 수권정당의 가능성을 보여주었다. 이 당시까지 야당가에서는 흔히 "정통보수야당 한민당의 뿌리를 계승했다"라고 운운하는 이야기가 널리 퍼져 있었다. 한민당은 이승만보다도 더 보수적인 성격을 가진 정치세력으로서, 이승만에 의해 권력배분에서 배제되어 야당이 된 집단이었다. 1971년 대통령 선거에서 제한된 범위이지만 조심스럽게 한국 정치에서 말살되었던 진보적 성격을 되살려내려 했던 김대중의 실험은 대통령 선거 패배와 박정희의 유신 쿠데타로 무산되었다. 그러나 제도정치에서 배제되어 있는 기간 김대중은 제도권 밖의 다양한 민족민주운동세력과 관계를 맺으면서, 어쩌면 정치입문 초기였던 20대 초반 시절부터 가슴속에 간직했던 진보적 꿈을 조금씩 키워나갔다. 그는 대중경제론과 통일문제 두 분야를 중심으로 이전까지 매우 보수적이고 반공적이었던 재야인사 상층부를 진보적인 방향으로 견인했다. 물론 재야인사 상층부가 진보성을 획득하는 데에는 김대중 이외에도 학생운동과 노동운동 등 기층 민중운동의 영향도 크게 작용했을 것이다. 그렇지만 김대중은 현실 정치인은 물론이고 어느 재야인사보다도 진보 아젠다에 대해서 열려있는 태도를 갖고 있었음에 틀림없다. 분단과 국가보안법으로 인해 진보정당의 출현과 성장이 극도로 제한된 한국사회에서 정치의 장에 진보의 목소리가 조금씩이나마 올릴 수 있게 된 데에는 김대중의 역할이 매우 컸다고 할 수 있다.

　김대중은 한국민주화운동의 국제화 크게 기여했다. 김대중 이전 한국의 정치인 중 국제적으로 이름이 알려진 사람은 이승만과 박정희와 같은 독재자들밖에 없다고 해도 과언이 아니다. 김대중 납치사건으로 김대중은 일약 한국 민주주의를 상징하는 국제적 인물로 부상했다. 김대중이 납치된 1973년은 그해 1월의 파리협정으로 국제전으로서의 베트남전쟁이 종전된 해였다. 일본의 양심세력은 그동안 베트남평화연대(베헤런)을 중심으로 베트남평화운동에 총력을 기울여왔는데, 베트남전쟁의 종전으로 새로운 방향 모색을 해야할 처지에 놓여있을 때 김대중 납치사건이 발생한 것이다. 일본의 양심세력은 이에 김대중 구출운동과 한국민주화운동에 대한 연대와 지원으로 방향을 급선회하여 재출발했다. 미국 정부와 미국의 지식인들도 김대중 납치사건에 깊은 우려와 관심을 보였다. 1976년 3.1구국선언으로 인한 김대중의 투옥으로 해외 동포들과 외국 지식인들의 한국민주화운동과 김대중 구출에 대한 참여는 더욱 확대되었다. 1979년 10.26 사건으로 박정희가 사망하고, 김대중의 정치활동이 재개되자 일본에서 김대중 구명운동을 해온 김대중선생구출대책위원회는 해산을 선언했지만, 두 달여 만에 김대중이 체포되고 사형을 선고받게 되어 한층 가열찬 투쟁을 벌여야 했다. 특히 김대중의 고난은 광주학살의 참상과 결합되면서 국제적 관심을 끌었고, 미국은 직설적인 언어로 강력하게 전두환을 압박하여 김대중의 목숨을 살려냈다. 국제

적으로는 넬슨 만델라가 아프리카를 대표하는 민주주의의 지도자라
면, 이와 같은 고난을 겪은 김대중은 아시아를 대표하는 민주주의
지도자로 손꼽히게 되었고, 이는 2000년 노벨 평화상 수상으로 이어
졌다.

　누구보다도 오랜 정치 생활에서 김대중은 많은 업적을 남기긴 했
지만, 적지 않은 과오와 실책을 범하기도 했으며, 또 중요한 한계를
극복하지 못한 점도 많았다. 김대중 자신도 여러 차례 인정했지만,
그의 가장 큰 과오는 1987년 단일화의 실패였다. 물론 이 과오는
김대중만의 것은 아니지만, 김영삼은 양보가능성이 전무했다는 점에
서 김대중에게 더 많은 책임이 돌아갈 수밖에 없는 그런 문제라고도
할 수 있다. 지역감정 문제는 김대중이 가장 큰 피해자였으면서도,
역시 김대중에게 이 문제를 해결하지 못한 책임이 더 많이 지워지는
문제였다. 여러 가지 제약 요인이 많았지만, 대통령이 된 이후 더
과감하고 철저한 개혁을 하지 못한 점도 큰 아쉬움으로 남는다. IMF
외환위기 탈출에 매달려야 했던 나머지, 재벌개혁의 가장 좋은 기회
를 잃어버린 것은 대표적인 예이다. 1971년 대통령 선거 당시 김대
중 돌풍을 불러온 가장 중요한 공약은 향토예비군 폐지였다. 베트남
전으로 위기가 극에 달했고 북한이 남한에 비해 경제적으로도 우위
에 있던 시절에 내걸었던 예비군 폐지 공약이 30년 가까운 세월이
흐른 뒤 북한 경제가 파탄지경에 이른 상황에서도 대통령 김대중에
의해 검토조차 되지 못했다. 한국사회는 한편에서는 김대중이 매우
중요한 역할을 하면서 민주화에서 눈부신 성취를 거두었지만, 또 한
편으로는 우경화, 보수화의 경로를 밟아왔던 것이다. 국가부도사태
의 외환위기 속에서 김대중은 IMF가 강요하는 정리해고 등 신자유
주의 노선을 밟아갔다. 어떻게 김대중 정권과 노무현 정권이 신자유
주의를 받아들일 수 있냐는 비판과 함께, 김대중 정권과 노무현 정권

이었기에 신자유주의의 난폭한 질주를 그 정도 선에서 제어할 수 있었다는 변명 아닌 변명도 동시에 나왔다.

김대중은 정권 재창출에 성공했지만 안타깝게도 김대중의 정치가 제대로 계승되었는지는 의문을 제기하지 않을 수 없다. 그의 계승자였던 노무현은 정권 재창출의 실패했고, 2009년 불행하게 생을 마감했다. 몸의 반쪽이 무너지는 슬픔 속에 고령의 김대중은 누구보다도 치열하게 싸우다가 힘이 다해 쓰러지고 말았다. 2016-2017년의 촛불에 힘입어 들어선 문재인 정권은 5년 만에 허망하게 정권을 내주고 말았다. 김대중 대통령이 서거하고 아직 채 15년이 지나지 않았지만, 김대중을 이었다고 할 정치인은 뚜렷이 부각되지 않고 있다. 특히 호남 지역에서는 멀리는 동학농민전쟁, 가까이는 광주의 정신을 계승했다고 할 만한 정치인이 보이지 않는다. 한국 근현대사에서 호남이란 단순히 하나의 지역 명칭이 아니었다. 김대중은 호남이라는 지역을 대표하는 정치인이기도 했지만, 호남이란 말 속에 담긴 한국 근현대사의 꿈과 희망과 고통을 상징하는 정치인이었다. 김대중의 퇴임 이후로 치면 20여년, 그의 서거로부터 치면 근 15년 동안 적극적인 의미에서 '호남정치'는 실종상태에 빠져있다.

김대중의 가장 중요한 업적은 너무도 살벌하고 척박했던 한국 정치의 지형에서 살아남았다는 점이다. 송진우, 여운형, 장덕수, 김구, 장준하 등은 암살로, 김규식, 조소앙, 안재홍 등은 납북으로, 신익희, 조병옥은 돌연사로, 조봉암은 사법살인으로 정치 무대에서 사라졌지만 김대중은 여러 차례 죽을 고비를 넘기며 살아남았다. 아무것도 아닌 것 같지만 한국 근현대사의 맥락에서는 정말로 중요한 업적이라 아니할 수 없다. 김대중의 두 번째 업적으로 꼽을 수 있는 점은 그가 최초로 정권교체를 이룩했다는 점이다. 세 번째로 김대중은 민주진영이 배출한 세 명의 대통령 중 유일하게 정권 재창출에 성공했다. 민주주의는 끊임없이 변화하고 새롭게 다듬어져야 할 것이지만, 한국의 민주화운동은 김대중과 함께 시작되어 김대중의 서거와 함께 1막을 마쳤다 할 것이다. 2016-2017년의 촛불로 시작된 한국의 민주화 2막은 초기 5년을 지내고 시련의 시간을 맞고 있다. 김대중을 어떻게 계승하고, 그가 못다 했던 과제들을 어떻게 해결할 것인가를 깊게 고민해야 할 때이다.

Ⅱ

민주화 이후 민주주의 발전과 한계

김동춘(성공회대학교 사회융합자율학부 교수)

democracy &
human rights

들어가는 말

1997년 제15대 대통령 선거에서 김대중 당선은 김종필의 자유민주연합(자민련)과의 연대를 통해서 가능했기는 하지만, 1953년 정전 이후 사실상 최초의 수평적 정권교체였다. 1987년 6월 항쟁은 군부 지도자였던 노태우의 당선으로 귀결되었고, 이후 3당합당을 거쳐 주류 보수정당인 민주자유당의 후보가 된 김영삼이 대통령으로 당선이 되었기 때문에 정권교체라 볼 수 없었다. 그래서 김대중 정부는 여소야대의 국회 조건에서 이루어졌기 때문에 소수당 정부의 성격을 갖고 있기는 했으나, 그 이전 50년 동안 한국 정치를 좌우해온 보수세력에게 가장 위협적인 사건이었고, 그만큼 대통령 흠집 내기, 정부 무력화하는 공세도 매우 거셌다. 그러나 이러한 내부의 공격과 외부의 극히 불리한 경제환경에도 불구하고, 김대중 정부는 민주주의의 진전을 위한 새로운 시도를 감행했으며, 일정한 걸음을 내디뎠다.

1987년 이전 김대중은 민주화를 2단계로 설정했는데, 그가 말한 1단계 국민민주혁명은 모든 국민 대중들이 참여하여 직선제 개헌과 각종 민주적 조치 마련을 의미하는 것이며, 2단계는 선거를 통한 평화적 정권교체였다.[1] 그래서 그의 당선은 2단계 즉 평화적 정권교체를 이룬 것이었다. 집권 후 김대중은 민주주의 발전에 필요한 제도개혁을 구상했고, 정책역량을 갖춘 정당조직 발전과 지방자치체의 정착, 그리고 참여민주주의 실천을 위해 국민경선제 도입을 통해 대통령 후보를 선출하는 방안을 구상하고 실행했다.[2] 그리고 국내 민주

---

1) 장신기, 《성공한 대통령, 김대중과 현대사 : 김대중 재평가》(서울: 시대의 창, 2021), 68쪽.
2) 장신기, 《성공한 대통령…》, 45쪽.

주의의 기반 강화를 위해 남북대화와 남북 평화체제 구축을 시도했고, 노동자 정치활동의 자유 보장, 여성 인권 신장과 양성평등 실현을 추진했다. 그러나 민주주의 공고화를 위한 김대중 대통령의 여러 시도에도 불구하고, 국내외적으로 여러 가지 난관과 저항에 부딪쳤고, 소수당이라는 정당지지 기반의 한계 때문에 여러 미완의 과제를 남기고 말았다.

1987년 민주화 이후 사람들은 평화적 정권교체가 이루어지고, 관련 제도와 법이 도입되면 민주주의가 정착될 것이라 생각해왔다. 그러나 5년 단임제 대통령이 이 여러번 교체되는 과정에서 정권 초기의 시행착오와 정권 말기의 레임덕 현상, 정치적 의사결정에 이르는 과정에서의 소모적인 갈등과 정치투쟁, 그리고 득표를 의식한 정치가들의 인기 영합적 행태 등이 반복된 점을 돌이켜 생각해보면, 민주화 다음의 민주주의 공고화는 결코 만만한 일이 아니라는 점을 새삼 확인할 수 있게 되었다. 더구나 이명박 박근혜 정부에 이어 지금 윤석열 정부의 여러 퇴행적 행태들을 보면 민주주의는 후퇴, 역전될 수도 있다는 점이 드러났다. 김영삼 정부이후 끊임없이 호출되는 박정희 신드롬과 이승만 '국부론'은 물론이고, 여전히 강고하게 유지되는 지역주의, 그리고 윤석열 정부 이후 국회에서 통과된 법에 대한 대통령의 계속되는 거부권 행사, 검찰 권력의 자의적 행사를 목격하고 있다.

사실 민주주의는 마치 유리잔을 들고 걷는 것처럼 불안정한 것이다. 특히 민주주의는 일정 정도의 계급적인 타협과 사회협약 속에서 가능하며, 안보 불안이 가중되거나 경제위기가 도래하고 실업과 빈곤이 만연할 경우 언론이 제 기능을 하지 못하고, 국민 대상의 민주시민 교육이 제대로 이루어지지 않을 경우, 그리고 군부나 구 기득권 세력이 민주화 세력을 폄훼하고 공격할 경우, 독재에 대한 향수가 일어나고, 전제적 방식의 지배, 혐오 발언이나 선동이 대중적 설득력을 얻어서 민주주의로 가는 길에 험난해지기 쉽다.[3] 이 경우 빈곤층이나 소외층은 물론 중간층도 집단적 공적 참여를 기피하거나 극우 파시즘 세력의 선동에 흔들린다. 민주화나 자유화는 공론을 활성화하고 노동자나 생산 대중의 참여 기회를 확대시키지만, 시민사회의 높은 밀도(density),[4] 특히 지역사회, 공익적 직업집단, 노동자의 조직적인 단결과 개입 없이는 심각하게 굴절되거나 좌초되기 쉽다.

이 글에서는 군부의 퇴진이라는 김대중 대통령이 말한 제1단계 민주화와 평화적 정권교체라는 제2단계 민주화를 성취한 이후, 김대중 정권이 민주주의 공고화를 위한 과제를 어느 정도 제대로 실행, 착수했으며, 또 어떤 점이 제대로 착수되지 못하거나, 착수했으나 결과적으로 제대로 수행되지 못했는지를 살펴보려고 한다. 이것은 거시적으로 보면 '민주화 이후의 민주주의'의 실제 작동과 그 한계를 살펴보는 작업이 될 것이다.[5] 민주화 이후 최초의 정권교체를 이룬 김대중 정권이 민주주의를 진전시킨 점, 그리고 5년 단임이라는 제한이나 조건의 한계 등의 이유로 제대로 완수하지 못하고 이후 정권에게 과제를 남겨둔 것, 그리고 비록 김대중 대통령이 비록 정권 재창출에서는 성공했다고 하지만, 신자유주의적 세계화의 충격, 신빈곤층의 확대 등과 맞물려 냉전보수주의 세력의 헤게모니는 더 강화된 결과, 대통령에 제안한 참여민주주의을 실질화하는 것은 물론, 실질적인 민주의의 길은 더 멀어지게 된 점은 없는지 살펴보려고 한

---

3) 그래서 엘리트주의적 관점에 서 사람들은 민주화는 반드시 반민주주의로 귀결된다고 비판하기도 한다. 서규환, "민주주의 사상의 재성찰을 위해", 민주화운동기념사업회 연구소편, 《민주주의 강의 2 : 사상》, (서울 : 민주화운동기념사업회, 2007), 19쪽

4) 뤼시마이어 외, 박명림 외 역, 《자본주의 발전과 민주주의》, (서울 : 나남, 1997)

5) 최장집, 《민주화 이후의 민주주의》(서울: 후마니타스, 2005); 최장집의 이러한 논점에 대한 정치학자들 내부의 비판에 대해서는 김정한 편저, 《최장집의 한국민주주의론》, (서울 : 소명출판, 2013)

다.

1. 민주화와 민주주의 관련 쟁점들

  '민주화'는 군사정권, 권위주의 정권의 붕괴, 즉 국민의 정치적 대
표자 선출권 확보, 언론자유와 사법부 독립, 법치 보장 등을 지칭한
다. 그런데 1960년대 이후 군부정권의 종식과 민주화를 겪은 후발국
가들은 19세기에서 20세기 초반까지의 미국과 서유럽 국가들과 달
리 '보통선거권'을 혁명이나 투쟁을 거쳐 얻어낸 것이 아니라 앞선
민주주의 국가들의 성과에 힘입어 얻은 것이었기 때문에, 이들 나라
들이 얻어낸 군사정권 혹은 권위주의 정권의 종식, 즉 '민주화'의 역
사정치적 맥락과 성격은 선진 민주주의 국가와는 매우 다르다.[6]
  흔히 민주주의는 '다수자의 지배'를 의미하지만, 정치체제, 학자들
에 따라 매우 상이하게 정의되며, 따라서 그 구체적 의미와 성격,
전제조건, 작동의 방식도 매우 다양하다. 특히 1980년대에 권위주
의 정권에서 벗어나 민주화를 성취한 후발국의 경우, 대통령이나 의
원의 직접 선출권의 확보가 실제 국민 '다수자의 지배'를 의미하지는
않았다. 즉 민주화와 민주주의 간에는 심각한 괴리가 존재한다.
  프랑스 정치학자 버나드 마넹(Bernard Manin)은 민주주의와 선거
는 다른 것이며, 어떤 점에서 선거는 엘리트 지배를 영속시키는 기제
라고 지적하기도 했다.[7] 엘리트주의적 관점에서 민주주의를 정의한

---

6) 강정인 외, 《민주주의의 한국적 수용 - 한국의 민주화, 민주주의의 한국화》, (서울
    : 책세상, 2002), 34쪽
7) "그래서 그는 권력의 교체가능성과 기회의 평등성이 보장되는 추첨제야 말로 민주주
    의 정신에 부합한다고 주장한다". 버나드 마넹, 곽준혁 옮김, 《선거는 민주적인가》,
    (서울 : 후마니타스, 2004)

죠셉 슘페터(J. A. Schumpeter)는 민주주의를 대표를 선출하는 방법에 불과하며, 단순 다수결은 인민의 의사를 유효하게 반영하기보다는 오히려 인민의 의사를 왜곡한다고 비판하기도 했다.[8] 대통령 간접선거 제도를 고수하는 미국은 물론이고, 70년 이상 거의 자민당이 집권해온 일본, 거대 지주들이 국가를 좌우하는 필리핀, 국왕이 건재한 태국 등 아시아 여러 나라의 사례를 보더라도 자본주의 경제질서 위의 선거 정치 혹은 민주주의 제도가 어떻게 합법적 방식으로 부자, 엘리트들에게 안정된 권력을 보장해주는지를 잘 알 수 있다.

서구의 민주주의도 사실상 민중의 투쟁과 지배 엘리트들의 타협 과정에서 제도화된 것이고, 또 과거 파시즘과 전체주의처럼 역전의 과정을 겪기도 했다. 안정된 민주주의 국가로 분류되었던 서구 여러 나라에서도 대의제 민주주의, 즉 언론자유, 정당정치, 사법 독립, 주기적이고 공정한 선거와 정권의 교체, 자체의 기반도 크게 흔들리고 있다.[9] 최근 미국의 트럼프 대통령 당선, 서유럽 몇 나라, 이스라엘, 그리고 남미 여러 나라에서 극우정치 세력의 등장하였고, 심지어 집권까지 한 것도 이런 흐름을 보여준다. 스위스처럼 여전히 직접 민주주의를 실천하는 나라들도 있지만, 대의제 민주주의를 자랑하는 민주주의 '선진국'에서도 선거를 제외하고는 국민이 정치적 의사결정 과정에 참여할 기회는 여전히 제한되어 있고, 언론은 수용자들의 정치적 판단력을 심각하게 흐릴 정도로 왜곡되어 있으며, 청년, 하층민, 소수자나 여성들은 선거참여 의지와 관심 갖지 못하고 탈정치화

---

8) 죠셉 슘페터 이상구 역, 《자본주의, 사회주의, 민주주의》, (서울 : 삼성출판사, 1981), 368쪽

9) '민주주의 공고화'는 경쟁적 대의제 정치체제, 권위주의로 다시 복귀하지 않을 수 있는 주요 행위자들의 주요 권력자원의 통제 등을 그 기본 조건으로 한다. Guillermo O'donnell,"Tansitions, Continuities and Paradoxes", Issues in Democratic Consolidation : The New South American Democracies in Comparative Perspectives, Nortre dame : Univesity of Nortre dame Press, 1992

되는 경향도 있다. 자유민주주의를 대표하는 미국에 맞서서 중국은
서구 선거민주주의의 한계를 비판하고 있지만,[10] 중국도 '중국 특색
의 사회주의'의 이름 하에 오히려 권위주의, 전체주의로 회귀하고 있
다.

  결국 민주주의를 어느정도 성취했다고 할려진 국가들에게도 여전
히 민주주의는 후퇴, 역전될 수 있다. 알랭 뚜렌느(Alain Touraine)는
민주주의는 억압, 전체주의, 불관용 등과의 투쟁을 통해 성취되는
것이며, 민주주의에 대한 '강한 정의'가 필요하다고 보았는데, 기본
적인 인권(human rights), 대표(representation), 그리고 시민권
(citisenship)이 보장되어야 민주주의는 작동한다고 보았다.[11] 정치
사회학자 찰스 틸리(Charels Tilly)는 민주주의 수준과 민주주의의 위
기의 평가 기준으로 시민권의 후퇴를 강조한다. 그는 시민적 권리를
행사할 수 있는 범주, 평등성, 국가의 자의적 행위로부터의 보호(자
유), 그리고 구속력 있는 상호협의의 정도가 높을수록 민주주의적이
라고 주장한다.[12] 데이비드 헬드(David Held)는 민주주의는 '집단적
수준의 의사결정에 대한 민의 통제'와 '시민들 사이의 조건의 평등'이
라고 정의했다.[13]

  이들 논자는 모두 민주주의가 작동하기 위해서는 우선 여러 민주
주의 제도가 뿌리내리고 있어야 하고(예를 들면 정당한 정치 경쟁, 공정한
선거, 독립적인 사법부, 자유로운 언론, 권력에 대한 견제 등), 선거에 의해
교체되지 않고, 대표되지도 않는 국가권력, 즉 관료나 사법부에 대한

---

10) 중국식 정치체제의 장점에 대해서는 다이엘 A. 벨, 김기협 옮김, 《차이나 모델 –
    중국의 지도자들은 왜 유능한가》, (서울 : 서해문집, 2017)
11) Alain Touraine, (David Mercy trans.), What is Democracy, (London :
    Routledge, 1997, p10
12) Charles Tilly, Democracy (New York: Cambridge University Press, 2007),
    pp.23–27
13) 데이비드 헬드(David Held), 《민주주의의 모델》, (서울: 인간사랑, 2007), 329쪽

시민적 개입과 통제의 필요성도 강조한다. 그리고 시민들이 정치 공동체, 그리고 사회경제 질서 내에서 동등한 존재로서 여러 가지 권리를 누릴 수 있어야 하고, 그들이 지속적으로 정치과정에 참여할 수 있는 형식적 실질적 조건이 마련되어 있어야 한다고 보았다.

우선 민주주의는 개인의 안전과 표현의 자유, 의사결정에서의 자율성이 보장되지 않으면 작동하기 어렵다. 민주주의는 시민의 생명권, 자기 결정권 보장, 그리고 사상과 양심의 자유가 보장을 전제로 한다.[14] 그래서 오늘날 세계 모든 자본주의 국가가 겪고 있는 민주주의의 심각한 후퇴 상황은 우선 자유권, 국민 주권 행사의 제한이 그 근저에 있다. 이와 더불어 불평등, 즉 자본주의와 민주주의의 충돌과 긴장, 시민사회의 밀도(density), 특히 사회적 권리의 제약이 중요한 원인으로 작용한다.[15] 그래서 군부독재의 종식은 민주화의 출발점이나, 민주주의로 나가는 과정에서는 수많은 장벽이 있다. 예를 들면 선출되지 않는 권력, 특히 관료 집단과 검찰, 사법부, 대자본, 그리고 심화된 사회경제적 불평등과 시민권의 침식은 선거와 삼권분립, 법치가 보장되어도 민주주의를 심각하게 제약하게 된다.

선출된 권력이 무대 뒤의 선출되지 않은 권력에 조종, 압도당하거나 상황, 세습권력이 선출권력을 압도하는 상황, 법 위의 권력이 존재하는 상황, 이것을 미국 정치학자인 셸던 월린(Sheldon Wolin)은 '전도된 전체주의'라 불렀다. 그는 법인 기업들로 대변되는 사적인 통치체계와 전통적인 통치(정부) 사이의 공생관계를 부추김으로써 자신의 동력을 획득한다고 주장한다.[16]

---

14) 조효제, 《인권의 문법》, (서울: 후마니타스, 2007), 279쪽
15) Guillermo O'Donnell, Jorge Vergas Cullell, Osvaldo M. Iazzetta, The Quality of Democracy: Theory and Applications, Nortre Dame, Indiana, University of Notre Dame Press, 2004, p11 ; 뤼시마이어 외, 앞의 책.
16) 셸던 월린, 우석영 옮김, 《이것을 민주주의라고 말할 수 있을까 - 관리되는 민주주의

즉 선거제도, 주기적 정권교체, 언론자유나 시장경제 활성화는 정치적 민주주의의 중요한 기반이지만, 그것만으로는 새로운 권위주의의 도래, 극우 정당의 등장과 민주주의의 심각한 후퇴, 혹은 포퓰리즘(populism)의 확산을 막지는 못한다. 탈냉전, 신자유주의 세계화 이후의 지구 정치경제적 조건에서 불평등이 심화되고, 소비주의 개인주의 문화가 확산되면서 민주주의에 부정적인 사회문화적 환경이 조성되었다. 특히 정당의 대표성, 시민 참여가 더 심각한 도전을 받게 되었다.17) 세계화된 경제질서와 맞물린 각국의 신자유주의적인 경제정책은 오랜 투쟁으로 성취했던 사회적 민주주의는 물론 자유민주주의의 기반도 잠식하고 있다. 정치적 민주주의와 사회경제적 민주주의의 불일치, 혹은 제한적이고 형식적 민주주의와 실질적 민주주의의 불일치와 충돌은 모든 국가에서 나타나고 있는데, 그 근본적인 이유는 바로 정치적 민주주의가 어느 정도 확립된 나라에서도 국제 금융자본과 국내 대자본이 주권국가의 통제력을 무력화하고, 이들 시장권력이 노동자의 인권과 생존권, 작업장에서의 권리를 제한하면서 대중의 탈정치화 현상이 두드러지고, 정당의 사회 대표기능도 약화되었기 때문이다.

특히 후발국가는 민주주의를 지탱할 수 있는 시민참여나 정치문화가 저발전되어 있기 때문에 국내외적인 변수는 언제나 국내 정치에 심대한 영향을 준다. 특히 군사독재 종식이후 신자유주의 세계화 국면에 들어선 국가들에게 민주화에서 민주주의로 가는 길에 여러 가지 장벽을 맞게 된다.18) 1989년 사회주의 붕괴 이후 일반화된 '자유

와 전도된 전체주의의 유령》, (서울 : 후마니타스, 2013) 참조
17) 이러한 탈정당, 탈계급 정치 상황에서 20세기 중반까지 논의되던 민주주의 원리가 적용될 수 없다고 본 크로우치는 포스트민주주의 담론과 정책대안을 제창하기도 했다.Colin Crouch, Post-Democracy, (London: Polity, 2004).
18) David Held, Democracy and the Global Order: From the Modern State to

시장+민주주의=발전' 도식은 1990년대 중반에 들어 후발국에서 '민주주의 공고화(democratic consolidation)'에 대한 회의와 '불평등 심화'라는 도전에 직면하였다.[19] 여기서 군부독재의 종식 혹은 민주화가 이루어지는 방식, 즉 물리적인 충돌, 체제 전복이나 혁명의 방식으로 이루어지는가 혹은 군부와 민주화 세력의 협약에 의해 이루어지는가에 따라 이후 진로가 크게 규정된다. 즉 군사정권이 종식되는 과정, 즉 민주화의 방식에 따라 민주화는 역전될 수도 있고, 선거민주주의로 민주화가 제한될 수도 있다.

1980년 광주 5.18 민주화 운동 이후 한국의 학생, 지식인들이 기득권을 포기하거나 심지어 목숨을 바쳐 민주화를 외쳤지만, 한국의 민주화는 6.29선언이라는 군부 정권 자체의 위로부터의 타협안을 민주화운동 세력이나 야당 후보들이 수동적으로 수용한 것이었다. 이것은 전형적인 '협약에 의한 민주화'로 볼 수 있다. 이 경우 민주주의는 선거라는 극히 제한된 범위까지만 허용되고, 군부의 재집권은 막더라도 국가권력 기관 즉 공안기관, 검찰과 사법부 등 군사정권의 기둥이었던 기관은 건재했다.

'협약에 의한 민주화'는 직선제, 혹은 '정권교체 가능성'으로는 개념으로 민주주의를 제한하였다. 이후 1990년 3당합당과 같은 위임된 정치지도자들의 간의 일방적 연합, 국가정보원(국정원) 등 공안기관의 선거개입, 선거절차를 통해서 과거 반민주, 반인권의 전력을 가진 인사들의 대거 정치권 진출, 계급정치 대신에 구소수세력이 동원한 지역주의에 사로잡힌 대중들의 정치적 의사표출, 사실상 대통령 1인 통치와 측근 가족의 개입, 국회나 사법부의 행정부의 견제 기능 상실, 정치의 사법화 등의 이유로 정당은 사회적 대표성을 갖지 못하고, 선출된 정치가들의 당적 변경과 야합, 불성실한 국회활동 등 수 많은 반민주적인 사례들이 이어졌다.

흔히 한국은 민주화와 경제발전을 동시에 성취한 나라로 칭송되지만, 1987년 이후의 민주화 과정을 돌아보면 앞서 언급한 '강한 민주주의'로 갈 수 있는 대내외적 조건이 제대로 마련되지 않았다. 남북한의 적대, 냉전 반공주의 체제의 지속은 한국 민주주의를 위협하는 항상적 요인이었다. 지구적 탈냉전의 기류에도 불구하고 한반도의 탈냉전, 즉 분단의 이완은 이루어지지 않았다. 1989년 사회주의 붕괴 이후 냉전체제가 이완되는 조짐이 있었으나, 그것은 교차승인 즉 북한과 미국의 관계 정상화 없이 한국과 중국 간의 국교정상화로만 비대칭적으로 전개되었고, 북한의 핵개발 위기에 맞물려 남북한 간의 긴장은 지속되었고, 선거 시 '북풍 공작' 등의 방식으로 냉전반공주의 세력은 민주주의의 도정을 계속 저지했다. 결국 사회주의 붕괴로 인한 미국의 단일패권 강화 등 보수적인 국제정치의 분위기와 더불어 신자유주의적인 세계화의 거센 압박 속에서 경제 자유화 흐름은 정치적 민주화의 흐름을 압도하였다.

국내적으로는 행정부에 대한 시민의 감시와 통제, 언론의 자유, 사법부와 검찰의 독립성, 노동자의 시민권과 인권 보장, 학교에서의 민주시민 교육 등이 제대로 뒷받침이 되지 않았기 때문에 민주화는 계속 곡절을 겪어 왔다. 특히 검찰, 국정원 등 수사기관의 인권침해나 범법에 대한 단죄도 제대로 이루어지지 않았기 때문에, 야당이나 사회운동 인사들에 대한 공권력의 사찰과 감시, 정치공작은 지속되었다. 이런 민주화의 굴절을 뼈저리게 느낀 시민단체는 이런 대통령 직선, 선거민주주의로 협애화된 민주주의 지형 하에서 구세력의 재등장을 저지하려 했다. 2000년 15대 총선시의 낙선, 낙천 운동 등과 같은 초유의 유권자 운동이 그것이다.

물론 20세기 후반에 산업화의 길을 걸었던 한국의 민주주의가 19세기에서 20세기 초반의 서유럽이나 미국과 유사한 방식으로 제도화되는 경로로 갈 수는 없었을 것이다. 한국의 민주화 투쟁도 그러지만, 그 이후의 민주주의 확립의 도정에도 여전히 대중의 시위와 저항, 국가의 폭력적이고 억압적인 통제, 정치세력 간의 적대적 갈등이 지속되었다. 그래도 김영삼 정부이후 제도권 내의 각종 조치들이 한걸음씩 민주주의를 진전시켰다. 이 글은 민주화 이후 한 세대 이상 기간 지속된 민주주의의 진전과 후퇴의 과정을 돌아보면서 첫 정권교체를 통해 등장한 김대중 대통령 시기 민주주의의 심화 확대가 어느 정도 성취되었으며, 어떤 한계를 안고 있는지 살펴볼 예정이다.

2. 김대중 정부의 이념, 성격과 개혁의 방향

1987년 6월 항쟁으로 군사정권은 종식되었다. 전두환—노태우 두 군부지도자는 6.29선언에서 대통령 직선제를 수용한다고 발표했고, 그것은 1987년 헌법에 반영되었다. 당시 군부세력과 야당 대표자들이 협의하여 통과한 1987년 헌법에서 대통령 권한 축소, 국정감사 부활, 헌법재판소 설치, 사법부 독립, 언론자유 실현 등 자유 민주주의의 제도적 장치가 어느 정도 복원, 제도화되었다. 그런데 6월 항쟁과 대통령 직선제 부활 즉, 민주화는 민주주의의 문을 연 것을 의미했지, 그 자체가 민주주의 공고화를 의미하지는 않았다. 결국 6월 항쟁은 10년의 시간을 더 경과한 후, 1997년 15대 대선에서 김대중이 당선됨으로써 비로소 실현될 기회를 갖게 되었다.

김대중 정권의 등장은 1948년 정부수립 이후 거의 반세기 동안 지속되어온 한국 반공보수세력의 오랜 권력 독점을 종식시켰다는 역사적 의미를 갖는다. 한국은 오랜 군사독재의 진통을 거쳐 비로소 민주주의의 도정에 선 것이다. 김대중 대통령의 집권은 군사독재 하에서 수난을 당했던 가장 대표적인 야당 후보와 민주화 세력이 합작을 해서 성취한 사실상의 첫 정권교체임과 동시에 그 이전 30여 년간의 영남패권주의를 극복한 호남세력의 집권의 의미도 가진 것이었다. 특히 김대중 정부는 충청지역을 기반으로 한 김종필의 자민련과의 연대를 통한 반쪽의 정권교체, 즉 과거 박정희 정권의 주역이었던 3공화국 세력과 동거하면서 출발했고, 기존 주류보수인 한나라당이 여전히 국회 다수의석을 가진 상태에서 출발하였다.

김대중 대통령은 1980년 5.18 신군부 집권의 희생자였고, 정치적으로 소외되었던 호남을 상징적으로 대표하였다. 6월 항쟁 직후에 치러진 제12대 대선은 민주·반민주 구도보다는 지역주의가 압도하는 상황에서 치러져 노태우에게 승리를 안겨주었고, 다음의 1992년 13대 대선은 3당합당의 여세를 본 영남–보수 연합이 승리로 귀결되었다. 지역주의는 민주화 이후 영호남 지역 한국인들의 정치적 행동을 좌우한 가장 중요한 변수였다. 이 지역주의는 정확히 말하면 한국의 보수 지배엘리트가 권력 유지를 위해 동원한 영남 패권주의와 호남 배제를 의미하며, 거시적으로 보면 한반도의 분단체제와 반공보수의 매우 협애한 이데올로기 지형에서 박정희 이후 영남 지배 엘리트 세력이 정치적으로 동원한 것이었다.[20] 즉 반공주의의 이데올로기 지형아래에 지역주의가 나타났다. 영남 패권주의가 주도하는 조건에서 광주 5.18 학살의 희생에서 나타난 호남의 지역주의는 김대중이라는 정치적 상징에 집약되어 있었다.

---

20) 한국의 이데올로기 지형에 대해서는 김동춘, "4.13 총선, 4.15 총선, 코로나 19 재난 속 한국 민주주의– 국가와 정당, 그리고 시민사회 ",《기억과 전망》, 2020년 여름, 통권 42호, 40쪽

　국회 소수파 지도자였던 김대중 대통령은 이런 막강한 영남, 보수의 전방위적 위세 속에서 국정을 운영하기 위해 이들과 타협을 하지 않을 수 없었다. 당시 집권 국민회의(77석)과 자민련(43석) 모든 의석을 합쳐도 원내 과반수를 넘는 한나라당(165석)에 훨씬 못미쳤다. 당선 후 김대중 대통령은 민주주의와 경제성장의 결합, 지역—계층 간 차별의 극복, 민주적 시장경제, 지방경찰 도입, 정부의 공개행정, 경제청문회 개최, 국회 상임위의 연중 개최, 북한 흡수통일 반대 등을 언급했다. 사실 이런 정책이 제대로 시행되면 보수—영남 기득권 세력에게 상당한 충격을 줄 수 있었다. 그런데 국가부도 상황에서 대규모 실업자가 창출되고, 불평등이 심화되면 정권의 입지가 좁아질 가능성이 높았고, 그 과정에서 당연히 노동운동과 반체제 사회운동 세력의 목소리가 커질 수 밖에 없었다. 그와 동시에 개혁을 두려워하는 극우보수세력은 정권을 맹공할 가능성이 컸다. 그러나 보수우익 세력도 쿠데타 등의 방법으로 정권을 붕괴시킬 명분이 없었으므로 진보—자유—보수세력 간의 갈등은 격화될 가능성이 컸다.

　김대중 대통령은 대선공약에서 '민주적 시장경제론'을 천명하였고, 당선이 확정되자 취임사에서 경제성장과 민주주의를 결합시키겠다고 말했다. 1998년 광복절 경축사에서는 민주주의와 시장경제를 완성하기 위해 국민운동인 '제2건국'을 제창하였고, 6개 항의 국정지표의 하나로 참여민주주의의 실현을 제시하였다. 그가 말한 민주주의란 '국민이 주인 대접 받고, 주인 역할을 하는 민주주의'였다. 그는 중앙정부의 권한을 지방에 이양하고, 작지만 강한 정부, 즉 '국민의 정부'를 만들겠다고 했다. 그는 시장경제란 민간주도형 경제, '대기업과 중소기업을 똑같이 중시하되 대기업은 자율성을 보장하고 중소기업은 집중적으로 지원하며' 동시에 '철저한 경쟁의 원리'가 적용되는 경제라고 설명했다.[21] 그는 정경유착, 관치금융, 부정부패를 없애고 경제발전을 추진하기 위해 시장경제를 민주주의와 병행하겠다고 말했다. 그러나 집권 초기 각료 임명, 지자체 선거 공천에서 호남 편중이 두드러졌으며, 정치권에서 퇴출되어야 할 5.6 공화국 의 반인권 반민주적인 인사가 포함되었다는 비판을 받았다.[22]

김대중 대통령이 추진하려 하였던 정치적 민주주의의 내용을 보면 지방자치제와 관련된 정책영역으로서, 주민자치를 확대하기 위해 주민발안제와 주민소환제 등을 도입한다는 내용이 포함되어 있다. 둘째, 당내민주주의의 확대와 관련된 분야로, 당원의 당비납부를 의무화함으로써 '책임감 있는 민주적인 당원'을 양성하고 후보공천권을 지구당(주로 대의원대회)으로 이양하겠다는 것도 있었다. 한편 그는 노동조합이나 시민단체의 국가정책결정과정에의 참여와 관련된 정책영역으로서, 노조의 정치참여, 노·사·정위원회와 대통령의 '국민과의 대화' 등을 제도화하겠다고 했다. 이후 '위원회 정부'라는 비판을 받기는 했지만, 정부의 여러 위원회에 민간 측 인사 참여를 유도하였고, 그 중에서도 노·사·정위원회는 노동단체와 사용자단체 그리고 여야 각 당은 물론 시민단체와 각계 전문가들도 참여하는 명실상부한 사회적 협약기구로 상설화하고, 자문기구로서의 위상을 넘어서는 집행력도 강화하겠다고 말하기도 했다.[23]

이러한 정치적 민주화, 사회적 타협의 시도는 권위주의 정권이 종식된 이후 동아시아 후발자본주의 국가이 추진할 수 있는 사실상 최대한의 개혁 조치였다고 평가할 수 있다. 그 이전의 김영삼 정권이 군부를 정치적으로 완전히 퇴장시킨 성과를 거두었다면 김대중 정권

21) "김대중 대통령 취임사", 〈동아일보〉, 1998.2.25.
22) 박원순, "새 정부의 개혁정책, 어디쯤 와 있는가?", 한겨레신문사. 참여연대, 〈김대중 정부 100일을 진단한다 〉, 1998.6.9.
23) 정영태, "김대중 정부 100일을 진단한다 : 제1부 정치분야", 한겨레 신문 참여연대 공동기획 대토론회 발제문(https://www.peoplepower21.org/Politics/525220).

은 한국의 분단 반공체제를 버텨온 공안기관, 관료와 검찰, 보수언론, 그리고 중앙집권 통치체제를 개혁해서 자치, 개방, 자율이 보장되는 민주주의로 가는 역사적 과제를 안고 있었다. 그러나 의회 소수파 집권이라는 구조적 제약과 외환위기 국가 부도 상황은 그러한 과제를 수행하기 어렵게 만들었다.

그래서 김대중 대통령은 2000년 4.13 총선에서 집권당이 소수파의 지위에서 벗어나도록 새천년민주당을 창당하였고, 그 과정에서 내각제 개헌 공약을 포기함으로써 자민련과 결별을 감수했다. 이 총선 당시의 낙선, 낙천 운동은 시민단체가 주도하기는 했으나 국회 내 소수파 탈피를 위한 김대중 대통령의 포퓰리즘적인 정책과의 공감대 속에서 추진했다는 평가도 있다.[24]

한편 김대중 대통령이 강조한 '민주적 시장경제'는 전후 독일의 사회적 시장경제론을 한국 실정에 맞게 변형한 것이라는 평가를 받는다. 김대중 대통령은 1980년대 미국 망명 생활을 거치면서 유럽식 사회민주주의보다는 미국식 '시장경제론'에 더 기울어졌다. 특히 1960년대 이후 전 세계의 지식사회를 지배한 미국 주류 경제학의 시장경제론, 사회학이나 정치학의 대중사회론, 이데올로기의 종언론 등 주류 사회과학의 입장을 수용했다.[25] 애초의 《대중사회론》에서도 그는 '시장경제'를 더욱 자주 강조하면서 사회주의 경제체제를 반대한다는 입장을 천명하기도 했다.

그러나 김대중 대통령이 민주주의와 시장경제의 병행 발전이라는 국정의 목표를 좌초시킨 가장 중요한 외적 변수는 바로 신자유주의,

---

24) 김일영, '참여민주주의인가 신자유주의적인 포퓰리즘인가 – 김대중 및 노무현 정권과 포퓰리즘 논란', 《의정연구》, 제10권 제 1호, 2004,
25) 박현채가 초안을 잡은 것으로 알려진 '100문 100답'은 마르크스 정치경제학의 틀을 상당 부분 받아들이는 인상을 준다. 노동과 자본을 대립적으로 보는 것이 대표적이다. 김대중, 《김대중씨의 대중경제 100문 100답》, (서울 : 대중경제연구소, 1971)

금융자본주의의 세계화라는 거대한 힘이었다. 한국에는 그것이 외환
위기라는 대 충격으로 다가왔고, 김대중 대통령은 이러한 환란 가운
데 당선되었다. IMF 신탁통치 상황, 즉 한국경제가 세계화라는 소용
돌이에 편입해 들어감으로써, 그가 강조한 '시장경제'는 '관치경제 개
혁'보다는 '자유화'의 이름으로 국제 금융자본과 투기자본이 한국 경
제를 장악하게 되었다. 김대통령은 과거의 국가개입주의, 개발주의
로부터 정치나 시장의 자율성을 높이는 자유화 조치를 지향했으나,
실제로는 빅딜, 공적자금 투여, 출자 제한이나 부채비율 제한, 기업
구조조정 조치 등 강력한 국가개입주의에 호소할 수밖에 없었고, 그
가 말하는 시장은 주로 외국자본의 투자 자유를 의미하였다.

　김대중 정부는 '자유화'를 추구했으나, '자유화' 정책은 세계적 신
자유주의의 압력에 압도되었다. 신자유주의적 경제개혁은 필연적으
로 대량실업과 소득감소 그리고 빈부격차의 심화를 초래하여 국민들
의 불만이 높아질 수밖에 없었고, 이러한 경제 양극화는 결국 국민
다수자들의 정치참여를 어렵게 만드는 결과를 가져온다. 특히 노동
자에 대한 사용자의 해고권 강화로 노동자는 노동시장에서 더욱 불
안한 지위로 전락할 위험이 있었다. 기업 구조조정 과정에서 실직하
거나 불안한 처지에 놓인 자영업자나 노동자 대중의 불만에 중시한
시민사회 진영은 김대중 정부가 재벌 체제는 그대로 둔 채 신자유주
의 기조로 갔다고 비판했다. 정권 중반기에 제창한 '생산적 복지'의
개념은 시장경제의 부작용을 극복하고,[26] 경제성장과 복지라는 두
마리 토끼를 잡는 것이었는데, 시민사회운동 진영은 그것은 영국
토니 블레어 정부에서 시행되었던 재3의 길 정도의 타협적인 것이라
고 강력하게 비판하였다. 그래서 정부는 빠른 시기에 IMF 관리 체제

---

26) 김대중, 《김대중 자서전》, 2권, (서울 : 삼인, 2010), 341쪽

에서 벗어났다고 자축하였으나, 사회운동은 더욱 정권에 등을 돌리게 되었다.

그러나 김대중 정부가 복지의 경제에 종속된 것으로 보던 역대 정부의 정책 노선과는 확실하게 차별화하여, 복지를 민주주의와 함께 경제와 동등한 비중을 가진 것으로 자리매김한 것은 매우 커다란 역사적 의의를 가진 것이었다.[27]

김대중 대통령의 뒤를 이은 노무현 정부도 그렇지만, 국내외적으로 극히 불리한 조건들이 작동하는 환경에서 집권한 한국의 이 두 개혁자유주의 정부는 그러한 파도를 헤쳐나가는데 사실상 모든 정치적 에너지를 소모했다. 특히 국내에서 좌우 양측의 협공을 받아 정책선택의 폭이 매우 제한되었다. 결국 5년 단임제 대통령은 정권 중반기 이후에는 개혁 동력을 상실하는 위기에 처하게 되었다.

3. 정치적 민주주의: 교체되는 권력과 교체되지 않는 권력

1) 정당정치와 민주주의: 교체되는 권력

한국에서 정당은 분단국가 수립과 한국전쟁 이후 아래로부터의 시민사회 기반에 의해서가 아니라 위로부터의 국가 혹은 대통령에 의해 조직되었다. 그러나 민주화 이후 이전까지의 엘리트 중심의 명사정당이 처음으로 대중정당의 모습을 갖게 된 것은 매우 의미 있는 변화였다.[28] 그러나 대부분의 후발 자본주의 국가나 전근대적인 정치문화가 지속된 동아시아 국가에서도 정치는 정책과 정당의 정치력

27) 남찬섭, "최근 복지국가론의 의미와 전망— 민주정부 10년 복지개혁의 성과와 한계에 비추어", 학술단체협의회, 《위기의 한국사회, 대안은 지역이다》, 메이데이, 2011
28) 최장집, 민주화이후의 민주주의, 앞의 책, 31쪽

보다는 지도자 개인의 카리스마, 인격에 크게 의존하였다. 그래서 이들 모든 나라에서의 정치는 언제나 지도자와 대중이 직접 연결되는 포퓰리즘의 양상을 지닐 가능성을 갖고 있다.

김대중 대통령은 오랜 군사정권을 거치면서 생사의 고비를 수없이 넘겼고, 그 과정에서 투쟁과 고난의 이력 때문에, 지지자들에게 강력한 카리스마를 행사할 수 있었다. 바로 대통령의 그러한 장점이 역으로 정당, 정부 어디도 정책적 주도성을 발휘하지 못하게 만들었고, 정책 시행에서 대통령 1인에 과도하게 의존하게 만들었다.

막스 베버가 말했듯이 이러한 카리스마적 지도력은 언제 무너질 수도 있는 불안한 것이기 때문에 법과 정당, 사회적 기반을 제대로 갖추지 않은 대통령의 강한 리더십은 민주주의의 공고화, 실질화를 보장해주지 못한다. 특히 김대중 대통령의 경우 카리스마가 모든 국민의 보편적 지지를 받기보다는 특정 지역이나 집단의 강력한 지지와 결합되어 있을 경우, 그러한 리더십은 오히려 비토세력을 더 강화하여 국민적인 통합을 더 어렵게 할 가능성도 있었다.

김대중은 지방자치와 정당정치의 정상화를 민주주의의 가장 핵심적 과제라고 생각했다. 그는 '미스터 지자체'로 불릴 정도로 지자체 실시 필요성에 대해서는 매우 강한 소신을 갖고 있었는데, 그는 1971년 대선에서도 지자체 활성화와 권한 강화를 핵심 공약으로 내걸었다. 이후 그는 3당합당 이후 여당이 지자체 실시를 연기하려 하자 단식투쟁을 하기도 했다. 선거정치가 제대로 작동하기 위해서는 유권자들의 정치의식과 판단력도 중요하지만, 풀뿌리 지역사회나 직장 등 일상의 영역에서 정치참여의 경험이 축적되어야 하고, 정당에 들어가서 자신의 요구와 이익을 제기하고 정당이 그것을 표출할 수 있도록 해야 한다. 그러나 한국에서는 이승만 정권시기 이후 오랜 기간 군사정권을 거치면서 지방자치, 특히 풀뿌리 민주주의의 싹은 완전히 제기되었고, 정당은 사실상 권력 창출의 수단이 되어, 시민 유권자들과는 완전히 괴리되어 있었다. 이런 조건에서 선거 과정도 권력기관이나 자본에 개입하여 민의를 굴절시켰다. 김대중은 노태우 김영삼 김종필이 합의해서 민주자유당(민자당)을 탄생시킨 3당합당 의 피해자였기 때문에 누구보다 이 두 사안의 굴절을 뼈저리게 느꼈을 것이다.[29]

김대중 대통령과 집권당인 새정치국민회의는 지구당 폐지 등을 포함한 정치개혁안을 갖고 있었다. 지구당 운영에서의 고비용 구조를 개선하자는 취지가 가장 강한 명분이었다. 김대중 대통령도 당선자 시절부터 지구당 폐지를 포함한 정치개혁을 공언했고, 당선 직후에도 그런 소신을 폈다. 정당 내부의 민주주의보다는 고비용 구조의 해소에 초점을 맞춘 정부와 여당의 주장이 힘을 얻어서 결국 지구당이 폐지되고, 정당은 선거를 위한 조직의 성격을 강하게 갖게 되었다.[30] 그런데 지구당 폐지로 정치의 투명성 제고, 즉 부패와 비용절감 효과를 거두었을지 모르나, 각 지역에서의 시민들의 정치참여의 기회는 오히려 제한되었다. 그리고 반복되는 선거 정치는 국민의 일상적 정치참여를 유도·확대하기보다는 대표 선출 행사나 이벤트가 되어, 각 정당의 중앙당 지도부 등 소수의 상층 정치엘리트들의 권력 독점은 오히려 더 심화되었다.

의회 내 소수정당을 기반으로 집권한 김대중 대통령에게 정치적 기반 강화, 즉 새천년민주당의 다수의석 확보, 공동집권당이 여소야

---

29) 노태우는 박철언을 대리자로 해서 야당 총재들과 접촉했고, 김대중에게도 합당을 제의했다. 그러나 김대중은 '여소야대 국면은 국민이 선택한 것이기 때문에 민정당과 평민당이 합치는 것은 민의를 배반하는 것'이라고 거절했다. 고명섭, 《이희호 평전 ─ 고난의 길, 신념의 길》, (서울 : 한겨레 출판, 2016), 532쪽
30) 하네스 B. 모슬러, 《사라진 지구당, 공전하는 정당개혁》, (서울 : 인간사랑, 2013), 149-213쪽

대 의회를 극복하는 일은 절체절명의 과제였다. 정당 기반은 다른 모든 부문의 개혁을 추진할 수 있는 가장 중요한 정치적 자원이었기 때문이다. 2000년 16대 총선에서 그 어느 때보다 국회의원이 물갈이가 대대적으로 이루어졌고, 집권당인 새천년민주당의 의석도 크게 늘어났으나 여전히 한나라당에 미치지는 못했다.[31] 물론 시민단체의 낙천·낙선 운동에 힘입어 과거의 반인권 부패 전력자들이 대거 공천에서 탈락하거나 선거에서 패배했다.[32] 이러한 한국식 유권자 운동은 정당과 시민사회의 괴리에서 기인한 것이라 볼 수 있는데, 그러한 방식의 시민불복종 운동이 이후 민주주의의 제도화에 곧바로 기여하지는 않았다. 시민들이 지자체나 정당에 참여하여, 직접 개혁의 주체로 나선 것은 아니었기 때문이다. 그것은 미래지향적 정치개혁이라기보다는 일종의 과거청산 운동의 일환이었다.[33]

16대 총선에서 영남지역에서 새천년민주당이 한 석도 얻지 못함으로써 지역주의 극복은 대체로 실패하였고,[34] 주류 보수세력도 별로 약화되지 않았다. 낙천,낙선 운동은 기성 정당의 지역적 사회적 기반 강화 작업과 연결되지 않았다. 한국 정치의 오랜 특징 즉 선거정치, 정당정치와 시민사회의 괴리는 그대로 남았다. 영호남에서 특히 그렇지만 거대 여야 정당의 공천이 곧 당선을 의미하는 선거 행태도 변화되지 않았다. 영호남에서 당의 공천이 당선을 보장하는 경우,

---

31) 새천년민주당 의석은 1996년 15대 총선의 79석에서 16대 총선에서 115석으로 크게 늘어났다. 여전히 보수 한나라당이 133석으로 국회의 다수를 점했다.
32) 낙천,낙선운동의 기준은 부패, 반인권, 지역감정, 헌정질서 파괴, 의정활동이었다.
33) 총선연대의 공천 반대에도 불구하고 공천받아 낙선대상자가 된 사람은 총 86명이었다. 총선시민연대, 〈2000년 4.13 총선, 낙선대상자 명단발표 기자회견〉, 2000.4.3. 당시 정치권은 낙선운동은 선거법 위반이라고 주장했고, 중앙선관위도 그러한 판정을 내렸다.
34) 조희연, "한국 정치와 낙천,낙선운동, 사회정치적 의미와 한계", 참여사회연구소 제2회 정책포럼, 2000.2.18

지역의 권력 엘리트를 제외한 풀뿌리 주민단체나 정책 중심의 시민단체가 정치에 개입할 여지는 거의 없었다. 한국에서 로비가 합법화되어 있지 않기 때문에, 당권자나 대통령 즉 공천권자와 직접 연결되거나, 정당원이 되는 방법 외에, 선거 정치나 정당 개혁을 할 통로는 거의 없었다.

민주화 이후 한국의 제도정치, 즉 국회의원과 대통령은 선거를 통해 선출되었으나, 정당 운영이나 정책은 주로 당의 최고 결정권자의 의지에 여전히 좌우되거나 재벌 등 거대 이익집단의 음성적 로비에 좌우되었기 때문에, 한국의 양대 정당은 사회의 다양한 요구, 특히 노동, 여성, 빈민, 청년들의 요구를 무시하고도 집권을 할 수 있었다.[35] 물론 1992년 이후 1980년대의 노동운동 등에 참여했던 세력이 진보정당을 결성해서 선거 정치에 참가하기 시작했으나 지역구 중심, 소선구제의 한계 때문에 그들이 국회에서 교섭단체 정도의 의석은 물론, 의석 자체를 얻는 것도 거의 불가능했다. 이처럼 지역주의에 기초를 둔 양대 정당이 중앙권력 장악을 위해 경쟁하는 구도는 사회적 균열이 정치적 대표체제로 반영될 수 있는 통로를 봉쇄했는데,[36] 김대중 정부는 그러한 이러한 정당의 구조적 한계를 본격적으로 건드리지는 못했다.

물론 김대중 대통령은 지역주의 극복을 위해 정당명부식 비례대표제의 확대가 필요하다는 소신을 밝혔다. 이후 노무현 대통령도 그런 소신을 밝혔으나 모두 지역구가 줄어드는 것을 우려하는 국회의원들의 강력한 반발로 더 추진되지 못했다. 김대중 대통령은 반공주의,

---

35) 지역정당체제는 1988년 13대 총선에서 시작해서 2000년 4.13 총선에서 오히려 공고화되었다. 강명세, "한국선거의 중요쟁점 : 지역주의는 언제 시작되었는가— 역대 대통령 선거를 기반으로", 《한국과 국제정치》, 2001, 제17권 2호, 128-154쪽.

36) 박찬표, 《한국의 의회정치와 민주주의》, (서울: 도서출판 오름, 2002), 280쪽

지역주의, 선거 중심의 정치라는 한국의 극히 굴절된 정치 지형에서 소수당을 이끌고 자민련과의 연합을 통해 겨우 집권했기 때문에, 지역주의 정치의 극복을 위해 과감한 탕평 인사를 실시하거나, 반쪽만의 지자제 제도의 한계를 돌파하기 위한 풀뿌리 시민사회의 강화는 추진하기는 못했다. 그래서 민주주의 심화를 위한 정치개혁, 정당개혁은 다음 정부인 노무현 정부의 과제로 넘어가게 되었다. 획기적인 분권화, 사회적 대표성을 강화할 수 있는 지역 시민사회의 활성화가 필요했지만, 이 모든 과제는 한국 지배블럭, 수도권 주민의 기득권을 제압해야 하는 일이었다.

  2) 관료, 재벌, 사법부와 민주주의: 교체되지 않는 권력
  김대중 정부에서 초대 중앙인사위원장을 역임했던 김광웅은 "민주주의 적은 공산주의가 아니라 바로 관료주의"라고 말했다.[37] 김대중 정부에서 공무원들의 칸막이, 무사안일주의 등의 행태를 겪은 후 그는 정부와 민간이 함께 운영하는 공유정부가 바람직하다고 주장했다. 사실 외환위기에 처한 김대중 정부는 그 이전이나 이후 어떤 정부보다도 정부 업무를 민간에 많이 위탁했다.[38] 그러나 김광웅이 관료 집단에 대해 이렇게 부정적인 의견을 갖게 된 것은 그가 체험했던 한국의 공무원, 즉 선출되지 않고 '교체되지 않는 권력'이 김대중 정부의 개혁만 좌초시킨 것이 아니라 민주주의에도 큰 걸림돌임을 실감했기 때문일 것이다.
  '민주화'는 대통령, 국회의원 등 선출 권력을 쉽게 교체할 수 있게

---

37) 김광웅 인터뷰, "민주주의의 적은 공산주의가 아니라 바로 관료주의", 〈중앙일보〉, 2017.01.05. "김대중 정부 초기에 42억원의 예산을 들여 정부조직의 경영진단을 했으나 별다른 성과가 없었다"고 비판했다.
38) 권자경, "민주화이후의 정부 관료제", 《행정논총》, 제49권 제2호, 2011, 25-54쪽

하였으며, 이 선출된 권력을 언론, 검찰과 사법부, 그리고 국민의
통제와 감시권에 더 강하게 노출시켰다. 그러나 민주화, 즉 정권의
교체 가능성은 민주주의를 보장하지는 않는다. 이 절차적 민주주의
의 확대를 민주주의의 종착지로 보자는 주장은 국가 내에 교체되지
않고 감시받지 않는 관료 권력이나 자본 권력이 엄존하는 사실을 무
시한다. 사실 넓은 의미의 정치 일반은 국가 내 정당과 대통령의 힘
으로 좌지우지할 수 있는 것은 아니다. 이승만 대통령 이후 역대 대
통령이 정당정치를 무시한 이유는 제도정치는 사실상 국가 이래에
있는 것이며,[39] 남북한 간의 군사적 대결이 엄존하는 '만성적인 예
외 상태' 하에서는 정당정치는 언제나 국가적 과제에 종속된다고 보
았기 때문이다.

　관료집단은 과거 군사정권 하에서는 대통령, 군부, 공안기관 등
통치 권력에 종속되어 있었기 때문에, 그들이 주도적으로 군부독재
종식 즉 민주화를 저지하지는 않았다고 말할 수 있지만, 민주화 이후
권력의 중심이 '국가위의 국가기구' 인 공안기관에서 점차 국가 내
다양한 공식 기구로 분산되자 가장 강한 조직력과 지속성을 갖는 관
료집단의 비중이 커졌다. 군사정권 시기 관료조직과 검찰, 사법부,
사실상 관료 사법은 정치권력에는 순응하면서 사회 일반에 대해서는
군림하는 가장 반민주적인 조직이다.[40] 흔히 이들 조직은 정치권력
의 도구로 간주하기도 하지만, 사실상 이 기구의 구성원들은 폴란차
스(Poulantzas)가 말한 것처럼 단순히 도구만은 아니며 자기들만의

---

39) 정치의 주체가 정당이 아니라 국가라는 점은 Carl Schmitt의 저작들 참조. Carl
　　Schmitt, Political Theology : Four Chapters on the Concept of Sovereignty,
　　(Chicago: University of Chicago Press, 2005); Carl Schmitt, The Concept
　　of the Political, (Chicago: University of Chicago Press, 2007)
40) 문준영, "한국의 사법, 관료사법체제의 강화의 역사", 민주화. 사법개혁 실현을 위한
　　국민연대, 《국민이 함께 하는 민주적 사법개혁의 길》, (서울 : 필맥, 2006).

독자적인 이해관계를 갖고 있다.41) 정부의 권한 확대를 통한 관료들의 재직 시, 혹은 퇴임후의 이익추구가 그것이다. 특히 관료집단은 국가예산을 집행하는 주체이자 전문성을 갖고 있는 집단이기 때문에 선출된 권력인 의원과 대통령도 이들과 타협하지 않을 수 없다.

한국에서 1987년 이전의 정치 곧 국가 활동은 중앙정보부, 보안사, 국방부, 경찰 등 각종 공간기구와 더불어 초법적인 국가기관이 관장해 왔다. 그리고 정치적 저항의 주역은 정당이 아니라 학생운동과 재야 세력이었다. 1987년 이후에는 제한적으로나마 정당 특히 야당이 중요한 주체로 등장했는데, 민주화 이후 20년이 지났지만 여전히 정당은 한국 정치, 지배 질서의 핵심적인 주체라 보기 어렵다. 국가운영은 대통령과 관료조직, 특히 재경부와 외교부 그리고 검찰이 주도권을 쥐고 있다. 그래서 대중 저항이나 선거를 거쳐 탄생한 선출 권력, 즉 대통령과 "국회는 과연 국가를 완전히 장악했는가?"42)라는 회의를 던질 수 있다. 선출 권력인 정치집단이 선출되지 않은 권력인 관료들에게 포획된 수많은 사례가 있다. 특히 경제부처 관료와 법무부 등 행정 부서는 입법과정에서도 국회의원을 압도하였다.

1987년 이후 정권은 여러번 교체되었고, 대통령이 여전히 최고 권력을 가진 것처럼 보였으나 점차 GDP 규모에서 국가의 재정을 압도하기 시작한 재벌 기업, 그리고 초보 정치가들과 5년 단임제 대통령의 통치력 약화의 공간을 채운 경제 관료들이 국가의 예산 수립과 재정지출 권한을 무기로 실질 권력을 행사하기 시작했다.

---

41) 니코스 풀란차스, 홍순권 조형제 역, 《정치권력과 사회계급》, (서울: 풀빛, 1986), 405-425쪽
42) 1945년 이전 전시형사특별법안 위원회에서 마타무라 타케오 (三田村武夫) 의원의 발언(마루야마 마사오, 마루야마 마사오, 김석근 역, 《현대정치의 사상과 행동》, (서울 : 한길사, 1999) 120쪽

분단 반공주의 체제하에서 중앙집권주의 강화와 오랜 공안 통치의 위세는 검찰, 관료, 사법부의 힘을 크게 비대화시켜 놓았는데, 이들은 공익 담당자로서의 전문성과 책임성을 견지하는 모습을 보이기보다는 정치 경제적 강자의 마름 역할을 주로 했다. 역대 권위주의 정치권력은 관료와 사법부의 인사권을 장악함으로써 이들을 도구화해 왔기 때문에, 그에 맞서서 자신의 자율성과 독자성을 주장하지 못했으며, 기업 및 이익집단과 유착하거나 그들의 사실상의 대리자가 되어 심각한 부패의 고리를 형성해 왔다. 슘페터(J. Schumpeter)가 지적하듯이 유능한 관료들은 정치가들을 지도하거나 교육까지 할 수 있기 때문에 현상적으로 정치가들이 관료를 지배하는 것처럼 보이지만 자세히 보면 사실 관료가 '뜨내기' 정치가들을 지배하고 있다.[43]

민주화 이후 관료들은 '단순한 도구'가 아니라 정책적 책임은 입법자들인 정치가들에게 전가하면서도 자신의 조직적 개인적 이권을 챙기는 '살아있는 기계'가 되었다.[44] 김대중 정부처럼 지역주의와 의회 내 소수 의석을 가진 채 집권할 경우, 대통령의 지지율이 떨어지는 순간, 관료들이 '정치' 즉 권력을 행사하게 된다. 김영삼, 김대중, 노무현 모두 5년 단임의 문민정부 대통령은 집권 후반기에 거의 관료들에게 의존하였다.[45] 대통령이 경제 관료들에게 의존하였다는 말은 자신이 애초에 표방했던 개혁적 정치적 이상이나 정책안을 거의 포기하고 개발주의 신자유주의 기조로 갔다는 말이 된다.

물론 외환위기 국면에서 은행이나 국내 공기업을 해외 자본에게 매각하는 과정에서도 자유, 자유화 만능론을 견지한 '모피아'로 불린

---

43) 한국 관료집단에 대한 경험에서 나온 비판은 이동걸, "대한민국 관료제의 대수술을 제안한다", 《창작과 비평》, 제42권 3호, 2014.9, 122–137쪽
44) 막스 베버, "국가사회학", 금종우·전남석 공역, 《지배의 사회학》, (서울 : 한길사, 1981), 347쪽
45) 최장집, 2005, 앞의 책, 147쪽

고위 경제관료들이 깊이 개입한 흔적이 많다. 투기자본, 금융관료들의 동맹이 형성되어 외환은행을 투기자본인 론스타가 인수하는 과정에서 합작을 했다. 재벌과 마찬가지로 이들 관료도 외환위기의 책임자였으나 그 수습을 위해 또다시 기용되어 과거보다 더 막강한 권력을 행사했다.[46] 시장경제의 이름 아래 자본-경제엘리트 합작의 국가경영이 본격화되자, 이를 비판한 학자 출신으로 김대중 정부에 기용된 사람들이 밀려났다. 김대중 정부 초기 청와대 경제수석인 김태동의 낙마는 그 중요한 전환점이었다.

김대중 정부는 학벌사회 해체의 기치를 내 걸기는 했으나, 경쟁과 효율의 추구라는 대세를 되돌리지는 못했다. 특히 학벌사회 해체 의제는 서울대학교 등 중요대학과 그들을 대변하는 보수언론의 강력한 반발에 부딪혔다. 한완상 교육인적자원부 장관이 국무회의 석상에서 학벌을 없애야 한다고 제안했다가 경제부총리 등 다른 장관의 반발에 부딪쳤다. 진념 경제부총리는 "학문자본주의 논리 하에서 지식기반사회에서 전문 인력 우수인력 양성을 위한 우수 대학의 양성은 필요하다"고 반복하였고, 전윤철 기획예산처 장관도 "교육전반에 혼란을 야기할 수 있기 때문에 신중을 기해야 한다"고 반박을 했다. 결국 한완상 장관은 자리에서 물러났다.

관료들과 더불어 자본주의 사회에서 '선출되지 않는 권력'의 대표적인 것은 기업권력, 즉 한국에서는 재벌들이다. 재벌의 경제력 집중, 가족 승계는 기업 내외로 재벌 총수의 권력을 강화하여, 경제민주화를 후퇴시키고, 경제민주화의 후퇴는 정치적 민주주의를 위협한다. 재벌기업의 총수, 즉 가족의 권력승계자는 직업 고용된 사람과 하청계열기업의 모든 종업원에 대해 사실상 전제적 권력을 행사한

---

46) 장화식, "투기자본-로펌-관료들의 삼각동맹", 이병천, 신진욱 엮음,《민주정부 10년, 무엇을 남겼나》, (서울: 후마니타스, 2014),

다. 한국의 중요 재벌은 그 이전까지의 관치금융과 더불어 사실 외환위기를 불러온 가장 중요한 원인 제공자였기 때문에 외환위기 국면에서 그 어느 때보다도 그 도덕적 입지가 약화되었다. 그러나 김대중 정부는 외환위기 탈출을 위해 이들 재벌과 타협하지 않을 수 없었기 때문에, 살아남은 재벌은 처벌받기보다는 오히려 몸집을 키웠다. 공적자금과 빅딜, 인수합병의 수혜를 받아 총수 일가의 지분의 비중은 오히려 더 크게 증가했다.[47] 삼성 등 재벌은 재벌정책에 영향을 미칠 관료들을 영입하여 오히려 국가경영의 주역이 되었다.

한편 검찰은 식민지, 군사독재 이후 기소독점권 등의 권력자원을 누리고 있기 때문에, 군사정권 하에서는 비록 정치권력에 예속되어 있었다고 하지만, 민주화 이후 그러한 족쇄가 사라진 다음에는 1994년 전.노 두 전직 대통령 기소유예 처분, 기업가들에 대한 무혐의 처분, 대선자금 수사 회피 등 사실상 자신의 마음대로 권력자들을 구속하거나 풀어줄 수 있는 무소불위의 권력체로 등장하였다. 민주화의 이름으로 자율성과 독립성을 획득한 이들 검찰, 사법부는 그 독립성을 국민의 이익을 위해 행사하기보다는 자신의 집단 이익을 확대하는 데 사용했다. 정치권력이 자신의 이해를 보장해주지 못한다고 판단했을 때 이들은 더욱 자신의 권한 확대에 매진했다.

한편 민주화는 폭력 대신에 여론, 의사소통과 담론을 통해 정책이 결정되는 상황을 만들어 낸다. 이러한 지배 질서의 변화에서 언론의 역할과 비중이 커진다. 1990년대 이후 언론 자유의 확대, 다양한 매체의 등장, 그리고 인터넷 통신 등에 의한 정보화 사회로의 진입은 언론기관의 역할을 더욱 비대화시켰다. 언론은 의제 설정, 객관적 사실에 자의적인 축소 및 확대 작업 등을 통해서 현실을 자신의 프리

---

47) 김진방, 《재벌의 소유구조》, (서울 : 나남, 2005), 96쪽

즘으로 재해석해서 수용자들에 전달한다. 언론은 여론을 수렴하기도 하지만, 가족경영식 사기업이 주로 담당하는 한국의 보수 신문의 경우 특히 광고시장 즉 대기업의 이해에 주로 종속되어 있다. 한국의 경우 방송역시 정치권력에 어느 정도 종속되어 있지만 신문의 경우 거의 전적으로 시장에 의존해 있기 때문에, 군사정권 하에서는 방송의 정치적 예속성이 문제가 되었지만 민주화 이후에는 기업집단의 이해를 반영하고 있는 상업 언론이 공론의 형성을 왜곡할 가능성이 높아졌다. 특히 한국의 보수언론은 군사정권에 유착해서 성장했지만, 민주화이후에는 '교체되지 않는 권력'의 주역으로 부상했다.

지금까지 거론된 선출되지 않는 권력들, 특히 관료, 검찰, 언론 엘리트들은 지난 군사정권 하에서 공익, 혹은 국민의 대변자 역할을 거의 하지 못했는데, 민주화 이후 자신의 잘못된 과거를 반성하고, 공익에 복무하는 존재로 거듭나야 했으나, 이들 과거 식의 극우반공주의, 국가주의, 성장주의 가치관과 권위주의를 버리지 못하고, 자신의 기득권을 유지하기 위해서 강자에게는 복종했다가도, 이제 강제력 사용을 자제한 '민주' 정부에 대해서는 유독 자유, 자율, 독립성을 외치면서 대항했다. 김대중 노무현 정부는 '정치 자본'의 취약했기 때문에 이들 교체되지 않는 권력의 눈치를 보았는데, 그럼에도 결국 이들의 공격에 무너졌다.

세계화와 신자유주의는 작은 정부 혹은 기업가적 정부를 이상적인 것으로 설정하였으나, 관료의 기득권은 건재했고, 오히려 관료, 사법부, 언론 모두 '치열한 경쟁 시대'에 기업의 공헌을 적극적으로 인정해야 한다는 논리를 내세워 군사정권 시절과 다름없이 국민 다수자의 편을 들기보다는 거대 이익집단의 편을 들었다. 김대중 정부도 이들 교체되지 않는 권력 위에 얹혀 있는 섬과 같은 존재였다.

김대중 대통령은 조세, 지배구조, 판매망 등에서 상당한 비리를 안고 있었던 주류 보수언론을 개혁할 의지를 갖고 있었으나 실행하지 못하고 결국 이들과 타협했기 때문에, 그의 정치적 선택의 폭은 오히려 김영삼 대통령 시기보다 좁아졌다. 김대중은 출발부터 극우세력으로부터 좌파라는 낙인을 계속 받는 처지에 놓였는데, 최장집 교수 사상시비는 김대중 정부의 기선을 제압하기 위한 이들 '교체되지 않는 권력체', 구 기득권세력의 총공세의 성격이 강했다. 그래서 김대중 정부는 사상적인 공격을 덜 받기 위해 유럽식 사회민주주의의 냄새가 나는 정책을 펴는 일은 더욱 조심할 수밖에 없었고, 노동자들의 파업에 대해 극히 부정적 태도를 보였다.[48] 2000년 무렵 의약분업에 대한 의사 집단의 집단저항도 단순히 의사집단의 이익 방어의 측면만 있었던 것이 아니라, 보수언론이 적극적으로 나선 정권 힘빼기 총공세였다. 애초 시민단체-정부 연합 안인 의약분업안이 제출되자 보수언론과 야당, 의사집단이 들고 일어나 정부와 시민단체를 '빨갱이'로 몰기 시작했다. 결국 의약분업은 거의 누더기가 되고 말았다.

정치적 민주화가 진전되면서 관료집단, 사법부로 권력의 중심이 이동했고, 그 결과 메디슨(J. Madison), 토크빌(Tocqueville)이 경고한 것처럼 '다수의 독재'의 횡포가 나타났으며, 2004년 노무현 대통령 탄핵사태는 그 대표적인 예였다. 그런데 이들 검찰, 관료, 사법부 다수파와 문민정부와의 갈등, 그리고 교체되지 않는 권력과 교체되는 권력과의 갈등은 현상적으로는 민주 정부의 무능력으로 나타나고, 국가주의 혹은 권위주의적 통치방식에 대한 향수를 불러일으킨다. 결국 민중들 사이에 선출 권력의 권력 행사의 한계, 그리고 한국

---

48) 재임 기간 중 김대중 대통령은 '파업 엄단' 발언을 157회를 했다고 하는데 이는 김영삼 정부와 동일한 것이었다고 한다. 민노당정책위, 《김대중 정부 3년, 평가와 대안》, (서울 : 이후, 2000), 27쪽

민주화 이후 민주주의로 가는 길의 험난한 장벽들에 대한 이해력이 결여되어 있기 때문에 이런 결과가 나타난다.

4. 구조적 제약과 민주주의의 길

1) 반공자유주의와 민주주의

1950년대 미국 주도의 '자유주의' 정치체제를 집약하는 반공자유주의 혹은 냉전자유주의(cold-war liberalism)는 원래 자유민주주의의 기본 원칙, 특히 언론과 표현의 자유 및 노조결성의 자유 등 자유권적 기본권을 일정하게 제한했는데, 이것이 1990년대 이후 세계화와 신자유주의와 결합된 이후 또다시 사회 제반 영역에서의 민주화의 확산을 저지하였다. 1950년대에 분단된 한국의 헌정질서가 된 자유민주주의는 냉전적 지구정치 하에서 공산주의에 대한 방어 논리로서 이미 보수이념의 성격을 갖고 있었다.[49] 즉 냉전 하의 자유민주주의라는 기표(signifiant)는 19세기 유럽의 역사에서 자유주의 이념이 가졌던 절대권력과 봉건 질서에 대한 투쟁 의식은 사라졌고, 사실 독재정권을 정당화하는 지배의 담론이 되었다.[50]

동아시아 여러 나라나 한국에서 1987년 전후의 군부독재의 붕괴는 원래 정치적 민주화와 세계화, 그리고 경제적 자유화를 동시에 수반했으며, 특히 지구적 신자유주의의 흐름 속에서 군사독재 유산의 청산과 민주주의로 가는 길은 경제적 자유화의 거센 물결에 쉽쓸려 표류하게 되었다. 즉 20세기 후반 후발자본주의 국가인 한국에게

---

49) 강정인, 앞의 책, 48쪽
50) 최장집, 이성형, "한국사회의 정치 이데올로기", 한국산업사회연구회 편, 《한국사회와 지배 이데올로기》, (서울 : 녹두, 1991), 217쪽

민주화와 자유화의 요구는 19세기, 20세기 중반 서유럽의 것과는 다른 맥락 속에 있었다. 즉 민주화는 아직 해체되지 않은 냉전체제라는 제약 속에 있었고, 자유화는 대자본을 축으로 하는 고도로 발전된 자본주의 경제 질서 위에서 진행되었다. 그래서 한국의 민주화는 앞선 서구의 경로와는 판이하게 달랐다.

거슬러 올라가 보면 냉전, 전쟁, 그리고 70년 동안의 분단 하에서 한국의 정치적 지형(political terrain)은 오른쪽만 남은 기형적인 것이었다. 즉 이념형으로 제도정치권 내의 정치적 지형이 극좌에서 극우까지의 강한 스펙트럼이 있다고 한다면, 한국에서는 한국전쟁 이후 그 왼쪽의 반, 즉 중도파와 중도좌파 혹은 좌파 민족주의가 사라졌다. 좌파에서 사민주의, 즉 온건좌파로 전향한 조봉암의 사형, 그리고 1960년 4.19 이후 등장했던 혁신 진보정치세력이 모두 5.16 이후 심각한 탄압을 받고 사라졌다. 그래서 극우파와 자유주의 우파가 전체 정치지형을 채웠다. 온건좌파나 중도파 민족주의조차 한국 반공주의 정치지형에서 생존이 불가능했다.51) 한국 반공주의에는 왕조적 세계관, 가부장주의, 일제 말의 파시즘, 기독교 근본주의, 그리고 극우민족주의가 혼재된 상태로 결합되어 있다.52)

남북한의 대결체제가 민주화 요구를 반공주의로 억압할 수 있는 명분을 제공해 왔다. 노태우 정권 하의 1989년 무렵, 문익환 목사 임수경 방북 국면에서의 공안정국의 조성, 김영삼 정권 하의 김일성 사망 직후의 '조문' 파동, 김대중 정권 하에서의 이데올로기 시비 등

51) 한국전쟁 이후 역대 모든 여야 정당이 포괄정당적 성격을 가졌기 때문에 해방정국이 배해서는 옅은 이념 지향을 가졌다. 물론 정책이슈를 둘러싼 선거나 정치교육이 거의 부재한 한국에서 유권자들의 이념, 정책 지향이 한 자리에 정착해 있지는 않으며, 선거에서 후보에 대한 호감/비호감이 정책 판단을 압도하는 경향이 있다.

52) Kim, Dong-choon, "The social grounds of anticommunism in South Korea—crisis of the ruling class and anticommunist reaction", Asian Journal of German and European Studies (2017)

이 대표적인 예였다. 김대중 대통령은 8.15 직후에도 공산주의 운동에 가담한 전력은 없지만, 평생 좌익 시비에 시달렸다. 1971년 대선 때 박정희 측은 "김대중이 피리를 불면 김일성이 춤을 추고, 김일성이 북을 치면 김대중이 장단을 맞춘다"면서 그가 친북 용공 인사라고 공격하기도 했고, 1980년 전두환 신군부는 내란음모 사건으로 그를 체포하여, 북한과의 내통 혐의를 씌우고 사형을 시키려 했다. 전두환 정권 시기 문화공보부는 그가 "북괴와 통하는 공산주의자이며 폭력주의자"라는 전제 아래 동원할 수 있는 모든 매체를 활용해서 그가 좌경 급진주의자라는 것을 선전하려 했다. 그는 민주화 동지 김영삼의 색깔 공세를 받기도 했다.[53]

김대중 대통령은 1970년대 이후 자유민주주의와 시장경제를 신봉한다는 것을 강조했고,[54] 1980년대에는 3비주의, 즉 비폭력, 비용공, 비반미를 일관되게 주장했다. 그는 재야 민주화 운동과의 선을 긋고, 이러한 원칙에 서야 한국이 민주화될 수 있다고 생각했다.[55] 그것은 "미국이 한국을 식민지화하고 있기 때문에 우리의 모든 불행은 경제적 군사적 식민지화에 있고, 따라서 반미가 민주화에 앞선다"라는 운동세력을 주로 의식한 것이었다. 그는 "우리가 미국에게 예속되어 있다면 우리의 책임이 큰 것이며, 미국은 한국뿐만 아니라 세계 여러 나라에 군사기지를 설치하고 있으며, 그들은 자국의 이익을 위해 미군의 주둔을 허용하고 있다"고 반박했다.

그는 이것이 국민과 함께하기 위한 보폭 조절이라고 말했다. 그는 한미관계, 냉전, 대북 적대가 민주주의의 장애요인이 아니라고 말하

---

53) 1992년 대선 유세에서 김영삼은 "북한이 원하는 대통령을 뽑아야 합니까, 우리가 원하는 후보를 대통령으로 뽑아야 합니까"라고 하면서 사상 시비를 벌이기도 했다.
54) 1979년 12월 8일 긴급조치 9호 해제 후 밝힌 정치적 소신. 고명섭, 앞의 책, 309쪽
55) 김대중, 《새로운 시작을 위하여》, (서울: 김영사, 1994), 173-174쪽

지는 않았다. 즉 이러한 변수를 완전히 통제할 수는 없지만, 제한함으로써 민주화가 가능하다고 본 것이다. 남북대화, 6.15 공동선언은 그러한 소신의 표현이었다. 그는 국가보안법 개폐, 경찰 중립화, 정치범 석방 등의 조치는 마땅히 추진해야 할 과제였다고 생각했다.[56] 특히 국가보안법 개정과 대체입법을 모색했고, 국가보안법 상의 불고지죄 조항과 고무찬양 조항은 개정해야 한다고 생각했다. 그러나 당시 여소야대 상황에서 그런 생각은 현실화될 수 없었다. 결국 그가 비만미, 비용공의 입장을 견지했음에도 불구하고, 한국의 분단 냉전 체제는 민주주의의 심화를 제약하는 변수로 작용했다. 미국발 냉전 자유주의의 제약은 1990년대 탈냉전 국면에서도 한국 정치의 민주화를 계속 제약했다.

이 점에서 김대중 정부가 국내외의 냉전 보수세력에 맞서서 독자적인 외교 국방 정책을 선택할 여지는 매우 좁았다. 물론 군부나 냉전 보수의 심기를 건드리면서까지 군축을 강행하고, 그 재원을 복지 비용으로 전용하는 것은 당시의 시대적 과제였으나 현실정치의 맥락에서 보면 설사 시도했더라도 성사되지 못했을 것이다. 김대중 당선자가 남북경협 문제를 적극적으로 거론하지 못하고 외국인 투자유치만이 살길이라고 보면서 투자자를 유지하기 위해 가용한 모든 방법을 동원한 것도 그의 정책 선택의 한계를 보여주었다. 김대중 당선자는 외환위기 상황에서 사실 IMF 요구보다 한 발 앞서서 미국의 금융 자본이 주도하는 지구적 자본의 헤게모니 담론을 수용하여, 자본시장 자유화, 노동자 정리해고의 입법화를 추진한 것도 그런 예가 될지 모른다.

김대중 대통령은 1999년 8월 8.15경축사에서 국가안보와 대북

---

56) 김대중, 《새로운 시작을 …》, 177쪽.

포용, 남북한 당사자 간의 대화의 필요성을 언급하면서도 국가보안
법 개정의 필요성을 언급했는데,[57] 그러한 발언 이상으로 국가보안
법 폐지 혹은 개정안을 강조하지는 않았다. 물론 당시의 여소야대의
의회 구성에서 개정안이 논의, 통과될 가능성은 거의 없었다. 이는
현실정치를 강조하는 그의 평소의 입지에서 보면, 외환위기 극복이
초미의 과제가 된 마당에 보수세력의 강력한 반발을 불러올 수 있는
냉전극복 법안에 대해서도 무게를 싣지 않았음을 의미한다. 실제 집
권 후 1년도 안 된 시간 동안 국가보안법 관련 구속자 수도 311명으
로 김영삼 정권 초기 105명의 3배에 달하게 되었다.[58]

　　사실 한국에서 보수우익 단체가 본격적으로 행동하게 된 시기도
김대중 집권기였다. 유럽의 경우 노동당 사회민주당 등 좌파, 혹은
자유주의 세력의 집권 경험이 인종주의 국가주의를 표방하는 우파들
을 거리로 나오게 만든 중요한 계기였는데, 한국에서도 개혁자유주
의 세력의 집권이 보수 우익의 위기의식을 강화하였고, 더는 국가로
부터 과거와 같은 일방적 지원을 받을 수 없게 되자 이들은 노골적으
로 저항하게 되었다. 대형교회 혹은 참전자 단체 등이 주도하는 대중
적인 집회나 시위는 훨씬 더 빈번했다. 2000년 6월에는 고엽제 전우
회원 2,000여 명이 베트남전 관련 기사에 항의하면서 《한겨레 신문》
에 난입해 기물과 자동차를 부수기도 했다. 국가보안법 폐지 반대
및 북한 민주화 촉구 집회 참가자의 상당수는 순복음 교회 등 대형
보수 교회에서 동원된 개신교 신자들이었다. 김대중 정부시기부터
개신교 반공주의자들이 정치무대로 뛰어들어 한국의 보수세력 전체
를 견인해가기 시작했다.[59]

---

57) "변화하는 남북관계를 제대로 반영하지 못하고 있는 국가보안법도 개정할 것입니다.
　　인권침해의 소지가 있는 부분도 고치겠습니다". 김대중, '제54주년 광복절 경축사'
58) "시국사범 YS 정권의 3배, 말로만 인권 대통령", 〈뉴스 플러스〉, 1998.12.31

냉전자유주의를 허물고, 민주주의를 진척시키려는 김대중 정부의 시도는 4중의 압박을 받았다. 미국 클린턴 행정부는 비교적 남북대화에 대해 우호적이었으나, 2002년 부시가 대통령이 됨으로써 남북화해의 움직임에는 제동이 걸렸다. 그 후 북한도 더욱 강경한 노선을 표방하기 시작했기 때문에 6.15 이후 김정일 위원장의 답방은 이루어지지 않았다. 대내적으로는 위에서 본 강경 우파 사회운동의 등장과 진보좌파의 반미 노선이두 장벽이었다. 이 두 세력은 전혀 반대편에 있었지만, 다른 방식으로 김대중 정부의 탈냉전 냉전자유주의 해체의 시도를 무력화하였다.

2) 신자유주의의 세계화와 민주주의

(ㄱ) 자유화와 민주화, 기업사회에서의 민주주의

1990년대 중반이후 한국 경제는 자본의 세계화, 금융화라는 초강력 국제경제 변수의 영향 아래 놓였다. 물론 세계화는 한국 기업들에게는 거대한 중국 시장이 열리는 기회이기도 했다. 그러나 자본자유화로 인한 해외 금융자본의 유입이 본격화됨으로써 산업의 금융화가 본격화되었다. 조립가공형 국내 수출 제조업 대기업은 큰 도전에 직면했고, 공장의 해외 이전, 자동화, 외주 하청의 방식으로 적응하였다. 정치사회 차원에서 보더라도 세계화, 자본자유화는 탈규제, 민영화, 노동시장 유연화의 압박을 강화하게 되었다.

김대중 정부는 IMF 신탁통치 상태에서 벗어나는 것을 국가의 지상과제로 설정했다. 김대중 정부는 자본자유화, 노동시장 유연화 조치를 실시하고, 고환율, 부동산 규제완화, 그리고 카드 규제완화를 통해 경기 침체를 극복하고 고용을 창출하려 하였다. 김대중 정부는

---

59) 강인철, "한국 개신교 반공주의의 형성과 재생산", 《역사비평》, 제70호, 2005년 봄, 40-63쪽

그러한 비상조치들을 통해 빠른 시간 내에 국가부도 상태에서 벗어나는 데는 성공했다. 김대중 대통령은 IMF 체제 이후 우리의 선택은 시장경제 외에는 다른 길이 없었다고 회고한다.[60] 당시 김대중 대통령의 경제정책은 자유주의와 신자유주의 요소가 결합되어 있었다. 특히 금융기관 합병, 민영화, 외국자본의 자유로운 국내투자 보장, 그리고 노동시장 유연화는 신자유주의적 주주 중심 자본주의 시장경제(neo-liberal stockholder capitalism)에 가까운 것이었다.

김대중 대통령은 시장경제와 경제 자유화 기조를 기본으로 하되 유럽 사회민주주의가 채택한 '제3의 길(the Third Way)', 즉 신자유주의 정책을 수용하면서 그 보완책으로 일부 사회민주주의적인 요소를 가미하려 하였다. 그러나 외환위기 탈출을 위해 재벌에게 경제회복을 의존할 수밖에 없는 조건에서 '시장경제'란 사실상 규제 완화, 개방화, 세계화와 거의 같은 개념이었다.[61] 이런 상황에서는 관치금융 극복 등 국가가 주도하는 자유주의적 개혁도 제대로 추진할 수 없었을뿐더러, 약간의 사회민주주의 요소를 도입하는 것은 강력한 이데올로기적 공격을 받을 수 있었다. 김대중 대통령이 한국에서 독일식 공동결정 혹은 노동참여는 허용될 수 없다고 보면서, 진보세력 일각에서 주장한 노동자 경영 참여 정책을 받아들이지 않겠다고 했다.[62] 당시 김대중 대통령과 새정치국민회의가 주창한 참여민주주의도 시민참여를 정치, 지역공동체 참여로 제한하였다. [63]

60) 김대중, 《김대중 자서전》2, (삼인, 2010), 341쪽
61) 장상환, "김대중 정권의 경제적 과제와 전망", 학술단체협의회 98 정책토론회, 〈김대중 정권의 과제와 전망 〉, 1998.2.7
62) 김대중, 《대중경제론》, (서울 : 청사, 1986); 김동춘, " 개발독재 하의 노동문제와 대중경제론" 류상영, 김동노엮음, 《김대중과 대중경제론》, (서울: 연세대학교 김대중도서관, 2013)
63) 정영태, "15대 대선, 김대중 정권, 그리고 민주주의", 《경제와 사회》, 37호, 1998.3, 202-223

IMF가 당시 김대중 당선자에게 요구한 협정 이행 요구들, 신자유주의적 개혁의 요구, 국가재정 지출, 금리수준에 대한 규제는 금융과 기업의 생산 활동을 좌우함으로써 결국은 경제상황을 좌지우지하게 되었고, 노동자들의 고용 안정성, 임금, 노동조건은 국민경제적 조건과 사용자의 태도보다는 국제 금융시장, 특히 일본의 엔화나 중국의 위안화의 가치, 한국 상품의 주 시장인 동남아시아의 경제상황, 그리고 한 나라의 투자 가능성을 평가하는 미국의 신용평가 회사에 더 크게 좌우되기에 이르렀다. 사실 국제 금융자본, IMF, 미국의 상무성 등은 한국인의 삶의 조건을 좌우하는 최고의 권력체가 되었다. 김대중 정부의 '경제 살리기' 기조는 그 이전 개발독재, 그리고 노태우 김영삼 정부에서 그러했듯이 살아남은 재벌 기업의 입지를 더욱 강화시키는 효과를 가져왔다. 경제살리기는 곧 '시장에 대항하는 정치'를 무장해제 한다. 금융실명제의 중단, 금융소득 종합과세제도 폐지, 간접세 위주의 세제 개편, 주택 토지거래 활성화를 위한 제반 조치 등 '경제 살리기' 기조가 그것이다.

애초 김대중 정부가 재벌의 소유−경영분리, 소유 분산 정책을 포기했기 때문에 재벌은 독립 경영체제로 변화되지 않았다. 자본자유화로 한국 기업이 적대적 인수합병의 위험에 노출되자 정부는 자사주 취득 한도를 확대하였고, 지주회사 설립을 허용하였다. 국민의 세금인 막대한 공적자금을 투입하고서도 그에 대한 사후 감사나 관리는 거의 이루어지지 않았다. 한편 노동법 개정안은 노동시장에서의 유연화를 실시하되 노동기본권을 일부 보장하는 맞교환의 형태로 이루어졌다. 노동유연화는 전체적인 경제시스템의 유연성 강화를 수반한 것이 아니라 하층의 힘없는 노동자들을 해고할 수 있는 사용자의 권한 강화, 즉 수량적 유연성을 강화하는 쪽으로 귀결되었다.

결국 거시정치적인 차원에서의 노동자의 정치사회적 권한은 확대되었으나 작업장에서 대사용자 관계에서 노동자의 고용조건은 더욱 불안해졌고, 노동자의 생존권은 더욱 시장, 즉 사용자의 해고권에 종속되었다. 1996-1997 김영삼정부 말기 노동자 총파업은 일부 노동자 기본권 강화, 교원노조의 합법화, 노조 정치활동의 공간 확대 등의 성과로 연결되었으나, 그것은 일터에서의 노동자의 방어력 상실을 댓가로 얻은 것이었다.

김영삼 정부 이후 특히 김대중 정부 이후 한국은 기업의 논리가 사회를 지배하고, 모든 사회 구성원은 시장에서 경쟁해야 하는 주체로 자리매김 되는 '기업사회', '기업국가'가 되었다. 그것은 한국 민주주의를 가장 크게 위협했다.[64] '고용된 민주주의'라고 부르는 현상은 개인을 기업의 종업원이나 소비자로 자리매김하여 공적 참여의 기반을 위협한다.[65] 초국적 금융자본과 국내 대자본의 이해가 결합하여 개별 국가의 주권, 특히 재정, 조세, 복지, 노동 정책을 크게 좌우하게 되면, 국가 내 정치세력의 문제해결 능력이 크게 저하되면 당연히 민주주의는 후퇴하게 된다.

신자유주의 경제개혁은 대체로 빈부의 격차를 확대시키고, 다수의 조직 노동자를 이러한 주변노동자화하는 결과를 가져오기 사회적 시민권(social citizenship)이 위축되고, 그것은 결국 민주주의의 기반, 노동자의 탈정치화, 정당의 정치적 대표성을 침식한다. 이것은 상층 노동자, 화이트칼라, 중간층에게도 마찬가지로 적용된다. 시민운동의 기반과 지원세력이 될 수 있는 중간층이 실직, 명예퇴직 등으로 직장을 떠나면서 이들은 자신의 밥그릇과 무관한 사회 일반, 정치적

---

64) 김동춘, 《1997년 이후 한국사회의 성찰 – 기업사회로의 변환과 과제》, (서울: 도서출판 길, 2006) 참조
65) 데이비드 코튼, 차혜원 역, 《기업이 세계를 지배할 때》, (서울 : 세종서적, 1997), 211쪽

인 문제에 점점 관심 갖지 않게 된다. 그리고 실직과 임금삭감의 고통은 가정에서의 긴장을 가져오기 때문에 여성의 억압은 가중되고, 이들 모두는 고통을 개인 차원에서 해결하려 한다. 이러한 노동자와 중산층의 개인화와 파편화, 물질추구적 경향의 강화는 모두 김대중 정부 시기에 본격화되었고, 그러한 경향을 민주주의에 부정적인 영향을 미쳤다.

　(ㄴ) 노동, 시민의 참여와 민주주의

　풀뿌리 대중의 지역사회에서의 참여, 생산현장에서의 노동자의 참여, 그리고 정부 업무 일부를 민간에게 위탁하여 공동 정부를 구성하는 것은 민주주의 강화의 가장 중요한 기반이다. 김대중 대통령은 참여민주주의를 강조하면서 지방자치에 대한 소신을 강력하게 표명해 왔고, 노동조합 정치참여의 제도화, 그리고 민간 위탁 활성화와 위원회 활성화 정책을 통해 이러한 평소의 철학과 소신을 실천하려 했다. 낙천, 낙선 운동과 같은 대중 정치참여는 그가 의도한 것은 아니었으나 기존 선거나 정당 활동의 한계를 시민운동 스스로 돌파하려는 시도였다. 이러한 참여민주주의의 소신과 실천은 약간의 성과도 있었으나 대부분은 미완의 것으로 남았다.

　외환위기와 같은 경제위기는 뉴딜적인 개혁과 사회적 타협이 이루어질 수 있는 좋은 조건이 된다. 미국에서 뉴딜 시기 노조의 허용, 및 단체교섭이 제도화된 것처럼, 김대중 정부도 국가 부도의 위기를 맞아서 전교조를 합법화하여 전교조가 공교육 질적 혁신을 위한 역할을 할 수 있도록 조건을 마련하였으며, 노동자의 정치참여를 허용하고, 4대 보험 체제를 완성하였고, 지역-직장 의료보험 통합도 성취했다. 특히 김대중 정부에서 4대 보험 체제의 완비, 국민 기초생활보장법 제정 등의 일련의 복지정책의 완비는 사회적 약자들에게 지

렛대를 부여하여 민주주의의 기반을 강화하는 중요한 효과를 갖는
다.66) 물론 각종 위원회 설치를 통해 교사, 노동자 등의 참여를 제도
화하고, 노동자의 참여를 위한 체계를 갖춘 것은 김대중 대통령의
의지가 크게 작용했지만, 외환위기라는 국가부도 상황의 강요한 측
면도 있었다.

　김대중은 과거의 《대중경제론》에서 기업과 근로자의 이익이 상충
한다는 것은 19세기 적인 발상이고 오늘날에는 오히려 상호보완적
이라는 것이 민주국가의 통념이라고 지적하기도 했다.67) 그는 경제
민주주의, 혹은 자유민주주의의 강화를 위해 노동자 참여의 일반적
원칙을 강조하였으나 노동자들이 기업의 소유구조까지 개입하는 것,
노동자 경영참가 문제에 대해서는 부정적인 태도를 보였다. 노동문
제에 대한 이러한 입장은 노사정위원회의 제도화를 통해서 일부 실
현되었다. 대통령 당선 직후 김대중 대통령은 12월 26, 7일 양일간
한국노총과 민주노총의 위원장 및 간부들을 만나 정리해고 도입의
필요성을 역설하면서 노사협의체 구성의 제의하였다. 그것은 IMF가
강력하게 요구하였던 노동유연화의 완충장치의 성격도 갖고 있었다.
노사정위원회는 민노총의 합법화와 더불어 한국 역사상 최초로 조직
노동 세력을 국가의 중요한 의사결정 과정의 참여자로 포함한 역사
적 사례였다. 그러나 노사정위원회는 경제정책, 노동시장에 대한 노
동자의 통제권 등의 의제를 논의석상에서 배제하였기 때문에, 반쪽
반의 협의기구에 머물렀으며, 그 결과 민주노총이 곧바로 탈퇴하여
제 기능을 발휘할 수 없었다.

　김대중 대통령은 읍,면, 동 사무소를 주민자치 센터로 전환하고,

---

66) 김연명이 대표적이다. 김연명, "김대중 정부의 사회복지 정책", 김연명 편, 《한국 복지
　　국가 성격논쟁1》, (서울 : 인간과 복지, 2002)
67) 김대중, 《대중경제론》, 231쪽

주민자체 위원회를 구성하도록 하였다. 주민자치센터는 "주민 스스로 지역문제를 풀어가는 주민자치 기능의 구심체 역할을 수행"하는 기구이다. 주민이 중심이 되는 자치 기구를 만들겠다는 의지의 표현이었다. 지방자치, 주민자치가 민주주의의 요체이며, 분권과 자치가 없이 민주주의는 성립할 수 없다는 소신을 갖고 있었던 김대중 대통령의 의지에도 불구하고, 주민 참여와 자치는 거의 제대로 현실화되지 못했다. 제도 설계 단계에서 주민자치위원들에게 권한이 제대로 주어지지 않았다.[68] 지방자치제 실시 이후 선거에 의한 단체장의 교체와 감시는 가능해졌으나, 실질적 자치의 뒷받침을 받지 못하는 분권은 오히려 지역 엘리트에 의한 정치참여의 독점화를 강화하였다.[69] 물론 이것은 김대중 정부의 잘못만은 아니었다. 한국의 지역사회는 개발주의 의제가 압도하고, 개발주의는 지역의 자본과 엘리트들의 이해관계가 밀접하게 연관되어 있다. 지역의 건설 자본, 토착엘리트들은 연줄과 자본력을 활용하여 선거정치 등의 지역정치에 개입해왔고, 지자체의 의사결정은 소수 기득권 세력의 사적인 이익이 압도하게 되었다.

결국 선거참여, 시위 참여 등을 제외한 일상적인 주민참여, 노동참여는 참여민주주의의 가장 중요한 기초일 것이나, 김대중 정부의 제도화의 시도에도 불구하고 제대로 정착되지는 못했다. 기존 재벌, 관료, 정치권 등 권력집단의 반발 때문에 애초의 제도적 설계에서 한계를 안고 있었던 측면도 있다. 그러나 더 중요한 이유는 사실 한국의 시민사회, 시민 일반이 그러한 기회를 활용하여 참여할 준비가

---

68) 박세정, "주민참여 관점에서 본 주민자치센터: 현실과 향후과제", 경상대학교 사회과학연구소, 《사회과학연구》, 24(2), 2008.6 135–151
69) 김장권, '참여민주주의와 지방자치', 아태평화재단,조선일보사, 〈국민의 정부 : 과제와 전망 〉, 제7회 아태평화재단 국내학술회의, 1998.9.22

거의 되어 있지 않았기 때문이다. 민주주의는 정부나 정치가의 의지만으로 현실화되지 않는다는 것을 잘 보여준 사례가 이 영역이다. 한국의 민주주의는 냉전의 잔재와 지역의 보수성, 그리고 친기업적인 행정 집행, 지역사회의 비민주성과 부패로 인해 사회적 약자는 오래전부터 참여의 의지를 포기해 왔다. 이것은 제도개혁과 시민교육이 병행되어야 할 영역인데, 5년 단임제 대통령으로 이러한 과제를 완수하는 것은 거의 불가능했다.

맺음말

김대중은 '반발의 보폭'만 국민을 앞서가려는 현실정치가였다. 그는 미국의 반공주의 헤게모니가 강력하게 영향을 미치는 한국의 국제정치적 조건, 극우세력이 자유주의적 개혁조차 '좌익'으로 모는 분단, 반공주의 정치 지형 아래에서 극히 초보적인 민주주의를 건설하는 것이 얼마나 어려운 일인지 잘 알고 있었다. 물론 그는 재야 민주화 세력, 특히 급진적인 반미 좌파들과 거리를 두면서 그들의 비판도 강하게 의식하였다. 이런 엄혹한 국제 정치경제적 조건과 국내의 좌우 양측의 강력한 반대를 의식하면서 한국에서 실현가능한 민주주의 제도화를 위해 외줄타기와 같은 시도를 했다. 특히 외환위기라는 국가부도 상황, 자민련과의 지역연합에 의거한 집권과 국회 내 소수파라는 정치적 자원의 제약 위에서 정책을 폈다.

김대중 대통령 자신은 1970년 전후에는 정치적으로는 탈냉전과 탈분단, 경제적으로는 분배지향의 성향을 갖고 있었으나 1980년대 이후에는 점점 미국식 시장주의를 지지하는 쪽으로 입장을 이동했고, 1997년 집권 전후에는 자유주의 시장주의에 더 기울어졌다. 그래서 국가부도라는 극도의 위기를 넘어서기 위해서 자유주의적인 개혁과 신자유주의적인 구조조정 정책을 동시에 추진했다. 대체로 정치적으로는 자유주의, 자유민주주의 지향을 경제적으로는 보수적 노선을 취했다고 볼 수 있다. 특히 김대중 대통령은 냉전분단체제의 극복이 국내 정치적 민주주의 실현에 가장 중요한 조건 변수였다는 점을 확실하게 인식하고 있었기 때문에 6.15 남북 정상회담, 장기수 송환 등 대북 햇볕정책에 큰 공을 들였다. 그러나 정권 중반기에 미국 대선에서 공화당의 부시가 당선됨으로써 이러한 정책은 중단되지 않을 수 없었다.

1987년 6월 항쟁은 절차로서의 민주주의의 하나인 대통령 '선거'의 회복을 성취하였다. 그러나 대통령 직접선거는 모든 형식적 절차의 완성은 아니었다. 즉 '인민의 지배'에 가까이 갈 수 있는 절차, 인민의 대표성을 현실화할 수 있는 문제는 그대로 남았다. 승자독식의 소선구제, 지역구 중심의 의원선출과 취약한 비례성 등이 대표적이다. 중앙권력의 축소와 지방자치의 실현, 정당정치의 활성화 등 방법과 절차로서 자유민주주의 성취도 남은 상태에서 정권교체는 계속 이루어졌다. 그러나 선출되지 않는 권력의 지배는 더 심각하게 민주주의를 제약했다. 군사정권이 육성한 공안기관, 그들의 활동을 뒷받침하는 국가보안법, 그리고 관료 검찰 사법부의 권한은 선출된 대통령과 의원의 힘을 심각하게 제약했다. 이런 상태에서 김대중, 노무현 대통령과 같은 개혁자유주의 지도자들이 당선되어 정권교체를 이루는 것조차 매우 힘든 일이지만, 집권하더라도 자유민주주의를 현실화는 것은 매우 어렵다.

그러나 한반도의 분단, 냉전 상황, 지역주의 정치 구도, 그리고 신자유주의 세계화의 물결, 정보화, 개인화, 소비주의 등의 구조적인 조건의 변화는 민주주의를 공고화하기보다는 오히려 초보적인 자유민주주의조차 위협하여 오히려 전 세계 다른 나라들처럼 보수주의 헤게모니를 강화할 수도 있는 불리한 조건들이었다.[70] 경제 양극화로 인한 불평등 확대, 만연한 고용불안은 절차적 민주주의를 무력화시킬 수 있고, 경제적 자유는 물론 정치적 '자유'의 가치 실현조차 어렵게 만들 수 있었다.

김대중 정권 시기에 전통적인 냉전 반공주의 세력은 이러한 국내의 확대되는 사회적 불평등과 경제적 불안에 편승하여 개혁적 정권의 존립 자체를 흔들었다. 대통령과 정당의 정치적 지도력이 약화되거나 경제위기가 심화되면 모든 국가적 사안은 더욱 관료적 처방, 특히 재벌과 결착한 경제관료들의 힘에 의존하게 된다. 결국 관료-검찰-언론 등 선출되지 않은 권력은 선출된 권력인 대통령과 국회를 무력화한다. 1990년대에 극히 형식적으로 제도화된 지방자치와 지역의 풀뿌리 민주주의의 취약성, 행동하는 극우세력들은 민주주의의 기초를 흔든다. 김대중 정부 역시 후반기에 급격히 동력이 상실되었으나, 경선제를 통해서 차기 대통령 후보를 선출하고 노무현을 대통령으로 당선시켜 민주당 정권을 이어가도록 한 점에서 김대중 대통령은 민주주의의 제도화를 위해 할 수 있는 범위 내에서 최대한의 역할을 했다고 평가할 수도 있다.

노무현 정부는 여러 가지 점에서 김대중 정부의 미완의 과제, 지역주의 정치 극복, 국가보안법 폐지, 선거구제 재편, 검찰개혁, 언론개혁 등 냉전 반공주의 정치의 종식을 통해 자유민주주의의 기반을 강하하려는 데 역점을 두었다. 그러나 이러한 과제도 수구 보수세력의 강력한 반발로 제대로 성취되지 못했다. 더구나 김대중 대통령이 제안했던 참여민주주의는 거의 제도화되지 못했다. 정책결정에서의 시

민참여, 직접민주주의 요소의 도입, 체계적인 시민교육이 전제가 되어야 참여민주주의가 실질적으로 작동할 수 있을 것이다.[71] 결국 김대중 정부는 21세기 초반 당시의 시대적 과제, 즉 20세기 초반의 가치를 넘어서는 시장과 자유민주주의를 넘어서는 새로운 민주주의 가치나 방향을 설정하고 추진하는 일은 착수하지 못하고 임기를 마쳤다.

결국 김대중 노무현 대통령이 '민주화이후'의 민주주의 정착을 위해 전방위적인 시도를 하였고, 일정한 성과도 거두었으나 미완에 그치고 말았다. 그것은 호남과 일부 도시 중산층의 지지에 의존하는 것 외에 여러 사회집단의 동력을 이끌어 내지 못했기 때문이다. 이것은 한국 정치가 대통령 1인의 리더십에 과도하게 의존하고, 정당정치가 제도화되어 있지 않고 그 사회적 기반도 취약하기 때문이다. 즉 시민사회의 밀도를 좌우하는 가장 중요한 부분인 지역사회의 시민조직, 그리고 노조 조직율도 낮고, 이들이 풀뿌리 정치나 노동정치의 주체가 되지 못하기 때문이다.

김대중과 노무현과 민주당의 개혁자유주의 지향은 한국 분단 냉전 반공주의 정치지형에서는 분명히 '진보적인' 측면을 갖고 있지만, 신자유주의 세계화 이후 더욱 확대되는 불평등과 청년실업, 비정규직 문제, 부동산 등 자산의 양극화, 신빈곤 문제, 점증하는 환경 이슈 등에 대처하기에는 한계를 안고 있었다. 그래서 현상적으로는 양극화와 민생위기의 심각성을 제대로 보지 못한 노무현 정부가 2007년 대선에서 '묻지마 풍요', '묻지마 성장'에 대한 열망으로 이어졌고 결국 이명박, 박근혜 두 정부가 이어졌다.

노무현 대통령은 자신을 '구시대의 막내'라고 자처했으나, 그에게

---

71) 홍익표, 〈참여민주주의의 제도화를 위한 정책 과제〉, 아태평화재단 정책연구 시리즈, 2000.10

정치적 과제를 넘겨준 김대중은 확실하게 '구시대'의 사람, 즉 냉전 반공주의, 중앙집권주의, 군사주의, 개발주의의 잔재와 투쟁하면서, 탈분단 탈냉전, 탈권위주의, 지방자치, 시민참여를 실현하기 위해 분투했으나, '구시대'의 유산들과 투쟁하면서 거의 모든 에너지를 소진했다. 현실정치가로서 그는 과거 민주화운동 세력이 견지한 반미 민족주의와도 거리를 두었고, 계급지향적인 노동운동과도 거리를 두었다. 그의 집권기에 강력하게 등장한 한국의 시민정치와는 일정한 협조관계를 유지하였으나, 자유주의의 한계를 넘어서지 않으려 했다. 그래서 마이클 사워드(Michael Saward)가 말한 미래 인류가 추구해야 할 민주주의의 대안, 즉 숙의민주주의, 직접민주주의, 생태민주주의, 결사체 민주주의[72], 등은 이후 정권의 과제가 되어야 했고, 사실 한국은 그의 집권 이후 20년이 지났으나 여전히 구시대의 과제, 구시대의 세력들과 씨름하고 있다.

---

72) 마이클 사워드, 강정인 이석희 옮김, 《민주주의란 무엇인가》, (서울: 까치, 2018)

Ⅲ

민주화 이후 정당정치의 발전과 과제

-국민의 정부 시기까지 민주당 계열 정당을 중심으로-

강우진(경북대학교 정치외교학과 교수)

democracy &
human rights

들어가는 말

이 장은 민주화 이후 김대중 대통령의 '국민의 정부' 시기(1998-
2003)까지 김대중이 이끌었던 민주당 계열 정당을 중심으로 한국 정
당정치의 발전과 과제를 분석하는 것을 목적으로 한다. 구체적으로
1987년 헌정체제와 지역균열의 형성(II장), 정당제도화의 내적 차원
인 가치고취(III장), 관례화와 체계성(IV장), 정당 제도화의 외적 차원
인 사회적 기반(V장), 그리고 결론적으로 유산과 과제(VI장)를 분석한
다.

국민의 정부는 민주화 이후 한국 현대사에서 매우 중요한 시기다.
먼저, 국민의 정부는 최초로 평화적 정권교체를 달성하여 한국 민주
화에 중요한 변곡점을 만들었다. 정당은 권력을 획득하고 행사하고
자 모인 집단을 나타낸다.1) 김대중이 이끌었던 새정치국민회의(국
민회의)는 제15대 대통령 선거(1997. 12)에서 승리하여 집권하였고
국민회의의 후신인 새천년민주당은 제16대 대통령 선거(2002.12)에
서 승리하여 정권 재창출에 성공하였다. 국민의 정부는 현재까지 재
집권에 성공한 유일한 진보정부다.

둘째, 국민회의와 자유민주연합(자민련)은 제15대 대선에서 선거
연합을 통해서 선거에 승리했다. 두 정당의 선거연합은 사실상 다수
제적 선거제도와 결합한 대통령제에서 드문 사례다. 또한 국민회의
와 자민련은 집권 후 공동여당으로도 3년 반 동안 공동정부를 운영
했다. 정치적 지지기반과 정책을 달리하는 두 정당의 공동정부 운영
경험은 한국 민주주의에서 유일한 경험이었다.2)

---

1) Britannica, ⟨political party⟩, 《Britannica》,
    (https://www.britannica.com/topic/political-party) (검색일: 2023년 4월
    26일).

셋째, 정당정치의 차원에서 볼 때 국민의 정부는 많은 유산과 과제를 남겼다. 김대중과 김대중이 이끌었던 민주당 계열 정당은 정초 선거(founding elections)였던 제13대 대통령선거(대선)과 제13대 국회의원 선거를 거치면서 제도화된 지역주의의 가장 큰 피해자이기도 했지만 다른 측면에서는 수혜자였다. 김대중은 집권 전에는 재야로부터 다양한 인재 영입으로 집권 후에는 이른바 동진(東進)으로 대표되는 정책으로 지역주의 극복 노력을 기울였다. 하지만 국민의 정부는 지역주의 극복과 지역정당 체제의 재편에 성공하지 못했다. 또한 김대중이 행사했던 카리스마적인 리더십은 정당제도화(party institutionalization)에 중요한 도전이었다.

이 장에서 민주화 이후 국민의 정부 시기까지 정당정치를 분석하는 기준은 정당제도화이다. 신생 민주주의 국가에서 정당제도화의 중요성은 매우 크다. 정당이 제도화되었을 경우, 정당은 광범위한 조직적 능력을 갖추며, 정당 체제 제도화의 수준 또한 높아진다.3) 정당제도화는 다양한 차원을 포괄하는 개념이지만 대내적인 (internal) 차원과 대외적인(external) 차원으로 구분할 수 있다.4) 대내적 차원의 요소로는 가치 고취(value infusion), 관례화 (routinization), 체계성(systemness)이 중요한 차원이다. 대외적 차원의 요소로는 다양한 차원이 있지만, 이 장에서는 사회적 기반(social root)을 살펴본다.5)

---

2) 강우진, 〈김대중 시기 민주당 계승정당의 성공과 유산〉, 김용철외 8인,《민주당 계승 정당 연구》(코리아컨센서스 연구원/전남대 5.18연구소 2015), 186~237쪽.

3) Ponce1 Aldo F and Susan E. Scarrow, "Party Institutionalization and Partisan Mobilization," Government and Opposition 58 (2023), pp. 745-764.

4) Randall, V., and Svåsand, L. "Party institutionalization in new democracies," Party Politics, 8(1) (2002), pp. 5-29.

5) Levitsky, Steven, "Institutionalization and Peronism: the case, the concept,

고전적인 정의에 따르면 제도화는 조직이 가치와 안정성을 획득하는 과정이다.[6] 정당제도화에서 핵심적 차원으로서 가치 고취는 정당의 지지자들이 정당을 도구가 아니라 그 자체로 목적으로 삼는 정도를 지칭한다.[7] 즉 가치 고취는 정당 자체가 시민들의 지지대상이 되는 과정을 나타낸다. 관례화는 정당 내부의 결정 과정이 얼마나 규칙에 기반을 둔 조직적 역량에 의해서 결정되는가다. 체계성은 정당 조직이 얼마나 지역적으로 광범위하게 정박하느냐를 나타낸다. 사회적 기반은 정당제도화를 넘어서 정당 체제 제도화의 주요 차원 중 하나다.[8] 사회적 기반은 정당이 사회에 얼마나 침투하여 안정적인 기반을 가지는 정도를 나타낸다.

87년 헌정체제

1. 수립과 지역균열의 형성

1) 1987년 헌정체제 수립
1987년 6월 항쟁이 이끌어 낸 민주화는 이른바 87년 체제라 불리

---

and the case for unpacking the concept," Party Politics 4(1) (1998), pp. 77 – 92; Scarrow, Susan E., Jamie M. Wright, and Anika Gauja, "Party statutes and party institutionalization," Party Politics 29(2) (2023), pp. 217–228.

6) Huntington, Samuel P, Political order in changing societies (New Haven: Yale University Press, 1968), p. 12.

7) Randall V and Svåsand L, "Party Institutionalization in New Democracies," pp. 5 – 29; Ponce1 Aldo F and Susan E. Scarrow, "Party Institutionalization and Partisan Mobilization," pp. 745 – 764.

8) Torcal Mariano and Scott Mainwaring, "The Political Recrafting of Social Bases of Party Competition: Chile, 1973–95," British Journal of Political Science 33(1) (2003), pp. 55–84.

는 헌정체제의 수립으로 이어졌다. 87년 체제는 제헌헌법에 이어서 두 번째로 주요 정치세력의 합의로서 수립된 헌정체제다.9) 야당과 시민사회의 연합이 6월 항쟁을 주도했다. 하지만 87년 헌정체제의 수립과정에서 시민사회의 역할은 주변화되었고 여야를 대표하는 정치 엘리트들의 8인 정치회담이 주도했다. 이 과정에서 권력구조 개편이 논의의 핵심 쟁점이 되었고 6월 항쟁과 노동자 대투쟁 과정에서 제기되었던 사회경제적 이슈는 현저하게 축소되었다.

87년 헌정체제는 네 가지 핵심적 특징을 가진다. 첫 번째 대통령 직선제의 도입이다(헌법 제67조 1항). 민주화의 물결 속에서 87년 헌법은 4.19 민주 이념을 헌법 전문에 명문화했다. 같은 맥락에서 대통령 직선제와 5년 임기 단임제를 도입했다. 또한 군의 정치적 중립을 명시했다(제5조 2항). 둘째, 군부 권위주의 정권하에서 빈번하게 침해되었던 국민 기본권 보장을 강화했다. 대표적으로 언론·출판에 대한 허가제를 통한 제한을 금지하여 표현의 자유를 보장하였고 구속적부심(제128조 제2항)을 도입하였다. 또한 최저 임금제를 법률로 정했다. 셋째, 대통령의 권한을 축소하고 국회의 권한을 강화했다. 대통령의 비상조치권과 국회 해산권을 삭제했으며 국회의 국정감사 제도를 부활했다(제61조). 넷째, 헌법재판소를 도입하여 법률에 대한 위헌 심판 기능을 독립시켰다.10)

정치적 대표(representation)의 차원에서 볼 때 87년 체제의 중요한 특징은 중앙집권적인 단임제 대통령제와 다수제적 특성을 가진 선거제도가 결합한 승자독식(winner take-all) 제도라는 것이다. 민주화

---

9) 전광석, 〈헌법과 한국 민주주의: 1987년 헌정체제를 중심으로〉,《헌법학연구》12(2)(2006), 205-248쪽.
10) 강우진, 〈김대중 시기 민주당 계승정당의 성공과 유산〉, 김용철외 8인,《민주당 계승정당 연구》(코리아컨센서스 연구원/전남대 5.18. 연구소 2015), 186-237쪽.

의 결과 제13대 대선(1987.12)은 대통령 직선제로 치러졌다. 이듬해 치러진 제13대 국회의원 선거(1988.4)를 맞이하는 각 당은 게임의 규칙을 두고 서로 전략이 달랐다. 유신−제12대 국회까지는 지역구 당 2명의 국회의원을 선출하는 선거제도, 이른바 중선거구제를 채택했다. 이 제도는 모든 지역구에서 여당의 당선이 사실상 보장되는 선거제도였다. 제13대 국회의원 선거를 앞두고 여당인 민정당은 1−4인을 선출하는 혼합선거구제를 주장했지만 통일민주당(통민당)은 2−4인을 뽑는 중선거구제를 선호했다. 한편 평민당은 소선거구제를 당론으로 제시하고 강력하게 밀어붙였다.[11] 이후 평민당과 통민당이 선거구제를 두고 힘겨루기를 계속하는 와중에서 민정당은 소선구제와 전국구 의석의 제일 당 과반수 배분을 결합한 사실상 다수제 선거제도 개편안을 일방적으로 통과시켰다. 수도권과 영남지역 의원들의 많은 반대에도 불구하고 민정당이 소선거구제를 중심으로 한 선거제도 개편안을 일방적으로 통과시킨 데에는 소선거구제가 야권의 분열을 유지할 수 있고 개편안이 전국구 배분 방식에서 제1당에서 큰 이득이 되었기 때문이었다.

제13대 국회의원 선거 결과 평민당은 소선거구제를 통해서 정치적 이득을 얻었다. 평민당은 유효 득표의 19.02%를 얻었으나 지역구 전체의석(224석)의 24.1%에 해당하는 54석을 얻었으며 전국구 의석(16석)을 더하면 전체 의석(299석)의 23.4%인 70석을 얻어 제1야당이 되었다. 한편 통민당은 유효 득표의 23.08%를 득표하였으나 지역구 의석의 20.5%인 46석을 얻는 데 그쳤다. 전국구 의석(13석)을 더하면 총 59석을 획득해 전체의석에서 19.73%를 얻었다. 김대

---

11) 평민당은 유신으로 인해서 두 가지 국민주권을 빼앗겼었다고 주장했다. 하나는 대통령에 대한 체육관 선거였고 이는 6월 항쟁으로 되찾았지만 다른 하나는 현행 1인 2구 선출방식이라고 규정했다(평화민주당 정책위원회, 《정책과 전망 상, 하》 (서울: 학민사, 1989), 39쪽.

중의 소선거구제 고수 전략이[12] 김대중이 제13대 대선 패배로부터 재기할 수 있는 정치적 기회구조를 제공하였다.

민주화 이후 첫 번째 정초선거였던 제13대 국회의원 선거의 게임의 규칙은 1인 1표 혼합제 선거제도였다. 전체 299 의석 중에서 224석은 지역구에서 소선거구─최다 득표제(single member plurality system)를 통해서 1인을 선출하고 전국구라고 불리던 나머지 75석은 정당 의석에 기반 두어 배분했다. 제1당에서 의석의 절반을 우선 배분하고 나머지 절반은 5명 이상의 지역구 의석을 가진 정당에 의석 비율에 따라서 배분했다. 이 제도는 형식적으로는 혼합제 선거제도의 형태를 가졌지만, 실질적으로는 다수당과 거대 정당에게 매우 큰 이득을 제공한 사실상 다수제 선거제도였다.

제13대 국회에서 제16대 국회(2000.4)까지 다수제적 선거제도는 그 기본 틀이 유지되었다. 다만 의원정수와 전국구 배정 방식에서 미세한 조정만 이루어졌다. 제14대 국회의원 선거에서 의원정수는 299명 유지되었지만, 지역구 국회의원은 237명으로 미세하게 늘어났고 전국구의원 수는 62명으로 줄었다. 전국구 배분 방식은 거대 정당에 큰 이득을 주던 이전 배분 방식에서 일정한 개선이 있었다. 정당별 의석 비율에 따라서 전국구를 배분하며 지역구에서 당선자를 내지 못한 정당도 유효투표 3% 이상을 얻은 정당에 1석을 배분하는 것으로 변경되었다. 제15대 국회의원 선거에서 의원정수는 299석으로 유지되었지만, 지역구 의석은 소폭 증가하여 253석으로 전국구 의석은 46석으로 조정되었다. 전례 없던 국난이었던 외환위기 후 치

---

12) 김대중이 소선거구제에 집착한 이유는 전략적 고려 때문이라고 보인다. 제13대 대선에서 나타난 호남과 수도권의 표의 집중성이 유지된다면 평민당은 소선거구제를 통해서 가장 많은 의석을 확보할 가능성이 컸다. 여당의 지위에 오른 국민회의는 제16대 국회의원 선거를 앞두고는 중선거구제를 선호했다(심지연, 《한국정당정치사─위기와 통합의 정치》(서울: 백산서당, 2004), 381쪽.

러졌던 제16대 국회의원 선거(2000.4)에서는 고통 분담의 원칙에 따라서 의원정수가 273석으로 감소했다. 이에 따라서 지역구 의석이 227석으로 줄어들었고 전국구 의석은 그대로 유지되었다. 제15대-제16대 시기 동안 전국구 배분 방식은 지역구 의석 5석이나 유효득표 5%를 얻은 정당의 경우 정당 득표에 따라서 의석을 배분하는 원칙이 적용되었다. 지역구 당선자가 없는 정당도 유효투표 3% 이상 5% 이하를 얻은 정당의 경우 우선으로 1석을 배분했다.[13]

승자독식 체제로서 87년 헌정체제는 대통령직에 대한 보상(presidential prize)을 매우 크게 만들어 거대 정당을 중심으로 한 내부자(insider) 사이의 치열한 경쟁을 초래했다. 반면에 외부자(outsider)에게는 높은 진입장벽으로 작용했다. 이처럼 87년 헌정체제는 여야 거대 정당들 사이의 카르텔 체제로 기능했다.

2) 지역균열의 형성과 지속

정부수립 후 민주화 이전까지 권위주의 통치 기간 한국 선거정치의 중심 균열은 민주주의 대 권위주의, 민주 대 반민주였다. 민주 대 반민주 균열은 유권자 행태 수준에서 여촌야도與村野都 현상으로 나타났다. 제헌국회-제2대 국회에서 부상하지 않았던 여촌야도의 투표 경향이 제3대(1954.5)-제4대 국회의원 선거(1958.5)를 거치면서 두드러지게 나타났다. 제4대 국회의원 선거에서 야당인 민주당은 서울에서 의석의 93.3%를 얻고 직할시와 시 선거구에서 64.4%를 얻었다. 반면에 군 지역 선거구에서는 집권당인 자유당이 의석의 66.5%를 확보했지만, 민주당은 군 지역에서 24.3%의 의석을 얻는 데 그쳤다.[14]

---

13) 강우진, 〈한국의 준연동형 선거제도 개혁과정 평가-주체, 목적, 정치적 결과를 중심으로〉, 《21세기정치학회보》 30(4) (2020), 65-86쪽.

　여촌 야도 현상이 제3대 국회의원 선거에서부터 나타나기 시작한 원인은 무엇인가? 당시 한국과 같은 신생 민주주의 국가에서 균열의 형성과 이에 따른 유권자 편성(electoral alignment)의 변화를 설명하기 위해서는 세 가지 수준의 효과를 함께 고려해야 한다. 먼저 사회구조적 효과다. 이승만 정권 시기 유권자 편성에 영향을 미친 중요한 사회구조적 개혁은 토지개혁이었다. 이승만 정권에 대한 지지는 광범위한 권위주의적 동원의 효과를 함께 고려해야 한다. 하지만 중요한 사실은 토지개혁을 통해서 농민들의 상당수가 이승만 정권의 지지기반으로 포섭되었으며 이승만 정권은 농민층 동의의 물적인 기반을 확보했다는 사실이다. 둘째, 제도의 효과다. 제1-2대 국회의원 선거와는 달리 제3대 국회의원 선거부터는 정당의 추천을 받아야 입후보할 수 있었다. 또한 선거제도는 단순다수대표제였다. 셋째, 정당의 선거 전략의 효과다. 자유당은 '노동자와 농민의 당'을 선언하고 농촌지역 지지 동원에 집중했다. 반면에 야당은 대도시를 중심으로 이승만 정권에 대한 비판적 지지를 확보하는데 전력했다.15)

　권위주의 통치 동안 민주-반민주 균열에 기반을 둔 여촌야도 투표행태는 선거 국면에 따라서 다양한 이슈와 결합하면서 다양한 강도로 나타났다. 하지만 민주화 이전까지 기본적인 틀은 유지되었다. 특히 박정희 정권 시기 본격화된 위로부터 급속한 산업화와 새마을 운동은 농민을 정권의 적극적인 지지자로 동원하는 중요한 계기였다.16)

　6월 항쟁을 통해서 민주적 개방이 이루어지면서 권위주의 통치

---

14)　변영학, 〈한국 근대화의 정치균열과 선거동학〉, 《지역사회 현안과 담론》 19권 127-145. (2020), 3-5쪽.
15)　변영학, 〈한국 근대화의 정치균열과 선거동학〉, 6쪽.
16)　최장집, 《[개정 2판] 민주화 이후 한국 민주주의》 (서울: 후마니타스, 2010), 136쪽.

시기를 관통해왔던 민주 대 반민주의 정치균열구조[17]는 변화의 계기를 맞았다. 6월 항쟁 이후 7-8월 동안 노동조합의 설립과 임금 상승을 요구하는 대규모 노동자 투쟁이 이어졌다.[18] 노동자 대투쟁을 통해서 권위주의 시기를 지배해왔던 민주 대 반민주 균열 구조가 노동계급을 중심으로 한 사회경제적 이슈를 대표하는 새로운 균열구조로 전환될 수 있는지가 중요한 이슈였다.

이 문제를 이해하기 위해서 당시 한국과 같은 신생 민주주의 국가에서 균열의 형성과정에 대한 이론을 살펴보는 것이 필요하다. 균열의 형성에 대한 이론은 크게 사회학적 접근법, 정당 체제의 매개 역할을 강조하는 접근법, 그리고 정치엘리트의 역할에 더 주목하는 행위자 접근법으로 구별할 수 있다. 사회학적 모델은 시민들의 정치적 정향과 선택은 사회적 지위(대표적으로 '계급')에 의해서 영향을 받는다고 주장한다. 이러한 맥락에서 이 시각은 균열은 아래로부터 형성된다고 주장한다. 두 번째 접근법은 이 분야의 고전적인 이론인 립셋과 로칸[19]의 이론에 기반을 두어 정당 체제의 매개적 역할에 주목한다. 이 시각은 균열의 사회적 기반의 중요성을 고려하면서도 정당과 정치적 가치의 상대적 자율성을 강조한다. 즉 균열은, 사회적 기반, 집단의 정체성, 그리고 정치적 접합(articulation) 세 구성 요소를 가진다.[20] 세 번째 접근법은 정당과 정치엘리트에 의한 위로부터 동원

---

17) 최장집은 고도성장에 의한 정치균열의 형성과정에서 반체제집단과 중산층의 분리에 주목하면서 안정·번영 대 민주주의 균열구조가 민주주의를 중심으로 한 균열을 대체한 것으로 보았다(최장집, 《한국 정치의 구조와 변화》(서울: 까치, 1989), 100-105쪽.

18) 노동자 대투쟁은 1990년 전국노동조합협의회(전노협)와 1995년의 전국민주노동조합총연맹(민노총) 형성의 기반이 되었다.

19) Lipset, Seymour M. and Stein Rokkan, "Cleavage Structures, Party Systems and Voter Alignments: An Introduction," in Seymour M. Lipset and Stein Rokkan (eds.), Party Systems and Voter Alignments: Cross-National Perspectives (New York: Macmillan, 1967), pp. 1-64.

을 통해서 균열이 형성된다는 것을 강조한다.[21] 정치엘리트와 정당의 역할을 강조하는 세 번째 접근법에 따르면 균열의 사회적 기반이 미미하더라도 위로부터 동원으로 균열이 만들어질 수 있다. 민주화 이후 부상했던 한국 지역균열의 형성이 대표적 사례다.

민주화라는 시대정신을 대표하는 공통의 목표를 위해서 중산층과 노동자 그리고 민주화 운동 세력 사이에 형성된 최대민주화 연합이 6월 항쟁을 주도했고 결국 6.29선언을 끌어냈다. 하지만 직선제 도입과 최소한의 민주화 조치를 약속한 6.29선언 후 7-8월 노동자 대투쟁 과정을 거치면서 최대민주화 연합에서 중산층은 이탈하였고 최대민주화 연합은 사실상 해체되었다.[22]

최대민주화 연합이 해체된 후 정초 선거였던 제13대 대선(1987)에서 서로 다른 지역 기반을 가진 4당의 후보가 출마하면서 유권자는 자신이 지지하는 지도자가 이끄는 정당이 대표하는 지역을 따라서 재편되었다. 이에 따라서 권위주의 시절 지배적이었던 민주 대 반민주 구도에 기반을 둔 여촌야도의 투표행태는 호남, 충청, 대구 · 경

---

20) 바르톨리니(Bartolini, S., and Mair, P. Identity, competition, and electoral availability: The stabilisation of European electorates, 1885 – 1985, (ECPR Press. 2007, (Original work published in 1990), pp. 213-220)의 분석에 따르면 균열 개념은 사회구조에 뿌리를 두고 있는 이해관계 정향, 규범적 체계에 뿌리를 두고 이념적 정향, 그리고 조직적인 멤버십과 행위로 표출되는 행태적인 양상의 수준을 포괄한다. 다시 말하면 이러한 관점은 균열을 세 가지 수준에서 이해한다. 즉 균열이 형성되기 위해서는 사회구조적인 요소, 집합적인 정체성, 그리고 정치적인 수준에서 조직적인 표출(organizational manifestation)의 세 가지 요소 (혹은 단계)가 필요하다는 점이다. 따라서 이러한 관점을 발전시키면 사토리(Sartori, Giovanni, "Politics, ideology, and belief systems," American Political Science Review 63.2 (1969), pp. 398-411)가 지적한 바대로 사회적 수준의 균열(첫째와 두 번째 수준)은 정치적 접합의 과정(세 번째 수준)을 거치기 전까지 정치균열로서 전환되지 않는다.

21) Torcal Mariano and Scott Mainwaring, "The Political Recrafting of Social Bases of Party Competition: Chile, 1973-95," pp. 57-59.

22) 최장집, 《한국 정치의 구조와 변화》, 296-299쪽.

북, 부산·경남을 중심으로 한 지역주의 투표행태로 전환되었다. 제13대 대선(1987)에서 나타난 지역주의 투표행태는 제13대 국회의원 선거(1988)를 거치면서 지역에 정치적 기반을 둔 4당 체제로 제도화되었다.

권위주의 통치 시기 민주 대 반민주 균열의 출현과 마찬가지로 지역균열의 형성은 세 가지 수준의 요인이 상호작용의 결과로 이해할 수 있다. 먼저 구조적 수준에서 분단체제의 영향으로 인한 이념적 제약과 탈정치화되지 않았던 강력한 군부의 존재다. 여전히 전모가 밝혀지지 않았지만, 제13대 대선 캠페인 과정에서 큰 충격을 주었던 KAL 858기 폭발사건을 군부 정권이 이른바 '무지개 공작'을 통해서 정치적으로 활용한 것으로 드러났다.23) 군부는 탈 정치화되지 않은 채 강력한 비토세력으로 존재했다. 6월 항쟁으로 군부정권이 직선제를 수용한 이후에도 군부의 김대중에 대한 비토는 여전했다. 박희도 육군참모총장은 "김대중씨의 대통령 출마를 반대한다"는 공개선언을 했다. 또한 모 장성은 사석에서 "김대중이 대통령 된다면 수류탄을 들고 뛰어들겠다"는 발언을 했다고 한다.24) 오랜 정치적 동지이자 경쟁자였던 김영삼에 의한 김대중 불가론의 중요한 근거는 군부의 비토였다. 민주화의 공간이 열렸지만, 이념적 제약은 여전했다.

둘째 제도의 효과다. 제13대 대선 결과 민주 정의당 노태우 후보는 민주화 이후 역대 대선 중 가장 낮은 득표율인 36.64%의 득표로 당선되었다. 김영삼(28.03%)과 김대중(27.04%)이 얻은 지지를 합하면 절반이 넘었다. 만약에 결선투표와 같은 제도가 87년 헌정체제에

---

23) 안홍욱, 〈KAL기 폭파 "대선 전략적 이용…조작은 아니다"〉, 《경향신문》, 2006년 8월 1일.
24) 김도균, 〈"대통령되면 수류탄 들겠다"… 군은 왜 DJ 미워했나 김대중과 군, 반세기에 걸친 악연〉, 《OhmyNews》, 2020년 9월 8일.

서 도입되었더라면 민주화의 경로는 크게 달라졌을 것이다. 앞서 이
야기 한 대로 제13대 국회의원 선거의 선거제도는 지역구에서 1인을
선출하는 소선거구—최다 득표제와 전국구제도가 결합된 선거제도였
다. 지역의 소선거구 최다 득표제는 득표와 의석 간의 낮은 비례성으
로 지역 기반 정치를 강화했다.

셋째, 정치엘리트와 정당의 전략이다. 앞서 살펴본 대로 당시 한
국과 같은 신생 민주주의 국가에서 민주화 이후 균열의 형성에서 정
치엘리트의 동원 전략이 매우 중요한 변수다. 6.29선언 이후 도래한
민주적 개방 공간 속에서 김대중은 적어도 두 차원의 어려운 선택에
직면했다.

먼저, 노동문제의 정치적 동원을 둘러싼 선택이다.

김대중은 정계 입문 직후부터 노동문제에 관심을 두었고 대표적인
친노동 정치인이라는 명성을 얻었다.[25] 김대중은 6월 항쟁 2단계에
서 본격화된 노동자 대투쟁의 주장을 어용노조 철폐와 적정임금 상승
으로 요약하고 이는 정당한 투쟁이라고 평가하였다. 또한 노동자 투
쟁이 비폭력 투쟁을 견지하는 것이 중요하다고 지적하였다. 김대중은
민통련 주최 토론회에서 자신의 인터뷰를 회고하면서 머지않아 노동
자들이 노동3권을 가지고 정치참여에 나서고 나아가 자신의 정당을
가질 수 있어야 한다고 지적하였다. 하지만 현시점에서 이 두 가지에
집중한 것은 매우 현명한 선택이었다고 평가하였다.[26] 현실 정치인

---

25) 김대중은 1955년도에 이미 당시 대표적인 비판언론이었던 사상계에 '한국 노동운동의
    진로'라는 인상적인 논문을 기고했다. 김대중은 그 논문에서 20세기 세계 노동 운동사
    를 평가하고 미국의 경로에 주목했다. 그는 노동운동이 목적달성을 위해서는 미국과
    같이 정당의 지원을 받는 것을 불가피하지만 노동조합의 자주적인 기반 위에서 정당
    과 관계를 설정하지 않으면 안 된다고 지적했다. 이러한 배경에서 그는 해당 시기
    대한노총의 어용 정당 관계를 비판하고 부당한 정당 관계를 일소하든지 아니면 당의
    명실상부한 주인이 되던 자기의 양자택일만이 있다고 역설했다(김대중, 〈한국노동운
    동의 진로〉, 《사상계》, 1955년 10월 1일).
26) 민주·통일민중운동연합, 《87년 10월 5일 민통련에서의 평민당 김대중 총재 민주당

김대중은 자신의 집권이 가능한 전략에 집중했으며 노동문제의 정치적 동원과 관련하여 단계적인 접근법을 취하는 태도는 보였다.

또한 민주화 이후 정초 선거에서 지역주의를 둘러싼 김대중의 전략과 선택이다. 민주화 최대 연합 중 핵심 행위자인 야당이 영남(경남)에 기반을 둔 김영삼이 이끄는 통민당과 호남에 기반을 둔 김대중이 이끄는 평민당으로 분열된 채 제13대 대선을 치르면 정권교체가 어려워지는 것은 물론 제7대 대선(1971)에서 그 징후가 보였던 지역 간 대결이 심화될 것이 예상되었다. 민주화운동 세력이 제13대 대선을 앞두고 양 김의 단일화에 집중한 이유다. 하지만 권위주의 정권 시기 지역감정의 가장 큰 피해자였던 김대중은 이 이슈의 중요성을 자신의 집권전략의 하위에 놓았다. 김대중은 김영삼과의 제13대 대선을 앞둔 최후 담판에서 "왜 지역감정이 생겨났는지도 김 총재가 잘 알고 있지 않습니까? 우리가 똑같이 지역감정의 피해자들인데 서로가 도와야 하지 않겠습니까? 김 총재가 나를 도와준다면 이번 선거가 지역감정을 추방하는 절호의 기회가 될 수 있습니다"라고 김영삼의 양보를 권했다.[27]

제13대 대선에서 평민당의 선거 전략은 4자 필승론이었다고 알려져 있다. 4명의 후보가 출마할 경우 영남지역은 노태우 후보와 김영삼 후보가 분할 할 것이고 충청지역은 김종필 후보가 호남지역은 김대중 후보가 많은 지지를 확보하면 결국 수도권이 관건이 될 것으로

김영삼 총재 초청 정책세미나 전문〉, 1987년 10월 13일.

27) 김대중, 《김대중 자서전 1,2》, (서울: 삼인, 2010), 530쪽. 흥미로운 사실은 제13대 국회의원 선거에서 승리한 김대중은 타임즈(1988.05.05)와의 인터뷰에서 지역구도 하에서는 3김 어느 누구도 대통령이 될 수 없다고 지적했다 것이다. 그는 "이른바 3김(김대중, 김영삼, 김종필) 가운데 누구도 이러한 지역구도에서는 대통령이 될 수 있다는 꿈을 이룰 수 없다는 점입니다…이에 따라 지금이야 말로 야당과 여당의 지역주의를 종식시킬 수 있도록 공동의 노력을 해야 할 때입니다"라고 주장했다(김대중도서관, 〈〈타임즈(The Times)〉와의 인터뷰〉, (검색일: 2023년 4월 30일).

예측했다. 이 경우 수도권에서 경쟁력을 가진 김대중 후보가 더 유리
하다는 주장이었다.[28] 제13대 대선에서 평민당을 포함한 4당이 지
역주의 동원 전략을 얼마나 어떤 방식으로 구사했는지는 여전히 규
명되어야 할 과제다. 당시 권위주의 집권세력이 지역주의 전략을 효
율적으로 활용했다는 것이 다양한 증언을 통해서 확인된다.[29]

　신생 민주주의 국가에서 민주주의 이행기에 특정한 균열이 동원되
고 유권자 편성이 제도화되면 이후 새로운 균열이 동원되기 대단히
어렵다.[30]. 한국 민주화 이행과정에서 제도화되었던 지역균열의 지
속성이 이를 잘 나타낸다.

2. 대내적 정당제도화(1): 가치 고취

　제도가 가치와 안정성을 획득하는 과정을 나타내는 제도화 개념을
정당에 적용할 때 정당제도화의 대내적 차원과 대외적 차원을 구분

---

28) 중앙선거관리위원회, 《大韓民國選擧史 제4집(1980. 1. 1. – 1988. 2. 24.》 (경기:
　　중앙선거관리위원회, 2009), 513쪽. 박정희 정권 출신 양순직의 회고에 의하면 4자
　　필승론에 대해서는 여전히 논란이 없지 않다. 김영삼과 단일화를 촉구하는 과정에서
　　4자 필승론은 동교동의 입장이었다는 주장이 있다(서중석, 김덕련, 《서중석의 현대사
　　이야기 20》 (서울: 오월의 봄, 2020), 171-174쪽). 반면에 김대중은 언론과의 인터
　　뷰에서 부정선거를 은폐하기 위해서 여당이 4자 필승론을 뒤집어씌웠고 다른 야당과
　　언론이 동의했다고 주장했다(고대훈 · 강병철 · 오대훈, 〈"87년 대선, 우리는 서로 싸
　　우다 졌고 국민은 나를 원망했다"-김대중 육성 회고록〈16〉, 《중앙일보》, 2023년 8월
　　29일).
29) 조선일보 기자의 증언에 따르면 김영삼의 광주 유세 때 돌멩이 투석 사건은 보안사내
　　의 흑색선전의 귀재로 불리던 H처장에 의해서 기획되었다. 호남 유세장 폭력은 김대
　　중의 대구 유세에서 기획된 폭력으로 이어졌다. 또한 당시 조선일보의 지역감정 조장
　　보도와 TV에 의한 김대중 이미지 왜곡 보도가 두드러졌다(강준만, 《인물과 사상 23
　　. 김대중 신드롬》(서울: 개마고원, 2003), 233-245쪽).
30) Zielinski, Jakub, "Translating social cleavages into party systems: The
　　significance of new democracies," World Politics 54.2 (2002), pp. 184-211.

하는 것이 유용하다.31) 대내적 차원의 정당제도화 분석에서 가치 고취, 관례화, 체계성에 주목한다. 가치 고취는 정당이 그 자체로서 가치를 가지게 되는 과정을 나타낸다. 정치적 국면의 변화에 따라서 정당의 목적은 달라질 수 있지만, 가치 고취로서 제도화 수준이 높을 때 정당의 구성원들은 정치적 변화에도 불구하고 조직에 대한 헌신을 유지한다.32) 즉 유권자가 정당 (가치)에 대한 일체감을 획득하고 자신의 이해에 기반을 둔 정당에 대한 도구적 헌신을 넘어서는 것이다.33).

유권자가 가치에 기반을 두어 민주당 계열 정당에 대해서 어느 정도 일체감을 가지게 되었는지를, 민주당 계열 정당의 제도화 수준이 어떠한지를 분석하기 위해서는 먼저 민주당 계열 정당의 정강 정책을 분석하는 것이 필요하다. 민주화 이후 한국의 정당사는 수많은 정당 사이 이합집산의 역사였다. 이 이합집산은 정책을 중심으로 한 연합이 아니라 선거를 앞두고 선거 승리를 목적으로 이루어진 선거 승리 연합이었다. 이에 따라서, 정당과 유권자가 프로그램에 기반을 둔 안정적인 연계를 발전시키지 못했다. 이러한 배경에서 한국 정당에 관한 앞선 연구 중에서 정당의 정강 정책을 분석한 연구는 매우 소수에 지나지 않는다.34) 그런데도 민주화 이후 국민의 정부 시기까지 민주당 계열 정당의 정강 정책의 변화를 자세히 살펴보면 정강

---

31) Randall V and Svåsand L, "Party Institutionalization in New Democracies,"
32) Levitsky, Steven, "Institutionalization and Peronism: the case, the concept, and the case for unpacking the concept," pp. 79–80.
33) Randall V and Svåsand L, "Party Institutionalization in New Democracies," p. 13.
34) 예외적인 연구로는 지병근, 〈제19대 총선에서 한국정당들의 정책경쟁: 총선공약에서 나타난 정책적 일관성과 차별성을 중심으로〉, 《인문사회과학연구》제36권 (2012), 31–65쪽; 이지호·서복경, 〈새로운 이슈로서 '청년'에 대한 정당 대응: 선거강령분석을 중심으로〉, 《현대정치연구》제12권 1호 (2019), 101–144쪽이 있다.

정책에 있어서 의미 있는 연속성과 변화를 발견할 수 있다.

〈표1〉은 (부록) 김대중이 사실상 창당하고 이끌었던 평민당, 신민주연합당(신민당), 국민회의, 민주당, 새천년민주당 다섯 정당의 정강 정책과 주요 정책을 비교 제시한다. 김대중이 제13대 대선에 출마하기 위해서 창당한 평민당의 정책 정당화에 큰 노력을 기울였다. 김대중은 "평화민주당은 창당 이래 '정책정당의 기치를 내걸고 양심적 중산층, 노동자, 농민, 도시 서민의 이익을 대변하는 정책 개발에 최대의 관심을 경주해왔습니다. 민주주의가 뿌리를 내리기 위해서는 5공 청산과 광주항쟁의 진상규명을 포함하는 민주화를 당면의 목표로 내세웠습니다"라고 천명했다.[35] 이 시기 민주당의 대표 브랜드가 되었던 '중산층과 서민의 정당'이 만들어졌다.

각 정당의 기본 정강 정책의 변화를 살펴보자. 평민당은 민주주의 정치질서 확립, 자주외교 민주안보 태세 확립, 평화통일 지향, 정의 경제 구현, 농림수산업 보호와 육성, 민주적 복지사회 구현, 교육입국과 문화의 창달을 기본정책으로 제시했다. 민주주의 정치질서 확립 공약과 관련하여 군의 정치적 중립을 명시했다.[36] 이 정책은 1987년 제13대 대선에서 쟁점이 되었던 김대중 후보 불가론[37]에 대한 대응으로 볼 수 있다. 또한 평민당 정책 중에서 주목할 만한 것은 서민 대중의 권익보장과 공정한 분배를 위한 정의 경제다. 이

---

35) 평화민주당 정책위원회, 《정책과 전망 상, 하》, 1-2쪽.

36) 평화민주당 정책위원회, 《정책과 전망 상, 하》, 304-317쪽.

37) 당시 김영삼은 야권후보로서 김대중이 불가한 중요한 이유로서 군의 비토를 들었다. 강창성의 증언에 의하면 군의 비토는 DJ 사상에 대한 의심과 DJ에 의한 정치보복에 대한 두려움 때문이었다고 한다(김도균, 〈"통령되면 수류탄 들겠다"… 군은 왜 DJ 미워했나〉, 《OhmyNews》 2009년 9월 20일). 김영삼은 이러한 상황을 정치적으로 잘 활용하였다. 김대중은 이러한 군 비토론에 강력하게 반박하였다. 김대중은 군에 아부할 생각도 없지만 군의 정치개입은 근절해야한다고 주장하였다(민주·통일민중운동연합, 《87년 10월 5일 민통련에서의 평민당 김대중 총재 민주당 김영삼 총재 초청 정책세미나 전문》, 1987년 10월 13일).

정강 정책은 1971년 제7대 대선을 통해서 신민당의 공약으로 제시된 김대중 후보의 '대중 경제론'이 발전한 것이다. 독재 거부와 민간 정부수립 정책은 통합 민주당으로 이어졌다. 또한 부의 공정한 분배를 주장하는 정의로운 경제정책도 통합 민주당으로 계승되었다.

김대중이 네 번째 대선 도전을 위해서 창당한 국민회의는 '21세기 역사적 재 전환기를 맞이하여 우리나라의 새로운 도약과 번영을 위해서 참여민주주의와 공정한 시장 경제를 바탕으로 한 중도적 국민정당'의 기조를 천명했다. 국민회의는 구체적인 정책 방향으로서 '안정속의 개혁'을 추진하며 중산층에게는 안정을 서민에게 희망을 여성에게 기회를 청년에게 꿈을 주는 정치를 실현할 것을 제시했다.[38]

국민의 정부 집권 후반기 안정적인 정치 기반을 구축하기 위해서 창당한 새천년민주당은 그 기본 방향을 '중산층과 서민 중심의 개혁적 국민정당', '인권과 복지를 중심하는 정당', '지역 구도를 타파하는 전국정당'으로 제시했다.[39] 정강정책에서 새천년민주당이 '평화와 도약의 한반도 시대'를 이끌어 갈 주체임을 선언했으며 당의 목표로는 민주주의, 시장경제, 생산적 복지 3대 이념에다 남북화해와 민족 상생의 구현, 국민 대화합의 실현이라는 2대 목표를 추가했다. 이 목표는 인권 국가, 민주국가 실현, 4대 개혁의 완성과 지식정보화 촉진, 생산적 복지의 정착으로 구체화되었다.[40]

민주당 계열 정당의 정강 정책은 국민의 정부의 국정철학인 '민주주의와 시장 경제의 병행 발전'에서 핵심적인 내용이 잘 표현되었다. 김대중은 제15대 대통령 취임사에서 "국민의 정부는 민주주의와 시

---

38) 중앙선거관리위원회, 《大韓民國選擧史 제4집(1980. 1. 1. – 1988. 2. 24.》, 191쪽.
39) 김대중, 〈제54주년 광복절 경축사〉, 《위키문헌》(검색일: 2023년 7월 23일).
40) 중앙선거관리위원회, 《大韓民國政黨史 第6輯, (1998. 2. 25. – 2003. 2. 24.)》(경기: 중앙선거관리위원회, 2016), 127쪽.

장경제를 병행시키겠다. 민주주의와 시장경제는 동전의 양면이고 수레의 양 바퀴와 같다. 결코 분리해서는 성공할 수 없다."라고 역설했다. 이는 집권 전 밝힌 '민주적 시장 경제'의 개념의 확장이다. 민주적 시장경제는 "정치적 민주화에 맞추어 경제운영에 민주주의 원리, 원칙의 적용을 확대하고 정부의 불필요한 규제를 철폐하여 진정한 시장경제질서를 확립하는 것"이다.41)

　부문별로 정강정책 변화를 좀 더 자세히 살펴보자. 첫째, 정치와 지방자치 분야 정강정책의 변화를 보면 민주당계열 정당의 정강 정책은 민주화 이후 변화하는 정치 상황을 잘 반영했다. 평민당이, 민주당, 국민회의, 새천년민주당으로 야당에서 집권당으로 지위가 변화하면서 정치 분야 정강정책도 진화했다. 평민당 시절 정치 분야 정강 정책은 주로 독재의 종식과 민주화를 강조했다. 이후 지역분권과 참여민주주의를 포괄하는 방향으로 확장되었다. 집권 후 전국 정당화를 시도했던 새천년민주당은 참여민주주의와 국민 합의를 토대로 한 책임총리제와 분권형 대통령제 추진을 공식화했다.

　둘째, 경제정책에 대한 정강정책의 변화를 살펴보자. 평민당의 경제 정강정책은 정의 경제 구현이라는 목표 아래 정의 경제의 확립, 자주·자립경제의 실현과 대중참여 경제를 제시하였다. 또한, 국·공영 기업체의 민영화와 자본시장의 자유화 같이 시장 지향적인 정책도 함께 제시되었다. 민주당 시절 정강정책도 유사했다. 대중참여 경제 실현과 함께 경제력 집중완화와 기업의 사회적 책임을 명시했다. 새정치국민회의 시절 경제 공약은 시장경제를 기반으로 과다한 규제(정부개입)을 억제하고 자율성을 최대 보장하는 방향으로 강조점

---

41) 김대중, 〈김대중의 21세기 시민경제이야기: 우리 경제 어떻게 살릴 것인가〉(1997)·재인용, 류동민, 〈김대중의 경제사상에 관한 검토: 경제적 민주주의 개념을 중심으로〉《기억과 전망》 23 (2010), 160-161쪽.

이 이동했다. 이와 함께 중소 기업부 신설과 중소기업 적극 기원을 강조했다. 집권당이었던 새천년민주당 정강정책에서는 외환위기 속에서 집권한 국민의 정부의 국정과제였던 기업·금융·공공부문·노사관계 4대 부문의 지속적 추진을 강조했다. 또한 새로운 성장 동력(첨단 산업)의 확충을 통해서 새로운 쌍두마차형 산업전략 추진을 공식화했다.

위에서 살펴본 바와 같이 제7대 대선(71년)에서 박정희 정권의 대기업 중심의 수출주도형 경제성장 전략에 대한 대안으로 제시되었던 '대중경제론'은 시대 변화와 함께 상당히 변화되었다. 집권 후 제시된 국정철학인 '민주주의와 시장경제의 병행 발전'에서 국가의 역할은 시장의 원활한 작동을 위해서 국가가 필요한 역할을 하는 개념으로 변화되었다.42) 새천년민주당 시절 경제정책은 집권당으로서 시장 경제의 확립을 통한 경제정의의 실현에 초점을 맞추고 있다. 예를 들어 시장 규율을 중시하는 금융 감독체제의 확립을 제시했다. 또한 노무현 정부에서 본격화되었던 금융 산업 경쟁력 강화와 자유무역협정에 대한 정강 정책도 약속했다.

셋째, 평화통일 외교 관련 정책은 평민당–새천년민주당을 거치면서 지속적으로 구체화되었다. 두루 알려져 있듯이 남북화해와 협력 나아가 평화통일은 김대중의 필생의 정치적 과제였다. 평민당 시절 평화통일 지향이라는 선언은 민주당 시기에 와서는 남북한 상호불가침조약, 교차승인, 군비축소 정책 추진을 통한 평화 정책으로 구체화되었다. 국민회의 시기에서도 자주 협력 외교를 기조로 점진적 평화통일 추진은 계승되었다. 집권당인 새천년민주당 시기에 남북화해와 민족 상생의 구현은 당의 5대 목표로 구체화되었다.

---

42) 류동민, 〈김대중의 경제사상에 관한 검토: 경제적 민주주의 개념을 중심으로〉, 142–171쪽.

넷째, 교육 정책에 대한 정강 정책도 야당 시절인 평민당, 민주당, 국민회의 그리고 여당인 새천년민주당으로 지위가 변화하면서 정강 정책이 더 구체화되었다. 평민당은 중학교 의무교육의 전국 확대실시를 제시하였다. 국민회의는 더구체적으로 GNP 5% 이상 교육재정 투자와 의무교육 9년제 조기 실현을 약속하였다. 집권당으로서 새천년민주당은 초등·중학교 교육환경의 OECD 상위국 달성의 목표 아래 교육재정 GDP 6%를 제시했다.

국민의 정부 시기까지 김대중이 이끌었던 민주당 계열 정당의 가치 고취는 어떠한 정치적 결과를 낳았나? 자료의 제한으로 체계적인 분석은 어렵지만 김대중이 집권했고 정권을 재창출했던 제15대-제16대 대선에서 시민들이 평가하는 민주당 계열 정당의 이슈 소유권(issue ownership)[43]을 통해서 예비적인 분석을 진행할 수 있다. 위에서 살펴본 대로 평민당-새천년민주당 시기를 관통하는 경제정책의 핵심은 '중산층과 서민의 정당'이었다. 또한 대기업 중심 경제정책의 보완으로서 중소기업 육성을 강조했다.

제15대-제16대 두 번의 대선에서 대선 후 실시된 유권자 의식 조사[44]에 따르면 시민들이 생각하는 가장 중요한 이슈 상위 세 가지는 물가, 고용안정, 경제성장이었다. 세 이슈 중 서민의 삶에 직접적인 영향을 미치는 이슈인 물가와 고용안정과 김대중이 강조했던 중소기업 육성 이슈를 중심으로 민주당 계열정당(후보자)에 대한 시민들의 이슈소유권 평가를 살펴보자.

김대중이 승리했던 제15대 대선 경쟁에서 김대중은 물가(53.1%대

---

43) 이슈 소유권은 중요한 이슈를 얼마나 잘 다룰 수 있는 이슈 해결에 대한 정당이나 후보자의 능력에 대한 평판을 의미한다.

44) 제15대 대선 유권자 의식조사는《21세기정책개발연구회》와《중앙선거관리위원회》의 의뢰로 시행되었고 제16대 대선 유권자 의식 조사는《중앙선거관리위원회》와《여성개발원》의 의뢰로 시행된 조사다.

25.48%), 고용안정(50.75% 대 26.87%), 중소기업 육성(53.33% 대 23.33%) 세 이슈 모두에서 당시 집권당 후보로서 대세론을 구가하던 이회창 후보를 압도했다. 이 결과는 민주화 이후 김대중이 이끌었던 민주당 계열 정당의 정강 정책 제도화(가치 고취)의 영향이라기보다는 준비된 대통령을 내세웠던 오랜 경륜의 김대중 후보 요인이 더 큰 영향을 미친 것으로 볼 수 있다.

그렇다면 민주당이 정권 재창출에 성공한 제16대 대선에서 노무현 후보에 대한 평가를 통해 이 문제를 살펴보자. 두루 알듯이 노무현은 지역주의 타파와 정치개혁을 화두로 포스트 3김 시대를 연 후보였다. 새천년민주당 노무현 후보도 김대중 후보와 마찬가지로 물가(54.79% 대 37.08%), 고용안정(64.83% 대 24.83%), 중소기업 육성(56.52% 대 30.43%) 세 이슈 모두에서 제15대 대선에 이어서 다시 출마한 이회창 후보를 압도했다. 경제위기가 화두였던 제15대 대선과는 달리 제16대 대선은 노무현 후보가 상징하는 정치개혁이 화두였다. 또한 노무현 후보는 김대중 후보와는 달리 정치적 경험이 길지 않는 새로운 후보였다. 그렇다면 민주당 후보의 이슈 소유권에 대한 시민들의 압도적 평가는 김대중이 이끌었던 민주당 계열 정당의 정강 정책 제도화(대표적으로 '중산층과 서민의 정당')의 정치적 효과가 어느 정도 작용한 것으로 볼 수 있다.

3. 대내적 정당제도화(2): 관례화와 체계성

대내적 정당제도화의 또 다른 중요한 차원은 정당에서 게임의 규칙이 일상화되고 패턴화되는 관례화 과정과 정당의 사회적 기반이 안정화되는 체계성이다. 관례화는 언제 발생하며 어떻게 정의할 수 있나? 조직을 둘러싼 반복적이고 안정적인 기대가 형성되었을 때 규칙과 절차 역할 또는 행위의 다른 패턴이 제도화되었다고 할 수 있다.[45] 체계성은 '구조로서 정당을 구성하는 상호작용의 범위, 밀도, 규칙성의 증가'를 지칭한다.[46] 체계성은 정당이 광범위하고 지역적으로 정박한 조직적 지지에 접근 가능할 때 증가한다고 할 수 있다.[47]

1) 관례화

김대중이 이끌었던 민주당 계열정당의 관례화를 정당의 후보 선정 절차를 중심으로 살펴보자. 공천은 정당의 성격과 정당 내부의 권력투쟁을 반영하고 규정한다. 또한, 공천방식의 변화는 정치의 투입(정당 내부 참여의 질과 후보자의 유형)과 산출 부분(경쟁, 현역 교체, 의회의 행태, 반응성의 대상)에도 영향을 미친다.[48] 민주화 이후 한국 정당의 공천을 논의할 때 중요한 이슈는 공천의 주체다. 공천의 주체는 유권자가 결정권을 갖는 가장 개방적인 제도부터 1인 지도자가 결정권을 갖는 가장 폐쇄적인 제도가 있다. 이 사이에는 당원, 당 대의원, 당 엘리트가 공천 주체로 존재한다.[49]

먼저, 김대중이 후보로 출마했던 제13대-제15대 대선 후보 선출

45) Levitsky, Steven, "Institutionalization and Peronism: the case, the concept, and the case for unpacking the concept," p 81.; Scarrow, Susan E., Jamie M. Wright, and Anika Gauja. "Party statutes and party institutionalization," pp. 217-228.
46) Randall V and Svåsand L. "Party Institutionalization in New Democracies," p. 13.
47) Ponce1 Aldo F and Susan E. Scarrow, "Party Institutionalization and Partisan Mobilization," p. 747.
48) Reuven Y. Hazan & Gideon Rahat 저·김인균 외 역, 《공천과 정당정치》(서울: 박영사, 2019), 2-19쪽; 27쪽.
49) Reuven Y. Hazan & Gideon Rahat 저·김인균 외 역, 《공천과 정당정치》, 63쪽.

과정을 살펴보자. 민주화 이후 첫 번째 대선이었던 제13대 대선은 추대를 통해서 김대중 후보가 평민당 후보로 확정되었다(1987년 11월 12일). 나머지 두 번의 대선(제14-제15대)은 각각 민주당과 국민회의 당내 경선을 통해서 김대중이 후보가 선출되었다. 민주당의 제14대 대선 후보 선출은 전당대회를 통해서 이루어졌다. 전당대회(1992년 5월 25-26일)에서 당내 두 주요 세력을 대표하는 김대중과 이기택이 경쟁하여 투표 참여 대의원 2,348명 중의 60.2%인 1,413표를 획득한 김대중이 925표로 39.4%를 얻은 데 그친 이기택을 누르고 통합민주당의 후보로 결정되었다.50) 국민회의는 제15대 대선(1997. 12)을 앞두고 제15대 국회의원 선거 참패의 결과를 둘러싸고 내분에 휩싸였다. 대통령 후보 선출 방식을 놓고 비주류 측은 국민경선제를 주장했고 주류 측은 대의원에 기반을 둔 전당대회를 통한 선출 방식을 주장했다. 비주류의 반발 속에서 당무회의의 결정에 따라서 전당대회에서 후보자를 선출하는 방식이 선택되었다. 주류의 김대중과 비주류의 정대철의 격돌한 전당대회에서 김대중 후보가 전체 유효투표 4,157표의 4분의 3이 2가 넘는 77.5%(3,222표)를 얻어 국민회의 제15대 대선 후보로 확정되었다.51)

　민주화 이후 제15대 대선까지 민주당 계열 정당의 세 번의 대선 후보 선출과정은 당내 민주주의의 발전과정으로 평가할 수 있다. 추대를 통해서 후보를 결정한 제13대 대선을 제외한 두 번의 경선 과정에서 치열했던 경선은 큰 무리 없이 진행되었고 여당과는 달리52)

---

50) 중앙선거관리위원회, 《大韓民國政黨史: 1988.2.25‐1993. 2. 24. 第4輯》(경기: 중앙선거관리위원회, 2009), 266쪽.
51) 중앙선거관리위원회, 《大韓民國政黨史 第5輯, 1993. 2. 25‐1998. 2. 24.》(경기: 중앙선거관리위원회, 2009), 358쪽.
52) 제14대 대선 후보 선출 과정에서 김영삼과 경쟁했던 이종찬은 경선 결과에 불복하여 탈당하여 신당 창당에 나섰으나 결국 정주영 후보를 지지하였다. 한편 제15대 대선에서 이인제는 경선에 불복하여 국민신당을 창당하였고 결과적으로 김대중의 당선에

경선에서 패한 이기택과 정대철은 결과에 승복하였다.

　집권당으로서 치렀던 제16대 대선(2002.12)에서 새천년민주당의 대통령 후보 선출방식에 큰 변화가 있었다. 새천년민주당은 국민의 정부 후반기 실시된 재·보궐 선거(2001.10.25)에서 패배하였고 민심 수습책의 일환으로서 차기 후보 조기 가시화를 추진했다. 이를 위해서 '당 발전과 쇄신을 위한 특별대책 위원회'를 구성하고 경선 규칙을 마련했다. 위원회는 '권력의 분점과 분산'을 목표로 당권과 대권의 분리하고 집단 지도 체제를 도입하며, 국민 참여 경선을 통한 대선 후보 선출을 결정했다.53) 이에 따라서 한국 정당 사상 초유의 국민 참여 경선이 제주(3월 9일)를 시작으로 서울(4월 27일)까지 50일간 시행되었다. 국민선거인단 모집에는 180만 명이 넘는 지원자가 참여하여 큰 국민적 관심을 불러일으켰다.54)

　김대중이 주도하여 치렀던 제13대 국회의원 선거-제16대 국회의원 선거에서 국회의원 선거 후보자 공천방식은 어떻게 변화했는가? 평민당 시절부터 새천년민주당까지 민주당 계열 정당의 후보자 공천은 공식적으로 조직강화특별위원회 또는 공천심사위원회를 구성하여 결정하였다. 평민당은 제13대 국회의원 선거를 맞이하여 김영배 사무총장을 위원장으로 하고 영남, 호남, 경기·강원, 지역과 재야(3인)을 담당하는 6인을 위원으로 하는 조직강화 특별위원회를 구성하여 공천심사를 진행했다.55) 제14대 국회의원 선거에서는 민주당과 통합으로 통합 민주당으로 공천을 진행했다. 조직강화 특별위원회는

기여하였다.

53) 중앙선거관리위원회, 《大韓民國政黨史 第6輯, 1998. 2. 25. - 2003. 2. 24.》, 296쪽.
54) 중앙선거관리위원회, 《大韓民國選擧史 第7輯, 1998. 2. 25. - 2003. 2. 24.》(경기: 중앙선거관리위원회, 2016), 381-382쪽.
55) 중앙선거관리위원회, 《大韓民國選擧史 第5輯, 1988. 2. 25 - 1993. 2. 24.》(경기: 중앙선거관리위원회, 2009), 58쪽.

김원기 사무총장을 위원장으로 하고 신민계 4명과 민주계 5명 등
총 10명으로 구성되었다.56) 새정치국민회의 창당으로 제15대 국회
의원 선거는 조순형 사무총장을 위원장으로 하여 9인의 위원으로 공
천 심사위원회를 구성하여 '민주주의 공헌도, 국가 및 지역발전 헌신
성, 도덕성, 당 발전 기여도, 당선 가능성' 등 다섯 가지 기준으로
공천심사를 진행했다.57) 제16대 국회의원 선거에서 새천년민주당
은 장을병 위원장을 포함하여 사무총장, 정책위원장 외 6인의 조직
강화특위를 구성하여 공천심사를 진행했다.58)

이처럼 민주당 계열 정당이 공식적인 조직을 통해서 공천자를 결
정하였음에도 불구하고 제16대 대선(2002년) 후보 경선 전까지 중앙
당의 중앙집권적인 공천방식이 유지되었다.59) 국민회의는 당헌 97
조에 "국회의원 후보자는 당무위원회의 심사와 의결을 거쳐서 총재
가 추천한다"고 규정했다. 또한 새천년민주당의 경우도 크게 다르지
않았다. 당헌 98조 1항에 따르면 지구당 대의원대회에서 선출한 2인
중 당무위원회 심사와 의결을 거쳐서 총재가 추천한다고 규정했다.
또한 중앙당의 거부권과 직접 개입 권한의 여지를 열어 놓았다.60)

앞서 살펴본 대로 민주당 계열 정당은 네 번의 국회의원 선거 모두
공식적인 공천심사위원회를 통해서 국회의원 선거 후보자를 선정하
였다. 각 선거별로 국회의원 선거 후보자 결정 과정은 다소 차이가

56) 중앙선거관리위원회, 《大韓民國選擧史 第5輯, 1988. 2. 25 – 1993. 2. 24.》, 336쪽.
57) 중앙선거관리위원회, 《大韓民國政黨史 第6輯, 1998. 2. 25. – 2003. 2. 24.》, 197쪽.
58) 중앙선거관리위원회, 《大韓民國選擧史 第7輯: 1998. 2. 25. – 2003. 2. 24.》, 150쪽.
59) 전용주, 〈한국정당 후보 공천제도 개혁의 쟁점과 대안〉, 현대정치연구, 제3권 1호, (2010), 37–69쪽.
60) 심지연·김민전, 《한국 정치제도의 진화경로-선거 정당정치자금제도》(서울: 백산서당, 2006), 365-366쪽.

있었다. 먼저 제13대 국회의원 선거에서는 대선 패배 이후 수혈했던 재야 인사를 대거 공천하였다. 제14대 국회의원 공천은 민주계를 이끌었던 이기택과의 협의를 통해서 결정되었다. 한편 제15대－제16대 국회의원 선거 공천과정은 김대중 총재의 의중(이른바 김심)이 공천과정에서 중요한 변수로 작용했다.

국민의 정부 시기까지 김대중이 이끌었던 민주당 계열 정당은 게임의 규칙의 관례화라는 차원에서 평가할 때 높은 수준의 제도화를 달성하지 못했다. 공직 후보의 자격과 관련해서는 특별한 제한이 없었다. 하지만 중앙당이 결정하는 비선출직 위원들로 구성된 당 기구가 공직 후보를 추천했다. 특히 김대중 총재의 영향력은 지속적으로 유지되었다. 즉 민주화 이후 민주당 계열 정당의 공천방식은 공천 주체의 차원에서 폐쇄성이 높은 정당 엘리트와 1인 지도자의 혼합방식이었다고 볼 수 있다.

그렇다면 관례화 차원에서 정당제도화의 지체는 민주화 이후 한국 민주주의 발전에 얼마나 부정적인 영향을 미쳤나? 이와 관련하여 두 가지 점을 고려해야 한다. 먼저, 민주화 이후 국민의 정부 시기까지 한국 정치의 급격한 변동성이다. 김대중 이끌던 민주당 계열 정당은 민주화 이후 정권교체 실패와 3당합당, 그리고 민주당과 통합, DJP 정치연합, 집권과 공동정부의 붕괴와 같이 정치적 위기에 반복적으로 직면했고 이를 극복해왔다. 역설적으로 높은 수준의 정당제도화는 급변하는 정치 환경에서 정당의 적응성을 저해하는 요인이 되기도 한다.[61] 또한 높은 수준의 정당제도화는 새로운 정치 세력에게는

---

61) Piñeiro Rodríguez, Rafael, and Fernando Rosenblatt, "Stability and incorporation: Toward a new concept of party system institutionalization," Party Politics 26.2 (2020), pp. 249-260.; Ponce1 Aldo F and Susan E. Scarrow, "Party Institutionalization and Partisan Mobilization," pp. 745-764.

진입장벽으로 작용하기도 한다.

둘째, 정당제도화의 수준과 민주주의의 반응성(responsiveness)의 관계는 선형적이지 않다. 신생 민주주의 국가에서 정당제도화 수준의 문제는 일정한 기준이 있는 것이라기보다는 정도의 문제로 볼 수 있다.[62] 역설적으로 김대중이 이끌었던 민주당 계열 정당 시기 카리스마적인 지도자의 자율성은 정치적 위기 국면마다 어려운 통합(통합민주당의 경우)과 연합(DJP연합)을 이루거나 해당 시기 필요한 인재 영입(평민당, 국민회의, 새천년민주당)을 전격적으로 이루어낼 수 있는 정치적 자원이 되었던 것도 사실이다.

2) 체계성

정당제도화의 대내적 차원을 측정하는 세 번째 차원은 체계성이다. 체계성을 조직적 기반의 변화를 중심으로 살펴보자. 앞서 살펴본대로 민주화 이후 집권 후까지 김대중은 평민당, 신민당, 민주당, 국민회의, 새천년민주당을 창당하고 이끌었다. 이 과정은 김대중이 주도하여 중앙으로부터 지방조직을 만들어 간 대표적인 사례로서 카리스마에 기반을 두어 내적으로 정당화된(internally legigimized), 영토적 침투(territorial penetration)에 해당한다.[63]

민주화 이후 집권까지 지역정당의 굴레에서 어려움을 겪었던 김대중이 역점을 두었던 과업 중의 하나는 전국 정당화의 달성이었다. 3당합당에 대한 대응으로 이루어졌던 신민당과 합당에서 김대중 총재는 "통합 야당인 신민당은 이제 전국정당으로서 면모를 당당히 갖

---

62) Ponce1 Aldo F and Susan E. Scarrow, "Party Institutionalization and Partisan Mobilization," p. 218.

63) Panebianco, Anglelo. Political Parties: Orgarnization and Power (Cambridge: Cambridge University Press 1988), pp. 50-52.

추게 되었습니다. 이로써 그동안 5공 세력과 6공 세력이 우리 당에 뒤집어씌워 온 지역정당이라는 부당한 주장을 떨쳐버릴 수 있게 된 것입니다"라고 선언했다.64) 또한, 평화적 정권교체를 이룬 후 집권 2기 안정적인 기반을 마련하기 위해서 창당한 새천년민주당조차도 신당의 지향 중의 하나를 '지역 구도를 타파하는 전국정당'으로 삼았다.65)

〈표 2〉는 평민당–새천년민주당 시기의 민주당 계열 정당의 당원 수의 변화와 지역적 편차를 제시한다. 먼저, 평민당 시기를 살펴보자. 정권교체에 실패한 후 치러졌던 제13대 국회의원 선거(1988년)에서는 지역 기반이 달랐던 4당 후보가 출마했던 제13대 대선의 유산이 두드러졌다. 제13대 국회의원 선거에서 평민당은 비공개 신청자를 포함하여 431명이 공천을 신청해서 평균 2.5대 1의 경쟁률을 나타냈다. 하지만 공천 결과를 들여다보면 지역적 편중 현상이 두드러졌다. 정치적 지지기반인 호남과 대선에서 지지를 확인했던 서울과 수도권에 공천자가 집중되었다. 반면에 통민당과 분당 후 취약지역이었던 영남지역은 대부분 지역에서 공천자를 내지 못했다. 또한 김종필이 이끌던 신민주공화당의 정치적 기반이었던 충청지역 공천은 형식적 수준에 그쳤다. 강원 지역도 예외는 아니었다.66)

평민당의 지역 기반의 편중은 지역별 당원 수에서도 잘 드러난다. 제13대 국회의원 선거에서 제1야당 지위에 오른 평민당은 당원 수(93,972명 증가)나 지구당 수에서 소폭 신장을 이루었다. 하지만 영남

---

64) 김대중 도서관, 〈평화민주당과 신민주 연합당 통합전당대회 총재 치사―정의 승리의 역사를 창조하자〉(검색일: 2023년 4월 30일).
65) 중앙선거관리위원회, 《大韓民國政黨史 第6輯, 1998. 2. 25. – 2003. 2. 24.》, 119쪽.
66) 중앙선거관리위원회, 《大韓民國政黨史 第5輯, 1993. 2. 25 – 1998. 2. 24》, 57-58쪽.

지역은 여전히 취약지역이었다. 특히 대구 · 경북 지역의 당원 수는 큰 변동이 없었다.

민자당 · 통민당 · 신민주공화당 사이의 3당합당으로 급변한 정국에 대처하기 위해서 평민당은 3당합당을 거부했던 민주당 세력과 재야 통합 추진 세력 사이의 야권통합을 추진했다. 하지만 지도 체제 등을 둘러싼 갈등으로 야권통합은 결국 실패하였다. 이후 평민당은 재야 일부 세력이 창당한 신민당과 신설 합당하였고(1991년 4월 9일) 평민당은 신민당으로 재편되었다. 이후 신민당은 제14대 국회의원 선거를 앞두고 거대 여당에 맞서기 위해서 잔존 민주당과 통합을 이루어 (통합)민주당으로 다시 태어났다(1991년 9월 16일).

3당합당으로 탄생한 거대 여당 민자당에 대항할 수 있는 통합 야당으로 태어난 민주당은 평민당 시절과 비교해서 조직적 기반이 크게 확대되었다. 민주당은 합당 이듬해인 1992년에는 90만 당원을 확충할 수 있었으며 지구당도 전국 237개 지구당을 갖추었다. 비로소 민주당은 적어도 외형상으로는 전국정당의 면모를 갖출 수 있었다.

제14대 대선에서 세 번째 대선 도전에 나섰던 김대중은 3당합당을 통해서 탄생한 거대 여당 민자당의 후보였던 김영삼과 맞서 패배했다. 대선 패배 후 김대중은 정계에서 전격 은퇴하였다. 정계 은퇴 후 김대중은 아태평화재단 이사장으로서 외곽에서 영향력을 유지했다. 민주당은 제1회 전국동시지방선거(1996년 6월)에서 경기도 지사 공천과 김대중이 제기한 지역등권론을 둘러싸고 내분에 휩싸였다. 결국 김대중은 정계 복귀와 함께 신당(국민회의) 창당에 나섰다(1995년 7월 18일).

김대중의 정계 복귀와 신당 창당으로 민주당은 국민회의와 민주당으로 다시 분당되었다. 분당으로 인해서 국민회의는 창당 원년에 당원이 평민당 시절 절반 수준에도 못 미쳤다(202,982명). 또한 지구당 수도 89개 지구당을 확충하는 데 그쳤다. 국민회의는 김대중의 사실상 마지막이었던 네 번째 대선 도전을 위해서 창당한 정당이었다. 수평적 정권교체를 목표로 중도적 국민정당을 선언했던 국민회의는 조직적 기반의 확대에 큰 노력을 기울였다. 이 결과 대선을 앞둔 1997년에 이르러는 85만 당원을 확보하는 등 상당한 신장을 기록했다. 또한 창당 초기 조직적 기반이 미비했던 영남지역에서도 조직적 기반을 일정하게 확대했다.

집권 후 국민회의는 공동여당이었던 자민련과 내각제 문제를 둘러싸고 균열이 생겼고 통일부 장관 해임 건의안을 계기로 공동정부가 결국 붕괴하였다. 국민의 정부 집권 2기의 중요한 변곡점이었던 제16대 국회의원 선거(2000.4)를 앞두고 김대중 대통령은 '중산층과 서민 중심의 개혁적 국민정당, 인권과 복지를 중시하는 정당, 지역 구도를 타하는 전국정당 창당을 기치로 새천년민주당을 창당했다. 새천년민주당은 386세대 민주화운동 세력과 각계 전문가 세력을 영입하여 정치적 기반 확대를 꾀했다. 당원을 기준으로 볼 때 새천년민주당은 이전의 어느 민주당 계열 정당보다 더 많은 당원을 확보했고 취약지역이었던 영남지역에서 상당한 기반을 확충했다.

당원 수를 기준으로 살펴볼 때 평민당–새천년민주당 시기 김대중이 이끌었던 민주당 계열 정당은 일정한 패턴이나 안정성을 찾기가 어려웠다. 이는 민주당 계열 정당의 이합집산이 김대중의 대선 후보 출마와 직접적으로 연관되어 있기 때문이었다.

〈표2〉 김대중 시기의 민주당 계열정당의 당원수의 변화

	평화민주당			민주당		
	1988	1989	1990	1992	1993	1994
계	458,533(169)	508,412(178)	552,505(183)	935,419(237)	955,525(237)	949,299(237)
서울	13,995(41)	158,597(41)	1,851(41)	318,161(44)	15,364(44)	318,501(44)
부산	9,593(8)	9,609(8)	10,795(10)	25,967(16)	315,364(44)	26,902(16)
대구	1,237(5)	1,266(5)	1,257(5)	21,656(11)	24,962(11)	22,833(11)
인천	12,689(7)	14,612(7)	21,044(7)	28,286(7)	31,911(7)	32,558(7)
광주	46,596(5)	49,227(5)	49,585(5)	61,876(6)	73,407(6)	63,236(6)
대전	11,476(4)	13,068(4)	5,274(4)	22,636(5)	22,720(5)	22,653(5)
울산	-	-	-	-		-
경기	73,564(23)	54,606(25)	65,333(25)	113,072(31)	120,997(31)	116,144(31)
강원	8,633(10)	9,856(11)	7,940(12)	14,946(14)	14,370(14)	14,513(14)
충북	3,592(6)	4,673(8)	4,777(8)	22,284(9)	28,469(9)	28,854(9)
충남	11,606(8)	14,218(9)	14,644(9)	48,189(14)	40,849(14)	41,328(14)
전북	81,478(14)	86,069(14)	89,102(14)	95,995(14)	95,047(14)	93,319(14)
전남	70,348(18)	73,576(18)	77,547(18)	90,481(19)	92,695(19)	100,104(19)
경북	3,437(7)	6,150(8)	7,433(9)	17,376(21)	17,399(21)	21,330(21)
경남	6,922(10)	9,520(12)	12,985(13)	50,881(23)	46,710(23)	43,004(23)
제주	3,367(3)	3,365(3)	2,938(3)	3,613(3)	4,008(3)	4,020(3)

출처: 중앙선거관리위원회, 《大韓民國政黨史. 1988. 2. 25 – 1993. 2. 24 第4輯》, 523–527쪽; 중앙선거관리위원회, 《大韓民國政黨史. 第5輯. 1993. 2. 25 – 1998. 2. 24.》, 670–676쪽; 중앙선거관리위원회, 《정당의 활동개황 및 회계보고 1998》, (서울: 중앙선거관리위원회, 1999), 169–172쪽; 중앙선거관리위원회, 《정당의 활동개황 및 회계보고 1999》, (서울: 중앙선거관리위원회, 2000), 183–186쪽; 중앙선거관리위원회, 《정당의 활동개황 및 회계보고 2000》, (서울: 중앙선거관리위원회, 2001), 51–54쪽; 중앙선거관리위원회 통계시스템.

	새정치국민회의					새천년민주당
	1995	1996	1997	1998	1999	2000
계	202,982(89)	541,531(231)	845,276(245)	1,058,868(250)	1,285,862(250)	1,736,138(227)
서울	55,926(29)	170,744(47)	202,923(47)	227,492(47)	304,063(47)	369,885(45)
부산	-	5,873(17)	33,460(19)	52,453(21)	56,111(21)	98,981(17)
대구	-	1,838(9)	22,297(12)	28,439(12)	34,604(12)	58,562(11)
인천	29,162(6)	84,846(11)	62,805(11)	88,194(11)	107,754(11)	135,856(11)
광주	23,675(6)	27,279(6)	33,665(6)	27,516(6)	27,661(6)	37,609(6)
대전	357(1)	8,646(7)	21,314(7)	21,798(7)	23,879(7)	36,797(6)
울산	-	-	23,664(5)	24,208(5)	29,290(5)	33,593(5)
경기	26,582(13)	99,141(38)	161,338(38)	205,701(38)	251,442(38)	385,293(41)
강원	738(2)	6,089(13)	20,928(13)	44,521(13)	51,923(13)	61,796(9)
충북	-	5,288(7)	17,270(8)	19,544(8)	24,703(8)	98,973(7)
충남	-	6,280(10)	20,672(13)	29,349(13)	29,286(13)	64,689(11)
전북	16,537(12)	49,048(14)	87,878(14)	101,331(14)	117,788(14)	110,602(10)
전남	47,318(18)	62,662(17)	75,753(17)	84,582(17)	102,714(17)	99,959(13)
경북	-	3,783(14)	28,037(17)	38,777(18)	49,816(18)	68,829(16)
경남	2,687(2)	6,407(18)	27,345(15)	55,970(17)	55,458(17)	61,963(16)
제주	-	3,577(3)	5,927(3)	8,993(3)	9,291(3)	12,751(3)

참고: 괄호안은 지구당 수.

4. 대외적 정당제도화: 사회적 기반

정당제도화의 중요한 요소 중의 하나는 사회적 기반이다. 앞선 살펴본 가치 고취, 관례화, 체계성이 정당제도화의 대내적 차원이라면 사회적 기반은 대외적 차원이다. 사회적 기반을 측정하는 여러 가지 지표가 있지만, 선거에서 정당이 얼마나 안정적인 지지를 얻는 것인가가 중요한 지표다. 따라서 사회적 기반은 정당 간 상호작용에 기반을 둔 정당 체제 제도화를 측정하는 중요한 차원 중 하나이기도 하다.[67]

1) 제13대-제16대 대선 결과

먼저, 민주화 이후 국민의 정부 시기까지 제13대-제16대 대선 결과를 살펴보자. 두루 알듯이 김대중은 대선 출마 네 번째(1971년 제7대, 1987년에 제13대, 1992년 제14대, 1997년 제15대) 만에 대통령에 당선되었다. 첫 번째 대선 출마는 제7대 대선(1971)이었다. 김대중은 40대 기수론을 기치로 신민당 후보 경선에서 승리하여 제7대 대선에서 박정희 대통령과 경쟁했다. 이후 세 번의 출마는 모두 민주화 이후 이루어졌다. 〈표 3〉은 민주화 이후 실시되었던 제13대-제16대 대선에서 김대중과 민주당 후보(노무현)의 득표율을 나타내고 있다.

민주화 이후 첫 번째 치러졌던 제13대 대선(1987)에서 김대중은 유효 득표의 27%(611만여 표)를 얻어 3위에 그쳐 낙선했다. 대선 패배 후 절치부심하던 김대중은 3당합당에 불참했던 민주당 잔여 세력과 통합하여 창당한 (통합)민주당 후보로 제14대 대선(1992)에서 민자당의 김영삼과 대결했다. 제14대 대선 결과 김대중은 유표 득표의

---

67) Torcal Mariano and Scott Mainwaring, "The Political Recrafting of Social Bases of Party Competition: Chile, 1973-95," pp. 55-84.

33.8%(8,041,284 표)를 득표하여 제13대 대선보다 200여만 표를 더 얻었지만 낙선했다. 제14대 대선 결과 김대중은 평민당의 취약지역 이었던 영남 지역과 김종필의 지지기반이었던 충청지역에서 득표력 이 다소 확장되었다. 하지만 지지기반의 한계 또한 분명했다. 결국 김대중은 충청지역에 기반을 둔 김종필과 내각제를 매개로 지역연합 을 형성하여 마지막 대선 도전에 나섰다. 제15대 대선에서 김대중은 유효투표의 40.3%(10,326,275표)를 얻어 대세론을 구가하던 여권의 이회창 후보에게 39만여 표 차로 신승했다. 이전 두 번의 대선과 비 교할 때 제15대 대선에서 김대중의 득표력은 전국적으로 고르게 신 장하였다. 특히 대전·충청권에서 김대중의 득표력은 뚜렷이 증가되 었다. 선거 승리 연합으로서 DJP연합의 정치적 위력이 입증된 것이 다.

제15대 대선에서 국민회의와 자민련이 형성한 선거연합의 승리를 통해서 한국은 해방 후 최초로 평화적 정권교체[68]를 이룩했다. 해방 후 최초로 이룩한 평화적 정권교체는 역사적으로 다시 반복되기 어 려운 세 가지 조건의 결합으로 가능했다. 먼저, 국민회의와 김종필이 이끌던 자민련 사이의 선거연합이다. 제15대 대통령 선거를 앞두고 국민회의와 자민련은 '개혁적 민주화 세력과 개발연대를 이끌어온 보수적 근대화 세력이 합쳐야 국민 불안을 씻고 국민들이 안심하고 차기 정부를 선택할 수 있다'는 점을 강조하고 여야 간 정권교체, 경제 회생 등 국가의 새 출발, 지역갈등 해소와 국민통합, 자유민주

---

68) 이승만 정부는 1960년 4.19 학생혁명을 통해서 퇴진하였다. 4.19 학생혁명의 결과 등장했던 민주당 정부는 5·16 군사 쿠데타를 통해서 붕괴되었다. 박정희 유신체제는 10.26 사태로 내부로부터 붕괴되었다. 12.12 군사 쿠데타를 통해서 탄생한 전두환 정부는 민주화 이후에도 노태우 정부와 문민정부로 이어졌다. 국민 정부의 등장으로 권력은 권위주의 정권의 연장 세력이었던 여로부터 민주화 운동을 계승한 야로 교체 되었다.

주의와 시장경제, 무력충돌 없는 평화통일, 국민적 합의를 바탕으로
한 내각제 추진 등 후보 단일화의 5대 목표[69]에 합의하고 DJP연합
을 공식화했다. 개혁적 민주화 세력과 개발연대를 이끈 보수적 근대
화 세력'을 대표한다고 자임한 두 당은 각각 호남과 충청에 정치적
지지기반을 둔 정당이었다. 내각제를 고리로 이루어진 선거연합은
사실상 지역연합의 성격을 가졌다.

둘째, 여권의 분열이다. 경기도지사 출신 유력후보였던 이인제 후
보가 한나라당 경선 결과에 불복하여 탈당하여 국민신당을 창당했
다. 제15대 대선에서 이인제 후보는 유효 득표의 19.20%(4,925,591
표)를 얻어서 국민회의 김대중 후보(40.27%, 10,326,275표)와 한나라
당 이회창 후보(38.74%, 9,935,718표)의 39여 만 표 차의 10배가 넘는
득표를 얻었다. 집권당의 분열이 없었더라면 김대중은 당선되기 어
려웠을 것이다.

셋째, 전례 없던 외환위기다. 김영삼 정부 말기 발생한 외환위기
로 한국은 국제통화기금(International Monetary Fund)의 구제 금융을
신청했고 제15대 대선은 경제위기에 대한 회고적 심판이 가장 중요
한 화두가 되었다. 전례 없는 경제위기는 '준비된 대통령'을 슬로건
으로 내세웠던 김대중이 당선되는데 기여했다.

세 요인 중 집권 후 공동정부로까지 이어진 DJP연합을 좀 더 살펴
보자. 정권교체를 가능하게 했던 DJP연합은 내각제 개헌을 매개로
이루어졌다. 하지만 DJP연합의 이론적 기반은 지역등권론이었다.
김대중은 정계 복귀의 계기가 되었던 제1회 지방선거(1995년 6월 27
일)를 앞두고 지역 등권等權론을 주장했다. 김대중은 3당합당으로 제
도화된 호남 배제를 극복하기 위해서 그동안의 지역주의를 지역 패

---

69) 김창혁, 〈DJP연합〉 3 1일 합의문 발표…내달 3일 서명식〉, 《동아일보》, 2009년 9월
   26일.

권주의로 규정하고 지역 패권주의 결과로 인한 지역 차별을 극복하기 위한 대안으로 지역 등권주의를 제시했다. 김대중은 "우리는 그동안 TK 패권주의, PK 패권주의 속에서 살아왔습니다. 특정 지역이 모든 권한과 혜택을 독점하고, 나머지 지역은 소외를 받았습니다. 지역 간의 불균형과 파행이 나라 전체의 발전을 가로막아 왔습니다. 하지만 이번 6.27지방선거를 계기로 바로 이러한 지역 패권주의는 결정타를 입을 것입니다. 이번 선거로 패권주의가 아닌 등권주의, 수직적이 아닌 수평적으로 대등한 권리를 가진 지방화 시대가 열릴 것입니다"라고 주장했다.[70]

지역주의의 대표적인 피해자였던 김대중이 주창한 지역등권론은 많은 논란을 불러일으켰고 적지 않은 정치적 역풍에 직면했다. 패권적 지역주의로 지목된 부산지역에서 지역등권론에 대한 반발로 다시 지역주의 바람이 확산되었다. 부산시장에 출마했던 노무현 후보는 그전까지 여론조사에 앞서갔으나 지역등권론 제기 이후 여론의 역풍에 직면했다. 당시 노무현 후보의 측근이었던 이호철 전 민정수석의 회고에 따르면 "부산 같은 경우에 언론에서도 비판적으로 나오고 그 다음에 오피니언리더그룹에서도 지역등권론에 대해서 반발하는 분위기도 나오고, 이렇게 되면서 바람이 부는 게 막 보여요. 지역등권론이 딱 나오면서도 동네 분위기가 많이 틀려지더라고요."라고 회고했다.[71]

DJP연합의 기원은 제15대 대선 이전으로 더 거슬러 올라갈 수 있다. 제1회 지방선거(1995)를 앞두고 선거유세에 나섰던 김대중은 앞서 언급한 지역등권론을 설파했고 지방선거에서 민주당과 자민련

---

70) 김대중, 《김대중 자서전 1.2》, 651쪽.
71) 노무현사료관, 〈이호철 구술녹취문3: 1995년 부산시장 선거 당시 지역등권론과 노무현의 선택〉 2012년 7월 18일, (검색일: 2023년 1월 28일).

사이에 반민자당 야권연대가 공식화되었다. 야권연대는 강원지사 선거에서 먼저 가시화되었다. 민주당 이봉모 강원지사 후보는 1995년 6월 12일 야권후보 단일화를 주장하며 후보 등록을 포기했고 양당은 '반민자당 연합'을 공식화했다. 이후 야권 공조가 급물살을 탔고 자민련의 김종필 총재는 조순 민주당 서울시장 후보 지지를 공식 선언했다. 김대중 이사장은 서울·경기 지역 유세에서 5-6개 시도지사 선거 단일화를 제안하고 당선율이 높은 후보에게 집중함으로써 야권 후보 단일화를 이루자고 방법론을 구체화했다.[72]

DJP연합은 지방선거에서 연합을 넘어서 제15대 대선에서 선거연합으로 이어졌다. DJP연합을 통해서 김대중 후보가 제15대 대통령 선거에서 단일후보를 맡고 총리는 자민련 측이 맡으며, 국무위원은 양당이 동수로 하며, 총리에게는 실질적인 조각권을 보장하였다. 또한 양당 선거연합의 고리가 되었던 내각제 개헌은 1999년까지 완료한다고 적시했다.[73] 이념적으로 거리가 상대적으로 먼 국민회의와 자민련 사이의 DJP연합은 교량(bridge) 연합으로 볼 수 있다.[74] 한 시각에 따르면 DJP연합은 공직 배분을 중심으로 이루어진 연합이었다.[75] 하지만 가장 중요한 성격은 당시의 시대 과제였던 정권교체 연합이었다.

DJP연합은 당 내외의 반발을 불러일으켰다. 김대중은 당시의 시대적 과제를 정권교체로 제시하고 이를 위해서는 색깔론의 망령과

---

72) 중앙선거관리위원회, 《大韓民國選擧史. 第6輯, 1993. 2. 25 - 1998. 2. 24.》(경기: 중앙선거관리위원회, 2009), 112-113쪽.
73) 조선일보, 〈여야 대선후보, 'DJP연합' 공방〉, 《조선일보》, 1997년 10월 30일; 중앙선거관리위원회, 《大韓民國選擧史. 第6輯, 1993. 2. 25 - 1998. 2. 24.》, 321쪽.
74) 현재호, 〈민주화 이후 정당 간 연합에 관한 연구 -DJP연합을 중심으로〉, 《아세아연구》통권 115호, 147-178쪽.
75) 정병기, 〈한국 대선 선거 연합의 성격과 정당 체제적 요인〉, 《대한정치학회》 24권 3호 (2016), 229쪽.

호남 고립을 타파해야 하고 따라서 자민련과의 연합이 불가피하다는 논리도 반대파를 설득했다.[76] 김대중은 3당합당으로 인해서 호남 고립이 제도화된 상황에서 정권교체를 위해서는 최대승리 연합을 구축해야 했다.[77]

제16대 대선(2002.12)에서 새천년민주당 후보였던 노무현 후보가 유효득표 48.91%(12,014,277표)를 얻어 46.58%(11,443,297표)를 획득한 이회창 후보를 55만여 표(2.5%) 차로 따돌리고 승리했다. 이로써 국민의 정부는 정권 재창출에 성공했다.

〈표 3〉 민주당 계승 정당의 대선 득표율 (13대-16대 대선)

	김대중 (평화민주당)		김대중(민주당)	
	제13대 대선(1987)		제14대 대선(1992)	
	득표수	득표율	득표수	득표율
계	6,113,375	27.04%	8,041,284	33.82%
서울	1,833,010	32.62%	2,246,636	37.74%
부산	182,409	9.14%	265,055	12.52%
대구	29,831	2.63%	90,641	7.82%
인천	176,611	21.30%	338,538	31.74%
광주	449,554	94.41%	652,337	95.84%
대전	−	−	165,067	28.73%

---

76) 김대중은 "당내에서는 김근태씨등 재야 출신 소장의원들이, 당 밖에서 종교계 인사들이 반발했다. 나는 이런 반발에 '색깔론 망령'과 3당합당 이후 강화된 호남 고립 구도를 타파하기 위해서는 자민련과의 연합이 필요하다고 설득했다. 특히 6월 항쟁이후 '반독재 민주화'전선이 이완되고 3당합당으로 구축됐던 반호남 구도가 자민련의 창당으로 그 일각이 붕괴되었음을 상시시켰다. 과거에 대립했던 세력들과의 연합에 거부감이 있겠지만 현실정치에서 소신과 명분 못지않게 현실적인 선택도 중요하다는 것을 이야기했다. 우리에게 필요한 것은 정권교체라고 역설했다."(김대중,《김대중 자서전 1.2》. 665쪽).

77) 김대중의 최대 연합 전략을 중심으로 한 민주화 운동 전략의 기원은 유신 시절까지로 거슬러 올라갈 수 있다. 엄혹한 유신 시절 김대중은 한국 민주화의 성격을 국민 민주혁명이라고 규정했다. 이를 달성하기 위한 전략으로서는 특정한 주체를 설정하지 않고 최대 연합의 형성을 강조했다. 장신기,〈김대중의 민주화 이행 전략〉, 류상영 외,《김대중과 한국 야당사》(서울: 연세대 대학출판문화원. 2013), 183-184쪽.

울산	–	–	–	–
경기	647,934	22.30%	1,103,498	31.97%
강원	81,478	8.84%	127,265	15.51%
충북	83,132	10.97%	191,743	26.04%
충남	190,772	12.42%	271,921	28.54%
전북	948,955	83.46%	991,483	89.13%
전남	1,317,990	90.28%	1,170,398	92.15%
경북	39,756	2.38%	147,440	9.62%
경남	86,804	4.50%	193,373	9.23%
제주	45,139	18.64%	85,889	32.92%
후보 지 지 의 지리 적 집 중성				

	김대중 (국민회의)		노무현(새천년민주당)	
	제15대 대선(1997)		제16대 대선(2002)	
	득표수	득표율	득표수	득표율
계	10,326,275	40.27%	12,014,277	48.91%
서울	2,627,308	44.87%	2,792,957	51.30%
부산	320,178	15.28%	587,946	29.85%
대구	166,576	12.53%	240,745	18.67%
인천	497,839	38.51%	611,766	49.82%
광주	754,159	97.28%	715,182	95.17%
대전	307,493	45.02%	369,046	55.09%
울산	80,751	15.41%	178,584	35.27%
경기	1,781,577	39.28%	2,430,193	50.65%
강원	197,438	23.76%	316,722	41.51%
충북	295,666	37.43%	365,623	50.41%
충남	483,093	48.25%	474,531	52.15%
전북	1,078,957	92.28%	966,053	91.58%

전남	1,231,726	94.61%	1,070,506	93.38%
경북	210,403	13.66%	311,358	21.65%
경남	182,102	11.04%	434,642	27.08%
제주	111,009	40.57%	148,423	56.05%
후보 지지의 지리적 집중성				

출처:득표율: 중앙선거관리위원회 통계시스템, 〈개표현황〉, 《중앙선거관리위원회》

민주화 이후 국민의 정부까지 김대중이 이끌었던 민주당 계열 정당 15년의 역사는 지역주의의 도전에 대한 대응의 역사였다. 〈표3〉은 제13대-제16대 대선에서 나타난 유권자 지지의 지리적 집중도를 시각적으로 제시한다. 득표율과 그림을 통해서 알 수 있듯이 김대중이 패배했던 제13대-제14대 대선에서 민주당은 지역주의 한계를 극복하지 못했다. 반면에 김대중과 노무현이 승리했던 제15대-제16대 대선은 민주당 후보가 지역주의의 한계를 어느 정도 극복하고 지지기반을 확장했다. 이렇듯 민주당이 호남 지역에 집중된 지지기반의 넘어섰을 때 민주당 후보는 승리했다.

제15대 대선에서 김대중의 집권전략은 지역연합이었다. 제16대 대선 또한 명시적으로 제시하지는 않았지만, 일종의 지역연합과 비한나라당 정치연합을 통해서 승리에 기여한 것으로 평가할 수 있다. 제15대 대선을 앞두고 양 김 노선을 따르지 않고 독자적인 길을 모색하던 '개혁과 통합을 위한 국민통합추진회의(통추)가 해산하고 노무현 등은 국민회의에 입당하였다(1997년 11월 13일). 노무현은 "호남을 고립시켜 놓은 지역구도 정치 지형에서 고립당한 쪽을 거들지 않을 수 없었다. 그 분열에서 정치적 이익을 얻는 쪽에 가담하는 것은 어떤 논리로도 당당하게 설명할 수 없는 선택이었다"[78]고 밝혔다. 김대중은 "자민련과 연합으로 오른쪽 날개를 얻었다면, 이들의 입당으로 왼쪽 날개를 얻게 되었다"라고 반겼다.[79]

2) 제13대-제16대 국회의원 선거 결과

민주당 계열 정당이 국회의원 선거에서 얻은 결과를 살펴보자. 〈표 4〉는 김대중이 이끌었던 15년 동안의 민주당 계열 정당의 제13대-제16대 국회의원 선거 결과를 나타내고 있다.

〈표 4〉 민주당 계승 정당의 국회의원 선거 의석수/득표율(제13-16대 국회의원 선거)

| | 제13대 국회의원 선거(1988) | | 제14대 국회의원 선거(1992) | |
| | 평화민주당 | | 민주당 | |
	지역구/비례대표	득표율	지역구/비례대표	득표율
계	54/16(299)	19.06%	75/22 (299)	27.73%
서울	17	26.75%	25	36.84%
부산	0	1.93%	0	19.18%
대구	0	0.65%	0	11.66%
인천	0	13.95%	1	30.34%
광주	5	87.9%	6	76.64%
대전	–	–	2	25.17%
울산	–	–	–	–
경기	1	15.73%	8	31.41%
강원	0	3.94%	0	11.56%
충북	0	1.37%	1	23.51%

---

78) 노무현사료관, 〈지역주의에 맞서 바보 노무현이 되다: 1996년 종로 국회의원 출마, 2000년 다시 부산으로〉(검색일: 2023년 5월 30일).
79) 김대중, 《김대중 자서전 1,2》, 668쪽.

충남	0	3.79%	1	19.83%
전북	14	60.68%	12	54.23%
전남	17	66.9%	19	60.73%
경북	0	0.89%	0	5.15%
경남	0	1.01%	0	8.57%
제주	0	5.88%	0	19.61%
정당지지의지리적집중성				

	제15대 국회의원 선거(1996)		제16대 국회의원 선거 (2000)	
	새정치국민회의		새천년민주당	
	지역구/비례대표	득표율	지역구/비례대표	득표율
계	66/13(299)	24.80%	96/19(273)	35.51%
서울	18	34.71%	28	44.65%
부산	0	6.96%	0	14.83%
대구	0	1.93%	0	10.14%
인천	2	28.88%	6	40.14%
광주	6	84.97%	5	69.16%
대전	0	11.22%	2	28.15%
울산	–	–	0	11.24%
경기	10	26.86%	22	40.44%
강원	0	6.47%	5	35.93%
충북	0	8.65%	2	30.89%
충남	0	5.91%	4	29.53%
전북	13	61.83%	9	64.40%
전남	17	68.41%	11	64.85%
경북	0	1.50%	0	14.36%
경남	0	4.10%	0	11.62%
제주	0	28.70%	2	48.61%

| 정
당
지
지
의 지
리 적
집 중
성 | 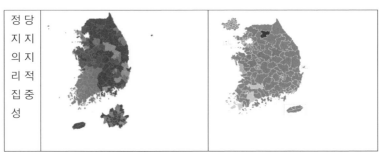 |

출처: 득표율: 중앙선거관리위원회 통계시스템, 〈개표현황〉, 《중앙선거관리위원회》. ■ 신한국당 ■ 새정치국민회의 ■ 통합민주당 ■ 자유민주연합 ■ 무소속

제13대 대선 패배 이후 평민당은 야권통합에 나섰으나 결국 통합에 실패하였고 제13대 국회의원 선거도 4자 구도 속에서 치러졌다. 제13대 국회의원 선거 결과 평민당이 득표율에서는 통민당에 뒤졌으나 표의 집중성의 덕을 입어 70석(지역구 54석, 비례대표 16석)을 얻어서 제1야당의 자리를 차지하였다. 하지만 제13대 국회의원 선거는 대선에서와 마찬가지로 평민당의 지역적인 한계를 잘 드러낸 선거였다.

민자당·통민당·공화당(1991)의 3당합당으로 인해서 평민당은 정치적으로 고립되었다. 이에 따라서 김대중의 평민당은 재야의 일부가 창당한 신민당과 합당하여 신민당으로 태어났다. 신민당은 3당합당 거부 세력이 주축이 되었던 꼬마 민주당과 지루한 협상 끝에 통합에 성공하여 민주당으로 다시 태어났다. 야권통합 후에 치러진 첫 번째 국회의원 선거인 제14대 국회의원 선거 결과 민주당은 99석을 얻어서 개헌 저지선에 근접하는 의석을 얻었다. 전국 득표율도 제13대 국회의원 선거와 비교해서 10% 가량 신장하였다. 또한 취약인 영남지역에서 민주당의 득표율은 제13대 국회의원 선거와 비교할 때 뚜렷이 신장했다. 하지만 전체적으로 민주당의 지지기반은 지역 편중적인 한계를 벗어나지 못했다.

제15대 국회의원 선거는 김대중의 정계 복귀로 국민회의가 창당 되고 민자당에서 분열된 자민련으로 인해서 1여 다야(민자당, 국민회 의, 민주당, 자민련) 구도로 치러졌다. 이 선거에서 국민회의는 다시 한번 취약한 지역적 기반을 드러냈다. 국민회의는 개헌저지선에 훨 씬 못 미치는 79석을 얻는 데 그쳤고 전국구 14번을 배정받아 배수 진을 쳤던 김대중 총재도 낙선하였다. 제15대 국회의원 선거에서의 국민회의의 참패는 김대중이 DJP지역연합을 추진하는 결정적인 계 기가 되었다.[80]

집권당으로서 치른 최초의 선거였던 제16대 국회의원 선거에서 새천년민주당은 전체 35.9%의 득표율로 115석(지역구 96석, 전국구 19석)을 얻어 39%의 득표율로 133석을 얻은 한나라당에 뒤졌다.

김대중이 주도했던 민주당 계열 정당이 국회의원 선거에서 얻은 지지의 변화는 김대중의 대선 전략과 긴밀히 연결되어 있었다. 먼저, 제13대 국회의원 선거 결과는 김대중이 대선 패배로부터 재기할 수 있는 전기를 마련해 주었다. 또한 제14대 국회의원 선거에서의 민주 당의 선전은 김대중이 제14대 대선에서 3당합당을 통해서 여당의 후보가 된 김영삼과 경쟁할 수 있는 기반을 제공하였다. 한편, 김대 중은 제15대 국회의원 선거에서의 패배를 통해서 결정적인 위기를 맞이하였으나 이를 김종필이 이끌던 자민련과 지역연합을 통해서 극 복하였다.

---

80) DJP연합을 추진했던 구 여권 출신 유력정치인의 회고에 의하면 제15대 국회의원 선거 는 DJP연합 추진의 결정적인 계기였다. DJ의 집권을 위한 유일한 가능한 방안은 국민회의를 지지하는 전체 야권표 (700만표)와 자민련을 지지했던 400만표를 합하는 길이었다. "간판은 '동북아연구모임'… DJP연합 작업이 시작됐다.(김창혁, 〈간판은 '동북아연구모임'… DJP연합 작업이 시작됐다〉,《동아일보》, 2015년 4월 11일)."

맺음말

　민주화 이후 국민의 정부까지 김대중이 이끌던 민주당 계열 정당은 한국 정당정치 발전에 중요한 유산과 과제를 남겼다.

　첫째, 이 시기 민주당의 역사는 민주화의 결정적 국면(critical juncture)에서 정치지도자의 리더십의 역할에 관한 중요한 사례다. 김대중은 집권을 위해서 민주당 계열 정당의 이합집산을 주도했고 당내에서는 공천권과 정치자금을 독점하는 카리스마적 권위주의 리더십을 행사했다. 하지만 다른 한편 김대중의 리더십은 민주화 이후 집권 기간까지 지속되었던 정치적 위기를 극복하고 문제를 해결하는 정치 혁신가(political entrepreneurs)의 전형으로 평가될 수 있다.[81] 또한, 김대중은 원칙을 견지하면서도 항상 실현 가능한 대안을 추구하는 실용적인 리더십을 보여주었다. 나아가, 그는 공동체의 더 큰 목적을 위해서는 정적까지 용서하고 화해하는 통합의 리더십을 보여주었다.[82]

　둘째, 이 시기 민주당 계열 정당의 정당제도화 지체는 이후 민주당의 역사에 장기적인 유산을 남겼다. 민주당 계열 정당은 소수당에서 시작해서 집권당의 지위에 오르고 정권 재창출에도 성공하는 업적을 남겼다. 하지만 민주당 계열 정당은 김대중이 이끌던 국민의 정부까지 나아가 그 이후에도 안정적인 정치적 기반을 창출하는 데 실패했다. 미국의 사례를 들자면 세 번의 집권 경험에도 불구하고 뉴딜 시

---

81) 정치 혁신가는 정치의 방향과 흐름을 바꾸는 정치인을 지칭한다. 특히 정치적 논쟁에 새로운 차원을 더하여 정치연합을 변화시킬 수 있는 지도자를 지칭한다(Schneider, Mark, and Paul Teske, "Toward a theory of the political entrepreneur: Evidence from local government," American Political Science Review 86.3 (1992), pp. 737-747).

82) 강우진, 〈김대중 시기 민주당 계승정당의 성공과 유산〉, 186-237쪽.

기 민주당이나 레이건 시기 공화당과 같은 '해 정당(Sun Party)'이 되지 못하고 '달 정당(Moon Party)'에 머물렀다.[83] 이 결과 국민의 정부 시기–촛불 항쟁 시기까지 민주당 계열정 당은 반복적인 정치적 위기에 직면했다.[84]

셋째, 이 시기 민주당 계열 정당은 지역정당 체제 지속에도 많은 과제를 남겼다. 앞서 살펴본 대로 김대중은 지역균열 구도의 대표적인 피해자였지만 또 다른 의미에서는 수혜자였다. 지역주의는 김대중의 정치 인생에서 멍에이자 자산이었다. 김대중은 지역주의의 일찍이 문제점을 절감하고 제7대 대선(1971) 유세에서부터 비판했다. 제7대 대선 부산 선거유세에서 김대중은 "다른 나라에선 달나라를 가는 이 우주 시대에 메뚜기 이마보다 좁은 이 나라에서 지역감정을 조장하는 것은 역사를 1000년 전으로 돌리는 망국적인 지역주의자들의 소행입니다"라고 일갈했다.[85] 또한 제13대 대선에서 패배한 후 인터뷰에서 지역주의 활용으로 3김 누구도 집권에 이를 수 없다고 지적했다[86].

김대중은 민주화 이후 집권 시기까지 지역주의 극복을 위해서 다양한 차원의 노력을 지속했다. 김대중은 다양한 정치세력과 연합과 통합을 통해서 지역주의를 넘어서는 전국 정당화를 시도했다. 3당합당에 대항하기 위해서 재야 세력이 주축이 되었던 신민당과 연합할 때도 국민의 정부 후반기 안정적인 국정 기반을 만들기 위해서 새천

---

83) Lubell(1951). The Future of American Politics. 이 개념에 대한 소개는 브룩스 (David Brooks)의 뉴욕타임즈 기사 "Two Moons"를 참고하라(Brooks David, "Two Moons." The New York Times, Nov 21, 2021).

84) 강우진, 〈민주당 계열 정당과 한국 민주주의의 정치적 대표〉, 《황해문화》 통권 116호 (2022), 36–56쪽.

85) 김대중도서관, 〈['동아일보' 4월 12일 자: 제7대 대통령 선거 부산 유세 연설〉, (검색일: 2023년 3월 2일).

86) 김대중도서관, 〈《타임즈(The Times)》와의 인터뷰〉, (검색일: 2023년 4월 30일).

238

년민주당을 창당할 때도 지역주의를 타파하고 전국정당으로 발돋움하는 것이 주요 목적이었다.[87]

하지만, 김대중이 지역 구도를 넘어서 전국정당을 달성하기 위해서 의존한 전략은 분자적 변형주의(molecular transformismo)[88] 전략이었다. 분자적 변형주의 활용전략은 집권 전 시기와 집권 후 시기로 구분할 수 있다. 집권 전 시기는 제13대 국회의원 선거에서 재야인사 영입,[89] 3당합당에 대한 대응으로 재야의 한 축이었던 신민당과 통합[90], 국민회의 창당시기 전문가 집단과 구여권 인사 중심의 영입과 같은 세 계기[91]를 통해서 진행되었다. 집권 후 시기는 제16대 국회의원 선거(2000. 04)를 앞두고 중산층과 서민 중심의 개혁적 국

---

87) 김대중도서관, 〈〈평화민주당과 신민주연합당 통합전당대회〉 총재 치사 '정의 승리 역사를 창조하자〉 (검색일: 2023년 3월 3일) ; 김대중도서관, 〈[새천년민주당 창당 준비 위원회 결성대회 치사] '정치안정적인 절대적인 명제'〉, (검색일: 2023년 3월 4일).

88) 이 용어는 후발 자본주의 국가라는 조건 속에서 이탈리아에서 위로부터 국가혁명을 달성했던 자유주의 세력이 취약한 헤게모니 기반을 가지고 안정적 기반 확보를 위해서 의회에서 활용했던 의회 전략에서 기원한다(최장집, 《한국 민주주의의 조건과 전망》(서울: 나남, 1996), 219-231쪽). 한국에서 전면적 변형주의의 대표적인 사례는 삼당 합당을 들 수 있다.

89) 제13대 대선에서 패배한 김대중은 제13대 국회의원 선거를 앞두고 대선에서 김대중에 대한 비판적 지지를 주도했던 재야인사를 영입했다. 제13대 국회의원 선거 결과 재야 영입 인사는 전체 70명의 당선자 중에서 15%인 15명이 당선되었다(김삼웅, 〈평민당, 여소야대 정국의 중심 축으로: [평화민주당 연구 25] 대선 3위라는 치욕적인 패배를 겪었지만 총선을 통해 화려하게 재기해〉, 《OhmyNews》2021년 11월 10일).

90) 신민당 창당은 호남 배제를 제도화했던 민자당의 창당에 대한 대응이었다. 3당합당으로 제1야당에서 소수 야당으로 전락한 평민당은 3당합당 반대 세력을 대표했던 이른바 꼬마 민주당과 합당을 통해서 활로를 모색했으나 지도 체제 문제와 당명 문제로 결국 실패했다. 통합결렬 후 평민당은 통합 운동을 주도했던 시민사회 일부 세력이 창당한 신민당과 통합했다.

91) 국민회의 창당 후 영입된 인사는 전문가 집단과 구여권 인사가 중심이었다. 대표적인 전문가 집단의인사로는 중소기업중앙회 회장 출신 박상규, 여성계의 신낙균과 정희경, 군의 천용택 장군, 유재건 변호사가 있다. 구 여권 인사로는 민정당 출신으로 5공때 노동부 장관을 지낸 최명헌의원, 안기부 국장 출신 이용택 전의원, 재향군인회의 출신 장태완 의원이 대표적이다(안철홍, 〈후단협의 씨앗 DJ가 뿌렸다〉, 《시사저널》2002년 10월 21일).

민정당을 기치로, 창당한 '새천년민주당' 창당이 계기였다.[92]

다양한 국면에서 활용되었던 분자적 변형주의 전략은 민주당 계열 정당의 취약한 인적·조직적 기반을 확장하는데 일정하게 기여하였다. 하지만 분자적 변형주의 전략은 민주화 과정에서 부상하였으나 대표되지 못한 잠재적 사회균열을 동원하고 대표하여 지역균열을 교차 동원해내는 정당 체제 재편 전략이 아니었다. 이 전략은 민주당 계열 정당이 유권자 속에 뿌리내리는 정당이 아니라 당면한 선거에서 위기를 돌파하기 위한 선거 전문가 정당(Electoral-professional Party)의 성격이 강화되는데 기여했다.

김대중이 이끌었던 민주당 계승 정당은 이후 한국 민주주의와 정당정치 발전에 깊은 유산을 남겼다. 물론 이러한 유산은 온전히 김대중이 이끌었던 민주당 계열 정당의 것만은 아닐 것이다. 최소한 현재까지는 가장 성공적으로 제도화된 민주주의 중 하나로 또한 위계적으로 구조화된 카르텔 체제의 모습과 같이 양면적으로 존재하는 한국 민주주의 유산이며 해결해야 할 과제다.

---

92) 제16대 국회의원 선거 공천 결과 재야 출신 인사들은 대폭 감소했지만, 개혁성을 갖춘 학생 운동권 출신 이른바 386세대가 수도권에 대거 포진되었다. 전국구 공천에는 여성, 군인, 시민단체 등 각종 직능 대표를 안정권에 배치했다(중앙선거관리위원회, 《大韓民國選擧史, 第7輯, 1998. 2. 25. ‒ 2003. 2. 24.》, 151쪽).

IV

김대중 정부 시기의
시민사회 제도화와 참여민주주의

신진욱(중앙대학교 사회학과 교수)

democracy &
human rights

들어가는 말

현대의 사회사상들은 시민들이 자율적으로 결성한 결사체들이 활동하는 공간인 시민사회가 국가와 개인을 매개하는 중간영역을 형성함으로써 국가권력의 남용과 사회의 원자화를 막고 민주주의를 심화하는 데에 중요한 기여를 할 것으로 기대해왔다. 그런데 한국에서는 오랜 독재 시대 동안 국가의 통제를 벗어나는 일체의 결사체들이 의심스러운 존재로 간주되었고, 특히 사람들이 정치와 사회 문제에 관여하는 것은 국가의 처벌을 받을 수도 있는 위험한 일이었다. 시민사회의 본질이 바로 사람들이 모여 더 나은 사회를 만드는 방안을 함께 고민하고 실천하는 데 있으므로, 사회를 자신의 지배하에 두려는 독재 권력은 그 같은 시민사회의 존재를 경계하고 적대시한다. 만약 독재 치하에서도 독립적인 시민사회가 발전하고자 한다면, 그것은 국가폭력에 맞서 자신을 지키고 민주주의와 자유를 위해 투쟁할 수밖에 없다.

한국에서는 독재 시기 동안 극도로 억압적인 정치 환경에도 불구하고 민주주의와 인권, 평등, 평화의 가치를 추구하는 저항적 시민사회가 꾸준히 성장해서, 민주화운동, 민주노조운동, 농민운동, 민주여성운동, 공해추방운동 등 다양한 운동들이 발전해왔다. 그러나 이들은 정부에 의해 존중받지 못했고, 법적으로 인정받지도 못했고, 정책과정에 참여하지도 못했다. 그래서 1987년 민주화를 계기로 정치적, 문화적 환경이 개선되면서 비로소 자율적 시민사회가 만개하였으며, 1980년대 후반부터 1990년대 중반에 이르는 시기 동안 시민사회의 여러 의제 부문이 분화되면서 경실련, 참여연대, 여성연합, 환경운동연합, 녹색연합, 민주노총 등 각 부문의 중추적 단체들이 설립되어 성장했다.

이후 시민사회단체들은 안정된 조직구조와 전문적 정책역량을 빠르게 신장시켰으며, 다양한 분야에서 정책형성 과정에 참여하여 제도의 개선과 개혁입법을 주도했다. 이러한 시민사회의 대내외적인 제도화는 특히 김대중 정부 시기에 급진전되었다. 노동, 복지, 환경, 여성, 인권 등 여러 부문의 사회운동들이 조직적으로 체계화되었으며, 대통령과 정부 내 개혁세력의 지지와 협력 속에 개혁목표들을 달성했고, 또한 민관협력 거버넌스 기구들을 상설화하려는 노력들이 이뤄졌다. 국민기초생활보장법, 통합적 국민건강보험제도, 지속가능발전위원회, 노사정위원회, 국가인권위원회 등과 같이 지금까지도 한국사회에서 큰 의미를 갖는 많은 제도의 설립 시기가 1998-2000년에 집중되어 있다. 또 오랫동안 보수관변단체 육성을 위한 특혜 제도들만 존재했던 문제를 극복하고, 시민들의 다양한 비영리·공익활동을 보편적으로 지원하는 제도가 정립되었다.

그런 의미에서 이 시기는 민주화 이후 여러 면에서 독재 시대에 수십 년간 이어져 온 사회 모델의 관성이 깨지고, 새로운 행위자들과 행동양식들, 새로운 제도적 발전 경로가 폭발적으로 발전한 역사적 전환점이었다고 평가할 수 있다. 물론 그 이후에 과연 한국사회에 권위주의 시대와 본질적으로 구분되는 국가-시민사회 관계가 정착되었는지에 대해서는 의문이 제기될 수 있지만, 적어도 국가권위주의적 질서의 오래된 유산과 경합하는 새로운 제도 모델이 한국사회의 중심부에 등장했다는 것은 분명하다.

하지만 이 시기의 변화들이 긍정적인 면만 있는 것은 아니다. 먼저 이 시기에 이뤄진 여러 법적, 제도적 발전들은 많은 한계와 문제를 갖고 있었기 때문에, 그 당시에나 지금이나 이 시기의 주요 변화들을 비판적으로 평가하고 그것의 성과에 대해 회의적인 입장들도 많다. 또한 시민사회운동들의 제도화에 수반되는 여러 새로운 문제들이 이후에 점점 더 분명히 드러나서, 일각에서는 시민단체들의 관료화, 비판적 정체성과 사회개혁 목표 약화, 일부 시민운동의 정치운동으로의 변질, 운동단체 지도부의 권력화에 대한 부정적 시각이 존재한다. 뿐만 아니라 시민사회의 제도화와 협력적 거버넌스의 모델이 정착되지 못하고 선거결과와 정치환경 변화에 너무 큰 영향을 받는다는 문제가 있다. 이명박·박근혜 정부 때는 시민단체들의 영향력이 약화되고 정부와 협력관계가 단절되는 등 시민사회의 탈제도화(de-institutionalization)가 급격히 일어나더니, 문재인 정부 때는 그와 반대로 시민사회의 인적, 정책적 자원들이 정부가 조직한 거버넌스 제도 내로 포섭되는 경향을 보였고, 윤석열 정부가 들어선 뒤에는 또 다시 이명박·박근혜 정부와 동일한 패턴으로 친정권 보수단체를 제외한 시민사회 전반이 공식 제도부문에서 배제되었다.

이상의 여러 긍정적, 부정적 측면들을 함께 고려했을 때, 현재 시점에서 김대중 정부 시기의 시민사회 제도화와 정부-시민사회 관계에 대한 고찰은 이중적인 의의를 갖는다. 한편으로 독재 시대 동안에 지배권력과 격렬히 충돌하는 도전자였던 저항적 시민사회와 달리, 민주적 정치환경에서 시민사회의 조직구조와 행동수단, 정부와의 관계, 법적인 지위가 제도화되는 과정과 그 결과를 체계적으로 인식하고 거기서 향후 보존하고 발전시켜야 할 핵심을 도출하는 것은 실천적 가치가 크다. 다른 한편으로, 한국의 정치사회적 맥락 속에서 시민사회 제도화가 어떤 이면의 문제점들을 내포하고 있었는지, 새로운 질서의 정립과 기존 제도로의 포섭이라는 두 가지 상반된 의미의 제도화 과정이 현실에서 어떻게 혼재하게 되었으며, 그러한 모호성이 낳은 결과가 무엇이었는지를 비판적으로 성찰할 필요가 있다.

이 챕터의 구성은 다음과 같다. 먼저 Ⅱ절에서 '시민사회'의 정의와 이념, 그리고 특히 시민사회와 사회운동의 '제도화' 개념에 담긴

다양한 의미를 체계화한다. 그러한 개념적·이론적 토대 위에서 Ⅲ
절에서는 민주화 이후 시민사회운동의 조직적 체계화와 정당정치 개
혁을 위한 개입을, Ⅳ절에서는 복지 분야를 중심으로 시민사회 행위
자들의 정책과정 참여에 의한 제도개혁과 사회적 대화기구 설립을,
Ⅴ절에서는 시민사회단체와 사업들에 대한 공공지원의 제도화를 다
룬다. 결론에 해당하는 Ⅵ절에서는 김대중 정부 시기에 집중적으로
일어난 이 같은 시민사회의 내외적 제도화 과정의 역사적·사회적
의의, 한계와 문제점, 그리고 미래의 발전 과제를 서술한다.

1. 시민사회의 제도화: 개념과 이론

1) 시민사회의 다양성과 역동성

오늘날 시민사회(civil society)의 이념으로 불리고 있는 사유체계들
은 일찍이 17-18세기에 존 로크(John Locke)의 《통치론》(1689), 몽
테스키외(Montesquieu)의 《법의 정신》(1748), 아담 퍼거슨(Adam Ferguson)
의 《시민사회의 역사에 관한 에세이》(1767)와 같은 고전적 저작들에
서 분명한 형태를 갖추기 시작해서, 이후 3세기에 가까운 역사 동안
세계의 다양한 정치사회적 맥락에서 그 개념의 의미가 확장되고 변
형되어 왔다. 그래서 '시민사회'는 역사학자 코젤렉(Reinhart
Koselleck)이 그의 개념사 연구에서 '역사적-정치적 개념(historisch-
politische Begriffe)'이라고 부른 언어들의 전형적 특성을 갖고 있다.[1]
즉 시민사회라는 개념에는 상이한 시대환경과 사회적 맥락에서 다양
한 행위자들이 이 용어에 부여해 온 의미들이 응축되어 있다. 이 개

---

1) Reinhart Koselleck, Zeitschichten: Studien zur Historik (Frankfurt/M.:
    Suhrkamp, 2003).

념은 그처럼 수 세기에 걸친 수많은 역사적 경험들을 그 안에 품고
있기 때문에, 누구나 동의할 수 있는 단순한 하나의 정의에서 시민사
회에 관한 이야기를 출발하는 것은 불가능하다.

그럼에도 불구하고 현대의 이론가들은 시민사회 개념에 담긴 그
풍부한 경험들과 관념들을 관통하는 몇몇 지적 전통들을 구분해왔
다. 시민사회를 자유로운 개인들이 상호작용하는 장으로 정의한 자
유주의적 전통, 정치공동체의 구성원들의 자치와 의무를 중시한 공
화주의적 전통, 시민들의 자발적인 결사체들이 활동하는 사회적 영
역으로 보는 결사체주의적 전통, 보편주의적 가치와 공동선의 추구
가 시민사회의 본질이라고 보는 규범적 관점의 전통 등이 대표적이
다.2) 이 각각의 전통들을 어떻게 해석하고 평가할 것인지를 이 자리
에서 자세히 논할 수는 없지만, 이 글에서 시민사회 개념을 사용할
때 그처럼 다양한 개념적 전통들 가운데 어떤 정의 방식을 따를 것이
며, 어떤 이유에서 그렇게 하기로 결정했는지를 분명히 하는 것이
독자와의 소통에 도움이 될 것이다.

시민사회의 규범적 이념에 관해서 자유주의적, 공화주의적, 공동
체주의적, 네오마르크스주의적 전통들은 시민사회가 좋은 사회, 좋
은 정치, 좋은 삶을 구현하는 데에 기여하기 위해서 어떤 시민, 어떤
시민사회가 되어야 할지를 각기 다른 방식으로 이론화해왔다. 그러
한 시민사회의 이상들은 한국 시민사회의 현실들을 비판적으로 성찰
하고 미래의 개혁과제를 정의할 수 있도록 해주는 중요한 지적 자원
들이다. 하지만 그와 더불어 우리는 '현실 시민사회(real civil society)'
를3) 이해하기 위한 개념 정의를 필요로 하는데, 이 글은 그런 맥락에

---

2) 마이클 에드워즈, 《시민사회》 (서유경 옮김. 제3판. 명인문화사, 2018); Charles
   Taylor, "Modes of Civil Society," Public Culture Vol. 3, No. 1 (1990), pp.
   95–118; Michael Walzer, "The Idea of Civil Society: A Path to Social
   Reconstruction," Dissent Vol. 39 (1991), pp. 293–304.

서 시민사회를 서술할 때 토크빌의 결사체주의 전통을 따라 '시민들의 자발적 결사체들(voluntary associations)이 활동하는 사회적 영역'이라는 분석적 정의를 따를 것이다. 이때 '자발적'이라는 개념의 의미는, 국가 또는 기타 정치조직에 의해 조직된 단체에 참여하거나 기업처럼 영리적 목적을 위해 설립된 단체에 고용된 것이 아니라, 단체 구성원들의 공동의 관심사를 위하여 설립되고 운영되는 단체임을 뜻한다. 한편 '결사체'는 우리말로 '단체'라고 불러도 무방하지만, 공식적 조직 뿐 아니라 어느 정도 지속성과 구성원의 경계를 갖는 비공식적 모임과 일상공동체들까지 포함한다. 그러므로 시민사회라는 개념은 사회운동조직, 노동조합, 주민단체, 사회적 협동조합, 봉사단체 등을 두루 포함할 수 있다.[4] 이러한 현실 시민사회의 행위자들이 시민사회의 이상을 어느 정도 실현하고 있는지는 별개의 문제이므로, 우리는 현실 시민사회의 잠재적인 기여에 큰 의미를 부여하면서도 그 현실에 대한 비판적, 성찰적 태도를 견지해야 한다.

---

3) Jeffrey C. Alexander, "Civil Society Ⅰ, Ⅱ, Ⅲ: Constructing an Empirical Concept from Normative Controversies and Historical Transformations." in J. C. Alexander ed., Real Civil Societies: Dilemmas of Institutionalization (London: Sage, 1998), pp. 1–9.

4) '비영리 부문(nonprofit sector)'이라는 개념은 '시민사회'와 종종 호환가능한 동의어로 사용되기도 하지만, 개념사적으로나 이론적으로나 정확히 일치하지는 않는다. 비영리 부문에 대한 연구에서 세계적으로 저명한 학자인 안하이어와 샐러먼은 두 개념을 사실상 동일시하는데, 그것의 핵심적인 특징으로 공식적(formal), 민간(private), 비영리(non-profit), 자율적(self-governing), 자발적(voluntary)이라는 점을 꼽았다. 이 글에서도 시민사회가 민간 영역의 비영리 성격의 자발적 단체들로 구성된다고 보지만, 공식적 조직에 국한되지 않으며 자율·자치의 정도는 사례에 따라 다양하다는 가정에서 출발하는 것이 현실 시민사회의 다양성을 풍부히 이해하는 데에 더 나은 개념 전략일 것이라고 생각한다. Helmut Anheier, "Theories of the Nonprofit Sector: Three Issues," Nonprofit and Voluntary Sector Quarterly Vol. 24, No. 1 (1995), pp. 15–23; Lester M. Salamon and Helmut K. Anheier, "In search of the non-profit sector. I: The question of definition," Voluntas: International Journal of Voluntary and Nonprofit Organizations Vol. 3, No. 2 (1992), pp. 125–151; Lester M. Salamon and Helmut K. Anheier, "The Civil Society Sector," Society Vol. 34 (1997), pp. 60–65.

현실의 시민사회 결사체들을 고찰할 때 중요한 점은, 그것을 어떤 하나의 특성으로 규정짓지 않고 그 다양성을 분명히 인식하는 일이다. 시민사회에 관한 이론 중에는 시민사회 결사체를 시민성(civility), 공동선(common good)의 지향, 보편주의적 가치 등의 공유된 문화로 특징짓는 관점이 있다.5) 그러한 개념전략은 시민사회 이념의 규범적 관점에서 현실 시민사회가 얼마나 그 기준에 멀거나 가까운지를 평가하는 데는 장점이 있지만, 현실 시민사회의 다양한 행위자들이 '좋은 사회'와 '좋은 정치'에 대해 각자 어떤 관념을 갖고 있으며 어떤 목표와 이해관심을 추구하고 있는지를 이해하는 데는 불리한 면이 있다. 다양한 시민사회 결사체들이 추구하는 '공동선', '공공선', '공익'의 내용은 상이하며 그 차이는 종종 사회의 근본적인 문화적, 이념적 균열과 연결되어 있기 때문에, 연구자가 '공동선', '공익', '보편주의적 가치' 등을 자기 방식으로 정의하고 그 기준으로 시민사회와 비시민사회(uncivil society)를 절대적으로 구분하는 것은 자칫 현실 행위자들의 복잡성을 간과하여 과잉단순화된 현실해석의 문제를 발생시킬 수 있다.

시민사회 결사체들의 다양성을 인식하고 그처럼 다양한 결사체들의 관계 구조를 올바로 이해하려면, 시민사회가 많은 이질적 행위자들이 움직이는 사회적인 장(field), 부문(sector), 영역(sphere)을 지칭하는 개념이며 결코 하나의 단일한 집합적 행위자로 간주되어서는 안 된다는 점을 분명히 해야 한다.6) 현실의 시민사회는 다양한 계급,

---

5) Jeffrey C. Alexander, "After Neofunctionalism: Action, Culture, and Civil Society," in: J. C. Alexander, Neofunctionalism and After (Oxford: Basil Blackwell, 1998), pp. 210-233; Edward Shils, The Virtue of Civility (Indianapolis: Liberty Fund, 1997).

6) Michael Edwards, "Introduction: Civil Society and the Geometry of Human Relations," in: M. Edwards ed., The Oxford Handbook of Civil Society (Oxford, UK: Oxford University Press, 2011), pp. 3-14; Mark N. Jensen,

이념, 문화, 정치성향, 사회구조적 위치를 갖고 있는 집단행위자들이 움직이고 사회적 공간이다. 이 다원적인 장 안에서 결사체들 간에 연대와 적대의 관계가 형성되고 변화하며, 이들은 또한 정부 및 정당들과 각기 다른 성격의 관계를 맺는다. 그러므로 '국가 대 시민사회'라는 단순이분법의 갈등구조는 독립적인 시민사회의 존재 자체가 허용되지 않는 독재 시대에 특징적인 것이며, 시민들의 기본적 자유와 권리가 보장되는 민주주의 체제에서 시민사회의 거시적 지형도와 국가—시민사회 관계는 그보다 훨씬 더 다양하고 역동적인 것이 일반적이라고 할 수 있다. 즉 시민사회는 행위자 수준에서나 구조적 수준에서나 변화 과정에 있으며, 시민사회와 정부·기업 등 다른 제도부문 간의 관계 역시 그러하다.

2) 시민사회와 사회운동의 제도화: 다차원적 의미

시민사회의 가장 능동적 행위자인 사회운동의 제도화에 관해 1970년대 이래로, 특히 1990년대 이후 본격적으로 연구와 토론이 이뤄졌다. 사회운동의 제도화가 이 시기부터 많은 관심을 받은 이유는, 세계적으로 1960–70년대의 사회적 저항의 물결, 1970–80년대의 민주화의 물결이 일어난 결과로 사회운동이 과거에 비해 조직적으로 더욱 공고해지고, 문화적으로 널리 수용되었으며, 법적으로 인정되었고, 정치적으로 영향력 있는 행위자가 되었기 때문이다. 한국에서 1990년대 후반부터 2000년대까지 제도화 논의가 활발히 일어난 이유도 1987년 민주화 이후 김대중·노무현 정부에 이르러 그 같은 세계적 추세가 한국에서도 지배적인 경향이 되기 시작했다는

"Concepts and conceptions of civil society," Journal of Civil Society Vol. 2, No. 1 (2006), pp. 39–56; Walter W. Powell and Richard Anheier, The Nonprofit Sector: A Research Handbook (New Haven, CT: Yale University Press, 2006).

점과 밀접한 관련이 있다.

사회운동의 제도화 연구에서 중요한 역할을 해 온 사회학자 마이어(David Meyer)와 태로우(Sidney Tarrow)는 '제도화(institutionalization)'가 "모든 행위자들이 잘 정립되고 익숙한 루틴에 따라 행동하는 반복적 과정이 안정적으로 되는 것"을 뜻한다고 정의했다.[7] 그에 앞서 1950년대부터 조직과 제도 연구에서 큰 족적을 남긴 사회학자 셀즈닉(Philip Selznick)은 제도화를 "불안정하거나, 느슨하게 조직되어 있거나, 협소한 기술만을 가진 활동들이 점차 질서정연하고, 안정되며, 사회적으로 통합적인 패턴으로 변화"하는 과정으로 정의했다.[8] 이 관점에서 본다면, 시민사회 결사체들이나 사회운동 참여자들은 그들의 조직, 행동양식, 법적 지위, 다른 사회부문과의 관계 등의 측면에서 안정, 질서, 통합, 일상성, 지속성을 갖게 되는 만큼 제도화되는 것이다.

그와 같은 가장 기본적인 정의를 바탕으로 하여, 사회운동 제도화의 구체적 양상들을 살펴봄으로써 제도화 개념의 다양한 의미를 일련의 이론적 명제들로 확장해 보자. 이 목적을 위해 그동안 제도화에 관한 연구와 토론이 특히 활발했던 사회운동론 분야에서 연구문헌들이 제도화를 무엇으로 이해했으며 그 의미를 어떻게 해석해 왔는지를 검토하고 체계화하는 방법을 취하기로 한다.

먼저 앞서 언급했던 마이어와 태로우는 사회운동의 제도화의 세 구성요소를 다음과 같이 요약했다. 가장 근본적 요소는 '관례화

---

7) David S. Meyer and Sidney Tarrow, "A Social Movement Society," in: D. S. Meyer and S. Tarrow ed., The Social Movement Society: Contentious Politics for a New Century (Lanham et al.: Rowman & Littlefield, 1998), pp. 1-28. 인용은 p. 21.

8) Philip Selznick, "Institutionalism "Old" and "New"," Administrative Science Quarterly Vol. 41, No. 2 (1996), pp. 270-277. 인용은 p. 271.

(routinization)'인데, 이것은 사회운동과 국가권력이 공동의 규범을 따르게 된다는 것을 뜻한다. 즉 사람들이 정부에 항의하고자 할 때는 경찰에 집회 신고를 하고, 신고한 시간과 장소에서, 대체로 정해진 틀에 따라 집회를 하며, 경찰 역시 정당한 공권력의 대응으로 기대되는 행동을 한다는 것이다. 이러한 관례화 과정에서 사회운동 참여는 사회적 일상의 일부가 되고 점점 더 다양한 참여자와 의제를 포함하게 되는 경향이 있다.[9] 제도화의 둘째 요소는 '포용과 주변화(inclusion and marginalization)'로서, 이는 관례화된 행위규범을 따르는 쪽에만 주류 제도권과의 교류 기회가 부여되고 이를 따르지 않는 쪽은 배제됨을 뜻하므로 선택적 포용이라고 부를 수 있겠다. 셋째 요소인 '포섭(co-optation)'은 관례화된 관행에 부합하는 방향으로 요구와 전술을 바꾼 사회운동만이 제도권 내로 초대받기 때문에, 사회운동들이 점차 기존 제도의 행위규범을 수용하고 그 결과 사회운동으로서의 도전적 힘이 쇠퇴하고 온건화되는 과정을 뜻한다. 이처럼 사회운동의 제도화는 사회에 새로운 규범과 행동양식을 정립해가는 개혁의 과정일 수도 있지만, 다른 관점에서 보면 기존 제도적 질서로 사회운동이 편입됨을 뜻할 수도 있다는 양면성이 있다.

스태건보그(Suzanne Staggenborg)는 시야를 확장하여 사회운동 제도화의 네 가지 의미를 요약했는데, 거기에는 앞에서 언급되지 않은 추가적 측면들이 포함되어 있다.[10] 여기서 사회운동의 제도화란, 운동의 목적과 성격이 기존 사회질서에서 수용되는 내용으로 변하는

---

9) David S. Meyer and Sidney Tarrow, "A Social Movement Society," pp. 4–6, 21.

10) Suzanne Staggenborg, "Institutionalization of Social Movements," in D. A. Snow, D. della Porta, B. Klandermans, and D. McAdam ed., The Wiley-Blackwell Encyclopedia of Social and Political Movements, Vol. 2 (Wiley-Blackwell, 2013), pp. 613–614.

것, (b) 운동 조직과 참여자들이 사회 제도와 조직들 안에서 활동하게 된다는 것, (c) 운동의 이념이 사회 주류의 조직과 문화에서 수용되는 것, (d) 운동이 공식적인 조직적 구조를 안정적으로 갖추고 전문적 지도부와 활동가들에 의해 수행되는 것이다. 이중 (a)와 (b)는 앞에서 언급한 선택적 포용과 포섭에 해당한다. 한편 여기서 추가된 제도화의 의미로, (c)는 사회운동조직의 공식화(formalization), 분업화(specialization), 전문화(professionalization) 경향을 말하며, (d)는 사회운동의 '주류화(mainstreaming)', 즉 기존에 사회제도의 중심부에서 배제되거나 억압되었던 사회운동의 이념, 담론, 요구, 주체들이 사회제도의 중심부로 진입해들어오는 과정을 가리킨다.

마이어가 이후에 그의 동료와 함께 사회운동 제도화의 다섯 가지 방식을 재정식화 했을 때는 이러한 다양한 의미를 포괄했다. 그에 따르면 사회운동의 제도화란 (a) 사회운동의 관계자들이 선출직이나 관료직으로 정부 부문에 들어가는 것, (b) 사회운동이 제시하는 이념이 정치인이나 정당들에 의해 수용되는 것, (c) 사회운동의 목표와 관련된 법안이 통과되는 것, (d) 사회운동의 관심사를 다루는 새로운 정부조직이 생겨나는 것, (e) 사회운동이 전문화되고 관료화되는 것을 뜻한다.[11] 이 목록은 사회운동 조직의 분업화와 전문화, 사회운동의 기존 제도로의 편입, 기존 제도와 조직들의 개혁적 변화 등, '사회운동 제도화'의 정의상의 요소들을 두루 망라한다.

끝으로 스웨덴 웁살라 대학의 사회학자인 미겔 마르티네즈(Miguel A. Martínez)가 도시 사회운동들의 사례를 바탕으로 정식화한 제도화 개념을 살펴본다. 그는 세 가지 제도화 유형을 구분했는데, (a) 첫째

---

11) David S. Meyer and Eulalie Laschever, "Social Movements and the Institutionalization of Dissent in America," in R. Valelly, S. Mettler, and R. Lieberman ed., The Oxford Handbook of American Political Development (Oxford, UK: Oxford University Press, 2014), pp. 563-589.

는 '사회운동이 국가제도로 통합'되는 것으로서 이는 앞서 살펴본 사회운동의 관례화, 온건화, 주류화와 유사한 의미다. 그런데 그 다음에 언급되는 두 유형이 주목할 만하다. 그것은 (b) '사회운동에 의한 새로운 제도의 정착'과 (c) '실험적 제도의 창안'인데, 여기서 강조되는 점은 국가제도와 주류 집단에 의한 인정 여부와 별개로, 사회운동이 독립적이고 대안적인 사회문화 제도를 창조하고 정착시킬 수 있다는 사실이다.12) 마르티네즈는 멕시코 사파티스타 공동체 평의회나 도시주거운동의 자주관리형 주거공동체를 그 예로 들었는데, 그 밖의 사례로 독재 체제 하에서 저항적 사회운동들이 국가에 의해 인정되지도 않지만 그 자체의 행위규범과 규칙, 조직체계, 상호작용의 관례 등 '제도'의 속성을 두루 갖추게 된다면 이것도 사회운동의 제도화로 볼 수 있다.

이상의 논의를 종합해본다면, 사회운동의 제도화는 하나의 단순한 의미만을 갖는 것이 아니라 조직, 행위, 문화, 이념, 정치 등 여러 차원에서 각기 다른 의미를 가지며, 각각의 차원에서 사회운동이 새로운 질서를 창조하는 측면과 기존 질서로 편입되는 측면을 함께 포함한다. 요약하면, (1) 조직: 사회운동단체의 공식화, 분업화, 전문화. 이는 사회운동의 공고화와 관료화를 동시에 의미한다. (2) 행위: 사회운동에 관련된 행위와 상호작용의 관례화와 공동의 규범 정립. 이는 사회운동을 제도 내로 포용하는 것을 뜻하면서, 또한 이를 거부하는 운동을 배제함을 뜻하기도 한다. (3) 문화: 사회운동 또는 집회·시위 등 집단행동 참여의 대중화와 일상화. 더 많고 다양한 사람의 참여는 사회운동의 성공에 도움을 줄 수도 있지만, 사회운동의

---

12) Miguel A. Martínez, "How Do Squatters Deal with the State? Legalization and Anomalous Institutionalization in Madrid," International Journal of Urban and Regional Research Vol. 38, No. 2 (2014), pp. 646–674.

전복적 성격이 약화될 수도 있고 구조적 변화를 원하지 않는 사람들이 사회운동의 다수를 차지하게 될 수도 있다. (4) 이념: 사회운동의 이념과 가치가 사회제도의 조직 원리가 된다. 이로써 기존 사회제도의 코드가 개혁되지만, 사회운동의 이념이 새로운 공식 이데올로기가 될 수 있다. (5) 정치: 사회운동의 구성원들이 공공정책과정과 정책네트워크에 참여할 수 있는 기회가 확대된다. 이는 개혁 목표를 더 효과적으로 달성하는 길이 될 수도 있지만, 주류 제도 바깥에 독립적인 제도 영역을 구축하여 정치적 압력을 행사하는 것보다 덜 효과적인 방법론일 수 있다.

구체적인 현실에서 이상의 다양하고도 양가적인 의미의 제도화 과정들은 일괄적으로 진행되는 것이 아니라 불균형적으로 전개될 수 있으며, 동시에 전개된 사회운동 제도화의 여러 양상들이 서로 모순적이고 갈등적인 관계에 있을 수도 있다. 그러므로 우리는 구체적인 제도화 사례가 그처럼 다양한 가능성 중에서 과연 "어떤 제도화인가?"를 규명할 때에만 비로소 그것의 정치사회적 의미를 명확히 규정할 수 있게 된다.

2. 사회운동의 조직적 공고화와 제도정치 개혁

1) 사회운동들의 조직적 발전과 의제 분화

민주화 이후 1990년대에 한국 시민사회는 독재 시대보다 더 자유로운 정치사회적 환경 안에서 빠르게 조직적 발전을 이루었을 뿐 아니라, 많은 조직들이 서로 교류하고 협업하는 제도적 생태계를 형성해갔다.[13] 그 과정에서 일어난 또 다른 구조적 변화는 시민사회 활동의 각 의제 부문의 분화가 본격화됐다는 점이다. 일차적인 분화는

'민중운동'과 '시민운동'의 분리라는 형태를 띠었는데, 두 부문이 어떤 관계를 맺어야 하는지에 대한 전략적 입장은 조직마다 달랐지만 한편에는 민중운동과 노동·농민단체들, 다른 한편에는 시민운동으로 불린 정치개혁, 경제정의, 여성, 환경, 교육, 소비자 운동 등이 각기 다른 다중조직장으로 분화된 것은 분명하다.

민주화 직후에 설립된 민중운동조직인 전국민족민주운동연합(전민련, 1989년), '전국노동조합협의회'(전노협, 1990년), '민주주의민족통일전국연합'(전국연합, 1991년), '전국민주노동조합총연맹'(민주노총, 1995년) 등은 정치적 민주화 이후에도 변하지 않은 노동환경과 노사관계, 사회경제적 불평등 현실에 강경하게 저항했다. 다른 한편으로는 '시민운동'이라는 큰 틀 안에서 다양한 의제 부문을 대표하는 사회운동조직들이 1980년대 말부터 1990년대 중반에 이르는 짧은 시기 동안에 창립되어 성장했다. 한국여성단체연합(1987), 민주사회를 위한 변호사 모임(1988), 경제정의실천시민연합(1989, 이하 경실련), 환경운동연합(1993), 인권운동사랑방(1993), 참여민주사회와 인권을 위한 시민연대(1994, 이하 참여연대), 녹색연합(1994) 등이 대표적인 예다.

그러나 시민운동 내의 이념적 이질성이 곧 깊어졌다. 경실련의 창립자 중 하나인 서경석 목사를 비롯한 보수시민단체 리더들은 급진적 사회운동들과 민중운동들에 대해 적대적 태도를 취한 데 반해, 그보다 훨씬 더 많은 시민운동 단체들은 민중운동과의 연대를 지향했다. 이러한 민주화 직후의 시민운동 지형은 이후 2000년대에 들어

---

13) 개괄하는 문헌으로 신진욱, 〈한국 저항문화의 전통과 변화: 3·1운동에서 촛불집회까지, 1919-2019〉, 민주화운동기념사업회 민주주의연구소 엮음, 《한국 민주주의 100년, 가치와 문화》(서울: 한울, 2020), 214-255쪽; 조희연, 〈한국시민사회단체(NGO)의 역사, 현황과 전망〉, 김동춘 외, 《NGO란 무엇인가》, 아르케, 2000, 127-156쪽; 주성수, 《한국시민사회사: 민주화기 1987-2017》(학민사, 2017).

서 참여연대 중심의 연대조직이 시민운동 생태계의 구심점 역할을 하게 되는 반면에, 경실련의 지도적 인물들은 점차 뉴라이트 진영으로 넘어가는 양상으로 이어졌다.

이 같은 분화의 과정을 거치면서 시민사회단체들은 점차 유사한 지향을 가진 단체들의 연대조직을 발전시켜갔다. 크게 세 범주를 구분해볼 수 있다. 첫째, 민중운동의 연대조직들이 있다. 특히 민주화 직후인 1980년대 후반부터 1990년대 초까지 민족민중운동의 연대 활동이 활발했다. 1991년에 '민주주의민족통일전국연합'이 대표적인 조직이다. 이들은 '자주ㆍ민주ㆍ통일'을 슬로건으로 반미자주화, 민중생존권, 조국통일 운동 등을 주장했고, 이를 위해 노동자ㆍ농민 등 기층민중 단결과 행동을 주장했다. 이후 2003년에 건설된 '전국민중연대'는 신자유주의 철폐, 민중생존권 쟁취, 민주주의, 자주ㆍ평화ㆍ통일 등을 슬로건으로 하여 1980년대 민족민중운동을 계승하고자 했다.

둘째, 진보적 성향의 시민운동 단체들이 1990년대를 거치면서 각자의 조직적 기반과 자원을 강화해 나갔고, 그 토대 위에서 연대행동과 연대조직의 결성으로 나아갔다. 그러한 추이의 정점을 찍은 사례는 2000년 국회의원 총선거를 앞두고 낙천ㆍ낙선운동을 벌인 '2000년 총선시민연대'로서, 여기에는 1천 개 이상의 시민사회단체가 참여했고 총선을 치른 후에는 상시적 연대조직으로 전환하여 2001년에 '시민사회단체연대회의'를 창립했다. 연대회의는 지금까지도 한국 시민사회단체들의 중요한 연대조직으로 남아있다.

셋째, 보수 성향 단체들의 연대조직도 민주화 직후부터 활발히 건설되었으며, 그 활기와 영향력은 당시에는 진보단체들만 못했지만 이미 상당한 규모를 확보하고 있었다. 1991년에 지방선거 부활을 계기로 '공명선거실천 시민운동협의회'가 건설되었는데, 여기에는 이제 막 창립한 경실련과 더불어 흥사단, 서울YMCA, 한국노총 등 역사가 오래된 여러 단체가 참여했다. 1993년에는 경실련이 주도한 연합단체인 '정의로운 사회를 위한 시민운동협의회'가 결성되어 경실련, 흥사단, 한국노총, 한국부인회, 한국기독교총연합회 등이 참여했다. 이를 기반으로 다음 해인 1994년에 '한국시민단체협의회'이 시민참여, 민주개혁, 사회발전을 공동의 목표로 창립되었다.

이처럼 민주화 이후 불과 10년 안에 한국 시민사회의 핵심 단체들이 창립되어 괄목할 만한 성장을 이루었고, 거시적으로도 시민사회라는 제도적 장의 내적 분화와 연대−갈등 관계가 구조화되었다.[14]

조직적 측면에서 이들 사회운동단체들의 제도화 경향을 보면, 이념과 활동 의제에 상관없이 이 시기에 창립되고 성장한 대다수 시민사회단체는 빠른 속도로 공식적 조직을 갖추고 관료적 분업 구조를 갖추었으며 전문화된 인적 자원들의 역할을 강화해갔다. 이 같은 분업화와 전문화는 때론 대중의 참여를 약화하는 결과를 낳기 때문에 '시민 없는 시민운동'이라는 비난을 받기도 한다. 그러나 사회운동조직의 제도화가 반드시 대중성과 모순되는 것은 아니다. 전문화의 본질은 해당 단체의 목표에 관련된 전문성을 발전시키며, 전업 활동가와 간부층을 확보하여 정책역량을 강화하고 안정적인 활동을 보장한다는 데 있다. 이런 의미의 제도화는 전문가 중심의 활동을 하는 시민운동단체들 뿐만 아니라, 대중조직을 갖춘 노동단체들에서도 마찬가지로 고도화되었다. 또한 그러한 정책적 전문성 없이 대중참여만을 중시하는 사회운동은 '대안 없는 비판'만 하게 되기 쉬우며, 사회운동의 목표에 동감하지만 실제 활동에 참여할 여력이 없는 많은 시민을 배제하는 결과를 낳을 수도 있다. 그러므로 사회운동조직의 관

---

14) 신진욱 · 정보영, 〈한국 시민사회의 확장, 위기, 혁신의 삼중과정 − 전략적 행위장 이론에 기초한 구조변동 분석〉, 《시민과 세계》 제40호(2022), 97−140쪽.

258

료화, 분업화, 전문화의 명암을 균형 있게 보면서, 그중 긍정적 측면을 살리고 부정적 측면을 최소화하려는 노력이 필요하다.

다음으로 활동 목표와 전략의 온건화, 행동양식의 합법화와 관례화, 대중적 수용과 참여 확대라는 의미의 제도화는, 처음엔 일부 시민운동 단체에 두드러지게 나타났으나 점차 대다수 시민운동으로 확대되었다. 이러한 방향으로의 변화를 가장 먼저 촉구한 경실련은 1989년의 발기선언문에서 △국민적 합의에 기초한 운동, △비폭력·평화와 합법적 운동, △합리적인 대안 모색, △함께하는 운동, △비정치적인 순수한 시민운동 등을 표방했다.[15] 한편 진보 성향 시민운동 단체들은 경실련과 구분되는 이념적, 정치적 지향을 갖고 있었지만, 민주화된 정치환경에서 평화적, 합법적이며 다수 여론의 지지가 가능한 행동양식을 추구했다는 점에서 공통점이 있었다.[16]

민중운동 세력은 1990년대까지 합법적, 평화적 행동양식이나 전략의 온건화를 거부했다. 오히려 민중 부문의 과격한 대중투쟁은 민주화 이후에 더욱 격화되어 2000년대 초반에 절정에 달했다. 여기에는 1997년 금융위기 이후 경제적 불안과 불평등의 심화라는 구조적 배경이 작용했다. 그뿐만 아니라, 정치권력의 태도와 정치적 기회구조가 노동·민중운동 단체들에게는 민주화 이후에도 여전히 억압적이고 배제적이었다는 점도 중요하다. 그러나 장기적으로는 정부와 민중운동 양측에서 동시에 관례화의 과정을 밟아갔다. 김대중·노무현 정부 때부터 공권력의 대응 전략이 전면적인 억압·위협 전략에

15) 김태룡·고계현, 〈경실련 25년, 운동의 평가와 전망〉, 《한국시민사회운동 25년사, 1989-2014》, (사)시민운동정보센터, 2015, 423-440쪽.
16) Jin-Wook Shin, "Changing Patterns of South Korean Social Movements, 1960s-2010s: Testimony, Firebombs, Lawsuit, and Candlelight," in D. Chiavacci, S. Grano, and J. Obinger ed., Civil Society and the State in Democratic East Asia (Amsterdam: Amsterdam University Press, 2020), pp. 239-368.

서 점진적으로 설득·협력 전략으로 강조점이 이동했고, 2000년대 중반부터는 불법·폭력 집회의 연간 건수가 급격히 감소하기 시작했다. 이후 이명박, 박근혜, 문재인 정부를 거치면서 이 추세는 계속되어 2020년에 이르면 불법·폭력집회가 거의 사라지기에 이르렀다.[17]

2) 제도정치 개혁을 위한 시민운동단체들의 개입

민주화 이후 19990년대 중반까지 정치개혁, 경제정의, 노동, 여성, 환경, 인권 등 각 의제 부문에서 중추적 역할을 하는 단체들이 빠르게 성장하고 동종의 단체 간에 연대 네트워크를 만들어가고 있던 가운데, 김대중 정부 시기인 1990년대 후반부터 2000년대 초반에 이르는 시점에 개혁적 시민사회 세력들의 정치적 영향력 행사와 정책과정에의 참여가 급진전되는 중요한 변화가 일어났다. 이 시기에 일어난 변화들은 비록 이후에 단선적으로 지속되거나 발전하진 않았지만, 민주화 이후 한국사회의 정치환경 안에서 시민사회 세력의 정치 관여와 제도적 개혁이 어떤 방식으로 성과를 거둘 수 있으며 또한 어떤 위험과 한계를 안고 있는지를 함께 보여준다는 점에서 특별한 중요성이 있다.

시민사회의 다양한 정치 관여 방식들 가운데 특히 시민사회단체들이 선거나 공천 등 정당정치 일정에 직접적으로 개입하는 것은 정치제도의 구성원으로서 영향을 미친다는 의미에서 제도화의 한 양상이면서, 다른 관점에서 보면 시민사회 행위자와 제도정치 행위자 간의 관계가 법률이나 기구로 형식화되고 관례화되지 않았다는 의미에서

---

17) Jin-Wook Shin, "Social Movements: Developments and Structural Changes after Democratisation," in Cho Youngho, Han JeongHun, and Ramon Pacheco Pardo ed., The Oxford Handbook of South Korean Politics (Oxford, UK: Oxford University Press, 2022), pp. 305-325.

비제도적 방식에 의한 정치 관여라고 볼 수도 있다. 시민사회의 정치 관여는 정치권에 의한 '초대'에 의해 이뤄진 것일 수도 있고, 그와 반대로 시민사회의 '압력'에 의한 것일 수도 있다. 현실에서는 그 혼합 또는 중간 형태도 빈번할 것이다.

정치권력이 시민사회 행위자들을 이 같은 방식으로 초대하고, 그에 따라 시민사회 지도자들이 직접적으로 정치에 개입할 수 있는 기회환경이 조성되기 시작한 것은 김영삼 정부 때부터였다. 이때 청와대 내의 개혁적 인사들을 중개자로 하여 시민단체나 노동조합 지도자들과 접촉하면서 협력과 조정을 이루려는 다양한 시도들이 시작되었다. 그러나 정치권력이 시민사회의 국정 참여를 전면에 내세워 강조하기 시작한 것은 김대중 정부 때부터였는데, 이는 한편으로 한국의 중앙집중적 권력구조의 정점에 있는 대통령이 참여민주주의의 철학을 갖고 있었고, 또한 민주화 직후부터 시작된 시민사회단체들의 조직적 성장과 연대 역량이 1990년대 후반에 이르러 절정에 달하여 정치권력으로서는 이들을 배제하는 것보다 포용하는 것이 합리적 전략일 수 있었다는 점 등의 여러 복합적 조건과 관련이 있다.

김대중 정부의 '국정운영 6대 과제'는 ①권위주의에서 참여민주주의로의 전환, ②관치경제에서 시장경제로의 구조개혁, ③독선적 민족주의에서 보편적 세계주의로의 전환, ④물질주의 공업국가에서 지식기반 국가로의 전환, ⑤신노사문화 창출, ⑥남북교류·협력시대 개막이었는데, 여기서 '참여민주주의'가 제1의 국정과제로 놓인 것은 전례 없는 일이었다. 정권 출범 첫해인 1998년 10월에 대통령 직속 정책기획위원회가 제출한 〈제2의 건국 대전환과 개혁의 방향〉이라는 문서에서도 '시민사회의 역할'이 강조되었다. 그해 12월에 대통령 직속 자문기구로 출범하여 1999년부터 본격적인 활동에 들어간 '제2의건국범국민추진위원회'는 진보, 중도, 보수 성향을 아우르는 시민사회 인사들을 초대했는데, 예를 들어 변형윤 경실련 공동대표가 공동위원장을 맡았고, 강문규(YMCA사무총장), 강원룡(한국기독교교회협의회 회장), 김민하(한국유권자운동연합 공동대표), 서영훈(정사협 및 시민협 공동대표), 송월주(경실련, 공선협 공동대표, 시민협 대표), 이우정(여성단체연합 대표), 정광모(시민협 공동대표, 서울YMCA 회장) 등 시민사회 지도자들이 참여했다(괄호 안은 당시 현·전임 시민사회단체 직위).

그러나 집권 초에 정권 중심부가 개시한 '제2건국 운동'은 시민사회와 조직적이고 동등한 파트너십을 형성하기 어려웠기 때문에, 시민사회 쪽에서 비판과 대안적 협력모델의 제안이 제기되었고 시민사회단체들이 주도적으로 정치적 영향력을 발휘하는 공간과 방식을 모색하는 노력들이 계속되었다. 그와 같은 시민사회 주도의 정치 관여는 그다음 해인 2000년에 실현되었다. 그해 국회의원 총선거를 앞두고 참여연대, 여성단체연합, 환경운동연합, 녹색연합 등이 주축이 된 많은 시민사회단체들은 본격적인 낙천·낙선운동을 전개하기로 결정하여 '총선시민연대'를 구성했는데 여기에는 무려 1,083개 시민사회단체가 참여했다. 공천 반대자 선정 기준은 부패 행위, 선거법 위반, 민주헌정질서와 인권 훼손, 불성실한 의정활동, 법안과 정책에 대한 태도, 반의회·반유권자 행위 등의 전력이 있는 자 등이었다. 부패, 불법, 민주주의와 인권 훼손이 정치인들의 정치생명과 직결되게 만드는 강력한 전략이었는데, 이러한 활동을 지지하는 여론이 당시에 80%에 이르렀다.

이 운동에 의한 낙천·낙선율이 어느 정도 성공적이었는지는 계산 기준에 따라 상당한 차이가 나지만, 분명한 것은 정당들이 공천 대상자를 고려하는 초기 단계부터 낙천·낙선운동을 상당히 의식하지 않을 수 없었으며, 김대중 대통령 역시 이 운동의 취지에 공감을 표하여 집권여당의 공천에 상당한 영향을 미쳤다는 점이다.[18) 2000년에 이어 2004년 총선 때도 다소 변형된 방식으로 정당 공천과 선거에 대한 시민사회단체들의 깊은 관여가 이뤄졌다. 이러한 활동들은 한 편으로 정치권의 내부적 동력으로 진전되지 못한 정치개혁을 외적 압력으로 촉구하는 강력한 사례를 만들어냈다는 의의가 있지만, 다른 한편으로 시민운동 구성원들이 정당정치 영역에 깊숙이 들어감으로써 그중 일부가 향후 정치권으로 진출하는 계기가 되기도 하였다.

3. 시민사회의 정책과정 참여와 거버넌스 혁신

1) 정책과정 참여에 의한 제도 개혁

위와 같은 선거정치에의 개입과 더불어, 시민사회 행위자들은 또한 정부의 정책대응이 필요한 사회문제를 정의하고, 정책 목표를 설정하며, 문제해결을 위한 정책수단을 결정하는 정책과정(policy process)에 조직적으로 관여하는 방식으로 기존 제도를 개선하고 새로운 개혁 입법을 달성했다.[19] 시민사회단체들과 그에 연계된 전문가 집단들은 복지, 노동, 환경, 여성, 인권 등 여러 정책분야에서 이와 같은 방식으로 많은 중요한 제도 개혁을 이루었는데, 특히 현재까지 한국인의 삶에 큰 영향을 미치는 국민기초생활보장제도와 전국민 건강보험제도 같은 복지제도들이 대표적인 예다.

1998년 국민기초생활보장법 제정 운동으로 시작하여 2000년에 한국 최초의 포괄적 공공부조 제도인 국민기초생활보장제도를 시행

---

18) 손혁재, 〈시민운동과 정치개혁 25년〉, 《한국시민사회운동 25년사, 1989-2014》, (사)시민운동정보센터, 2015, 41-47쪽; 조희연, 〈시민사회의 정치개혁운동과 낙천·낙선운동〉, 《한국사회학평론》 제6권(2001), 10-59쪽.

19) 조희연, 2001, 〈종합적 시민운동의 구조적 성격과 변화전망에 대한 연구〉, 유팔무·김정훈 편, 《시민사회와 시민운동 2》, 한울, 232-258쪽.

하기에 이르는 과정은, 시민사회 주체들이 정책을 설계하고 김대중 대통령이 이를 지지하여 제도 개혁에 성공한 사례다. 1997년 금융위기 이후 실업과 빈곤, 불평등 증대라는 사회상황에서 참여연대를 중심으로 시민사회단체들이 구성한 '국민기초생활보장법 제정 연대회의'는 국민들의 기본권을 보장하기 위한 제도적 대안을 설계하여 공청회, 청원, 대국민 홍보 등 다양한 활동을 했지만 이에 대해 정부 부처와 국회는 소극적이거나 반대 의견을 내고 있었다. 그런 가운데 김대중 대통령이 민생과 복지를 중시하는 국정기조를 분명히 표방하고 갖고 있던 데다 다른 한편으론 '옷로비 사건' 등 정치적 위기를 돌파해야 하는 상황에서 이 법률의 제정에 대해 강력한 지지를 표명함으로써 급속히 입법과 실무가 진행되었다.[20]

　이 제도는 도입 과정에서 시장론자들이나 정부 관료들의 비판으로 많은 어려움을 겪었고 여러 한계를 담은 제도로 시작되었기 때문에 법제정 이후 20년 동안 다양한 방식으로 개정되어왔지만, 그 같은 한계점에도 불구하고 이 제도의 도입은 커다란 역사적 의의가 있다. 대표적으로 노동능력이 있는 빈곤 가구에 대한 정부의 생계비 지원이 법적 근거를 갖게 되었고, 국민 최저생계를 보장하기 위한 행정 및 재정 운영이 체계화되었으며, 더 넓게는 우리 사회의 빈곤 현실 전반에 대한 사회적 관심과 이를 해결하기 위한 공공복지 행정체계가 발전하는 계기가 되었다는 점 등을 들 수 있다.[21] 이 제도의 도입 과정은 시민사회단체들과 전문가 집단들이 정책대안을 생산하고 사회운동 캠페인을 벌여 정부와 국회를 압박하는 방식으로 제도 개혁

---

20) 김연명, 〈연금, 의료보험의 변화: '배제의 정치'의 종언〉, 《복지동향》 제6권(1999), 11–14쪽; 박윤영, 〈국민기초생활보장법 제정 과정에 관한 연구〉, 《한국사회복지학》 제49권 5호 (2002), 264–295쪽.
21) 허선, 〈국민기초생활보장법 제정 10년! 한계와 과제〉, 《시민과 세계》 제16호(2009), 274–289쪽.

을 달성할 수 있음을 보여줬지만, 대통령의 강력한 의지가 이 운동의 최종 단계에서 결정적 역할을 했다는 점에서 한국 정치의 중앙집중적 권력구조 하에서 대통령이 누구냐 하는 변수가 시민사회의 정책적 영향력에 너무 큰 영향을 미친다는 점을 드러내기도 했다. 이 같은 양면성은 이후 한국에서 시민사회의 주도 하에 제도 개혁을 이루려 할 때 반복해서 확인된 근본적 딜레마였다.

한편 사회보험 제도의 기둥 중 하나인 국민건강보험제도의 질적인 발전 역시 김대중 정부라는 우호적 정치환경 안에서 시민사회단체들이 제도 개선의 대안을 구체화하고 그 실현을 위해 연대행동을 벌이는 방식으로 달성된 것이었다. 박정희 정부는 독재정권의 정당성을 갖추기 위해 1963년에 의료보험법을 제정하고 1977년에 부분적으로 시행하기 시작했지만, 대규모 사업장에 국한되어 있었고, 저소득층이 너무 많은 보험료를 부담해야 했으며, 무엇보다 수많은 조합으로 분할되어 있어서 조합 간 격차가 컸고 정부가 사회통합의 목적을 가지고 제도를 개선해갈 수가 없었다. 그래서 전 국민을 대상으로 하며, 누진적 보험료 체계를 갖추고, 국고 지원을 높이며, 통합적 체계를 갖추어 모든 국민이 골고루 의료보장을 받을 수 있도록 하기 위한 시도들이 꾸준히 있어 왔다. 무엇보다 개혁적 전문가들과 사회운동단체들, 노동자·농민단체들이 제도 개혁의 비전을 구체화하고, 사회적 지지를 확대하며, 궁극적으로 법제 개선을 달성하기 위한 집합적 노력을 오랫동안 해왔다.[22]

민주화 이후에 의료보험 제도를 개혁하기 위한 사회운동들이 활성화되어 1988년에 농민단체와 보건의료단체들이 국민건강보험 제도의 통합과 개선을 목표로 하는 연대조직인 '전국의료보험대책위원회'

---

22) 이하 자세한 서술은 신영전·조홍준·박세홍·손수인, 《국민건강보험 쟁취사》, 비판과 대안을 위한 건강정책학회 전국사회보험지부, 2010을 참조.

를 결성했는데, 여기에는 전국의 수십 개 지역대책위와 더불어 농민 단체, 복지운동단체, 의·약사단체, 빈민운동단체 등 많은 시민사회 단체가 참여했다. 이들의 제도 개선안을 정당들이 수용하여 1989년 임시국회에서 국민의료보험법이 여야 만장일치로 통과되었으나 노태우 대통령의 거부권 행사로 좌초되었으니, 위에서 언급한 대로 한국의 정치환경에서 대통령이라는 변수가 제도 변화에 지대한 영향을 미친다는 사실이 여기서 다시 한번 확인된다.

김영삼 정부 출범 이후에 다시 의료보험제도의 개혁을 위한 운동이 활성화되어, 1994년에 노동자·농민단체, 시민운동단체, 보건의료인 단체 등 총 77개 단체와 6개 지역대책위가 '의료보험통합일원화 및 보험적용확대를 위한 범국민연대회의'를 결성했다. 여기에는 인도주의실천의사협의회, 건강사회를위한약사회, 기독청년의료인회 등 시민단체들, 그리고 전국노동조합협의회, 전국업종노동조합회의, 현대그룹노동조합총연합, 대우그룹노동조합협의회 등 노동단체들이 참여했고, 이후에는 1995년에 창립된 민주노총이 중요한 역할을 했다. 그러나 이들의 노력은 제도 개혁으로 실현되지 못하다가, 1997년 금융위기로 사회적 위기가 심각해진 조건에서 1998년 김대중 정부가 출범하면서 개혁과정이 빠르게 진전되었다. 1998년 2월에 제1기 노사정위원회에서 합의안을 발표했고, 그해 12월 31일에 통합적인 '국민의료보험법'이 공포되어 국민의료보험관리공단이 설립됐으며 다음 해인 1999년 1월에 '국민건강보험법'이 국회 본회의를 통과했다.

이상 살펴본 복지정책 분야 뿐 아니라, 그 밖의 다양한 정책분야에서도 시민사회단체들은 유사한 방식으로 정부 정책과 입법 과정에 영향력을 행사했다. 여성운동의 경우 1987년에 21개의 진보적 여성운동 단체들의 연합조직인 한국여성단체연합이 결성되었는데, 이는 이후 여성정책을 생산하고 구현하는 강력한 추진력이 되었다. 여성운동 단체들은 1990년대부터 기존 제도의 개선과 개혁 입법, 정책평가, 선거정치 개입 등 다양한 방식으로 '관여의 정치(politics of engagement)'를 벌였다.23) 적극적 조치, 성폭력특별법, 가정폭력방지법, 출산휴가, 여성근로자에 대한 간접차별 금지, 직장 내 성희롱 등 양성평등과 모성보호를 위한 제도 개혁 등 폭넓은 이슈 영역에서 여성운동은 정책과정의 중요한 행위자가 되었다. 그러나 이 같은 제도화 과정에서 여성운동의 비판적 정체성과 개혁 목표가 약화될 위험이 있다는 경고가 나오기도 했고, 2004년 총선을 앞두고 '총선여성연대'와 '맑은정치여성네트워크'가 결성되어 활동한 이래로 생물학적 여성성을 기반으로 여성 정치인 늘이기 운동을 벌였다는 비판도 제기되었다.24)

환경운동 부문에서도 운동단체 구성원(임원, 활동가, 전문가)이 민관협력 거버넌스 기구에 참여하거나, 환경운동 지도자가 정부, 지자체, 국회, 지방의회 등에 정치인이나 관료로 진출하는 사례들이 김대중 정부 시기에 가장 활발하게 일어났는데, 이 시기에는 정치권력을 비롯한 기득권 집단에 의해 포섭될 위험보다는 정부와의 갈등적 협력(conflictual cooperation)으로 제도 개혁을 이룰 수 있는 가능성이 더 컸다고 평가되고 있다(이하 구도완 · 홍덕화, 2013 참조).25) 환경운동이 개발세력과 힘의 균형을 이루어 대규모 개발사업을 철회시키거나 중단시키는 데 성공한 대지산, 성미산 사례 등이 모두 이 시기

---

23) 김경희, 〈법제화 운동을 중심으로 본 한국여성운동의 제도화와 위기론〉, 《사회과학연구》 제15권 제1호(2007), 108–141쪽.

24) 오장미경, 〈여성운동의 제도화, 운동정치의 확대인가 제도정치로의 흡수인가〉, 《여성과 사회》 제16호(2005), 8–34쪽.

25) 구도완 · 홍덕화, 〈한국 환경운동의 성장과 분화 – 제도화 논의를 중심으로〉, 《ECO》 제17권 제1호, 79–120쪽.

에 집중되어 있다. 또한 환경 관련 개혁 입법을 보아도, 습지보전법
(1999년), 4대강수계특별법(1999년, 2001년), 수도권대기환경개선특
별법(2003년) 등이 이때 제정되었다. 그와 달리 이명박 정부 들어서
는 모든 면에서 환경운동의 정책과정 참여나 거버넌스 기구 참여,
정치적 영향력 등이 모두 급격히 낮아졌는데, 여기서 다른 정책 분야
와 마찬가지로 집권세력이 누구냐에 따라 시민사회의 정책적 영향력
에 커다란 차이가 생기는 패턴을 발견할 수 있다.

〈표 1〉 김영삼 · 김대중 · 노무현 정부 시기에 시민사회가 참여한 개혁입법 사례

시기	입법 내용
김영삼 정부 (1992-1997)	집시법 개정(1997), 5.18특별법(1995), 정보공개법(1996), 금융실명제(1993), 부동산실명제(1995), 성폭력법(1993), 가정폭력법(1997), 여성발전기본법(1995), 위안부지원법(1993), 기부금모집규제법(1995)
김대중 정부 (1997-2002)	집시법 개정(1999), 의문사규명법(2000), 민주화운동보상법(2000), 국가인권위원회(2001), 부패방지법(2002), 남녀차별금지법(1999), 국민기초생활보장법(2000), 비영리민간단체지원법(2000), 공동모금회법(1997), 국민의료보험법(1997), 노인복지법 개정(1997)
노무현 정부 (2002-2007)	집시법 개정(2004), 과거사법(2005), 친일반민족규명법(2004), 군의문사규명법(2005), 주민투표법(2003), 주민소환법(2006), 사회적기업육성법(2007), 호주제 폐지(2005), 성매매금지법(2004), 자원봉사기본법(2006), 기부금품모집법(2006), 장기요양보험법(2007), 지속가능발전법(2007)

자료: 주성수, 《한국시민사회사: 민주화기 1987-2017》(학민사, 2017), 76쪽을
참고하여 재구성.

2) 갈등조정의 제도화를 위한 사회적 대화 기구

이해당사자들 간의 갈등조정을 제도화하는 것을 목적으로 하는 사

회적 대화 기구를 공식적으로 설치하는 것은 상당히 높은 수준에서 시민사회 행위자들을 정책과정의 일원으로 포용하는 것인데, 한국에서 처음으로 중앙정부 차원에서 그 같은 시도를 한 대표적인 예가 김영삼 정부 시기의 '노사관계개혁위원회'(이하 노개위)와 김대중 정부 시기의 '노사정위원회'(이하 노사정위)다. 권위주의 시대에는 독재 국가가 한국노총 등 관변단체를 후원하는 대가로 그 단체를 정치적 동원조직 또는 사회통제를 위한 조직으로 활용하는 식이었는데, 민주화 이후에 정부가 그러한 정치도구화가 아니라 거시적인 노사 협상을 중재하는 것을 목적으로 협치 기구를 상설화하려고 했다는 것은 역사적 의의가 크다.[26]

　민주화 이전에도 형식적으로, 그리고 명분상으로는 사회적 합의 기구가 존재했다. 박정희 정부는 1975년에 '중앙노사간담회'를 설치했는데 여기에는 정부 측에서 노동청장, 노동 측에서 한국노총 위원장을 포함한 6인, 사용자 측에서 한국경영자협회장을 포함한 6인이 참여하는 것으로 되어 있었다. 전두환 시대에는 1980년에 노사정 및 공익 대표로 구성되는 '중앙노사협의회'를 노동부에 설치하여 이후 수차례 공동합의문을 발표하기도 했다. 그러나 이러한 기구들은 사회적 대화와 파트너십의 가장 기본적인 조건인 자발성, 대표성, 평등성, 호혜성 등 여러 조건이 충족되지 않은 '유사(pseudo)—합의기구'에 불과했고, 정부가 중립적 위치에서 사회통합과 이익조정을 위한 적극적인 역할을 하지도 않았다.

　1987년 민주화 이후에 노태우 정부는 노사자율주의와 노조의 근

로자대표기능 강화 등을 표방하였고 1990년에 "노동자의 지위향상과 경제주체 간의 협의를 통한 경제사회 민주화를 실현하고자" 한다는 목표로 '국민경제사회협의회'를 설립했다. 이것은 노동자대표 10인, 사용자대표 10인, 양측이 공동위촉하는 공익대표 10인으로 구성되어 사회적 대화 기구로서 형식적 외양을 갖추었다. 그러나 정부의 적극적인 의지와 역할이 없었으며 결정사항의 구속력도 없었기 때문에, 결과적으로 경제부처나 재계의 요구가 반영된 정책결정이 이뤄졌다.[27]

그러나 민주화 이후 전반적으로 노동문제에 대한 사회적 관심이 높아졌고, 노동자들의 조직력도 강화되었으며, 그런 조건에서 정부나 사측이 노동과 충돌만 하는 것은 정치경제적 비용이 커졌기 때문에 대화 기구의 제도화를 위한 조건이 점차 무르익었다. 김영삼 정부는 집권 초인 1993–1995년에 임금협상 등 중앙 단위의 노사교섭을 시도했으나, 친정부적인 한국노총만 포함해 사실상 권위주의 시대와 본질적으로 다르지 않았다. 그러나 1996년 4월에 김영삼 대통령이 '신노사관계 구상'을 발표한 데 이어 5월에 노동, 경영, 공익, 학계 대표가 각 5명씩 참여하는 노개위를 대통령 직속 자문기구로 설치했다. 독재 시대부터 계속되어 온 노동배제, 국가통제 체제와 그 성격이 다른 대화 기구가 최초로 출범한 것이다. 노개위에서는 복수노조, 제3자 개입 금지, 해고노동자 조합원 자격, 노조 전임자 임금 지급, 파업기간 중 임금지급, 쟁의기간 중 대체근로, 변형근로제, 정리해고제 등 노사가 대립하는 여러 중요한 쟁점들이 다뤄졌다. 그러나 민주노총과 합의되지 않은 불완전한 합의안이 도출되었고, 그조차 경제부처와 재계의 요구를 반영한 정부안으로 변형되었으며, 끝으로

---

27) 김순양, 〈한국 노동정책과정에서의 '사회적 합의'의 형성과정 분석〉, 《한국행정논총》 제11권 1호(1999), 107–129쪽.

1997년에 국회에서 다시금 재계의 계속되는 압력을 반영한 최종 노동법 개정안이 날치기로 통과되는 등, 그 진행과정이 많은 문제를 드러냈다.[28]

한편 김대중 정부 시기에 설립된 노사정위는 1997년 아시아 금융위기를 극복하기 위한 노력의 일환으로, 국민적 합의에 기초한 위기 해결 방안을 모색할 제도적 장치로서 설립되었다. 정부가 IMF 구제금융을 신청한 1997년 11월 21일부터 곧바로 노사정위 구성에 들어갔다는 사실은, 당시 김대중 정부가 국가적 위기를 극복하는 과정에서 발생하는 사회갈등을 조정할 제도로서 사회적 대화 기구를 얼마나 중시하고 있었는지를 알게 해준다. 그리하여 1998년 1월에 '경제위기 극복을 위한 노사정 간의 공정한 고통분담에 관한 공동선언문'을 발표하는 데 성공했고, 2월에는 일부 주요 쟁점들에 대한 노사합의를 도출한 '경제위기 극복과 재도약을 위한 노사정 공동선언문(Ⅱ)'을 발표했다.

김영삼 정부의 노개위와 김대중 정부의 노사정위에 대한 평가는 엇갈리며, 노사정위의 성과에 대해서도 상반된 해석이 있다. 그러나 노동운동과 노동조합의 제도적 포용이라는 면에서 김대중 정부의 노사정위는 몇 가지 측면에서 과거보다 진전된 것이었다. 첫째, 노사정위의 경우 김대중 대통령이 직접 사회적 대화 기구의 설립을 주도하고 지지하였다. 둘째, 노개위에서는 정부는 대화기구 외부에 위치해 있었던 것과 달리 노사정위에는 정부·여당 측이 직접 협의과정에 참여했다. 셋째, 노사정위는 합의안의 실제적 구속력이 노개위 때보다 강해서 대화 기구 바깥의 행위자인 경제부처의 압력이나 재계의 로비로 합의안이 심각하게 왜곡되거나 번복되지 않았다. 사회·정치

---

28) 노중기, 〈한국 사회의 노동개혁에 …〉.

적 환경에서도 노사정위는 김영삼 정부의 노개위와 달랐다. 사회환경의 면에서, 노사정위 때는 1997년 금융위기 이후에 실업, 빈곤, 자살 등 사회문제가 매우 심각했고 대기업들도 개혁 대상에 포함되어 있었기 때문에 정부가 주도성을 가질 수 있었다. 정치환경의 경우, 노개위는 김영삼 정부 임기 후반기에 개시된 데 반해 노사정위는 김대중 정부 출범 직후에 설립되어 정치적 추진력이 강했다는 점이 큰 차이였다.29)

노사정위의 활동은 여러 한계와 극복할 과제를 남기기도 했다. 김대중 정부는 실업과 빈곤에 대응하는 사회정책은 강화했으면서도 노동정책에서는 정리해고제와 파견근로제 등 핵심 쟁점사안에서 노동자들의 불안을 가중시키는 정책을 추진하여, 노사정위의 합의 사항이 현장 노동자들과 기층 조직들의 강한 반발을 초래하기도 했다. 1998년 하반기의 2차 노사정위원회에서는 노사 갈등이 심하게 격화되어 그해 마지막 날에 결국 민주노총이 노사정위에서 탈퇴하기에 이르렀다. 문재인 정부에 와서는 새로운 노동시장 분절 구조를 반영하여 청년과 비정규직 대표를 포함하는 경제사회노동위원회(이하 경사노위)로 사회적 대화 기구의 틀이 확장되었지만, 노사정위에서 나타났던 제반 문제들이 경사노위에서도 여전히 극복되지 않았다.

경사노위 전문위원을 지낸 박명준 한국노동연구원 선임연구위원은 한국에서 사회적 대화를 발전시키려는 시도들이 (1) 보수정부 때마다 단절되는 사회적 대화를 빠른 시일 내에 복원하고, (2) 노동시장 내의 불평등을 극복하기 위해 미조직노동자들을 포함한 다양한 사회집단들을 대화에 참여시킬 수 있는 제도적 틀을 수립하며, (3) 궁극적으로 실제적인 문제해결의 성과를 내는 3중의 과제를 모두 달성하는

---

29) 노중기, 〈한국 사회의 노동개혁에 …〉, 185–187쪽; 이병훈·유범상, 〈한국 노동정치의 …〉, 109–110쪽.

것이 대단히 어렵다고 분석했다.[30] 또한 한국에서 사회적 대화의 정치과정이 한편으로 대화 기구 외부의 강력한 정책결정자들의 지지를 받아야 하고, 다른 한편으로 대화 기구 내부의 이질적 집단들 간의 갈등을 조정해야 하는 복합조율의 과제를 달성해야 하는 어려움이 있다고 보았다.[31] 그럼에도 불구하고 김대중 정부 시기의 노사정위원회는 '사회적 대화와 합의'라는 협력적 거버넌스의 원리를 정부조직으로 구현하기 위한 노력을 본격화하였다는 점에서 역사적 의의가 크며, 그러한 제도적 구상을 실현하는 쉽지 않은 과정이 지금도 계속되고 있다.

4. 시민사회에 대한 제도적 인정과 지원

1) 시민사회단체의 제도 환경 개선

시민사회단체의 제도 환경의 측면에서 김대중 정부 시기에 일어난 의미 있는 변화는, 비영리·비정부 시민사회단체들에 대한 공공의 인정과 지원이 제도화되었다는 점이다. 시민사회단체에 대한 공공의 지원을 비판하는 담론들은 종종 마치 과거엔 어떤 단체도 정부 지원을 받지 않았는데 민주화 이후에 진보단체를 지원하는 제도들이 만들어진 것처럼 말하곤 하는데 이는 사실에 부합하지 않는다. 독재시대부터 오랫동안 우익관변단체들을 후원하는 공식적, 비공식적 제도들이 존재해왔으며, 심지어 민주화 이후에도 특정 보수단체들을

30) 박명준, 〈한국 사회적 대화 체제의 혁신적 전환은 가능한가? – '노사정위체제'와 비교한 '경사노위체제'의 전망〉, 《노동연구》 제37권(2018), 5~48쪽.
31) 박명준, 《새로운 사회적 대화의 쟁점과 과제》, 한국노동연구원 정책자료 2019-07, 한국노동연구원, 2019, 인용은 2, 7쪽

육성하기 위해 막대한 특혜를 제공하는 법률이 가장 먼저 제정되었다. 그처럼 독재 시대와 민주화 이후에 보수단체를 육성하는 내용으로 제정된 법률의 대표적 사례는 '새마을운동조직 육성법'(1980년 12월 제정), '한국자유총연맹 육성에 관한 법률'(1989년 3월 제정), '바르게 살기운동조직 육성법'(1991년 12월 제정) 등이다.[32)]

이처럼 민주화 이후에도 독재 시대의 관변단체 후원 제도의 연장선상에 있는 지원·육성 법률만 제정이 되고 있었던 데 반해, 민주적 정치환경 하에서 급속히 증가하고 있던 시민사회단체들과 그들의 활동을 지원해주는 사회·정치적 환경은 대단히 열악했다. 2000년대 이후에 생겨난 각종 시민사회 지원 제도들은 독재 시대의 유산으로 여전히 보수단체들을 위한 특혜 제도밖에 없는 문제 상황을 타파하고, 명확한 요건에 따라 시민사회단체들을 공공의 지원체계 안으로 포용하는 것을 목표로 했다는 점에서 시민사회 지원 제도에 역사적으로 새로운 단계를 여는 것이었다.

한국의 국가와 법제는 오래전부터 시민사회단체들에 대한 지원은 커녕, 단체의 지속과 발전을 위한 자원을 차단하는 데에 중점을 두고 있었다. 일례로 한국의 민간단체들은 오랫동안 기부금조차 받지 못했다. 1951년에 전쟁 중의 무분별한 기부금품 강요를 금지하기 위해 '기부금품모집금지법'이 제정되었는데, 전쟁이 끝난 후에도 계속해서 민간단체들의 재정 충당을 제한하는 제도가 공고화됐다. 그 같은 문제를 바로잡고자 민주화 이후 1995년에 '기부금품모집규제법'으로 법률의 명칭이 변경되면서 '금지'에서 '규제'로 개념의 변화가 일어났고, 회비 모금에 대한 금지 및 제한 규정이 폐지되었다. 이 법률

---

32) 상세한 역사와 내용에 관해서는 정예슬·김헌. 〈중앙·지방정부 민간단체 지원제도에 대한 논의: 관변단체 지원을 중심으로〉. 《지방행정연구》 제26권 2호(2012), 217-250쪽.

274

은 2006년에 와서야 '기부금품 모집 및 사용에 관한 법률'로 재개정되어 허가제에서 등록제로 바뀌었다.[33]

민주화 이전에도 시민사회단체들에 관련되는 몇몇 법률이 있었다. 대표적인 것이 비영리법인, 공익법인, 사회복지법인 관련법이다. 먼저 비영리법인은 1958년에 제정된 민법 제32조의 적용을 받는다. 그에 따르면 비영리법인은 "학술, 종교, 자선, 기예, 사교 기타 영리 아닌 사업을 목적으로 하는 사단 또는 재단" 법인인데, 여기서 영리와 비영리를 구분하는 기준은 단체 사업에 수익 사업이 포함되느냐 여부가 아니라, 단체 설립 목적이 구성원의 이익인가 아닌가, 단체 사업에서 발생한 수익을 단체 구성원들에게 분배하는가다. 즉 비영리 목적을 달성하기 위해 수익 사업을 할 수 있으나 그 수익을 어떤 형태로도 단체 구성원에게 분배해선 안 된다(박병춘, 2015: 7-12).[34] 민법에는 비영리법인의 운영 및 관리 등에 관한 구체적 규제가 없는 대신에, 공익 사업에 대한 지원 내용도 포함되어 있지 않다. 따라서 공익적 목적으로 설립된 비영리법인이라 해도 현재 만약 비영리민간단체지원법에 근거한 지원 사업에 참여하려면 별도로 비영리민간단체지원법이 규정한 요건을 충족시켜 등록해야 하며, 기부금 관련 행정을 하려면 법인세법상 지정기부금단체로 지정되어야 한다.

비영리법인에는 공익적 목적의 법인과 사교·친목 등 비공익적 목적의 법인이 모두 포함된다. 비영리법인 가운데 교육, 의료, 사회복지 서비스를 제공하거나 특별히 공익적 목적으로 설립된 법인은 특

33) 정상호, 《동아시아 시민 개념의 비교 연구: 한·중·일 3국에서 시민의 탄생과 분화》, 에듀컨텐츠휴피아, 2022, 인용은 135, 138쪽; 주성수, 《한국 시민사회사: 민주화기 1987-2017》, 학민사, 2017, 인용은 132, 147쪽.
34) 박병춘, 〈시민사회단체의 법적 조직 형태〉, 《지역사회연구》 제23권 4호(2015), 1-14쪽, 인용은 7-12쪽.

별법의 적용을 받는다. 1963년에 제정된 '사립학교법', 1973년에 제정된 '의료법' 등이 거기에 해당하며, 특히 공익적 시민사회단체에 관련된 대표적인 법률은 1970년에 제정된 '사회복지사업법'과 1975년에 제정된 '공익법인의 설립 · 운영에 관한 법률'이다. 이중 '사회복지사업법'은 "사회복지사업을 할 목적으로 설립된 법인"(2조)을 대상으로 하며, 혜택으로 사회복지 자원봉사 활동에 대한 지원 · 육성, 국가 또는 지자체가 운영비 등을 보조, 국 · 공유 재산의 우선 매각 또는 임대 등이 있다. 한편 '공익법인의 설립, 운영에 관한 법률'은 공익적 목적을 가진 법인이 건전한 공익성을 유지할 수 있도록 하는 것을 목적으로 한다. 비영리법인 중 "사회 일반의 이익에 이바지하기 위하여 학자금, 장학금 또는 연구비의 보조나 지급, 학술, 자선에 관한 사업을 목적으로 하는 법인"이 공익법인에 해당하며, 이에 대한 혜택은 공익법인에 출연한 재산에 대한 상속세, 증여세, 소득세, 법인세, 지방세 감면 등이 있다.[35]

그러나 이상의 법제들은 비영리적 목적을 가진 민간단체들을 보편적으로 포괄하지 못한다는 커다란 한계를 갖고 있었기 때문에, 시민사회단체들의 전반적인 제도 환경은 민주화 이후에도 다른 나라들에 비해 대단히 열악하게 남아 있었다. 국제적인 시민사회 연구 네트워크인 CIVICUS 시민사회지표 분석에 주성수 등 한국의 학자, 전문가, 시민사회단체들이 참여하여 2003~2006년에 수행한 조사 결과에 따르면, 한국 시민사회는 민주주의, 투명성, 관용, 비폭력, 평등, 환경 등 '가치' 지향의 측면에서 3점 만점에 2.3점으로 우수한 것으로 확인되었지만 정치사회적인 '영향'의 면에서는 1.9점으로 제한적이었고, 무엇보다 '구조'와 '환경'의 측면에서 각각 1.5점, 1.6점으로

---

35) 김소연 · 신권화정 · 류홍번 · 김승순, 《한국 시민사회 관련 법제도 현황, 쟁점과 과제》, 사단법인 시민, 2020, 인용은 19~35쪽.

가장 취약한 것으로 나타났다. 여기서 '구조'는 시민사회 참여의 폭과 깊이, 참여자 다양성, 조직의 수준과 재정적·인적 자원 등을 세부지표로 하는데, 한국의 경우 시민들의 참여가 소극적인 데다 기부액, 자원봉사 기간, 단체의 지속가능성을 위한 자원 등이 매우 약했다. '환경'의 측면에서도 한국사회는 시민들 간에 신뢰와 관용이 매우 낮고, 법적 환경에서도 국가보안법, 집회시위법, 기부금품모집규제법(이후 폐지) 등이 시민사회 활동에 제약을 주고 있었다.[36] 따라서 시민사회단체들의 사회적 역할을 공식적으로 인정하고 이들에게 필요한 법률적, 재정적 지원을 제도화하는 것이 중요한 과제로 남아 있었다.

2) 비영리민간단체에 대한 공적 지원의 제도화

이상과 같은 역사적 배경 위에서, 시민사회단체들에게 안정된 법률적 지위를 공식적으로 부여하고 이들에 대한 지원 제도를 마련하려는 구상은 김영삼 정부가 시작하여 '민간단체지원육성법' 제정을 검토하였으나 이 계획은 유예되었고, 실제로 제도가 마련되기 시작한 것은 김대중 정부 때인 1999-2000년경부터다. 이후 노무현, 이명박 정부 등 여러 정권 시기에 제정된 시민사회 지원 법률들은 단체의 이념 성향에 상관없이 비영리민간단체, 협동조합, 사회적기업, 마을기업, 자활기업 등을 보편적으로 지원하는 목표를 갖고 있었다. 그러한 제도들에 의해 지원 받은 단체의 대다수는 특정 이념과 무관하며, 보수와 진보 성향 단체들이 두루 포함된다. 그런 점에서 이런 지원 제도들은 과거에 독재 정권과 그 계승자들이 자신들의 정치적 지지기반인 단체들의 육성을 위한 법률을 제정하고 특혜를 제공하던

---

36) 주성수 편저, 《한국시민사회지표: CIVICUS 국제공동연구 한국보고서》, 아르케, 2006, 인용은 31-37쪽.

것과 구분된다.[37)]

특히 시민사회단체들에 대한 정부의 태도에 근본적 변화를 일으킨 전환점은 2000년에 '비영리민간단체지원법'이 제정된 일이다. 이 법률은 "비영리민간단체의 자발적인 활동을 보장하고 건전한 민간단체로의 성장을 지원함으로써 비영리민간단체의 공익활동증진과 민주사회발전에 기여함을 목적으로 한다."(제1조) 여기서 '비영리민간단체'란 "영리가 아닌 공익활동을 수행하는 것을 주된 목적으로 하는 민간단체"로 정의되는데, 제2조에 그 구체적 자격 요건이 규정되었다. 그것은 ①사업의 직접 수혜자가 불특정 다수일 것, ②구성원 상호 간에 이익분배를 하지 아니할 것, ③사실상 특정정당 또는 선출직 후보를 지지 · 지원 또는 반대할 것을 주된 목적으로 하거나, 특정 종교의 교리전파를 주된 목적으로 설립 · 운영되지 아니할 것, ④상시 구성원수가 100인 이상일 것, ⑤최근 1년 이상 공익활동실적이 있을 것, ⑥ 법인이 아닌 단체일 경우에는 대표자 또는 관리인이 있을 것, 등이다.

이로써 법률에 규정된 비영리민간단체로서의 자격을 갖춘 모든 단체가 공식적으로 그 지위를 인정받고, 공익사업에 대한 보조금 지원과 지원사업 선정, 또는 조세감면 등 혜택에 참여할 수 있는 자격을 부여 받는 제도적 틀이 처음으로 체계화되었다. 또한 역으로, 시민사회단체들은 그러한 제도적 지위를 계속 갖기 위해서는 구체적으로 명문화되어 있는 비영리민간단체로서의 자격 요건을 유지하기 위해 노력해야 한다. 그런 의미에서 이 제도는 정부의 일방향적인 지원 제도가 아니라, 공공의 지원에 대해 공공성의 유지라는 조건을 부여하여 시민사회단체들을 규제하는 쌍방적 규약이라고 봐야 한다. Ⅱ

---

37) 박영선. 2010. 〈한국 시민사회 관련법의 변화에 대한 연구〉. 성공회대학교 사회학과 박사학위논문.

278

장에서 서술한 관례화와 포용, 포섭으로서의 제도화가 이 법제 안에서 함께 이뤄진 것이다. 이는 시민사회단체들이 재정과 시설 등 여러 면에서 과거보다 상대적으로 더 안정된 조건에서 활동할 수 있게 되었으면서, 그와 동시에 법적이고 행정적인 규제의 틀에 구속되고 체제내적 성격으로 온건화될 위험을 갖게 되었다는 이중적 의미를 함께 포함한다.

〈표 2〉 시민사회단체 일반의 지원을 위한 법률

대상	근거 법률	제정 연도	정치환경
비영리법인	민법 제32조	1958	이승만 정부
사회복지법인	사회복지사업법 제2조 제3호	1970	박정희 정부
공익법인	공익법인의 설립·운영에 관한 법률	1975	
자활기업	국민기초생활보장법 제18조	1999	김대중 정부
생활협동조합	소비자생활협동조합법	1999	
비영리민간단체	비영리민간단체지원법	2000	
자원봉사단체	자원봉사활동기본법	2005	노무현 정부
사회적기업	사회적기업육성법	2007	
협동조합	협동조합기본법	2012	이명박 정부
마을기업	도시재생 활성화 및 지원에 관한 특별법	2013	박근혜 정부

이처럼 시민사회단체들, 특히 비영리 혹은 공익적 활동을 하는 단체들의 사회적 가치를 공식적으로 인정하고 공공의 지원을 제공하는 것은 대다수의 선진민주주의 사회에서 널리 행해지고 있는 바다. 존 스홉킨스 대학의 비영리부문 비교연구 프로젝트(CNP)가 세계 42개국의 현황을 조사한 결과에 의하면 평균적으로 비영리부문 재정의 53%는 단체 회비에서 충당되며, 35%가 정부 지원금, 12%가 민간 자선금에서 나오고 있었다. 한편 최근에는 사회적 경제 부문이 크게

확대되면서 시민사회단체들의 재정 충당 방식도 빠르게 변하고 있어서, 영리냐 비영리냐의 양자택일보다는 단체 재정을 위한 영리 사업과 단체 목적을 위한 비영리 활동을 병행하는 혼합형 단체들이 급증하고 있기도 하다. 즉 점점 많은 단체가 다양한 수익사업을 벌이는데, 다만 이를 통한 이득은 단체 구성원들의 이익으로 배분되는 것이 아니라 단체의 운영과 공익활동을 지속하기 위한 재정으로 활용된다는 것이다.[38)]

시민사회단체의 재정의 원천이 어떻게 구성되는지는 각국의 제도적 특성과 정부-시민사회 간 관계에 따라 상당히 다르다. 시민사회와 비영리부문의 국제비교 연구로 저명한 샐러먼(Lester M. Salamon), 안하이어(Helmut K. Anheier)와 그 동료들의 조사에 의하면 미국, 호주 등 민간비영리 시장이 큰 나라들이나 남미, 중부유럽 등 시민사회가 저발전된 나라들에서는 시민사회단체의 회비 수익이 차지하는 비중이 큰 반면, 국가의 역할을 중요시하는 유럽 복지국가들에서는 국가의 보조금이나 용역사업 등 공공재정이 시민사회단체의 가장 큰 재원이다. 즉 자유주의적 제도 원리가 강한 나라에서는 시민사회 활동을 위한 자원도 기본적으로 각 단체가 동원해야 한다는 개념이 강하다면, 국가의 역할을 중시하는 나라에서는 시민사회 활동의 공익적, 사회적 가치를 인정하여 지원하는 측면이 강한 경향이 있다.[39)]

각 모델은 그 나름의 장단점을 갖기 때문에 이중 어느 하나의 방식

---

38) Susan D. Phillips and Tessa Hebb, "Financing the third sector: Introduction," Policy and Society Vol. 29 (2010), pp. 181 - 187.

39) Lester M. Salamon, Helmut K. Anheier, Regina List, Stefan Toepler, and S. Wojciech Sokolowski, Global Civil Society. Dimensions of the Nonprofit Sector (Baltimore, MD: Johns Hopkins Center for Civil Society Studies, 1999).

이 전적으로 옳다고 볼 수 없을뿐더러 구체적인 단체 목표와 활동 내용에 따라 조건이 대단히 다르다. 그러므로 단순하게 자체회비, 공공지원, 수익사업 중 어느 한쪽을 절대시하거나 부정적으로 간주하는 태도는 바람직하지 않다. 최근 한국사회 일각에서 주장하듯이 시민사회단체는 완전히 회원 회비나 후원금, 기부금으로만 재정을 충당해야 하며 공공의 지원을 받아서는 안 된다는 생각은 현대사회에서 시민사회의 제도적 현실에서 동떨어져 있을 뿐 아니라, 공공의 지원을 받는 것 자체를 종속성, 기생성, 도덕적 해이와 동일시하는 인식은 의도했든 아니든 국가의 사회적 책임을 부정하는 신자유주의 담론과도 연결된다. 이런 여러 가지를 고려했을 때, 한국에서 정부의 시민사회 지원 제도는 아직 전혀 과도한 단계가 아니라 걸음마 단계에 있다고 할 수 있다. 2000년대에 시작된 여러 제도는 그 중요한 첫걸음을 내딛는 것이라는 역사적 의미가 있다.

맺음말

이 글에서는 한국에서 1987년 민주화 이후 시민사회의 조직과 활동, 국가와 시민사회 간의 관계 변화를 살펴보면서, 그중 특히 김대중 정부 시기인 1990년대 후반부터 2000년대 초반까지 집중적으로 진행된 시민사회 제도화의 다양한 양상들을 고찰해보았다. 이 글은 시민사회와 사회운동의 제도화에 대한 단순한 이해를 넘어서기 위해 그것의 의미를 (1)조직의 형식화, 분업화, 전문화; (2)행위와 상호작용의 관례화와 규범화; (3)참여의 대중화와 일상화; (4)시민사회 이념과 가치의 수용; (5)공공정책과정 참여와 민관협력 거버넌스의 발전 등의 몇 가지 차원으로 세분화하고, 다양한 각도에서 민주화 이후 시민사회의 제도화 과정을 조명해보았다.

이 글은 1987년 민주화 이후 2000년대 중반까지의 십여 년, 그중에서도 특히 김대중 정부 시기인 1990년대 후반부터 2000년대 초반까지의 시기야말로, 한국에서 다양한 의미의 시민사회 제도화가 급진전된 결정적 전환점이었음을 보여주었다. 시민운동 조직들의 공식화와 전문화, 시민사회운동 의제 부문들의 분화와 정립, 시민사회단체들이 교류·협력하는 조직생태계의 형성, 시민사회의 개입에 의한 제도정치 개혁, 시민사회 행위자들의 공공정책과정 참여를 통한 제도 개혁, 사회적 갈등조정을 위한 사회적 대화 기구의 설립 등 다양한 측면에서 독재 시대와 질적으로 구분되는, 그리고 현재까지 지속되고 있는 제도 레짐의 원형(prototype)이 이 짧은 시기 동안에 모두 생겨났다. 그처럼 특별한 역사적 의의에도 불구하고, 이 시기의 시민사회 변화는 또한 여러 한계와 문제를 안고 있었기 때문에 이에 대한 비판적 성찰을 통해 미래에 극복할 과제를 명확히 해야 한다.

첫째, 민주화 이후 시민사회의 제도화가 밀도 있고 포괄적으로 진행되었지만, 모든 측면에서, 모든 시민사회 행위자들이 제도화의 방향으로 나아간 것은 아니었다. 이 시기에 대다수 시민운동 조직은 형식적 틀을 갖추고 분업화·전문화되었고, 행위규범과 전략·수단이 상당 부분 합법성의 틀 내에서 관례화·온건화 되었으며, 다양한 의제 영역에서 정부의 정책과정과 거버넌스 기구의 멤버 또는 파트너로 포용되어, 단체들의 구성원과 요구사항들이 새로운 주류 행위자나 제도로 부상하였다. 그러나 노동·농민운동 등 민중운동 부문과 국가 사이의 관계는 제도적으로 정착되지 않았고, 민중운동단체들의 목표와 전략, 행동수단이 온건화되지도 않았다. 또한 진보적 시민단체들도 남북관계와 복지정책 등 일부 분야에서는 정부와 긴밀한 협력관계를 맺었지만, 경제·노동정책 등 다른 분야에서는 때론 격렬한 갈등을 빚기도 했다. 따라서 이 시기에 한국 시민사회가 모든 면에서 제도화된 것처럼 평가하는 것은 일면적일 뿐만 아니라, 자본주의 한국사회에서 정치민주화 이후에도 계속된 제도 중심부와 시민사회 행위자들 간의 긴장을 간과할 수 있다.

둘째, 이 시기에 시민사회의 제도화는 많은 부분 1997년 금융위기와 기존 재벌체제에 대한 비판적 여론, 그리고 실업, 빈곤, 자살 등 사회적 위기의 급격한 심화라는 특수한 시대상황에서 이뤄진 것이며, 또한 개혁적 철학과 정치적 리더십을 가진 김대중이라는 인물이 한국의 중앙집중적 권력구조에서 대통령으로 있었다는 정치적 조건에서 가능했던 것이기도 하다. 이는 역으로 말해, 한국사회의 오래된 지배구조가 안정과 헤게모니를 되찾고, 시민사회에 우호적이지 않은 인물과 세력이 제도정치권력구조의 정점에 오르게 되면 시민사회의 위상이 크게 흔들릴 수도 있다는 뜻이기도 하다. 실제로 이명박·박근혜 정부 시기에 많은 측면에서 탈脫제도화(de-institutionalization)가 급격히 일어나서 시민사회단체와 그 구성원들이 정부 정책과정에서 배제되었고, 협력적 거버넌스 기구는 폐지되거나 유명무실 하게 되었으며, 시민사회 세력의 요구를 반영한 제도 개혁은 거의 일어나지 않았다.[40] 이러한 탈제도화 경향은 문재인 정부 때 다시 재(再)제도화 경향으로 역전되었으나, 윤석열 정부가 출범하면서 즉각 재再탈脫제도화되었으니, 이는 한국 시민사회가 민주화 이후에 정치권력에 얼마나 크게 영향받는지를 말해준다.

셋째, 정치권력에 의한 배제와 억압 때문이 아니라 성공적인 제도화의 역설적 결과로서 시민사회의 국가에 대한 종속성이 더 커진 측면도 있다. 정부와 지자체의 시민사회 지원은 때때로 시민들의 자발

---

40) 홍일표, 〈이중의 탈제도화' 압력과 한국 시민운동의 대응〉,《기억과 전망》제21호 (2009), 75-109쪽.

적 활동을 용이하게 해주는 인프라 공급은 미미하면서, 시민사회 구성원들에 대한 행정기관의 제약과 통제는 과도하다는 문제가 있었다.41) 뿐만 아니라 정부·지자체의 지원을 받거나 용역사업을 수행하는 시민사회 구성원들은 불합리하거나 사업목적에 부합하지 않는 많은 관료적 규정과 법적 제약에 구속되기도 한다. 독재 시대에 저항적 시민사회가 엄혹한 국가폭력 앞에서도 독립성을 지켰던 것과 비교하면, 이처럼 시민사회 단체와 활동이 새로운 제도로 정립되거나 기존의 제도 체계로 수용되면서 그 자율성이 제한되고 정체성의 혼란에 처하게 된다는 것은 아이러니다.

넷째, 민주화 이후 한국 시민사회단체들이 조직적으로 안정성을 갖게 되고 더 넓게는 한국사회 내에서 안정된 위상을 갖게 되었다는 것은 긍정적인 성취였지만, 그 과정에서 제도화의 중요한 한 측면, 즉 사회의 주류 제도들과 구분되는 대안공동체와 새로운 사회적 삶의 방식을 창출하여 정착시킨다는 의미의 제도화는 오히려 더 퇴행한 것은 아닌가 하는 질문을 던지게 된다. 독재 치하에서도 시민사회 행위자들은 사회 곳곳에 수많은 대안문화의 공동체와 대안적인 사회적 삶의 공간들을 만들어 자기규제적인 사회의 영역들을 제도화시켜갔다. 그런데 민주화 이후 각종 법규와 제도에 결부된 시민사회단체들과 그 구성원들은 한국사회에 오랫동안 존재해왔던 거대한 기존 제도 레짐에 강력히 결합되었다.42) 그뿐만 아니라 시민사회단체의 일부 리더들이 정부와 정치권의 권력중심부로 진입하거나 권력층과 밀접한 네트워크를 가진 파워엘리트가 되었는데, 그들은 기존의 직

---

41) 김동춘·조효제·이대훈, 《시민단체 활동여건 개선을 위한 비영리민간단체 지원사업 성과분석 및 발전방안 연구》, 성공회대학교 연구보고서, 특히 90-93쪽, 2004.
42) 홍성태, 〈민주화 이후 시민운동의 성장과 위기: 제도적 전문주의와 성공의 역설〉, 《한국사회》 제18권 2호(2017), 111-141쪽.

업적 정치계급과 구분되는 세력으로서 제도정치를 변화시키는 역할을 했는지는 의문이다.[43)

이상과 같은 여러 긍정적, 부정적 측면을 균형 있게 평가하고 성찰하면서 더 나은 미래를 만들어가는 것이 지금 한국사회 앞에 놓여 있는 과제다. 한편으로 시민사회단체들의 조직적인 효율성과 안정성을 계속해서 높여가고, 정부와 시민사회가 함께 합의할 수 있는 관계의 규칙을 정립하며, 시민사회 구성원들이 국가제도에 참여하여 협치의 기구들을 발전시켜서 단순한 선거·다수결 민주주의를 넘어서는 참여·숙의 민주주의를 구현하려는 노력을 멈추지 않아야 한다. 그러나 그와 더불어 관료제적 조직의 경직성과 폐쇄성을 견제하고 예방할 수 있는 개방적이고 평등한 참여의 통로를 더 적극적으로 개발해야 하며, 시민사회에 우호적인 정권의 창출이 시민사회의 개혁적 목표를 달성하는 주된 방법이 될 수 있으리라는 사고방식에 대한 근본적 성찰이 필요하다.[44) 시민사회와 정당정치 간에 분명한 거리가 존재하지 않는다면, 국가와 정당만으로 달성할 수 없는 사회적 과제를 달성하기 위한 주체로서 시민사회의 존재 이유가 없어지며, 정치권력을 압박하여 개혁 목표를 성취할 수 있는 시민사회의 고유한 권력자원이 소멸하며, 정당정치 내의 이해관계에 시민사회 세력이 흡수되어 정치적 적대가 시민사회 내의 적대로 전이하는 결과를 낳게 된다. 김대중 시대에 진행된 시민사회 제도화는 이처럼 현재 한국사회가 보존해야 할 성취들과 극복할 한계들, 그리고 달성할 과제들을 함께 남겨 놓았다.

43) 신진욱, 《한국 시민사회의 새로운 흐름에 대한 질적 면접 연구》, 아름다운재단, 2022.
44) 신진욱, 〈1987년 이후 30년, 한국 민주주의의 궤적과 시민정치의 변화〉, 민주화운동기념사업회 민주주의 연구소 엮음, 《한국 민주주의, 100년의 혁명, 1919-2019》(서울: 한울, 2019), 253-288쪽.

V

김대중 정부와 인권의 제도화

한상희(건국대학교 법학전문대학원 교수)

democracy &
human rights

들어가는 말

김대중 정부는 87년 헌법체제가 내세우는 절차적 민주주의가 제대로 구현되기 시작한 시기다. 노태우 정부에서 대통령단임제라는 헌법명령이 실효적으로 이행되었고 김영삼 정부의 하나회 해체는 군사정부의 가능성을 상당부분 덜어내었다. 그리고 김대중 정부는 비록 구여권인 김종필의 자유민주연합(자민련)과의 소위 DJP연합이라는 방식을 사용하였지만, 1948년 정부재건 이래 매우 한정된 시기(1960년 민주당정권)를 제외하고는 최초로 여당과 야당의 자리가 바뀌었다. 군사정권기 이래 실질적 정권교체의 길을 연 최초의 정부인 것이다.

하지만 이와 동시에 87년 헌법체제를 양분하는 소위 97년 체제가 출발한 시기이기도 하다. 김영삼 정부 말부터 본격화된 외환위기는 우리 경제뿐 아니라 정치까지도 세계체제의 지배 아래 복속시키고 그 대리통치자를 자임하고 나선 국제통화기금(IMF)의 개입과 간섭이 우리의 정치, 경제, 사회, 문화의 모든 면을 뒤바꾸게끔 하였다. 이미 1980년 신군부체제의 등장에서부터 본격적으로 제도화되었던 신자유주의의 압박이 이 시기에 들어와 가장 노골적이고 공개적으로 우리의 정치체제와 법체제를 변형시켰다.

김대중 정부의 인권은 크게 이 두 요인에 의해 요동쳤다. 보편적 혹은 코스모폴리탄적 가치로서 민주주의와 인권을 내세우며, 이를 민주화라는 우리 사회의 문제 해결을 위한 수단으로 동원해 왔던 김대중 대통령의 인권관 또한 이 지점에서 그 모습을 달리한다.

황인구[1]의 말처럼 민주화의 과정에서 김대중 대통령은 "분명히

---

1) 황인구, 〈김대중의 인권사상과 인권정치: 초국가적 운동과 코즈모폴리턴 비전〉, 박명림 외, 《김대중의 사상과 정치: 평화. 민주주의. 화해. 협력》, 연세대학교 출판문화원,

정치운동으로서 인권의 주제를 삼았다.” 보다 정확히는 인권의 정치
화라는 테제가 아니라 정치의 인권화 즉, 정치운동의 도덕적 정당성
을 확보하는 수단으로 인권을 의제화해 왔다. 권위주의적 통치권력
에 대한 저항으로서의 인권과 함께 평화적이고 민주적인 정권교체를
위한 발판으로써 인권이라는 의제를 제시했던 것이다. “한국의 인권
운동은 민주정부를 수립하는 것을 궁극적 목표로 삼고 있습니다.”[2]
라는 말은 이를 단적으로 표현한다. “민주적 가치와 자유, 정의 그리
고 인간의 존엄성”, “평등” 등의 테제들은 보편적 인권의 담보자로서
의 미국을 호명하거나 혹은 한국을 방한하였지만, 박정희 정권의 정
당성만 강화하는 수준에 머물렀던 카터 대통령의 소위 인권정치를
신랄하게 비판하는 데까지 이른다.[3]

　　1970년대에서부터 90년대까지 국제정세가 동서냉전에서부터 인
권정치의 방향으로 급선회하는 과정은 이런 김대중 대통령의 인권관
을 이해함에 큰 몫을 차지한다. 한국 권위주의가 가장 극명한 모습으
로 자리하던 이 시기에 군사정권이 내세우던 안보논리를 인권이라는
저항의 논리로 동원하는 것은 충분히 예상가능한 일이었다. 그뿐만
아니라 인권의 보편성이라는 틀은 민주화운동에 대외적인 보편성을
확보하고 국제적인 지원을 이끌어내는데 가장 유효한 수단 중의 하
나일 수 있었다.

　　그러나 김대중 정부가 출범하던 시기의 상황은 달라진다. 자유주
의세력과 신군부세력의 타협으로 구성되었던 87년헌법 체제의 한계
위에 급격히 성장하였던 시장권력은 종래 국가-시민사회의 이원적
대립체계 속에서 이해되었던 인권의 관점을 국가-시장-시민사회라

　　2023, 49면.

2) 김대중도서관 편, 김대중 전집Ⅱ 10권, 연세대학교 김대중도서관, 2019, 181면.

3) 김대중도서관 편, 김대중 전집Ⅱ 8권, 연세대학교 김대중도서관, 2019, 482-3면.

는 3면구조 속에서의 길항관계로 대체하게끔 하였다. 이미 80년대 이후 미국을 중심으로 한 세계체제 속에서의 인권은 보수화의 국면에 접어들었고 하이에크 등으로 촉발되는 신자유주의는 시장주의적 자유로써 모든 인권의 담론을 압도하고자 하였다. 우리 경우에도 이런 추세 속에서 재벌권력이 대통령선거에 출마할 정도로 자본과 시장의 힘이 전사회적 지배력을 확보하는 지경에 이르렀다. 여기에 덮친 IMF의 압박과 함께 일종의 소수자정부—독자적인 정책능력을 갖추지 못한 정부라는 의미에서—은 김대중 정부의 정책과정에 결정적인 영향을 미쳤다. 그 과정에서 인권의 실질적인 부분, 특히 사회권의 각 영역들은 정치적 자유화의 흐름과는 전혀 다른 양상을 보일 수밖에 없었다.

이 글은 이를 서술해 보고자 한다. 자유권과 사회권의 발전이 서로 다른 길을 걸어야 했던 87년헌법체제, 특히 그 거리두기가 선택이 아니라 필수여야 했던 김대중 정부에서의 인권상황을 되새겨보고자 하는 것이다. 이에 인권의 제도화와 그 제도로서의 시민권의 발전과 더불어, 어렵게 확보한 정치적 자유가 시장적 자유로 변형되는 과정에서 시장권력 앞에 내몰려야 했던 노동권과 같은 사회권의 문제를 차례로 서술하고, 그 특수형태로서의 성평등(이하에서는 당시 용어인 "양성평등"이라 함)을 살펴본다.

1. 인권의 제도화: 국가인권위원회와 과거사 청산

1) 국가인권위원회의 출범

김대중 정부뿐 아니라 우리의 인권사에서 국가인권위원회의 출범은 가장 의미있는 중대사건에 해당한다. "인권"이라는 말이 국가기구의 명칭으로 삽입된 것이 최초일 뿐 아니라,[4] 기본권이라는 헌법용어에 가려 국가과정의 어느 자리에서, 어느 국면에서 작동되는지조차도 알 수 없었던 인권이 비로소 '지금 여기'(here and now)의 계기를 확보하였기 때문이다.

국가인권위원회의 설치를 구상한 것은 시민사회였다. 1993년 12월 UN이 "국가인권기구의 지위에 관한 기본원칙"(파리원칙)을 채택한 것을 전후하여 시민사회는 〈한국민간단체 공동대책위원회〉를 구성하여 우리나라에도 이 원칙에 입각한 인권기구를 설치할 것을 계속하여 요구해 왔다. 1997년 김대중 당시 대통령후보는 이를 수용하여 "인권법 제정 및 국민인권위원회 설립"을 대선공약으로 채택하였고, 이듬해 봄 김대중 정부의 대통령직인수위원회는 "국민인권위원회" 설립을 100대 국정과제에 포함시켰다. 이후 국가인권기구의 위상을 격하시키고자 했던 법무부의 반대[5]에 직면한 시민사회는 〈올바른 국가인권기구 실현을 위한 민간단체 공동대책위원회〉로 재편하여 3년에 걸친 대대적인 운동에 들어갔다. 이어 2001년 5월 국가인권위원회법이 제정, 공포되었고, 같은 해 11월 25일 김창국 위원장 외 10명의 인권위원으로 구성된 국가인권위원회가 출범하였다.

국가인권위원회의 설립 과정은 김대중 정부의 이상과 현실을 더불어 보여준다. 당시 박상천 장관을 필두로 한 법률관료체제의 법무부는 인권기구의 의미나 중요성에 대한 인식이 그리 충분하지 않았다. 여기에 IMF라는 경제위기 상황은 인권의제를 사회정책의 후순위로

---

4) 인권이라는 말이 헌법에 자리한 것도 군사정부에 의한 1962년 개정헌법이 처음이었고, 민주화 이전까지는 형법(1953년 제정)에서 인권옹호직무방해죄(제139)를 두어 경찰을 검찰에 예속화시킨 것이 거의 유일한 정도였다.

5) 이하 백운조, 《대한민국 국가인권위원회법의 입법과정에 관한 연구》 (인하대학교 법학과 박사학위논문, 2002), 48면 이하 참조

몰아 넣는 양상을 보이기도 하였다. 실제 김영삼 정부하의 법무부는 인권기구의 설치에 대한 시민사회의 요구에 대응하여 1996년 그것을 헌법기구로 하거나 국무총리 소속으로 설치할 것을 검토한 바 있었다. 그러나 곧 이어 터진 경제위기 국면에서 법무부는 입장을 선회하여 1998년 1월 법무부 소속의 인권과를 인권국으로 확대개편하여 그 인권기구의 기능을 감당하도록 하는 방안을 내놓았다. 인권과 경제회복이라는 두 의제는 동시에 이행되기 어렵다는 것이 그 표면상의 이유였다. 하지만 이런 방안은 국가인권기구의 독립성이라는 파리원칙에 정면으로 배치되는 것이었고 따라서 시민사회가 수용할 리가 없었다.

김대중 당시 대통령당선인은 인수위를 통하여 100대 국정과제에 국가인권위원회의 설립을 비롯한 인권체제의 정비를 포함했다. 아울러 1998년 4월 법무부에 〈국민인권위원회설립준비단〉을 발족하여 인권법 제정과 인권위 설치와 관련한 일련의 업무를 담당하게 하였다. 같은 해 김대중 대통령이 광복절 50주년 기념사에서 제2의 건국 운동을 제안하면서 국가인권위원회의 설립문제를 시민사회가 주도하도록 추진하기도 하였다.6) 대통령－여당(국민회의, 혹은 새천년민주당)이 한 축에서, 검찰이 주도하는 법무부가 그 주무부서이자 또 한 켠의 당사자로서, 그리고 이 모든 과정을 추동하고 나선 시민사회(공추위, 공대위)가 3각구도를 조성하면서 국가인권위원회의 설립과정이 진행되었던 것이다.

이 과정에서 법무부는 다시 인권기구를 국가기관이 아니라 특수공법인의 형태로 구성할 것을 제안하였다. 인권국 확장안과 마찬가지

---

6) 하지만 이 당시는 인권위의 설치보다는 인권법의 제정 문제가 선행하였다. 법무부로서는 별도의 인권기구 설치보다는 인권법이라는 자신들의 새로운 사물관할 확장을 더 선호하였던 것이다.

로 여전히 법무부는 인권기구를 자신의 산하기구로 만들어 인권법 제정안에 넣겠다는 의지를 포기하지 않은 것이다.[7] 이 인권법안은 국무회의를 거쳐 국회에 제출되기는 하였으나, 독립적인 국가기구로 서의 인권기구를 만들기를 원했던 시민단체들의 반대에 부딪혀 한 걸음도 나아가지 못하였다. 급기야 "인권단체나 법무부 양측 중 한 쪽에서 양보하지 않는 한, 현재 상태에서 법안제정을 추진할 수는 없다"(임채정 당시 의원)는 발언까지 나오게 되었다. 대통령은 "인권법 유엔권고를 중심으로" 추진해야 한다고 거듭 발언[8]하였음에도 불구 하고 국가인권위의 설치는 미루어지게 되었다. 대통령비서실과 여당 조차도 완강한 법무부의 주장에 밀려 봉합하기에 급급하였던 셈이 다.[9]

김대중 대통령은 이런 대립에서 별다른 역할을 하지는 않았다. 초 기에 국가인권기구의 설립에 대한 의지표명에도 불구하고 정작 법무 부와 시민사회단체가 인권기구의 소속이나 성격에 대해 첨예하게 충 돌하고 있음에도 불구하고 대통령은 그 어느 편의 손을 들지 않았 다.[10] 하지만, 이런 대통령의 중립적인 태도는 법무부가 정부의 한 기관이라는 점을 감안한다면 역으로 대통령이 국가인권위원회의 위 상이나 기능에 대해 법무부 안 이상의 모습을 원하였을 것이라는 추 측을 가능하게 한다. 대통령의 입장에서는 정부의 정책능력을 견지 하기 위해서는 검찰의 협력이 절대적이었던 당시의 한국적 상황에서

---

7) 당시 18개 단체에 소속된 인권활동가들이 단식에 참가하면서 "국가인권기구를 법무부 의 산하기루로 만들려는 엉뚱한 야욕을 노골적으로" 드러낸 것이라고 맹렬히 비판하 였다. 한겨레, 〈인권법안 철회요구 단식농성〉, 1999. 4. 7.
8) 한겨레, 〈국민회의, '우리가 나서겠다'" 1998. 9. 25; "국민회의 인권위 시안 마련.〉, 1998. 11. 4. 등 참조.
9) 조용환, 〈국가인권기구의 국제적 발전과 한국의 대안〉 (서울대학교 법학과 석사학위논 문, 2000), 5면.
10) 백운조, 《대한민국 국가인권위원회법의…》, 108면.

검찰이 지배하던 법무부의 의사를 명시적으로 부정할 수는 없었을 것이다.11) 아울러 당시 법무부의 안에 경도되었던 언론 보도경향과 그로 인해 조성되는 여론의 향방을 고려한다면 더욱 그러하였을 것이다. 사실 이 점은, 선거에서는 승리하였으나 여전히 소수정부12)에 머물러야 했던 한계 속에서 대통령의 운신의 폭을 잘 보여주었다.

어찌 되었든 국가인권위원회는 시민사회의 가열찬 운동에 힘입어 2001년 5월 그 설치법이 국회를 통과하여 우리 인권사에 새로운 국면을 열어나갔다. 여기에는 나름 미온적이었으나 여전히 인권보장의 제도화를 지향하면서 새로운 인권체제에 대한 열망을 놓치지 않았던 대통령과 대통령실의 의지와 소극적이긴 하였지만 나름의 협력도 한 몫을 하였다고 하지 않을 수 없다. 더구나 2000년에 들어서면서 김대중 대통령은 신년사에서 "인권과 민주주의에서 앞서가는 민주 선진 국가"를 만들기 위해 "인권법(…) 등 개혁입법을 계속 추진하겠습니다."라는 의지를 밝혔다. 또한 4월의 법무부 업무보고 자리에서나 7월의 국회 시정연설을 통해 인권법을 연내에 통과시키고 인권위원

---

11) 백운조, 《대한민국 국가인권위원회법의…》, 108면. 1999년은 소위 옷로비 사건이나 조폐공사 파업유도 사건 등 검찰의 비리에 대한 국민적 비난이 높았던 시기였다. 그럼에도 당시 사회 각계의 참여 속에 진행되었던 사법개혁추진위원회의 검찰개혁논의가 수면 아래로 묻히게 되었던 것과 마찬가지로 국가인권위원회의 설치 또한 검찰의 의사에 반하는 조치를 하기 어려웠을 것으로 짐작된다. 특히 2000년 4월 제16대 국회의 원선거에서 새천년민주당이 다수당이 되지 못하였음도 그 이후의 입법추진에 장애로 작용하였다.

12) 의원내각제 등에서 여당이 원내 의석 과반수를 차지하지 못하는 경우를 소수정부 minority government라고 하며 대통령제국가에서는 여소야대의 체제도 그에 포함시키기도 한다. 하지만, 이 글에서는 여소야대의 국면에 더하여 대통령의 정부가 관료, 군부, 법조계 등 주요한 국가권력단위에 대해 실질적인 주도권을 장악하지 못한 경우를 지칭하고자 하였다. 권위주의체제에서부터 오랜 기간동안 집권가능성 자체를 갖지 못하고 야당으로 내몰려야 했던 정당이 대통령선거라는 하나의 사건을 통해 집권하게 될 경우 사회 제반의 권력의 지지를 채 확보할 수 없게 되는 경우가 나타난다. 김대중 정부나 그 직후의 노무현 정부는 이런 의미에서 소수정부라고 할 수 있을 것이다.

회를 설치하겠다는 뜻을 명확히 하였다.[13) 여기에 김대중 대통령이 노벨평화상 수상자로 결정되었던 일은 국가인권위원회의 설치에 또 다른 전기를 마련한다. 같은 해 10월 19일 민주당 총재직속으로 설치된 〈인권향상특별위원회〉가 국가인권위원회의 법제화를 최우선 과제로 선정하고 그 논의과정에서 법무부를 배제하겠다고 선언하였다. 법무부는 산하기구로 인권기구를 만들겠다는 전략을 수정하여 국가인권기구의 권한이나 기능을 약화시킴으로써 자신의 위상에 대한 영향을 최소화하고자 하였다. 그리고 국회는 독립적인 국가기구 안을 주장한 시민사회의 안과 국가인권기구의 기능성을 축소하고자 한 법무부의 주장을 절충하여 국가인권위원회법을 통과시켰다.

2) 국가인권위원회 설치의 의미

김대중 대통령은 국가인권위원회법을 공포하는 자리에서 "지금은 사회적, 경제적 약자들의 권리를 지켜 주는 것이 중요하다"고 하면서 "정치적 인권뿐 아니라 사회적, 경제적 인권의 향상을 위해 더욱 노력해야 할 것"이라고 언명했다.[14) 하지만, 국가인권위원회는 법무부의 지속적인 개입에 의하여 사회권은 빠진 채 헌법 제10조부터 제23조의 자유권만을 관할로 인정받았다. 대통령의 의지와 실제 입법은 그만큼 간극이 있었던 것이다.

하지만 그럼에도 국가인권위원회의 설치는 우리 인권사에서 너무도 중대한 의미를 가진다. 인권보장의 체제가 제도화되면서 인권이 좀 더 안정적인 질서로 작동할 수 있게 만들게 되었기 때문이다. 국

---

13) 이동우, 《김대중 대통령의 정치리더십 연구》(전북대학교 정치학과 박사학위논문, 2012), 148면.
14) 이동우, 《김대중 대통령의…》, 149면.

가의 운영(인권침해구제의 경우)이나 사회의 작동(차별행위시정의 경우)에서 인권을 실천할 수 있는 법률이나 규범, 조직 등의 장치를 확보하고 이를 통해 인권이 언제 어디서나 그리고 누구에게나 정당하고도 구속적인 법규범으로서의 기능을 수행할 수 있도록 한 것이다. 아울러 이런 인권의 법제화는 제반의 국가기관으로 하여금 인권보장의 의무를 보다 명확히 하고 그 인권의 명제들을 실천하고 집행하여야 할 책무를 부여하는 틀을 마련하게 된다. 궁극적으로는 법치를 기반으로 하는 국가의 성격을 변화시킨다. 인권의 외부에 자리하는 국가로 하여금 인권의 담지자 내지는 집행자로 규정하게 됨으로써 인권이라는 것이 또 하나의 국가작용으로 그 지위를 확보하게 만든다. 국가라는 존재를 인권침해자로부터 인권을 위한, 인권에 의한, 인권의 체제로 변형시키는 것이다.

실제 이런 모습은 국가인권위원회의 설립 초기에서부터 구체화되었다. 초기에 이화여자대학교의 독신조항(재학생이 혼인하는 경우 출학시킴)이 차별이라는 진정이 제기되자 이 대학교는 곧장 그 조항을 삭제하고 제적생들을 복학시키는 조치를 단행하였다. 인권의 제도화는 곧 인권의 가시화를 의미하게 되고 그렇게 시민들의 일상으로 파고드는 인권은 기존의 사회질서를 재편하는 동력으로 작동하게 되는 것이다.

실제 국가인권위원회는 그 설립을 전후하여 수많은 도전을 받게 된다. 법무부의 소위 틈새기관론(기존 국가기구를 보완하거나 보충하는 역할을 가진 기관)이나 법무부와 행정자치부의 작은 조직론(400명 이상의 직원이 필요하다는 국가인권위원회에 대해 100명 수준으로 그쳐야 한다는 주장), 국가인권위원회를 소속 없는 국가기관으로 하는 것은 위헌이라는 주장 등은 그 대표적인 사례였다. 더구나 시민단체들로부터도 기대에 미흡한 인선과정이나 조직체계, 업무처리 등과 관련한 불만과

항의가 계속되었다.[15]

　그러나 김대중 정부의 등장이 우리 민주화의 역사에 대한 한 매듭이자 민주화의 상징으로 이해되는 것과 마찬가지로, 국가인권위원회의 출범 역시 우리 민주화 역사의 한 단락을 구성한다. 천정배 전의원은 "인권의 옹호와 신장은 '국민의 정부'의 존재이유중의 하나이다"[16]라고 단언하였다. 환언하자면, 부패방지법과 국가보안법 폐지와 더불어 3대 개혁입법의 하나로 거론되었던 국가인권위원회법이 제정, 시행된다는 것은 그동안 형식적, 절차적 민주주의에 그쳤던 87년헌법체제를 실질적 민주주의 혹은 실질적 국민주권의 체제로 이행할 수 있는 발판을 마련했다는 점에서 기본적 인권의 최대한 보장을 향한 우리 헌정사의 분수령[17]이자 새로운 민주화의 한 국면을 형성하였다. 국가인권위원회가 설치된 2001년만 해도 진정접수가 803건에 이르렀고, 2023년 9월 말 현재 총 171,593건의 진정이 접수[18]되었다는 사실은 이 점을 잘 드러낸다. 행정부나 사법부에서 처리되지 못하던 인권침해나 차별 사례들이 새로운 보장의 통로를

---

15) 2002년 11월 김창국 국가인권위원장의 해외출장사건은 이 점에서 큰 의미를 가진다. 국무위원이 해외출장에 나설 때에는 대통령의 사전허가를 받아야 하는데, 김창국 위원장은 인도.아태인권기구포럼(APF)에 참석하면서 아무런 절차를 취하지 않았다. 이에 대통령비서실에서 경고를 하였지만, 국가인권위원회는 소속없는 독립된 기관임을 내세우며 "행정부 소속기관이 아닌 인권위가 '공무해외여행규정'을 적용받아야 할 아무런 이유가 없다"고 반발하였다. 김대중 정부에서의 국가인권위원회의 위상을 잘 보여주는 사건이라 하겠다. 물론 이후 헌법재판소는 국가인권위원회도 넓은 의미의 행정기관에 속하며 따라서 대통령의 관할영역내의 기구라고 선언한 바 있으나, 이는 법적 차원의 해석에 불과한 것이며, 정치적 맥락에서의 국가인권위원회의 독립성은 의연히 보장되어야 할 당위이다.
16) 천정배, 〈인권법안에 대한 의견〉 2000. 12. 4. 1면
17) 곽노현, 〈인권법 제정과 국가인권기구 설립 – 의미.성격.과정.내용〉, 민주주의법학연구회, 《인권법제정과 국가인권기구설치의 바람직한 방향》, 1998. 9. 1면
18) 그중 인권침해에 대한 진정은 130,564건, 차별행위 진정은 38,544건, 기타 2,485건이다. 2023년 9월말 현재 국가인권위원회의 정책권고는 총 1203건이며 그 수용률은 매년 80%를 상회하였다. 또 인권상담은 500,157건에 이르렀다.

찾을 수 있었고 또 그에 상응한 구제의 가능성이 열렸다는 점에서 인권정치의 새 장을 연 것이다.[19] 아울러 의회과정에서 대표되지 못하던 소수자, 사회경제적 약자 등이 국가인권위원회라는 구제절차를 통해 자신들의 목소리를 울릴 수 있는 창구를 확보하게 된다. 새로운 혹은 보충적인 대표의 가능성을 제공한 것이다.

이런 진전은 김대중 대통령이 정치생애 전반에 걸쳐 권위주의체제에 저항하며 민주화운동에 헌신해오면서 동시에 인권의 가치를 그 운동의 중심축으로 투입해 왔던 유일한 정치인-대통령이었기에 가능하였다. 비록 소수정부의 한계로 인하여 국가인권위원회의 설치과정을 주도하지 못한 채 법무부와 시민사회간의 갈등을 소극적으로 대응하는 수준에 그치기는 했으나, 그의 인권관과 인권정치를 향한 의지가 없었다면 국가인권위원회법의 제정은 다른 정부의 출범을 기다려야만 했을 수도 있었다. IMF로 인한 경제위기는 인권논의의 비경제성을 지적하고 검찰의 권력의지는 인권행정조차도 자신의 몫으로 단정하고자 하였고, 여전히 인권의식에 뒤쳐진 언론이나 일반대중은 그나마의 인권논쟁조차 버거운 것으로 제쳐버리기를 원했다. 이런 현실의 장벽에도 적어도 국가인권기구의 최소강령을 지켜낸 것에는 김대중 대통령의 지분을 상당 부분 인정하지 않을 수 없다.[20]

---

19) 여기서 차별행위는 특히 의미를 가진다. 차별금지법과 같은 일반법이 존재하지 않는, 그래서 사적 영역-교육, 고용, 의료, 문화 등도 포함한 영역-에서 발생하는 차별행위는 종래 특별한 경우가 아닌 한 진정이나 구제의 대상이 되지 못하던 현실에서 국가인권위원회는 나름의 구제장치를 마련한다.

20) 그러나 국가인권위원회는 인권위원들의 인권감수성 및 지도력부족, 조직간 권한 배분의 문제, 전원위의 형해화 등 초기부터 그 운영을 둘러싸고 시민사회의 비판을 받았다. 급기야 2003년 1월 15일 곽노현 비상임위원이 이에 항의하면서 그 직을 사퇴하기도 하였다.

3) 과거사 청산

　김대중 정부에서 인권의 제도화가 획기적으로 이루어진 또 다른
영역은 과거사청산 내지는 이행기정의에 관한 것이다. 과거사는 시
간적으로 과거 혹은 구조적으로는 이전의 통치체제하에서 발생한 인
권에 대한 중대한 침해가 국가폭력 내지는 국가범죄로까지 귀속될
수 있거나 그렇게 기억되는 사건을 의미한다. 과거사청산 내지는 이
행기정의란 정치공동체가 공유하고 있던 정의의 파괴 및 훼손에 대
한 교정과 복원을 목표로 한다.21) 그리고 우리 현대사에서 과거사청
산은 주로 권위주의체제하에서 발생하였던 일련의 인권침해사건들
을 중심으로 진행된다. 인권에 대한 중대한 침해를 그 과정과 양태를
추적하여 반성하고 훼손된 인권들을 제대로 복원해 냄으로써 다시는
그러한 인권침해의 사례가 재발하지 않도록 단속하는 과정들이 곧
과거사청산인 것이다.

　일반적으로 과거에 발생하였던 중대인권침해사건을 청산하는 것
은 진실규명, 책임추궁, 명예회복, 피해전보, 그리고 재발방지의 5
대 원칙에 따른다. 김대중 정부에서는 2000년 1월 의문사진상규명
특별법을 필두로 민주화운동 관련자 명예회복 및 보상 등에 관한 법
률(민주화보상법), 제주4.3사건 진상규명 및 명예회복에 관한 특별법
(4.3사건법) 등이 제정, 시행되었다. 과거사청산과 관련하여 그 이전
에도 광주민주화운동 관련자 보상 등에 관한 법률(1990년 제정), 거창
사건 등 관련자의 명예회복에 관한 특별조치법(1996년 제정) 등이 있
었고, 또 이후에는 진실화해를 위한 과거사정리 기본법(2005년 제정)
5.18민주화운동 관련자 보상 등에 관한 법률(2006년 제정)이 제정되

---

21) 이영재, 〈이행기 정의의 본질과 형태에 관한 연구 –공감적 정의 원리를 중심으로〉,
　《민주주의와 인권》 제12권 제1호, 2012, 129면.

기도 하였다. 하지만 이들 대부분은 피해보상을 중점에 둔 법률들이
나, 김대중 정부에서 제정된 과거사청산법률들은 민주화보상법을 제
외하고는 모두 진실규명에 초점을 맞춘다. 희생자나 그 가족들, 그리
고 시민사회단체들의 노력을 받아들여 기억투쟁 내지는 기억정치의
단초를 마련하고 있는 것이다.

물론 그 기본구조는 국가의 불법행위를 전제로 한 '배상'이 아니라
피해에 대한 '보상'의 형식을 취함으로서 국가책임의 상당부분을 덜
어내고자 하였다. 그럼에도 진상규명이나 책임소재의 추적이라는 과
거사청산의 기본원칙을 도외시하지 않았다는 점에서 김대중 정부의
성과는 무시할 수 없다.22) 의문사법이나 4 · 3사건법은 그 자체 민주
화운동과 관련한 의문사들의 진실을 규명하기 위한 법23)이며, 민주
화보상법 또한 그 보상심의위원회에서 대상자 여부를 결정하는 과정
에서 그 희생이나 피해의 성격 내지는 민주화운동관련성을 분석하고
판정하게 만듦으로써 간접적으로 진상규명에 기여하는 측면이 강하
였다.24)

물론 DJP연합에 기반한 김대중 정부가 가지는 소위 태생적 한계
―과거 권위주의통치의 주역들과의 연합정부라는 한계―25)로 인하

---

22) 일제하 일본군 위안부에 대한 생활안정지원법(1993년 제정)도 마찬가지로 배상이 아
　　니라 지원의 개념으로 구성되었다. 우리 국가는 일관되게 과거사청산에 미온적이거나
　　소극적이었다.
23) 예컨대 의문사진상규명과 관련하여 1973년 중앙정보부에서 사망한 서울대 최종길
　　교수의 사망과정에 대한 진상을 밝혀 내었다. 실제 과거사청산의 문법에 가장 근접한
　　법률은 의문사진상규명특별법이라 할 것이다. 자세한 것은 한상희, 〈과거청산을 위한
　　위원회조직의 기능성 및 한계〉,《법과사회》, 제71호, 2001, 96면 이하 참조.
24) 민주화운동관련자보상법의 경우 다른 경우와는 달리 심사대상이 되는 사건이 민주화
　　운동과 어떤 관련이 있는지를 조사, 분석하고 그 시대적 의미에 대해 평가하는 작업을
　　거쳤다. 직접적인 사건조사의 과정을 거치지는 않았고 따라서 진실규명을 직접적인
　　입법목적으로 삼지는 않았지만, 민주화운동이라는 추상적 규정 속에 개별사건의 위치
　　나 의미를 천착함으로써 권위주의정권의 통치과정에서 발생한 사건들이 인권중대침
　　해사태에 해당하는지의 여부를 결정하였다는 점에서 또 다른 의미의 진실규명작업을
　　한 셈이다.

여 권위주의 통치시기 자행되었던 인권중대침해 사건들을 적극적이고 본원적으로 규명하고 청산하기는 어려웠다. 거기에 여소야대의 국면과 보수세력의 조직적인 반발 등은 입법과정은 물론 그 집행의 과정에서도 상당한 장애요소로 남아 그나마 가진 권한조차도 제대로 이행되지 못하게끔 하였다. 특히 의문사진상규명위원회의 경우 조사대상이었던 문건들에 대한 접근조차 어려웠고, 중요한 참고인 조사는 거의 불발에 그치는 등의 한계가 적지 않았다.[26]

하지만 이런 과거사청산의 시도들은 후속의 '진실화해를 위한 과거사 정리 기본법'으로 이어지고, 차기 정권에서 이루어졌던 개별기관별 과거사청산작업들[27]의 설치, 운영을 위한 토대를 마련했다는 점에서 그 의미를 찾을 수 있다. 특히 광주민주항쟁이나 거창사건 등 개별사건을 중심으로 하였던 다른 과거사법제와는 달리 의문사법이나 민주화보상법은 일반적인 진실규명 및 피해보상을 규율하였던 만큼, 우리 현대사 전반에 걸친 인권중대침해 사건들을 구제할 수 있게 한다는 의미를 부여할 수 있다. 아울러, 과거사청산의 과제가 단기간에 완성될 수 있는 성질의 것이 아니라는 점을 감안한다면, 그리고 그 청산은 시대정신과의 결합 속에서 이루어져야 하는 것임

---

25) 장훈각은 DJP연합을 두고 현실정치의 한계를 넘기 위한 전략이자 동시에 김대중 대통령의 화해와 협력의 사상을 보여주는 사례로 설명한다. 장훈각, 〈김대중의 민주주의 철학과 사상: 국민이 주인인 정치, 대화와 협력의 정치〉, 박명림 외, 《김대중의 사상과 정치》, 126~142면. 하지만 이런 연합체제─당시는 "거국내각"이라고도 하였다─는 적어도 인권의 영역에서는 그리 바람직한 것은 아니었다. 군사정권의 역사를 이어받은 자민련측에 재정경제부를 비롯한 6개의 경제장관 지명권을 부여한 것은 가장 큰 문제였다. 김대중 정부의 인권정책은 경제우선의 정책논리에 의하여 상당한 좌절을 겪어야 했기 때문이다. 뿐만 아니라 과거사청산이나 관료지배체제의 극복이라는 시대적 과제를 이행함에도 적지 않은 장애에 부딪힐 수밖에 없었다.

26) 이병주, 〈민주화운동명예회복과 과거청산 : 민주화운동명예회복보상심의위원회 활동에 대하여〉, 포럼 진실과정의, 《과거청산포럼 자료집, 정권교체기과거청산 운동의 위기와 향후 과제》, 2008. 2. 37면

27) 특히 국정원발전위원회, 국방부과거사위원회, 경찰청과거사위원회 등 공안기구들을 중심으로 한 과거사 청산작업을 말한다.

을 고려한다면 김대중 정부에서 그 단초를 마련한 과거사청산의 제
도화작업은 우리 현대사의 재해석에 있어 적지 않은 위상을 가진다
고 하지 않을 수 없다.

2. 인권의 이상과 현실

1) 들어가는 말

6월민주항쟁에 터잡아 등장한 87년헌법체제는 권위주의적 통치
로부터 민주개혁이라는 "정치적 전환"은 이루었으나 사회경제적 전
환에까지는 이루지 못하였다. 당시 자유주의적 정치세력이 너무도
쉽게 신군부세력과 타협해 버렸기 때문이다. 6.29선언 이후 사회운
동세력들이 대통령후보 단일화와 비판적 지지라는 두 진영에 급속히
흡수되었던 것은 그 원인이자 결과에 해당한다. 그리고 이 과정에서
"민주주의와 자본주의 사이의 전쟁이라는 새로운 사회경제적 전환을
위한 투쟁의 열린 공간"[28]이 마련되기도 하였지만, 그 또한 1997년
의 IMF 사태를 맞이하면서 오히려 신자유주의가 심화되는 또 하나
의 국면에 직면하게 되었다.

인권의 실천이라는 점에서 김대중 정부의 성과와 한계는 바로 이
지점에서 엇갈린다. 최초의 실질적 정권교체를 이루어낸 정부라는
점에서 그동안 권위주의적 통치에 굴절된 우리 인권현실을 바로 잡
을 수 있는 의지와 실천력을 갖추었다는 희망[29]과 함께, 그의《대중

---

28) 조희연, 〈'87년체제', '97년체제'와 민주개혁운동의 전환적 위기〉, 김종엽 편, 《87년체
　　제론 ─ 민주화이후 한국사회의 인식과 새 전망》, 창비, 2009, 78면
29) 대한변호사협회에서도 냉전과 국민동원체제, 장기간의 독재 속에서 형성된 인권침해

경제론》에서 피력되었던 대중이 주체가 되는 경제체제의 구축이 직면한 경제위기에 의해 거센 저항에 직면할 수밖에 없었던 시대상황이 교차하고 있기 때문이다.

김대중 대통령의 인권관은 "정치적 탄압자와 인권 위반자, 그리고 그들의 옹호자"과의 대립과 포용의 문제[30]로 집적된다. 로컬 차원에서의 민주화는 그의 인권개념을 규정하는 핵심요소였다. 그러다 보니 "자연법적 저항권"[31]으로 상징되는 자유 즉, 권위주의적 통치권력으로부터의 자유는 민주국가의 필수요소가 되며, "한국의 인권운동은 민주정부를 수립하는 것을 궁극적 목표로 삼고 있습니다."[32]라는 언술이 가능하게 된다. 김대중 정부 시기의 인권이 자유권 특히 시민권의 회복에 집중되어 있음은 이 점과 연관된다.

물론 그의 인권에는 경제적 권리가 포함되어 있음은 분명하다. 한국의 인권상황에 대한 그의 인식에는 정치적 권리의 문제뿐 아니라 경제적 권리까지 결합된 포괄적 인권의 문제라는 관념이 포함되어 있었다.[33] 하지만 그 경제적 권리는 실질적 평등을 향한 권리라기보다는 절차적 권리 즉, 대중참여민주주의의 일환으로 규정된다. 여기서 대중참여민주주의란 "현대 산업사회에서 민주적 기본 권리가 보장된 대중이 정치, 경제, 사회의 각 분야에 문제해결의 주체로서 참여하는 민주주의를 말한다. (⋯) 대중은 이 밖에도 모든 경제활동에

의 제도와 관행, 행태들을 척결하고 "진정한 민주주의 발전을 위하여는 기존의 반인권적 제도와 행태를 청산하고 확고한 인권보장을 실현하여야"할 것을 촉구한 바 있다. 대한변호사협회, 《인권보고서, 1998년도》, 제13집, 1998. 12면.

30) 황인구, 〈김대중의 인권사상⋯〉, 49면.

31) 〈3.1 민주구국선언 상고이유보충서〉, 1977. 3. 1. 연세대학교 김대중도서관편, 《김대중 전집Ⅱ, 8권》, 259-260면.

32) 이 말은 "한국에서도 인권은 진정한 민주정부 없이는 보호되거나 증진될 수 없습니다." 라는 말과 중첩된다. 〈한국의 인권과 민주주의(Human Rights and Democracy in Korea)〉, 연세대학교 김대중도서관편, 《김대중 전집Ⅱ, 10권》, 174, 181면

33) 황인구, 위의 글, 46면.

참여할 기회균등이 보장되어야 한다."는 것이다.[34) 참여의 권리는 주체로서의 권력을 획득한다는 점에서 의미 있지만, 필연적으로 그러한 참여의 절차와 결과에 대한 규범적인 제도화의 작업이 선행되어야 한다. "주식의 대중화", "전문 경영인" 등은 참여의 결과일 수는 있겠으나 그러한 참여의 기회는 별도의 보장이 있어야 하는 것이다.

여기에 그의 인권 현실에는 두 가지의 한계가 작용한다. 그 첫째는 DJP연합이라는 정권의 한계이며 둘째는 IMF로 상징되는 경제위기이다. 전자는 입법과정뿐 아니라 행정 및 사법 등 국정전반에 걸쳐 인권실현에 대한 장애가 존재함을 의미하고, 후자는 그 위기 극복을 위해 필연적으로 채택하여야 하는 신자유주의의 조치들이 인권의 실천을 가로막고 나섰음을 의미한다. 이하에서는 이를 살펴본다. 다만, 서술의 편의를 위하여 자유권과 사회권이라는 형식적 분류법에 따라 항을 나눈다.

2) 절차적 민주주의와 자유권

민주화의 주역이자 실질적 정권교체를 이루어낸 김대중 정부는 당시까지 집적되었던 인권문제들이 그 해결을 외치며 일거에 집중되는 장을 이루었다. 가장 중요하게는 지난 권위주의적 통치의 수단으로 이용되었던 제반의 법규율에 대한 항의였으며, 민주사회의 구성원들에 합당한 시민권을 회복시켜야 한다는 주장은 또 다른 범주를 이룬다. 전자의 경우는 국가보안법, 사회보호법, 보안관찰법 등과 같이 국가폭력이 법제화된 것들에 대한 폐지주장이 그에 해당하며, 후자의 경우는 선거법이나 표현의 자유 등과 같이 전통적인 자유권, 특히

---

34) 《〈여의도클럽 초청세미나〉 기조연설 및 토론(1991. 10. 10)》, 연세대학교 김대중도서관편, 《김대중 전집Ⅱ 제15권》, 67-68면

시민권의 충실한 보장이라는 요청이 주를 이룬다.

(ㄱ) 체제유지법제에 대한 도전

김대중 정부의 3대개혁입법은 국가보안법을 그 첫 순서로 한다. 해방공간에서 치열하게 진행되었던 이념투쟁의 결과가 박정희 군사 정권에 들어서면서 사상통제법의 수준을 넘어 전반적인 정권안보법 내지는 체제유지법으로 전환된 것이 곧 국가보안법이다. 한마디로 그것은 이념이나 사상범뿐 아니라 군사정권의 통치에 반대하는 이들 을 손쉽게 저지할 수 있는 귀걸이 코걸이 식의 국민통제법이었다. 따라서 김대중 정부가 들어서는 순간 이 국가보안법의 폐지에 대한 요구가 줄을 잇게 되었고 김대중 정부도 그 요구를 받아들여 중대한 국정과제의 하나로 삼았다.

하지만, 역시 김대중 정부의 태생적 한계, 즉 보수정파와의 연합 을 통한 집권이자 여전한 보수관료세력과 사회적 기득권세력이 정부 의 통치력을 능가하는 상황에서 이런 체제유지법을 폐지하거나 실질 적으로 약화시킬 방법은 없었다. 실제 국가보안법 위반 혐의로 검찰 에 접수된 사건(괄호 안은 고무찬양죄 위반 접수사건 수)만 보더라도 1998 년 716건(593건), 1999년 620건(398건), 2000년 329건(272건), 2001년 234건(188건), 2002년 267건(250건) 등[35]으로 양적 축소는 있었을지언정 여전히 국가보안법의 위력은 유지되었다. 특히 인권침 해의 정도가 가장 심했던 고무찬양죄(국가보안법 제7조)의 경우는 체제 에 저항하는 인사들을 핍박하는 수단으로 계속 작동하고 있었다. 더 구나 김대중 정부는 이 고무찬양 여부의 판정을 전담하였던 공안문 제연구소(경찰대학 소속)의 폐지조차도 노무현 정부로 이관하여야 할

---

35) 검찰연감.

정도로 공안세력의 위세를 감당하지 못하였다.

사회보호법이나 보안관찰법 역시 마찬가지였다. 사회보호법은 1980년 신군부의 국가보위비상대책위원회에서 폭력적인 법질서 통치(law & Order Politics)의 일환으로 제정되었다. 또 보안관찰법은 1975년 유신체제가 극에 달했던 시기에 사상범이나 정치범, 특히 체제에 반대하던 인사들을 통제하기 위한 수단으로 제정되었던 사회안전법을 1989년 새로이 복원한 것이다. 이들은 하나같이 인신의 자유를 비롯한 형사사법상의 기본권들을 침해하면서 인간의 존엄과 가치를 훼손하는 것으로 헌법에 정면으로 반하는 법이었다.[36] 이에 시민사회에서는 청송감호소의 실태라든가, 보안관찰의 반인권성 등을 지적하며 그 폐지를 요구했었다. 그러나 정부와 국회는 이에 제대로 반응하지 못하여 계속 효력이 유지되다가 사회보호법은 2005년에 폐지되었고, 보안관찰법의 경우 국가보안법 등의 위반으로 보안관찰처분대상자로 지정된 사람에게 거주지이전 등의 사적 정보를 경찰청에 신고하도록 강제한 조항은 헌법재판소에 의하여 헌법불합치 결정(2021. 6. 24. 2017헌바479)이 선고되었다.

여기에 권위주의체제에서 강제되었던 사상전향제의 변형판인 준법서약제 역시 변함없이 시행되었다. 1925년의 치안유지법과 그에 이은 1936년의 조선사상범보호관찰령은 사상전향을 강요하는 제도를 마련했고 그것은 다시 미군정포고령과 1956년 법무부장관의 훈령에 의해 다시 제도화되었다. 이 제도는 양심과 사상의 자유를 침해하는 것으로 인권국가의 이미지를 훼손하는 한편 실질적인 효력도 없는 것이기에 1998년 7월 김대중 정부는 이를 폐지한다고 공표하였다. 하지만 동시에 "최소한의 자유민주적 기본질서 유지차원에서

---

36) 1989년 7월 4일 헌법재판소는 사회보호법상의 보호감호제도에 대해 일부 위헌결정 (88헌가5)을 내린 바 있다.

준법서약은 불가피하다"[37]는 기조에 따라 준법서약제도를 마련하였다. 이 제도는 가석방의 심사사항중의 하나로[38] 구속사유, 준법에 대한 의지, 앞으로 할 일, 하고 싶은 말을 적은 준법서약서를 제출하도록 하였다. 물론 이 제도에 대해 헌법재판소는 합헌이라 선언했지만(2002. 4. 25. 98헌마425등) 당시 민변이나 인권운동사랑방, 민주주의법학연구회 등 수많은 시민사회, 인권단체들의 반대에 직면했다가 2019년 10월 폐지되기에 이르렀다.

　이런 일련의 사태를 보면 김대중 정부의 인권정책도 당대의 이념적 대립선을 넘어설 수 없었던 것으로 보인다. 실제 김대중 정부는 집권 초기 3.1절과 8.15 양차에 걸쳐 양심수에 대한 사면을 단행하면서[39] 인권국가로서의 결격사유들을 해소하고자 노력하기도 하였다. 하지만, 국가보안법이나 사회보호법, 준법서약서 등 체제의 존속이나 안전을 빌미로 제정, 시행되고 있는 입법의 문제점들을 제거하는데에는 심각한 한계를 보였다. 무엇 하나 김대중 정부에서 정리된 것이 없기 때문이다. 실제, 소수정부로서의 한계와 독자적인 집권능력을 갖추지 못한 한계 속에서 통치능력을 잃지 않도록 전력을 다해야 하는 정부로서는 경우에 따라서는 극우적인 조치들까지도 감내하지 않을 수 없는 상황이었던 것으로 이해된다.

---

37) 박상천 당시 법무부장관의 말이다. 김대중 대통령은 1998년 6월 14일 미국 스텐포드 대학 강연에서 "양심수 문제와 관련해 사상의 자유는 보장하겠지만 머리 속으로 무슨 생각을 하든 행동과 말은 대한민국을 부인하지 않고 사회질서 차원에서 폭력을 사용하지 않겠다는 약속을 해야 한다"고 단언한 바 있다. 사상전향제는 폐지하지만 그 대안으로 동일하게 인권침해적인 준법서약서 제도를 마련하였던 것이다. 대한변호사협회, 《인권보고서 1998년도 제15집》, 대한변호사협회, 1998, 17면.

38) 가석방심사등에관한규칙(1998. 10. 10 제정) 제14조(심사상의 주의) ② 국가보안법위반, 집회및시위에관한법률위반 등의 수형자에 대하여는 가석방 결정 전에 출소 후 대한민국의 국법질서를 준수하겠다는 준법서약서를 제출하게 하여 준법의지가 있는지 여부를 확인하여야 한다.

39) 이 사면의 경우에도 재벌이나 대기업의 사주, 경영인들의 비리범죄에 대한 사면과 5.18 광주민주화운동의 학살 주범들에 대한 사면도 포함되어 그 의미를 퇴색시켰다.

또 한편에서는 테러방지법의 입법시도를 거론하지 않을 수 없다. 국가보안법 등의 문제는 전통적인 보수집단의 이념공세에 억눌린 것이겠으나, 테러방지법의 경우 미국 뉴욕시의 무역센터에 가해진 소위 9.11사태 이후 테러라는 가상의 공격에 대한 사회방위의 논리 속에서 구성된다. 이는 민주화의 진행에 따라 그 권한과 조직이 약화될 위험에 처한 국가정보원이 주도하여, "북 도발과 국제 테러 위협이 높아지는 상황에서"40) 테러에 효율적이고 체계적으로 대체하기 위하여 국가정보원을 중심으로 하는 테러대책기구를 설치하고 이에 테러진압 및 관련 수사, 군병력 동원 등의 권한을 부여하는 법안으로 구성되었다. 하지만 2001년 처음 발의된 이 법안은 인권단체를 비롯한 시민사회 또한 강력하게 반대하여 김대중 정부 시기에는 국회를 통과하지 못하였다.41)

(ㄴ) 시민권의 복원

국가주의적 인권관으로부터의 탈피

김대중 정부의 인권정책에서 가장 눈에 띄는 것은 개인적, 자유주의적 인권의 신장이다. 사형을 집행하지 않음으로써42) 오늘날까지 비록 법제상 사형제도의 존재에도 불구하고 실질적 사형폐지국가로 분류되게끔 한 것은 가장 두드러진 실적이다. 사형제도는 인간의 생

---

40) 조선일보, 〈[사설] 15년 만의 테러방지법, 악용하면 국정원 문 닫을 각오해야〉, 2016. 3. 3.
41) 이 테러방지법안은 노무현 정부때에도 논란이 되었다가 박근혜 정부에서 다시 논의되었다. 이에 국가인권위원회는 이 법안에 대하여 인권침해의 소지가 많다는 이유로 2016. 4. 29. 반대의견을 제출하였다. 하지만 2016년 3월 2일 야당의원들이 퇴장한 중에 국회를 통과하여 다음날 공포되었다.
42) 우리나라에서는 김영삼 정부시기인 1997년 12월 23명의 사형수에 대한 집행이 마지막이었다.

명을 사회질서를 앞세운 국가이익에 종속되는 것으로 간주한다. 인권(생명)의 문제가 국가권력(질서)에 복종하는 대표적인 사례이다. 그래서 사형제도의 폐지는 인권운동의 핵심에 자리한다. 그러나 보수적인 형벌관을 쉽사리 떨쳐버릴 수 없었던 김대중 정부로서는 국회에서 사형제도 폐지를 밀어붙이는 것보다는 대통령의 권한인 사형집행을 아예 하지 않는 것이 효과적이라고 판단한 것으로 보인다.[43]

군사주의는 국가주의의 또 다른 표현이다. 김대중 정부 시대의 인권운동은 이 군사주의를 정면에서 치받았다. 1999년 11월 16일 국방부는 1968년부터 2년에 걸쳐 미군측의 요구에 따라 비무장지대에 고엽제를 살포한 적이 있음을 공식적으로 확인하고, 곧이어 국가보훈처는 피해 군장병, 주민 등에 대해 의료 및 취업지원, 보조금 지급 등을 보상하기로 하였다.[44] 우리의 국가주의에 미군이 차지하는 자리를 생각할 때 비록 매우 미시적인 조치이기는 하지만 그럼에도 그 허위의식에 균열을 내는 효과가 있었다.

양심적 병역거부의 권리에 관한 논의는 우리 사회에서 인권의 지평을 확장하는 중대한 계기가 되었다. 그것이 헌법상의 권리로 인정되기 위해서는 2018년 6월 28일의 헌법재판소 결정(2011헌바379등)을 기다려야 했으나, 김대중 정부 중반 이후부터 본격적으로 국방의 의무(보다 정확히는 병역의 의무)보다는 양심의 자유가 선행한다는 논의가 제기되면서 그동안 우리 사회에서 가장 신성불가침의 영역으로

---

43) 더불어 우리나라에서도 인간복제에 관한 문제가 발생하자 김대중 정부는 생명윤리 및 안전에 관한 법률의 제정을 추진하기도 하였다. 매일경제, 〈생명윤리법 진통 끝 입법〉, 2002. 9. 23.

44) 연합뉴스, 〈미군, 고엽제 국내에도 살포〉, 1999. 11. 16. ; 연합뉴스, 〈정부 "DMZ 고엽제 민간인피해도 보상"〉, 1999. 11. 30. 1999년에는 아울러 북파공작원의 존재가 인정되고 그에 대한 보상도 이루어지기도 하였다. 연합뉴스, 〈북침투 실종·사망 공작원 7천726명〉, 1999. 7. 27; 한국경제, 〈북파공작원 12명에 보상금지급.. 98년부터 월60만원씩〉, 2000. 10. 6.

여겨졌던 군대 우선 또는 남북대치라는 냉전적 사고를 비판적으로 바라볼 수 있는 사회적 시선을 확보할 수 있었다. 아울러 제대군인에 대하여 공무원시험에서 가산점을 부여하던 제도(소위 제대군인가산점제)가 위헌이라는 1999년 12월 13일의 헌법재판소 결정(98헌마363)[45] 역시 여성이나 장애인 등을 차별하면서 군사제도의 우월성을 강요했던 국가 체계에 경종을 울리는 사건이었다.

시민권의 회복

정치적 자유권의 보장에서도 나름의 진전이 있었다. 실제 김대중 정부는 출범 초기부터 정치개혁의 의지를 드러내었지만, 정치권의 완강한 반대에 부딪혀 성과를 내지 못하고 있었다. 그러나 헌법재판소가 그 역할을 대신하였다. 대의제를 취하면서도 국민의 자기지배의 원칙이 실질적으로 구현할 수 있는 방법을 추구해온 헌법재판소는 지방자치단체의 장이 대통령선거 등 다른 선거에 출마하려면 선거일 180일전까지 그 직을 사퇴하도록 한 공직선거법을 위헌이라 판단하였다.(1999. 5. 27. 98헌마214) 이어 국회의원선거에서 기탁금을 2000만 원 납부하도록 한 것(2001.07.19. 2000헌마91등)이나, 인구 편차가 ±50%를 초과하는 선거구획정(2001. 10. 25. 2000헌마92등), 기초지방의회의원의 선거에 출마한 사람이 특정정당으로부터 지지. 추천받았음을 언명할 수 없게 한 것(2003. 1. 30. 2001헌가4) 등은 모두 위헌이라 판단하였다. 선거법에 대한 헌법합치여부의 판단은 헌법재판소 설치 초기부터 활발하게 이루어졌으며, 김대중 정부 시기의 경우에도 불합리한 선거제도의 개선에 헌법재판소가 적극적으로

---

45) 병역의 의무를 지지 않는 여성의 공무담임권을 현저하게 침해하였던 군가산제를 폐지하는 것은 김대중 정부 초기부터 설치되어 활동하였던 여성특별위원회(대통령 소속)의 핵심 과제였다.

나섰음을 알 수 있다. 다만, 2000년 4월에 실시된 국회의원선거에서 시민사회가 정치개혁운동의 일환으로 전개한 낙선운동을 선거법위반죄로 형사처벌에 처한 것46)은 선거운동 및 정치적 표현의 자유를 위축시킨 것이라 하지 않을 수 없다.

표현의 자유는 민주사회에서 가장 우월한 지위를 가지는 권리이다. 김대중 정부는 1999년 3월 대통령이 직접 미국의 영화산업개방 요구에 반대하여 스크린 쿼터제를 계속 유지할 것을 밝혔고, 그를 위하여 길거리에 나선 시민들과 함께 우리 대중문화의 고유성과 자주성을 지켜내는 귀한 성과를 거두어내었다. 동시에 같은 해 9월 일본대중문화 개방조치를 단행하면서 시민들이 좀 더 다양한 문화와 표현물에 접할 수 있는 기회를 확장하였다.

하지만 집회의 자유에 대한 규제는 여전히 계속되었다. 김대중 정부는 1999년 5월 집회및시위에관한법률의 개정안을 마련하면서 집회장소가 거주지나 그에 유사한 곳인 경우 그 거주자나 관리자의 시설·장소 보호요청이 있으면 집회를 금지하거나 제한할 수 있도록 하고, 경찰서장이 소위 폴리스라인을 설정하고 이를 위반할 경우 처벌하도록 한 규정을 두었다.

정보고속도로: 해방공간으로서의 사이버 스페이스

또 한편에서는 김대중 정부에서 가속된 정보고속도로 구축 및 전자정부사업의 시행은 표현매체의 범위를 무한대로 확장하면서 시민들의 일상생활에 커다란 영향을 미쳤다. 김대중 정부는 1999년 3월 〈사이버 코리아 21〉사업을 발표하였다. 정보화 구축으로 창조적 지식기반국가를 건설하고 국가경쟁력과 국민생활의 질을 향상시키기

---

46) 이에 대해 헌법재판소는 2001년 8월 30일 합헌결정하였다.(2000헌마121등)

위하여 정보화 고속도로를 구축하는 한편 세계 정보화 수준을 22위권에서 10위권 이내로 끌어올리고자 한 사업이다. 이 사업은 2001년 우리나라의 인터넷 초고속망 구축에 있어 OECD 1위를 차지할 정도로 성공적이었다.[47)]

무엇보다 사이버공간에서 새로이 형성되는 소통의 공간은 비약적인 발전을 하였다. 정치, 경제, 사회, 문화 등 모든 부문에서 가장 능동적이고 적극적인 유형의 공공영역이 창출되었던 것이다. 미군 장갑차에 의한 여중생사망사건에 이은 촛불집회라든가 2002년 12월의 대통령선거에서 정보통신방식의 소통이 수행한 기능은 그 대표적 사례로 거론될 수 있다. 물론, 이 과정에서 정보통신기술을 이용한 3대 감시-국가감시, 작업장감시, 소비자감시-가 질적, 양적으로 확대됨으로써 개인정보보호의 문제가 새로이 대두되었다. 특히, 전자정부의 일환으로 진행되어 2002년부터 사용되었던 교육행정정보시스템(NEIS)에 대한 시민사회의 거센 반대[48)]라든가, 지문날인제도 반대운동, 주민등록번호제도에 대한 반대운동 등이 전개되기도 하였다.

(ㄷ) 정리

군사정부에 의한 권위주의적 통치의 가장 큰 피해자이자 민주화운동의 주역을 담당하였고 명실상부한 정권교체의 주역이었던 김대중 대통령의 정부는 그 출발에서부터 수많은 부채를 안게 되었다. 과거사의 청산에서부터 민주화의 공고화, 사회구조조정 등의 요청들

---

47) 베타뉴스, 《(창립 10주년 특집)간추린 인터넷·포털 10년사》, 2009. 9. 16. 그 과정과 성과 및 평가에 관하여는 최영훈, 김영순, 〈김대중 정부의 정보통신정책의 성과와 과제〉, 한국지역정보화학회지 제8권 제2호, 2005, 27-51면 참조.
48) 이는 2003년 전국교원노동조합(전교조)의 파업 및 그에 대한 사법처리의 사태로까지 이어진다.

이 줄을 이었고 그 중에서도 인권이 보장되는 사회를 이루어야 한다는 요구는 무엇보다 강력한 시민사회의 목소리였다. 인권침해적 법제의 개선, 정비는 물론, 국가인권기구의 설치, 중대인권침해의 피해자에 대한 배·보상의 문제 등은 그 한 부분에 불과하였다.

이런 요청에 대한 김대중 정부의 대응은 여러 가지로 평가할 수 있다. 인권대통령으로서의 정체성에도 불구하고 보수정치세력과의 연합으로 탄생한 정부라는 한계나 경제위기의 상황 등은 인권정책의 구상이나 집행에 상당한 걸림돌로 작용하였다. 또한 소수정부이기에 부족할 수밖에 없는 정책능력은 도처에서 관료들—특히 검찰 등의 법률관료—의 저항에 부딪혀 그나마의 인권정책조차도 충분한 내용을 담지 못하는 경우가 적지 않았다. 국가인권위원회의 설치를 전후한 시민사회의 비판적 목소리들, 국가보안법 등에 대한 미온적 대처, 낙선운동에 대한 수사권발동 등은 인권대통령의 활약을 기대했던 국민들의 바람에 가닿지 못하는 것이었다.

하지만, 그럼에도 분명한 것은 그의 집권기를 통하여 시민사회의 공공영역은 괄목할 수준으로 확장되었다는 점이다. 예컨대, 국가보안법의 경우에도 차기 노무현 정부에서 그 폐지여부가 공식적인 국가의제로 등장할 수 있었던 것은 김대중 정부 시기에 그 폐지론이 활발하게 전개되었던 점에 힘입었다. 스크린 쿼터제 수호 운동나 여중생사망사건에 이은 촛불집회 등의 대중운동에서부터 검찰개혁과 특검제의 도입 문제라든가 성소수자 인권 문제의 공론화,[49] 난민[50]과 이주노동자의 인권문제, 지방자치에서의 주민발안제 도입[51] 등

---

49) 예컨대, 성소수자 연합단체의 구성(2002. 7.), 성별전환법안의 발의(2002. 7.) 등은 이에 해당한다.
50) 2001년 2월 14일 에티오피아출신의 외국인이 최초로 난민으로 인정되었다. 또한 같은 해 4월 유엔난민기구(UNHCR) 서울사무소가 개소하기도 하였다.
51) 김대중 정부는 본격적인 민주화는 지방자치로부터 시작하여야 한다는 인식하에 본격

에 이르기까지 다양한 영역에서 시민들의 주장과 요구가 결집되고 이에 대한 시민사회의 활발한 토론이 진행되었다. 더구나 정보화정책의 성공적인 추진은 사이버공간을 통한 공공영역의 확충에 결정적인 기여를 하였다. 김대중 정부의 인권정책은 이 점에서 그 어떤 정부에 비할 바 없는 성취를 이루어내었던 것이다.

3) 가닿지 못한 사회국가: 사회권

(ㄱ) 대중참여경제론의 이상과 현실

김대중 대통령의 사회정책은 "나치 독일의 패망후 독일 경제부흥의 기초가 되었던 '사회적 시장경제제도'"[52]를 향한 시선으로 요약된다. 자유경쟁적 시장을 원칙으로 하면서, 중앙은행의 독립을 보장하고 국가는 공정한 경쟁질서 확립을 위한 독과점 규제와 소득의 재분배, 시장실패의 보정 등의 분야에만 개입하는 체제를 말한다. 그리고 이런 경제제도는 "인간존중, 생명존중 그리고 도덕적 선진국가의 실현"[53]이라는 신인도주의의 3대 목표를 실천하는 토대가 된다. 그러나 이런 정책을 펼치기도 전에 밀려온 경제위기는 독일식의 사회국가라는 정책구상의 실효성을 크게 저감시켰다.

대체로 사회적 권리라고 할 때 그 중심에는 인간다운 생활을 향유하기 위하여 국가의 급부를 요구하거나 그에 참여할 수 있는 권리와 시장경제질서내에서 적절한 노동관계를 확보, 유지할 수 있는 권리

적인 지방자치시대를 열어갔다. 특히 조례 제개정에 대한 주민발안제나, 주민감사청구제도를 도입하였다. 2003년부터 본격화된 학교급식지원조례제정운동이나 2010년 이후의 학생인권조례제정을 중심으로 한 지역인권운동 등은 이에 기반한 것이다.
52) 김대중, 《대중참여경제론》, 도서출판 산하, 1997, 305. 독일의 경우 사회적 시장경제질서(Soziale Markwirtsschftordnung)가 보다 정확한 표현이나 여기서는 원문 그대로 인용한다.
53) 김대중, 《대중참여경제론》, 316-7면

가 자리한다. 전자의 경우에는 각종 사회보장의 수급권이, 후자의 경우에는 노동3권이 그 핵심을 이룬다. 그리고 이런 권리들은 하나같이 권위주의적 통치체제에서는 다른 가치에 밀려나 있거나 혹은 경제권력과 유착한 정치권력에 의하여 전방위적인 통제의 대상이 되어 있었다.

김대중 정부의 출범은 이렇게 정치적, 경제적으로 소외되었던 사회권이 나름 복원되는 중대한 계기가 되었다. 그의 대중참여경제론은 이런 사회권의 실현을 위한 정책프로그램에 다름 아니었다. 종업원의 소유참여,[54] 물가안정(특히 장바구니 물가 안정), 부동산투기 억제를 통한 주거권보장, 조세 및 재정제도의 소득재분배 기능 제고, 생산설비 첨단화 및 연구개발사업 투자 확대를 통한 노동생산성 향상, 협조적 노사관계의 구축, 대기업과 중소기업간의 역할분담, 농업과 농촌에 대한 투자 확대, 환경보호와 경제발전의 병행하는 신인도주의 등 대중참여경제론이 피력한 경제정책은 곧장 "대중"으로서의 우리 국민들 모두가 인간다운 생활을 할 권리의 실질적 보장을 위한 정책으로 재현될 수 있는 것이었다.

여기에 IMF 경제위기는 김대중 정부의 사회권보장에 대한 국민들의 기대를 가중시켰다. 극한의 경기침체와 구조조정 등으로 막다른 길까지 밀려난 국민들로서는 국가의 생활보장만이 살 길이기도 하였다. 새로이 몰아닥친 신자유주의의 압박은 "모든 집합성과 연대성을 해체하고 인간을 개인 대 개인의 경쟁관계로 위치 짓는다."[55] 사회권의 이념은 이런 체제의 정반대편에 자리한다. 인간다운 삶의 조건

---

54) 재벌이나 대기업의 폐해를 해소하기 위한 방안으로 거론된 것으로, 그 당시 사회적으로는 소액주주운동 등의 방식으로 확장되기도 하였다.

55) 김동춘, 〈한국 민주주의 질적 전환과 인권〉, 부산민주항쟁기념사업회 민주주의사회연구소 편, 《인권과 민주주의》, 민주주의사회연구소 연구총서 13, 2020, 47면.

은 경쟁에 의한 각자도생의 대상이 아니라 보편적 권리로서 사회 특히 국가공동체가 보장하여야 한다. 김대중 정부에 부과된 당대적 과제는 이런 사회권의 이념을 경제위기의 극복과 함께 보장해 내어야 한다는 것이었다. 하지만, 정경유착의 통치체제가 지속되어 왔고, 그 과정에서 재벌이나 대기업은 사회적으로 거의 절대적인 권력을 가지고 있었으며, 사회권 발전의 중심동력이었던 노동운동은 지난 시대까지 계속 반체제운동과 다름없이 핍박받아온 현실에서 이런 과제의 이행은 그리 순탄하지는 않았다. 이제 이를 살펴보자.

(ㄴ) 사회권의 증진

통상의 이해에 의하자면 자유권과 달리 사회권은 국가의 적극적 행위를 전제로 한다. 국가가 일정한 자원을 투여하여 재화나 서비스를 제공하거나 일정한 생활환경을 조성할 때 비로서 사회권은 그 실질을 확보하게 된다. 사회권의 제도화는 이 점에서 필수적인 것이 된다. 국가의 자원(예산)동원과 그 집행뿐 아니라 그러한 급부나 서비스를 통해 사람들이 지속적이고 안정적으로 생활을 형성하고 유지할 수 있도록 하기 위해서이다. 김대중 정부에서 사회권을 제도적으로 정비한 대표적인 경우는 노동자의 정책참여를 제도화한 노사정위원회의 설치와 사회급부의 개념을 시혜에서 권리로 바꾸어 놓은 사회보장체제의 정비이다.

노사정위원회의 설치

김대중 대통령은 당선인신분이던 1997년 12월 26일 한국노총 및 민주노총의 임원들과 협의 끝에 노사간의 고통분담을 바탕으로 경제위기극복과 노사관계 개혁을 이루어내기 위해 노사정협의체의 구성에 합의하였다. 이듬해 1월 15일 이 합의에 따라 15인 이내의 위원으로 구성되는 노사정위원회을 설립하여 대통령 당선인 소속으로 하였다. 이 위원회는 고용안정과 노사관계 발전의 위한 노사정 협력방안, 경제위기 극복을 위한 현안문제 해결방안, 협의 사항의 이행방안 등을 협의하는 대통령 자문기구였다.(노사정위원회규정 제2조) 독일의 사민당—녹색당 연립정부가 추진하였던 하르츠 개혁(Hartz reforms)이나 아젠더100 등의 유럽 사례와 같이, 경제위기 극복 전략으로 일종의 사회협약 방식을 채택하면서 세 경제주체인 노동자와 사용자 그리고 국가(정부)가 참여하는 협의체를 만든 것이다.56) 우리 헌법 제119조 제2항에서 규정한 "경제주체간의 조화를 통한 경제의 민주화"는 바로 이런 식으로 노동자와 사용자가 부단한 협의의 과정을 거쳐 사회적 합의에 이르고 이로써 경제를 운용할 것을 요구하고 있다.

이러한 노사정협의체는 "독일과 일본의 경제가 (…) 건실한 경제로 발전하게 된 원천은 공동체의식에 기초한 협조적 노사관계에 있다"고 보면서 "노사자치주의" 내지는 "자율적 당사자주의"의 원칙하에 "경영층의 반反조합주의를 지양하여 공동체로서 공동번영하기 위한 협력적 노사관계를 조성하고 정착시키는" "창조적 변신노력"을 유도한다는 대중참여경제의 일환이기도 하다.57) 물론 이 노사정위원회의 설립 초기부터 정리해고제도와 근로자파견제도의 도입에 반대한 민주노총이 거듭 탈퇴하여 지금까지 복귀하지 않고 또 어렵게 협의를 이루어내더라도 재계나 관료들의 반대58)로 제대로 집행되지 못

---

56) 이는 대통령령인 노사정위원회규정으로 법적 지위를 확보하였다가 1999년 5월 '노사정위원회의 설치 및 운영에 관한 법률'이 제정되면서 법률상의 기구가 되었다. 하지만 경제위기 극복을 위한 구조조정이 노동자의 희생에 중점을 둔다는 이유로 1998년 2월 24일 민주노총이 탈퇴하고 한국노총만 잔류하면서 지금에까지 이르고 있다. 현재는 경제사회노동위원회로 개칭하여 운영되고 있다.

57) 김대중, 《대중참여경제론》, 247~254면 여기저기.

58) 가장 대표적인 것이 실업자노조의 인정여부였다. 노사정위원회에서 만장일치로 합의

하는 경우도 적지 않았다. 진정한 협의기구로서의 위상이 흔들리고 있는 것이다. 하지만, 노동자들이 정부의 정책과정에서 공식적인 지분을 가지고 협상력을 확보한 것은 노동자들의 권익보호 및 노동권의 보장이라는 점에서 상당한 의미를 가진다.59)

사회보험제도의 정비

사회보험은 사회권에 관한 핵심제도로 사회보장의 원류를 이룬다. 이는 노동자들에 대한 보험의 형태로 시작하여 점차 일반인에게까지 확장되었다. 처음에는 노동능력을 상실한 노동자에 대한 보험(일종의 산재보험)에서 시작하여 노동기회를 상실한 노동자에 대한 보험(실업보험), 그리고 그 보장의 이념과 가치를 일반인에게까지 확장한 국민연금보험제도가 그에 해당한다. 이러한 제도는 연대성의 원칙에 입각한 소득 재분배의 효과뿐 아니라 인간다운 생활을 할 권리의 보장이라는 점에서 우리 헌법상 국가에 그 이행의 의무가 부과되어 있는 것이다.

김대중 정부에서 사회보험은 4대보험의 형태로 전개되면서 전국민을 대상으로 하는 실질적인 사회보장체제로 정비된다.60) 공적 연금제도로서의 국민연금보험의 경우에는 1973년 국민복지연금법이 제정되었으나 사회경제적인 이유로 시행되지 못하다가 1986년 12월 국민연금법으로 개정되면서 1988년 1월부터 시행되었다. 처음에는 임금노동자와 사용자를 대상으로 하다가 농어촌지역 거주자로 확

를 이루었으나 관계 부서의 관료들이 반대함으로써 집행되지 못하였다. 시사저널, 〈노사정위 1년 '화려한 출범, 초라한 성과〉, 1999. 2. 11.
59) 또 다른 진전으로는 종래 5인 이상 사업장에만 적용되던 최저임금제를 전사업장에 확대적용하도록 한 최저임금법 개정(2000년 10월 23일)을 들 수 있다.
60) 4대보험에 관하여는 이미 대통령직인수위원회가 1998년 1월 11일 그 개선작업에 착수할 것임을 선언한 바 있다.

대되었는데, 이를 김대중 정부에서 1998년 12월 1일 법개정을 통해 전국민을 대상으로 하는 국민연금체제로 개편, 정비하였다. 노령이라는 "사회적 위험으로부터 모든 국민을 보호하고 빈곤을 해소하며 국민생활의 질을 향상"(사회보장기본법 제3조제1호)시키기 위한 가장 기본적인 사회보장체제를 정비한 것이다.

1963년 제정된 의료보험법은 1977년에서야 제대로 시행되었다. 하지만 국가재정능력부족으로 공무원과 교원을 대상으로 하다가 농어촌주민, 도시자영업자 등으로 점진적으로 확대되면서 공무원·교원 의료보험과 지역보험, 그리고 직장보험이 서로 분리되어 있었다. 김대중 정부는 1999년 2월 8일 국민건강보험법을 추진하여 이 모든 보험을 하나의 관리운영체계로 통합하여 2000년 7월부터 명실상부한 전국민대상 건강보험체계를 구축하였다. 사회보험의 기본기능인 위험의 사회적 분산과 소득의 재분배효과, 나아가 국민연대성을 강화하는 한편, 의료보험조합간의 형평성을 도모하고 관리운영의 효율화를 도모한다는 것이 그 취지였다.

여기에 부가하여 1999년 9월 7일 국민기초생활보장법도 제정되었다. 4대보험과 함께 경제위기에 직면하여 고통받고 있는 국민들에게 일종의 사회적 안전망을 제공하는 사회보장의 기본적인 틀이 구축된 것이다. 이 법은 "저소득 국민, 영세 도시빈민, 실업자등을 지원하여 빈곤문제에 대한 사회안전망의 기초를 튼튼히 하는 한편, 빈곤가구별로 자활지원계획을 수립하고 그에 맞는 자활급여를 실시함으로써 빈곤의 장기화를 방지하려는 것"[61]을 목적으로 "생활이 어려운 자에게 필요한 급여를 행하여 이들의 최저생활을 보장하고 자활을 조성하는"(법 제1조) 조치들을 규정하였다. 무엇보다 이 법은 1961

---

61) 국민기초생활보장법 제정이유, 국가법령정보센터(https://www.law.go.kr/ (열람일: 2023. 11. 20))

318

년 제정된 생활보호법을 대체하는 것으로 기초생활보장은 국가의 시혜가 아니라 국민이 국가에 대하여 요구할 수 있는 기본권이라는 관점에서 그리고 단순한 지원이 아니라 생산활동에 참여하여 임금소득을 확보할 수 있도록 유도하는 생산적 복지라는 이념에 따라 만들어졌다.

김대중 정부에서의 사회보험제도의 정비는 그 이전 정부에서의 복지정책에 비해 뚜렷한 특징을 가진다. 국가가 시혜적으로 복지를 제공하는 고전적인 복지국가의 틀이 아니라 독일식의 사회국가 내지는 보편적 복지의 체계를 마련하고 그에 대한 국민의 권리를 구체화하는 방식으로 진행되었다. 비로소 우리 사회에서 사회보장이 단순한 제도의 수준에 그치는 것이 아니라, 국가에 대하여 사회보장을 요구할 수 있는, 구체적인 헌법상의 권리로서 자리매김된 것이다. 하지만 1990년대 유럽의 '제3의 길' 방식을 원용한 김대중 정부의 복지정책62)은 시장의 효율성과 노동의 유연성이라는 당대의 요청에 밀려 충분하게 현실화되지는 못 하였다. "생산적 복지"의 "생산"부문을 노동의 비정규직화로 채워내고, "복지"의 필수요건인 재정투자는 그 대부분이 시장부문에 집중되었던 것이다.

교원노조법의 제정

노사정위원회에 의한 노동법제의 개선작업 중 가장 큰 사건은 교원노조법의 제정이다. 1998년 2월 6일 노사정위원회는 당시까지 불법단체로 규정되어 있던 전국교직원노동조합(전교조)의 합법화에 합의하고 교원노조의 설립을 허용하기로 하였다.63) 한국교원단체총연

62) 김윤태, 〈제3의 길과 한국 정치〉, 기억과 전망, 2008. 12. 12. 279면.
63) 노사정위원회, 〈경제위기극복을 위한 사회협약〉, 1998. 제71항. 엄밀히 보자면 이런
    합의는 정리해고제나 근로자파견제를 노조측에서 양해해 준 댓가였다.

합회(교총)를 비롯한 사학재단들은 이런 교원노조 법제화에 격렬히 반대하였으나 이듬해 1월 29일 '교원의 노동조합 설립 및 운영에 관한 법률'이 제정되어 7월 1일부터 시행되었다.

이 법은 그 적용대상이 초중등학교의 교원에만 한정되고[64] 파업 등 단체행동권을 금지하는 규정을 두고 있어 애초부터 커다란 한계를 안고 있었고, 그 규정으로 인해 처벌받는 경우도 적지 않았다. 하지만, 이 법은 곧 이은 공무원노조법의 제정(2005년)과 함께 군사정권 이래 정치적 동원과 통제의 대상으로만 여겨졌던 교원과 공무원의 노동권을 복원하였다는 점에서 큰 의미를 가진다. 교원과 공무원의 노동자성을 인정하여 그들의 업무가 희생과 봉사의 대상이 아니며, 그들은 학교나 국가와 대등한 지위에서 인간다운 근무환경을 요구하고 협상할 수 있는 권리를 가짐을 선언한 것이다.

(ㄷ) 경제위기에 파묻힌 사회권

위에서 보듯, 원칙론의 측면에서 사회권은 나름의 진전을 이루었다. 하지만 소수정부의 한계에다 경제위기의 극복이라는 당면과제는 그나마 이루어진 사회권의 제도화 성과를 상당 부분 희석시켜 버렸다. 사회권의 보장은 필연적으로 국가의 재정 동원을 요청하며 이는 기업 특히 재벌이나 대기업의 부담이 증가하는 동시에 국가재정에 의한 경제지원의 몫이 줄어듦을 의미하게 되는 만큼 매우 강력한 반대에 직면하게 된다. 특히 노동권의 경우에는 구조조정이나 생산비 절감 등 경영상의 요구와 정반대의 지점에 자리한다. 그리고 이런 압박은 그대로 김대중 정부의 사회권관련 정책의 한계가 되었다.

---

[64] 이 법의 적용범위에 대학교원을 제외한 것은 2018년 8월 30일 헌법재판소의 헌법불합치 결정(2015헌가38)이 내려졌고, 2020년 6월 대학과 유치원의 교원도 단결권을 행사할 수 있도록 개정되었다.

노동시장의 유연화정책: 평생직장의 관행과 평생직업의 오류

김대중 정부의 노동정책은 "평생직장에서 평생직업으로"65)라는 슬로건으로 특징지워진다. 노동시장의 유연성을 강화하되, 이를 통해 고용기회를 폭넓게 창출하고 실업률을 낮추고자 한 것이다. 하지만 이 평생직업이라는 명제는 현실에서는 높은 실업률과 고용불안으로 이어졌다.

애당초 IMF가 우리 경제의 구조조정을 요구했을 때, 그 내용은 국제자본의 이윤추구를 원활히 하기 위하여 국내적 장벽을 제거하는 것이 중심이었다. 그래서 노동유연성과 함께 국내자본 및 금융시장의 전면개방과 독과점적 시장지배구조의 해소를 요구했었다.66) 그러나 기업, 금융, 공공 및 노동부문 등 4대부문 구조개혁을 선언했던 김대중 정부의 정책은 기업과 자본, 공공부분보다는 노동부문에 치중되었다. 그리고 그 결과는 실업의 증가와 고용불안에 의거한 노동의 빈곤화로 이어졌다.67) 군사정부의 개발독재 시대를 거치면서, 아울러 6월항쟁에 이은 87년헌법체제의 구성과정에서 소외되기만 하였던 노동부문이 또 다시 경제위기의 극복이라는 명분으로 희생을 강요당했던 것이다. 그 대표적인 모습이 정리해고제의 도입과 근로자파견제도 등이며 그 과정은 노동의 비정규직화였다.68)

정리해고제는 1998년 2월 20일 근로기준법 제31조(경영상의 이유

---

65) 매일경제, 〈평생직장에서 평생직업으로〉, 1999. 1. 13.
66) 박동, 〈한국의 노동체제 변화와 사회협약의 정치〉, 《경제와사회》 봄호, 2001, 113-141면: 2001. 조희연, 〈신자유주의적 세계화와 시민행동〉, 《호사연 학술대회 자료집》, 2000
67) 박재규, 〈신자유주의 경제정책과 노동자의 삶의 질 변화: 한국의 사례〉, 《한국사회학》 제35집 6호, 2001, 80-81면
68) 물론 이는 형식적으로만 볼 때 노사정위원회의 합의에 기반한 것이었다. 위 사회협약, 제76항 참조. 하지만, 이런 합의는 다른 항목에 대한 합의와 함께 이루어진 것이며 따라서 그 집행은 90개의 합의사항 모두에 대하여 성실하고 충실히 이루어져야 했다.

에 의한 해고의 제한)를 전면개정하고, 제31조의2(우선 재고용 등)를 신설하여 정리해고된 노동자를 우선고용할 의무를 부가하는 방식으로 개정 당일부터 시행되었다. 한편, 근로자파견제도는 같은 날 제정되어 1997년 7월 1일부터 시행된 파견근로자보호등에관한법률에 따른다. 문제는 이런 조치가 "자본보다는 노동에 현저하게 불리하게 작용하면서 노동부문의 빈곤화를 초래하였다"[69]는 점이다. 소위 4대 부문 구조개혁의 약속은 대부분 노동자의 정리해고나 비정규직의 방식에 의한 구조조정으로 진행되었기 때문이다. 기업, 금융, 공공 부문 공히 인력을 감축하고 노동강도를 강화하는 것만으로 구조조정을 갈음하고자 하였다. 정부는 정부대로 기업과 자본의 강력한 반발을 무릅쓰며 희생을 강요할 의지와 정책능력이 없었고, 따라서 노동자의 삶의 질은 정부의 방임과 기업의 비용전가전략에 의해 심각하게 낮아만 갔다. 노동시장의 유연화는 결국 노동자의 희생과 같은 말이 되어 버렸던 것이다.[70]

유엔사회권위원회 제2차 정부보고서

우리나라는 경제적, 사회적 및 문화적권리에 관한 국제규약(사회권규약)에 1990년 가입 비준하였고, 1993년에 이어 1998년에 사회권규약의 국내적 이행상황에 대한 국가보고서(제2차 보고서)를 제출하였다.[71] 이 과정에 심사대상이었던 5개국 중 유일하게 우리 시민사회

---

69) 박재규, 〈신자유주의 경제정책과…〉, 100면

70) 이런 조치는 2002년부터 시행된 교수계약제나 연봉제에서도 반복된다. 학술공동체로서의 대학을 하나의 교육시장으로 변질시켰던 것이다. 아울러 2002년의 7·20교육여건개선사업은 불과 1년만에 고등학교의 비정규직 교원의 수를 두배 이상으로 증가시켰다. 대한변호사협회, 〈2002년도 인권상황 개관〉, 대한변호사협회, 《인권보고서, 2002년 제19집》, 2002.

71) 사회권규약에 가입한 국가는 2년내에 최초보고서를 제출하고 이후 5년마다 보고서를 제출하여야 한다.

에서는 2000년 9월 4일 제25차 회기의 국가별심사에 참여하여 민간
단체 의견을 전달하였다. 그리고 유엔사회권위원회는 같은 해 5월
9일 우리나라에 대한 최종견해72)를 채택했다. 김대중 정부에서의
사회권 보장상황에 대한 일종의 요약보고서에 해당한다.

　이 최종견해는 우선 국민기초생활보장법이나 사회보험법, 최저임
금법, 아동복지법 등의 제.개정과 여성부 신설, UN난민고등판무관
실의 설치 등을 환영하지만(paras. 4-7), 국가보안법이나 높은 방위
비 지출(para. 9), 이주민이나 여성에 대한 전통적인 편견(para. 10),
그리고 경제우선주의적 접근방식에 대해 우려를 표명하였다. 아울러
IMF와의 협상과정에서 사회권에 대한 배려가 약했다는 점을 지적하
고(para. 12) 경제회복과 시장경쟁력확보에 정책우선순위를 둠으로
써 사회권이 희생되는 상황도 주요한 우려 사항임을 지적하였
다.(para. 13) 또, 1차 보고서 심의 이후 사회권보장에 대한 특별한
대책이 없었음(para. 15)과 여성지위개선 노력의 부재(para. 16)를 지
적하였다. 특히 비정규직 노동자들의 임금이나 차별적 처우 및 그
상당수가 여성임을 들면서(para. 17), 교원의 단결권을 인정하면서도
쟁의권을 보장하지 않은 것에 대한 비판적 시각을 드러내었다.(para.
19)

　나아가 '국민기초생활보장법'의 시행에 필요한 충분한 재원을 확
보하지 않고 수많은 빈곤층에 그 수혜대상에서 제외되고 있는 현실
은 잘못이며(para. 23),73) 장애인 고용촉공정책을 강제할 장치가 없

---

72) E/C.12/1/Add.59, 21 May 2001.
73) 예컨대, 중증 정신지체장애인에 대하여 기초생활을 보장하기 위한 최저생계비를 결정
　　하면서 장애라는 요인을 고려하지 않은 채 비장애인과 같은 기준을 적용하도록 한
　　보건복지부장관의 2002년도국민기초생활보장최저생계비 고시는 헌법재판소에 의하
　　여 합헌으로 판단되었다. 헌법재판소 2004. 10 28. 2002헌마328. 국민기초생활보
　　장법의 취지에도 불구하고 그 적용은 실질적인 생활보장의 수준에 이르지 못하였고,
　　이런 현실을 교정할 수 있는 정규의 통제장치는 존재하지 않았던 것이다.

음(para. 24)도 문제라고 지적하였다.

이런 사회권위원회의 평가는 인권의 제도화가 정비된다 하더라도 제대로 이행되지 않은 인권은 결국 무의미한 것임을 잘 보여준다. 자유권과 달리 사회권의 경우 그 이행은 국가가 동원할 수 있는 자원의 여하에 달려 있다. 그래서 사회권규약은 규약의 이행을 점진적으로 달성하도록 하되, 그때그때의 가용자원을 최대한 동원할 것을 요구한다. 하지만 언제나 그러했듯이 김대중 정부에서도 이 가용자원의 존재는 항상 최소화의 수준에 그치고 있었고,[74] 그 결과 제도화의 수준에서는 나름의 성취를 거두었다고 평가되는 사회권조차도 실질에서는 공허한 존재로 만들어 버리고 말았다. 더구나 사회권위원회도 지적하듯, 실업, 불완전고용, 주거, 빈곤 등 사회권 이행에 가장 중요한 정책자료가 되는 기본통계조차도 제공하지 못했던 상황은 많은 비판을 받아야 할 지점이다. "정부 활동에의 인권적 접근은 각 권리와 관련된 실제 상황을 완전히 이해하는 것, 가장 취약한 집단을 정확히 파악하는 것 그리고 적절한 법, 계획 및 정책을 수립하는 것에서 시작해야"(paras. 12, 34) 하는 것이기 때문이다.

국가의 소수자 보호의무

사회권은 그 구조상 사회경제적인 약자를 주목한다. 장애인이 사회권 이행과정에서 관심의 대상이 되는 것은 그 때문이다. 그러나 사회권에 대한 우리 정부의 미온적인 태도는 이런 약자들을 수시로

---

74) 예컨대, 사회권위원회의 심사과정에서 지적된 것 중의 하나가 국방비예산은 17%임에도 사회보장예산이 7% 수준에 그치고 있다는 점이었다. 김선수, 〈사회권 홀대로 망신살 뻗네 : 유엔 사회권규약에 따른 한국보고서 심사회의에서 드러난 대한민국 인권의 현주소〉, 《한겨레21》 제358호, 2001.5.17. 14~16면. 사회권의 이행여부의 판단기준을 상당성(reasonableness test)에 둔다고 할 때, 우리나라의 안보상황을 염두에 두더라도 이런 자원배분은 합당하지 않다.

외곽지대로 내몰아 게토화하거나 보이지 않는 사람으로 취급한다.

장애인이동권투쟁이 본격화되었던 오이도역 사건은 그 대표적인 사례이다. 2001년 1월 22일 서울지하철 4호선의 오이도역에서 지체장애인인 70대 부부가 수직형 리프트를 타고 가다가 와이어가 끊어지는 바람에 아내는 사망하고 남편은 중상을 입었다. 그 이전인 1999년에도 혜화역과 천호역에서 리프트 사고가 발생한 바 있었다.[75] 2001년 5월 한국소비자보호원은 전국의 지하철역 39개를 조사하니 25개 역에서 리프트에 하자가 있음을 발표하였다. 그럼에도 정부에서는 별다른 대책을 마련하지 않았다. 지하철과 그 역사의 경우 지방자치단체의 소관사무에 해당되는 것이기는 하지만, 장애인의 이동권은 가장 긴요한 생활상의 권리임에도 이를 보장하기 위한 적극적 조치는 국가가 감당할 필요가 있었다.

건강권의 문제 또한 국가의 보호의무 대상이다. 의료보험제도를 확충하고 국민보건체제를 마련하는 것은 이런 의무의 이행에 해당한다. 하지만, 우루과이 라운드 이후 강화된 세계무역체제에서 신약에 대한 지적 재산권의 보호기간이 20년에 이르는 상황에서는 이러한 국가의무의 이행은 그리 쉬운 일은 아니었다.

백혈병의 특효약인 글리벡 문제는 그 대표적인 사례였다. 이 약의 가격이 너무 비싸 하루에 8–12알씩 1년 내내 먹어야 하는 국내 환자들에게는 도저히 감당할 수 없는 수준이었다. 하지만 김대중 정부는 제약사와의 약가협상에만 매달렸을 뿐, 환자와 그 가족의 고통을 덜어주는 직접적인 조치로는 나아가지 못하였다.

---

75) 이를 두고 국가인권위원회에서는 2009년 5월 4일 휠체어리프트 시설은 더 이상 장애인에 대한 정당한 편의가 아니라고 판단한 바 있다. 실제 국가인권위원회가 이 결정에서 권장했던 장애인용 엘리베이터는 2019년 광화문역에 처음 설치되었다. 오픈 아카이브, 〈장애인 이동권 투쟁에 불을 지핀 오이도역 휠체어 리프트 사건〉, https://archives.kdemo.or.kr/contents/view/341 (2023. 11. 20 열람)

　정부로서는 이런 경우 인도의 경우처럼 WTO의 지재권협정
(TRIPs)에 허용되어 있는 강제실시권을 행사하여 제네릭(복제약품)을
만들 수 있었다. 하지만 김대중 정부는 다국적 자본을 중심으로 한
세계체제의 압박을 피하기 위해 계속 약가협상에만 매달리며 환자들
의 고통을 덜어주지 못하였다.[76] 혹은 2001년부터 시행되는 희귀.
난치성 질환에 대한 국가지원제를 확대하여 백혈병의 경우에도 이
글리벡 구입경비를 덜어주는 방법도 있었다. 하지만 정부는 희귀.난
치성 질환을 8종만 특정한 채 더 이상의 조치를 취하지 않았다.[77]
유엔 사회권위원회의 논평처럼 경제적 고려가 사회권의 보장을 후순
위로 돌리게 만든 것이다.

　㈃ 여성운동의 제도화

정책목표로서의 양성평등

　김대중 정부의 출범은 여성운동의 제도화와 협상과정[78]으로 규정
되는 시기의 단초를 열었다. 이전 정부의 시기에 제기되었던 많은
여성의제들이 정부의 수준에서 구체적인 정책으로 구성되었고, 정부
와 여성단체의 협력관계는 매우 공식적으로 공고한 형태로 유지되었
다. 여성정책을 전담하는 여성부의 설치에서부터 각종 선거에서의
여성할당제, 국공립대학의 교원이나 정부부처 고위직에 대한 여성

---

76) 최경석, 〈글리벡의 보험약가 논란〉, 《월간참여사회》 2001. 11. 29. in:
　　https://naver.me/GhNVhbe2 (2023. 11. 20 열람)
77) 당시 보건사회연구원은 모든 희귀.난치병 환자와 만성신부전증환자를 국가지원대상으
　　로 할 경우 연간 720억원으로 충당가능하다고 보았다. 일본의 경우 2000년 현재 46
　　종의 질환자에 의료비를 지원하기 위하여 연간 1조원의 예산을 투입하고 있다고 한다.
　　강병수, 〈백혈병 치료제 글리벡 ─ 생명의 약, 죽음의 약값〉, 《월간복지동향》 2001.
　　8. 10. in: https://naver.me/FGFwc7y8 (2023. 11. 20 열람)
78) 임옥희, 《채식주의자 뱀파이어 ─ 폭력의 시대, 타자와 공존하기》, 여이연, 2010.
　　10면.

할당제 등이 도입되었고, 여성의 평등을 추구하는 단체들에 대한 정부의 지원 또한 적지 않았다.

김대중 대통령의 여성인권의식은 남달랐던 것으로 알려져 있다. 민주주의와 인권에 대한 그의 감수성은 여성에 대한 사회, 경제적 차별을 교정하겠다는 의지로 이어졌다. 특히 1995년 북경에서 열린 세계여성대회의 주된 의제가 되었던 성주류화의 요청에 많은 관심을 가졌다. 아울러 "'여성의 힘'을 끌어내는 것이 '국가발전의 주요한 전략'이 되어야 한다"고 강조하기도 하였다. "여성이 국가발전의 주역이 되기 위해, 스스로의 능력을 개발하고 역량을 기르고, 나아가 세계화 의식을 지닐 것을 당부"[79]하기도 하였다. 발전주의적 시각에서 여성의 능력은 곧 국가의 새로운 자원이 될 것이라고 보았던 것이다. 여성의 정치세력화가 필요하다는 그의 정책지향은 이런 생각에 기반한다. 여성의 정치화는 남녀평등을 실현시키는 첩경이며 정치개혁은 "여성들의 깨인 의식과 슬기로운 정치적 역할"[80]을 통해서 이룰 수 있다고 본 것이다.

제도로 결합된 여성운동

김대중 대통령의 이와 같은 정책목표는 여성특별위원회와 여성부의 설치로 직결된다. 김대중 정부는 출범 직후인 1998년 2월 28일 정무장관(제2실)을 개편하여 "여성정책의 기획·종합 등 여성의 지위향상"(정부조직법(1999. 7. 23. 개정) 제18조제1항)을 도모하는 여성특별위원회를 설치하였다. 이 위원회는 여성정책에 대한 종합적인 기획·조정뿐 아니라, 대통령에 대하여 여성의 지위향상과 관련한 자문, 여성정책의 기본시책의 시행을 위한 제반 조치를 수행, 남녀평등

---

79) 정현백, 〈김대중과 양성평등〉, 박명림 등, 《김대중의 사상과 정치》, 167면.
80) 정현백, 〈김대중과 양성평등〉, 169면

촉진 및 여성발전을 위한 여성단체의 활동 및 관련 시설의 지원, 정책개발 및 조사연구, 법제도나 관행 등에 대한 조사 및 차별시정 등의 권한(동 규정 제2조)이 주어졌다. 하지만 집행기능이 빠져 있고, 위원장 또한 국무위원이 아니다보니 그 직무의 수행에 한계가 있을 수밖에 없었다. 특히 여성정책과 관련하여 모든 행정각부를 조정, 통합하여야 하는 업무상의 요청은 제대로 이행되기 어려웠다.

　이에 여성단체들이나 시민사회단체들은 이런 자문위원회체제를 개선하여 집행력을 확보한 행정기관으로서의 여성부를 설치할 것을 요구하였다. 김대중 정부는 2001년 1월 29일의 정부조직법 개정을 통하여 "여성정책의 기획·종합, 남녀차별의 금지·구제 등 여성의 지위향상에 관한 사무를 장리"하는 여성부를 신설하였다. 그 외 김대중 정부에서는 교육부 등 5개 부처에 여성정책담당관 제도를 두어 여성노동문제를 담당하는 노동부와 함께 6개 부처에서 여성관련 업무를 수행하는 체제를 구축하였다. 그리고 이러한 분위기는 지방자치단체에까지 이어져 서울 등 4개 자치단체에서는 여성정책을 담당하는 총괄조직을, 충남 등 9개 지역에서는 전담부서나 담당자를 두는 등의 조치를 취하였다.[81]

　또 여성의 정치세력화라는 의제는 여성할당제의 방식을 취하였다. 2000년 제16대 국회의원선거에서는 전국구 명부의 30%를 여성으로 할당하게 하였고, 2003년 1월 공무원임용시험령을 개정하여 공무원채용시험에 대한 양성평등채용목표제를 도입하였다. 애초 대

---

81) 김대중 정부에서의 여성관련 업무 담당 조직에 대해서는 정현백, 〈김대중과 양성평등〉, 171-181면 참조. 여성특위의 입법성과로 가정폭력범죄처벌특례법 개정(1998. 12.), 국민연금법 개정(1998. 12.), 성폭력범죄처벌법 개정(1998. 12.), 여성기업지원법 제정(1999. 1.), 남녀차별금지법 제정(1999. 1.), 남녀고용평등법 개정(1999. 1.) 등을 든다. 김현희, 〈'국민정부'의 여성정책 : 김대중정부는 가부장제와 자본주의로부터 어느 정도의 자율성을 갖는가?〉,《여/성이론》, 통권 2호, 2000, 126면.

통령선거 공약에서 약속했던, 4인 이상 여성국무위원 임명이나, 정부위원회의 경우 여성위원을 30%이상 위촉하는 것, 특수목적대학이나 기능대학, 사관학교에 대한 여성입학비율 제고 등의 정책도 의미 있게 추진되었다.

하지만 이런 정책 또한 나름의 한계를 가졌다. 여성부의 경우 "여성" "양성평등"과 같은 것은 정책의 형식요소이지 실질요소가 아니다. 예컨대, 여성의 고용은 노동부가, 성평등예산은 재정경제부가 수행하여야 할 업무이기 때문이다. 정작 여성부에 필요한 것은 모든 행정부서에 대하여 여성관련업무를 총괄기획·조정할 수 있는 권한이지만, 이런 권한은 우리 법제상 "행정각부를 통할"하는 국무총리실의 소관이다. 이 때문에 여성부의 권한은 되려 위축될 수밖에 없었고, 시민사회에서 여성정책조정위원회를 국무총리산하에 설치하여야 한다는 주장까지 하지 않을 수 없었다.

가부장적 질서가 확고한 사회에서 여성채용할당제나 여성대표의 강화 정책이 실효성을 가지기 위해서는 강력한 집행력을 요구한다. 그것은 평등을 실현하기 위한 일종의 적극적 평등실현조치 (affirmative action)에 해당하며 따라서 그 한켠에서는 역차별 (reversed discrimination)의 불만이 나올 수밖에 없기 때문이다. 이런 정책을 위해서는 누구도 무시할 수 없는 유인책을 쓰거나, 단호한 처벌로써 그 회피행태를 차단할 수 있어야 한다는 것이다. 하지만, 김대중 정부에서의 이런 정책은 대부분 권고 내지는 권장사항으로 그치다보니 그 실질적 실효성을 담보하기는 쉽지 않았다. 이는 이제 막 출발한 초기단계의 성평등정책이 가지는 한계일 수밖에 없었다.82)

---

82) 이에 대해서는 김현희, 〈'국민정부'의 여성정책〉, 126–129면 참조. 김현희는 김대중 정부가 "'성평등 국가와 남녀에 대한 기회와 조건의 평등이라는 이데올로기는 수용하

여성차별금지와 여성복지

사회적 의식의 변화를 초래했다는 점에서 김대중 정부 여성정책의 정점은 '남녀차별금지 및 구제에 관한 법률'(1999. 2. 8.)이라 할 수 있다. 이 법률은 "고용, 교육, 재화 · 시설 · 용역등의 제공 및 이용, 법과 정책의 집행에 있어서 남녀차별을 금지하고, 이로 인한 피해자의 권익을 구제함으로써 사회의 모든 영역에서 남녀평등을 실현함을 목적으로"(같은 법 제1조) 제정되었다. 그런데 중요한 것은 이 법률이 "남녀차별"의 개념을 명확히 하였을 뿐 아니라(제2조 제1호), 직장 등에서 권력관계나 업무를 빌미로 성적 굴욕감이나 혐오감을 느끼게 하는 행위 즉, 성희롱을 남녀차별의 한 요소로 하여 제재하였다는 점이다. 이는 그동안 직장 등에서 남성이 여성동료에 대하여 성적 언동 등으로 집단심리적 우월감을 확보하고 이를 통해 여성의 지위를 사실상 하향 통제해 왔던 관행을 법적 제재로써 규제한 것이다. 그리고 이런 법규율은 우리의 직장생활문화에 대한 상당한 변화를 야기하였다.83) 직장생활에서도 인권 특히 성평등의 규범이 존재하며 이를 준수하여야 할 의무가 모든 구성원들에 있음을 인식하게 만든 것이다.84)

고 있지만, 인력이나 재원 등의 자원의 실질적인 지원을 통한 그 이념들의 현실화에 있어서는 소극적"이므로 "'실질적 평등' 또는 '결과의 평등'을 실현하려는 의지를 갖는 여성친화적 또는 여성후원적 국가로 보기는 어렵다."고 단언한다. 김현희, 〈'국민정부'의 여성정책〉, 129면

83) 남녀차별금지법의 적용실태에 관하여는 황정미, 〈'성차별'과 한국의 여성정책: 법 담론과 위원회 활동 분석〉, 《페미니즘 연구》, 제4권 제1호, 2004, 195-233면 참조. 이에 의하면 이 법에 의한 남녀차별개선위원회가 남녀고용평등위원회보다 더 활발한 활동을 보이며, 전자의 경우에도 이 법이 규제하는 성희롱 사건이 고용에서의 남녀차별 사건보다 더 많은 처리건수를 보인다고 한다. 고용차별에 대한 이의가 적은 것은 여전히 여성의 고용기회가 적음으로 인하여 고용차별에조차도 소극적인 대응을 할 수밖에 없는 현실이 문제로 보인다.

84) 법적인 측면에서는 호주제에 대한 폐지 여론이 조성된 것이 가장 큰 의미를 가진다. 여성단체들이 중심이 되어 호주제폐지를 요구하면서 사회적 공감대를 확산시킨 결과 2001년 3월 서울지법 서부지원과 북부지원이 민법상의 호주제에 대해 성차별에 해당

김대중 정부는 여성복지정책에도 상당한 조치를 하였다. 2001년 모성관련 3법(근로기준법, 남녀고용평등법, 고용보험법)을 개정하였다. 육아휴가를 60일에서 90로 늘이고 30일 증가분의 임금은 고용보험에서 보전하는 한편, 육아휴직대상을 남녀로 확대하면서 휴직 전과 동일한 업무 또는 동등보수로 복직할 수 있게 하였다. 여성이 출산과 육아로 입는 불이익을 가능한 한 줄이고자 하는 노력의 일환이었다. 아울러 보육시설도 확충하고 지원금을 늘이는 한편 보육료에 대한 소득공제액을 증액하는 등의 조치도 수반되었다.[85]

하지만 그럼에도 경제위기에 따른 구조조정의 피해는 주로 여성노동자에게 집중되었고, 이에 대한 정부의 별다른 대책[86]도 나오지 못하였던 것은 매우 문제적이었다. 김대중 정부의 여성정책이 체계적이고 종합적으로 이루어진 것은 사실이지만, 경제가 우선인 현실에서는 권력의 피라미드 맨 아래 위치할 수밖에 없었던 여성 특히 여성노동자들이 비정규적으로 내몰리거나 해고당하는 사태가 이런 여성정책을 무색하게 만들었다.

한다는 이유로 위헌제청하였다. 이 사건은 추후 헌법재판소에서 이 위헌법률심판제청을 받아들여 2005년 2월 3일 헌법불합치결정(2001헌가9등)을 하였다.

85) 김대중 정부에서의 여성복지정책, 특히 모성보호3법에 관하여는 김인숙, 정재훈, 〈김대중 정부 여성복지정책 평가와 제언〉, 《사회복지리뷰》 제6집, 2001, 25–38면 참조. 이들은 김대중 정부의 여성복지정책은 성주류적, 성인지적 관점이 시도되어 폭넓은 복지가 이루어졌지만, 그 깊이가 깊지 않다고 평가한다.

86) 김대중 정부의 여성고용정책은 다방면으로 이루어졌으나, 여성에 대한 정리해고나 비정규직화를 직접 차단할 수 있을 만큼 유효한 장치는 찾아보기 어려웠다. 그 정책의 내용과 효과에 대해서는 김현희, 〈국민정부의 여성정책〉, 132–135면; 정현백, 〈김대중과 양성평등〉, 223–226면 참조.

맺음말

김대중 정부를 관통하는 키워드는 신자유주의다. 그것은 김대중 정부가 원했건 그렇지 않았건 그 정책과정 전반을 관통하였다. 하지만 인권정책의 경우는 신자유주의의 압박에 선행하여 김대중 대통령의 인권의지가 작동하였다. 인권의 보편성에 대한 감수성과 민주화를 이끌어내는 힘으로써의 인권이라는 인식은 그의 정부로 하여금 인권친화적인 정책들을 산출하도록 하였다. 여기에 수평적 정권교체로 표상되는 민주항쟁의 성취감은 시민사회 구성원들이 새 정부에 강력한 인권보장체제를 마련할 것을 요구하는 토대가 되었다.

김대중 정부의 인권 상황은 이런 길항관계 속에서 구성되었다. DJP연합이라는 정치적 한계와 소수정부이기에 직면해야 했던 관료세력과 보수세력의 저항, 신자유주의를 등에 업은 자본과 시장의 위세가 한 켠에서, 김대중 대통령과 그의 정부가 추구하는 인권정책과 이를 추동하고 압박하는 시민사회의 인권의지가 다른 켠에서 인권현실을 밀고 당기는 힘으로 작동하였던 것이다. 김대중 정부의 인권정책이 총론과 각론이 상이한 모습을 보임은 바로 이런 역학관계 때문이었다. 여기에 '제3의 길'이라는 담론에 이끌린 김대중 대통령의 인권관이 '참여'라고 하는 인권의 절차적인 측면을 중시하였던 점도 나름의 영향을 미친다. 인권의 제도화를 통해 인권을 법적 권리로 규정하는 성과를 거두었지만, 그 권리의 행사를 통해 무엇을 취할 수 있는지에 대한 국가적 보장이 그리 실질적이지는 못하였다.

전반적으로 평가할 때 김대중 정부에서의 우리 인권은 비약적인 발전을 하였다. 먼저 그의 정부는 인권의 제도화에 성공했다. 국가인권위원회의 설치에서부터 독일식 사회국가의 개념에 입각한 사회권의 정립, 여성인권 및 성평등 법제의 확보 등은 87년헌법체제의 실

질적 내용을 채워내는 매우 귀중한 성과이다.[87]

그리고 이런 법제정비를 통해 인권체제의 성격을 바꾸어 놓았다. 그 이전의 인권은 국가에 대한 항의나 저항으로서의 인권이었고, 대부분 민주항쟁의 수단으로서의 인권이었다. 그런데 김대중 정부에 와서 인권의 요구가 다양한 일상의 권리로 확산되어 갔다. 스크린쿼터의 문제, 감시사회와 사생활보호의 문제, 소수자의 권리나 난민, 이주민의 권리 등은 그 대표적인 사례이다. 아울러 사회권 개념의 정착은 무엇보다 귀한 전환이었다. 시혜적이고 일방적인 복지정책을 보편적 복지의 개념으로 제도화하면서 모든 국민은 국가에 대하여 사회보험과 사회부조를 요구할 수 있는 권리를 확보할 수 있게 되었다. 지방자치의 경우도 주민발안권을 정비함으로써 자기지배의 틀에 보다 가까이 다가갈 수 있도록 하였다.

이 점은 인권 및 인권논의의 다양성을 촉진하였다는 점과 연결된다. 경제위기로 인하여 중산층이 퇴조하는 가운데서도 참여와 협력을 강조하는 김대중 대통령의 통치스타일[88]은 후기산업화사회로 접어들며 다양하게 구성되는 시민사회 각 부분들의 목소리를 열어 놓았다.[89] 이에 인권의제들도 반체제 자유주의 운동을 넘어 평화, 환경, 여성, 나아가 환경운동, 소비자운동, 공익법운동 등으로 다원적이고 다양하게 확장되었다. 여기에 정보고속도로가 구축되면서 사이

---

87) 다만 인권의 제도화는 자칫 인권의 사법화를 야기하고 현재의 국가인권위원회가 그러하듯 이 과정에서 인권이 법률관료나 사법관의 수중에 장악될 우려도 있다.

88) 이에 대해서는 장훈각, "김대중의 민주주의…", 100면 이하 참조.

89) 참여연대가 김대중 정부 출범 1년반이 지나 시민운동가들을 대상으로 한 설문조사에서는 그 정부의 한계로 "정부내 개혁세력 부족"(26%)을 들었다. 월간참여사회 편집부, 월간참여사회 제865호, 1999. 7. (https://www.peoplepower21.org/magazine/710254 열람일: 2023. 11. 20) 의사소통의 통로가 부족함에 대한 불만을 표시한 것이나 다른 한편으로는 개혁세력의 전진배치와 함께 전 정부에서보다 훨씬 더 많은 개혁요구들이 시민사회에서 분출되고 있음을 짐작할 수 있게 한다.

버공간을 통한 소통의 장은 인권 논의의 내용과 틀을 무한대의 것으로 만들었다.

물론 경제우선의 정책과정으로 인하여 87년헌법체제에서 소외되었던 노동권의 문제는 거의 개선되지 못하고 오히려 비정규직을 양산하고 여성노동자들이 배제되는 역행의 모습을 보였다.[90] 또 복지국가의 틀을 정비하였음에도 그 질적 보장 수준은 그리 충실하지 못하여 무늬만 복지라는 비아냥을 받기도 하였다. 국가보안법과 같은 체제유지를 위한 국가폭력은 여전히 그 효력을 유지하고 있었다.

김대중 정부가 이런 한계를 돌파하지 못한 것은 당대에도 숱한 비판의 대상이 되었다. 하지만, 그 이후의 정부가 취한 인권정책이나 후속의 인권발전은 대부분 김대중 정부의 인권정책을 뒤따르며 입안되고 집행되었다는 점은 부인하기 어렵다. 국가보안법이나 사형제도 폐지의 문제에서부터 호주제의 폐지, 양심적 병역거부의 인정 등 수많은 인권 의제들이 제대로 구성되기 시작한 것이 김대중 정부의 시기였었다. 김대중의 정부가 구성해 나갔던 인권의 총론을 바탕으로 후대의 정부와 시민사회가 그 각론을 채워 나간 것이다.

실제 인권이라는 명제는 완성태가 아니라 진행형이다. 그래서 인권을 말하는 것은 그 자체 인권정치가 된다. 김대중 대통령의 인권관을 조망하고 그 정부의 인권정책을 평가하는 것은 아직도 형성중인 인권을 위해 새로운 인권정치의 장을 열기 위함이다. "인간에 대한 애정, 인간에 대한 존중" 그 인권의 정치 말이다.

---

90) 이 때문에 이병훈은 "노동정책은 경제정책의 보조수단"에 머물렀으며, 검찰이 자행한 대전조폐공사 파업유도사건과 같이 권위주의 시대의 노동정책이 여전히 지속되고 있다고 비판하였다. 이병훈, 〈김대중 정부의 노동정책 평가 Ⅱ: 김대중정부의 노동정책과 노동운동의 대응〉, 《노동사회》 1999년 2월호, 1999

VI

바깥에서 본

민주화 이후의 한국 민주주의 현주소

하네스 모슬러(독일 뒤스부르크–에센대학교 정치학과 교수)

democracy &
human rights

들어가는 말

얼마 전까지만 해도 포퓰리즘의 물결이 지구를 휩쓸고 민주주의를 위기에 빠뜨렸을 때, 한국은 '민주주의 후퇴(democratic backsliding)'[1]의 물결을 거슬러 진전하는 듯 보였던 몇 안 되는 민주주의 국가 중 하나였다. 전 세계는 2016년과 2017년 연초부터 수개월간 박근혜 부패 정권에 반대하는 평화적인 대규모 시위에 주목했다. 외신들은 박근혜 탄핵을 통한 파면을 "민주주의의 승리"[2]로 묘사했고, 한국 시민을 "유럽인과 미국인들이 배울 수 있는 용기 있고 열정적인 서울의 민주주의자들"[3]이라고 칭송하며, "이제는 한국에서 민주주의를 찾을 때"가 됐다는 결론에 도달했다.[4] 국제 학계에서도 "제3의 독재화 물결(third wave of autocratization)"에 저항한 한국의 예외적인 사례에 열광했는데[5], 이는 특히 "대중 시위"라는 형태의 시민사회[6]의 강력한 저항이 결정적인 차이를 만들었기 때문이다.[7] 실제로

---

1) Levitsky, Steven and Daniel Ziblatt. How Democracies Die (New York: Randomhouse, 2018). Similar see Mounk, Yascha. The People vs. Democracy: Why Democracy Is in Danger & How to Save It (Cambridge, MA: Harvard University Press 2018).

2) Deutsche Welle. "Ein Sieg der Demokratie in Südkorea," Deutsche Welle, March 10, 2017.

3) Die Zeit. "Von den mutigen und leidenschaftlichen Demokraten in Seoul können Europäer und Amerikaner nur lernen," Die Zeit, December 14, 2016.

4) Die Welt. "Demokratie findet man jetzt in Südkorea," Die Welt, November 13, 2016.

5) Lührmann, Anna and Steffan I. Lindberg. "A third wave of autocratization is here: what is new about it?," Democratization Vol. 26, No. 7 (2019), pp. 1095-1113, 1108.

6) Laebens, Melis G. and Anna Lührmann. "What halts democratic erosion? The changing role of accountability," Democratization Vol. 28, No. 5 (2021), pp. 908-928, 923.

7) Croissant, Aurel and Jung-eun Kim. "Keeping Autocrats at Bay: Lessons from South Korea and Taiwan," Global Asia Vol. 15, No 1 (2020).

문재인 대통령의 집권과 함께 이전에 떨어졌던 국제 민주주의 지수
도 다시 최고치를 기록했다(아래 그림1 참조).

　문재인 대통령은 우선 북한 문제 외교관("협상가")으로서 이름을 세
계에 알렸다.[8] 포퓰리스트 도널드 트럼프 미 대통령이 김정은 위원
장과의 합의를 결정적인 순간에 거부함으로써 한반도 위기가 다시
고개를 들기 전까지만 해도 문재인 대통령은 한반도 문제 해결에 진
전을 이루는 것처럼 보였다. 국내적으로 문재인 대통령은 권위주의
적 구조를 해체하고 9년간의 보수 집권으로 찢어진 상처를 일부 치
유하려고 했다는 점에서 높은 점수를 받았다. 하지만, 문재인 정부도
민주주의의 지속가능한 질을 향상시키지 못했고, 심지어 민주주의를
훼손하는 한국의 '제왕적 대통령' 현상도 이어졌다.[9] 문재인 대통령
의 임기가 마침내 정치적 진흙탕 싸움으로 끝나면서 보수 진영의 선
거 승리로 끝나고 말았다. 그 결과로 들어서게 된 윤석열 정부는 이
명박과 박근혜 정부의 운영 방식과 내용을 이어받아 정치 시계가 다
시 한참 후퇴하면서 민주주의의 질은 곧바로 다시 급격히 추락시켰
다. 얼마 후 외신들은 "한국 대통령 윤석열에 대한 실망이 크다"[10]고
비판적으로 지적했다. 그들은 정권 교체를 "우파로의 추악한 변화"
로 분석하며, "페미니즘에 대한 혐오가 젊은 남성들 사이에 널리 퍼
져 있다"[11]는 것을 짚으면서 윤석열 정부의 탄생을 "마초들의 반

8) Campbell, Charlie. "The Negotiator," Time, 4 May, 2017.

9) Mosler, Hannes B. "Changing South Korean politics without taking power?
The pesidential power trap three years after impeachment," in: Dumin,
Julia (ed.). South Korea after the 2017 Impeachment Implications for
Politics, Society, and Democracy. Nomos: Baden-Baden, 2022. pp. 23–66.

10) Welter, Patrick. "Enttäuschung über Südkoreas Präsidenten Yoon
Suk-seol," Frankfurter Allgemeine Zeitung, January 24, 2023.

11) Park, S. Nathan. "Hässlicher Rechtsruck in Südkorea: Unter jungen
Männern ist der Hass auf Feminismus weit verbreitet," Merkur, July 23,
2021.

격"12)로 해석했다. 임기 2년에 접어들면서 미국 《뉴요커(The New Yorker)》지는 한국의 민주주의가 후퇴하고 있다는 진단을 "한국에서의 민주주의적 침식(democratic erosions in South Korea)"13)으로 표현하였다.

이러하듯 진보 정부하에서는 민주주의의 질이 급격히 상승하는 한편 볼 수 정부하에서는 민주주의의 질이 급격히 하락하는 민주화 이후에 패턴이 제도화되는 것처럼 보인다. 하지만, 이러한 질적 민주주의의 부침 속에서 우려스러운 점은 시간 경과에 따라 민주주의의 질이 전반적으로 하락하고 있다는 점이다. 최근 들어 정치 진영 간의 갈등은 점점 더 거칠어지고 점차 사실에 근거하지 않는 상호 공방이 증가하면서 정치적 양극화가 심화되고 있는 것이 그 대표적인 예이다. 동시에 국가의 사회적, 경제적 문제도 커지고 있는데, 세대, 성별, 이념, 출생지 및 기타 단층선을 따라 균열이 점점 깊어지고 있다. 즉, 사회의 전반적인 분위기는 더욱 거칠어지고 있지만, 정치는 문제해결이라는 본연의 역할을 하지 않고 오히려 문제를 일으키는 형국이 되었다.

국회 안팎의 새로운 정 세력이 다시 정치 논의에 생산적인 바람을 불러일으키고, 새로운 아이디어가 정책의 형태로 실현될 가능성을 만들려면 두 거대 정당의 담합이 깨져야 한다. 어떤 정치적 문제가 있어도, 그 문제를 해결하든 못하든 두 정당이 결국 정권을 서로 나눠 가지면서 기득권을 지키는 담합 구조 아래서는 혁신이 힘들기 때문이다. 과거 같았으면 방송, 신문 등 대중 매체가 나서서 비판적인

---

12) Hahn, Thomas. "Frauenrechte in Südkorea: Die Machos schlagen zurück," FAZ, 8 March, 2022.

13) Kim, E. Tammy. "The Worrying Democratic Erosions in South Korea," The New Worker, September 30, 2023.

질문을 던지고 엘리트들의 특권 정치에 제동을 걸었을 것이다. 그러나 언론 역시 이미 두 진영으로 나뉘어 있으며, 일부 독자층에 의해 공격적이고 편파적인 보도를 강요받고 있는 형국이다. 그 결과 언론은 갈등 양극화를 더욱 심화시키고 양 진영 사이의 전선을 굳히며 필요한 개혁을 더욱 방해하고 있다. 정치권의 난맥상과 문제를 신랄하게 파헤치고 대안을 제시하며 한국 민주주의의 발전을 끌어온 시민사회도 힘이 고갈된 것처럼 보인다. 시민사회가 무기력한 이유로 보수 정부가 시민단체의 활동을 제한하는 것은 극히 일부분에 불과하고, 점점 더 많은 활동가가 정치권에 편입되면서 두뇌 유출 현상이 두드러진 것이 주범이다. 그들이 떠난 공백은 채워지지 않고 있다. 왜냐하면 다음 세대는 정치 문제에 대해 기성세대와는 다른 고민과 방법을 가지고 있기 때문이다. 일반적인 세대 갈등에 더해 최근에는 젠더 갈등까지 등장하면서 사회가 다시 한번 분열되고 공동체로서의 사회적 연대가 약화되고 있어 민주주의의 회복력과 저항력이 떨어지고 있다.

언론과 시민사회의 역할이 줄어든 결과는 이미 제도적으로나 관습적으로 막강한 권한을 가진 대통령이 더욱 통제를 덜 받으면서 자신이 원하는 것을 거의 제한 없이 할 수 있게 되었다가. 그 결과 정치 시계만 후퇴한 것이 아니다. 헌법에 명시된 경제 민주주의가 약화되고, 신자유주의에 가까운 자유 시장 경제가 추구되면서 경쟁이 더욱 치열한 극단적인 팔꿈치 사회로 몰락하고 있다.14) 이는 국민의 삶의 질 저하뿐만 아니라 정치사회(여·야권)와 경제사회(재벌·대자본)를 교정하는 시민사회의 기능을 더욱 약화시키는 결과를 초래한다. 하지

---

14) 홍태영, 〈민주주의 국가와 민주주의 주체들의 자유〉, 박종민과 마인섭 편, 《한국 민주주의의 질》 (서울: 박영사, 2018), 265-304쪽 참조. 한국 맥락에서 팔꿈치사회(Ellenbogengesellschaft)라는 표현을 사용은 강수돌, 《팔꿈치 사회 - 경쟁은 어떻게 내면화되는가》 (갈라파고스, 2013) 참조.

만, 진정한 자유민주주의(liberal democracy)에서 자유는 정치와 경제 엘리트에만 부여되어서는 안 되며, 모든 사회 구성원에게 적용되어야 한다. 이는 평등과 정의라는 민주주의의 기본 원칙이 강화되어야 함을 의미한다.

진정 자유로운 민주주의의 회복과 강화를 위한 고민을 하지 않을 수 없다. 이런 문제의식에서 이 장에서는 바깥에서 본 한국 민주주의 현주소를 짚고자 한다. 우선은 대한민국 정부 수립 후 최초의 진보 대통령인 김대중 전 대통령에 이르기까지 급격한 민주화의 역사를 간략하게 추려서 회고한 다음, 시민사회의 역할, 젠더 평등, 정치제도 혁신, 역사 정치 문제, 외교 안보 정책 등 김대중 대통령 당시 핵심 개혁 분야로 주요시했던 다섯 가지를 현재도 역시 매우 중요한 과제로 짚어본다. 이어서 국제 민주주의 지표를 통해 한국 민주주의의 질적 진화를 분석함으로써 한국의 민주주의 발전을 비교학적 시각에서 조명한다. 본론에서는 2개의 개혁 분야를 각각 문제 제기, 현황 진단, 해결 대책 방향 등으로 나눠서 심도 있게 논의한다. 나오는 말에서는 논의 내용을 요약하여 시사점과 함의를 제시하면서 마무리를 짓는다.

1. 잿더미에서 피어난 불사조처럼:
   한국 민주주의 성공 이야기의 전개

한국의 역동적인 현대사를 바깥에서 바라보면 감탄할 수밖에 없다. 한반도는 제2차 세계대전이 끝나고 일제 강점기로부터 해방된 후 얼마 지나지 않아 냉전으로 인한 파괴적인 한국전쟁으로 분단이 지속되고 있다. 수십 년에 걸쳐진 일본 점령군은 무자비하게 인적,

물적 자원을 착취하였고, 전쟁으로 인해 자원은 또다시 고갈되었다. 이후 지구상에서 가장 가난한 나라 중 하나였던 한국은 박정희 개발 독재 하에서 순식간에 변했다. 1970년대에 한국 국가 경제는 비약적으로 성장하였다. 그 이후부터는 전 세계가 놀랄 정도로 가파른 성장세를 타기 시작했다. 그러다가 1997년에는 아시아 금융위기로 한국 경제도 큰 충격을 받았고, 이는 무한 경제 성장이 결국 달성할 수 없는 꿈이라는 것을 분명히 보여주었다. 하지만, 한국 사회는 큰 희생을 치르며 이 위기도 극복하여, 국제통화기금(IMF) 채권단은 물론 국제사회를 다시 한번 더 놀라게 했다. 그리고 10년 후 2008년 글로벌 경제 위기의 충격도 역시 빠르게 극복해냈다.

한국 경제의 부침을 통해 급격한 경제 성장은 사회의 극심한 희생을 통해서만 가능하다는 사실을 잘 알게 되었다. 이전에 산업 근대화를 겪은 다른 많은 나라와 마찬가지로 경제 호황 이면에 발생하는 커다란 희생은 사회에 깊은 문화적, 사회경제적 상처를 남겼다. 1990년대 말 아시아 금융위기의 여파로 경제적 양극화가 심화되고 고용유연성이 증대하면서 불안정성이 증가하기 시작했다. 이 금융위기의 여파는 10년 후 더욱 탄력을 받아 오늘날 한국이 직면한 대부분의 문제, 특히 민주주의 발전에 대한 도전의 핵심 원인 중 하나가 되었다.

한국인의 자결 의지는 일제 강점기 전후, 특히 해방 이후에도 이미 뚜렷하게 관찰할 수 있었다. 그러나 일제의 멍에에서 해방된 후에도 미국과 소련이라는 두 냉전 세력의 욕망으로 한반도의 운명을 스스로 결정하기 어려운 구조사 형성되었다. 그럼에도 남한에서는 1960년 4월 혁명 과정에서 민주화 운동으로 이승만 대통령이 권좌에서 물러난 후에도 박정희는 권위주의 체제를 현대화하고 유신 헌법을 통해 권위주의를 더욱 강력하게 제도화한 후 빠르게 후계자를 찾았다. 이러한 억압적인 폭정에도 불구하고 권위주의에 대한 아래로부터의 저항은 점차 커졌다. 박정희의 사망으로 독재자가 사라졌지만, 전두환이라는 후계자가 광주 학살로 다시 한번 민주화 운동의 싹을 잘라버릴 수 있었다. 광주 학살은 비극이었지만, 매우 지나친 정도의 폭력이 휘둘린 관계로 1987년 6월 항쟁 때 정부가 또다시 저항하는 자국민에 대한 폭력을 행사할 수 없게 만들어 놓은 중요한 선례이기도 했다. 시민도 동맹국이며 보호 세력인 미국도 허용하지 않을 것이 분명해졌기 때문에 당시 전두환 정부는 민주주의의 회복이라는 시민들의 요구사항을 수용하지 않을 수 없었다. 이제 한국은 경제발전과 함께 형식적 민주주의로의 전환을 이루어냄으로써 정치발전에도 굉장한 성공을 거두었다. 1998년에 김대중 대통령이 취임함으로써 처음으로 평화롭고 민주적인 절차에 따라 여야 간의 정권 교체가 이루어짐으로써 절차적 민주화 이후 한국 민주주의의 공고화를 예고했다.15)

당시 외신은 김대중 대통령을 "민주주의 상징(Symbolfigur der Demokratie)"16)이라며 그의 당선을 "민주주의의 기회(demokratische Chance)"17)라고 평가했으며, "야당 지도자로 권력을 가지게 되어 한국은 민주주의의 성숙성을 보여줬다"며 김대중 대통령의 취임날을 "희망의 날(day of hope)"이라고 칭송했다.18) 물론 김대중 대통령도

---

15) 민주주의 공고화는 한 국가의 민주주의가 독재로의 회귀 가능성이 거의 없을 정도로 정착되었음을 의미한다. 정치학에서 알려진 민주주의 공고화의 최소 기준은 평화적이고 민주적인 절차를 통해 최소 두 번의 여야 간 정권 교체이다(Huntington, Samuel P. The Third Wave. Democratization in the Late Twentieth Century. Norman: University of Oklahoma Press, 1991), p. 266.

16) Schneppen, Anne. "Symbolfigur der Demokratie," Frankfurter Allgemeine Zeitung, 17 September, 1998, p. 5.

17) Blume, Georg. "Die demokratische Chance," taz, 16 December, 1997, p. 12.

18) New York Times. "Day of hope in South Korea," NYT, 25 February, 1998.

역시 한계가 있는 인간이고 주어진 어려운 조건에서 해낼 수 있는 일도 처음부터 제한될 수밖에 없었다. 하지만, 그럼에도 새로운 진보 대통령의 등장이 가져오는 신호 효과와 그가 착수시킨 개혁과 혁신은 한국 민주주의 발전에 과소 평가될 수 없다. 오늘의 관점에서 볼 때, 김대중 대통령이 추진한 다양한 개혁 중 특별히 다음과 같은 다섯 가지는 여전히 핵심적인 과제로 남아 있다.

첫 번째는 김대중 대통령은 국정운영에 시민사회의 참여와 협력을 중요하게 여겼다(신진욱, 제4장 참조). 이는 국가의 미래를 어떻게 만들어야 하는가에 대한 진보적 대통령의 시각과 시민사회단체들의 생각이 이전 정권보다 겹치는 부분이 많았기 때문에 나온 논리적 귀결이었다. 이런 의미에서 주요 시민사회 단체들이 김대중 후보를 자신들의 이익을 잘 대변할 수 있는 대통령 후보로 보고 선거운동 과정에서 김대중 후보에게 표를 몰아주기도 했었다. 게다가 김대중 대통령 입장에서는 보수 세력에 맞서 정부의 새로운 정책을 관철하기 위해서는 시민사회와 강력한 동맹을 확보하는 것이 무엇보다 중요하다는 실용적인 면도 있었다. 하지만, 무엇보다도 시민사회와 협력 관계를 맺기로 한 것도 효율성은 물론 민주주의의 효과성, 즉 민주주의의 질을 높일 수 있다는 판단에 따른 결정으로 보인다. 이것은 "비영리민간단체의 자발적인 활동을 보장하고 건전한 민간단체로의 성장을 지원함으로써 비영리민간단체의 공익활동증진과 민주사회발전에 기여하려는"19) 의도로 2000년에 '비영리민간단체지원법'이 제정된 것으로도 알 수 있다. 또한, 1997년 말 경제위기를 극복하기 위한 조치로 '경제사회노동위원회법'을 제정해 정부, 노동자, 사용자 등 간의 신뢰와 협조를 바탕으로 노동정책에 관한 협의체로 1998년 초 경제

---

19) '비영리민간단체지원법', [시행 2000. 4. 13.] [법률 제6118호, 2000. 1. 12., 제정].

사회발전노사정위원회(노사정)이라는 혁신적인 제도를 조직했다.

두 번째는 민주주의의 수준을 높이기 위한 중요한 구조적 토대를 마련하고자 했던 김대중 정부의 또 다른 핵심 개혁 분야는 정치제도 개혁이었다(강우진, 제3장 참조). 여기는 정부 조직 개편, 정당법 및 국회법 개정, 선거법 개혁 등 다양한 정치제도들이 포함되었다. 선거제도와 관련해 김대중 대통령은 적어도 1991년부터 비례대표의 양·질적인 확대를 거듭 촉구했다. 즉, 비례대표에 할당된 국회의원 의석 비율을 확대해야 할 뿐만 아니라 비례대표 선출 방식도 독일 연방의회와 같은 방식(정당명부 등)과 비슷하게 만들어야 한다는 것이었다.[20] 취임 후에도 김대중 대통령이 여러 차례에 걸쳐 이러한 개혁의 필요성을 설파하며 이에 상응하는 법안 마련을 지시했다.[21] 여기서 핵심적인 문제의식은 모든 정당이 정치 과정에 동등하게 참여할 수 있는 기회를 보장해야 한다는 것이었다.[22] 물론 참여와 대표의 기능을 향상시키는 데 있어 가장 중요하게 생각한 것 중 하나는 지역주의 완화나 예방과 정치적 통합을 촉진하는 것이다.[23] 또한, 김대중 대통령은 비례대표제 확대가 여성의 정치 참여와 대표성 제고에도 도움이 될 수 있다는 점을 강조하였다.[24] 이런 내용의 선거법 개정은 1998년에 실패했지만,[25] 2001년 헌법재판소의 결정 후 2002년 '공직선거법' 개정으로 선거공영제와 함께 획기적인 1인 2표

---

20) 김현섭, 〈야통합체제 3개안 제시〉, 《경향신문》, 1991년 8월 18일, 1면.
21) 양기대, 〈金대통령, 정당명부제 도입 검토 지시〉, 《동아일보》, 1998년 6월 19일.
22) 김대중, 〈대한민국 50년 경축사(제2의 건국에 동참합시다)〉, 대통령실, 1998년 8월 15일.
23) 윤동영, 〈김대통령 취임1주년 기자회견〉, 《연합뉴스》, 1999년 2월 23일.
24) 김대중, 〈제35회 전국여성대회 연설 (여성의 발전은 국가 발전의 밑거름)〉, 대통령실, 9월29일, 김대중, 1999, 의식·생활개혁실천여성대회 연설, 대통령실, 1998년 7월 15일.
25) 박병섭, 1998, 〈비용절감에 발목 잡힌 선거개혁〉, 정대화 등 (공저), 《김대중정부 개혁 대해부》, 서울: 지.정, 180-200.

제가 도입됐으며 비례대표 의석률도 조금 향상되었다.

세 번째는 남녀 평등이다.[26] 그의 부인 이희호 김대중 대통령의 남녀 평등 의식에 적지 않은 영향을 미쳤을 것으로 짐작할 수 있지만, 본인 스스로도 남녀 평등에 대한 "특별한 관심이 있었다".[27] 남녀 평등에 대한 그의 신념은 차별 없는 사회가 하나님의 뜻이라고 믿었던 그의 본성에서 비롯되었다(ibid.). 또한, 김대중 대통령에게 남녀 평등은 민주주의 발전을 위한 필수적인 조건이기도 했다. 따라서 김대중 정부는 양성평등과 여성의 정치 참여 확대를 위한 중요한 정책 방향을 설정하여, '남녀 차별 금지 및 구제에 관한 법률'을 제정하였으며, '남녀고용평등법'에 직장 내 성희롱 예방을 명시적으로 포함시키고, 또 정부 기관과 기업에 예방 교육을 도입했다. 또한, 여성의 공직 참여와 여성 인적 자원의 개발 및 활용을 적극적으로 장려하였다. 무엇보다도 2001년에 여성부가 최초로 신설되었을 뿐만 아니라 같은 해 16대 국회 때 비례대표로 정계에 입문한 한명숙 의원이 대한민국 내각의 첫 여성 장관으로 임명되었고, 나중에 노무현 정부에서 한국 최초의 여성 총리가 되었다.

네 번째는 일제 강점기, 한국전쟁, 독재 정권 등 과거사의 진상을 규명하며 정리하는 것이 1980년대 후반 절차적 민주화로의 전환 이후의 또 다른 중요한 과제로 꼽혔다. 광주 학살에 대한 역사적인 청문회와 김영삼 대통령의 첫 진실 규명 시도 이후 김대중 대통령은 국가 폭력의 역사를 정리하는 사업을 근본적으로 진전시켰다. 국민의정부 하에서 진정한 의미의 첫 번째 진상규명위원회('대통령소속 의문사 진상규명위원회')가 2000년에 설립되었는데, 이에 따라 1975-

---

26) 이승희. 1998. 〈여성의 정치참여의 현황과 과제〉, 정대화 등 (공저), 《김대중정부 개혁 대해부》, 서울: 지, 정, 326-347.
27) 같은 글, 346.

1987년 일어난 사건에 대한 진상규명을 체계적으로 시작하였다. 또한, 2000년 열린 5.18민중항쟁기념행사가 처음으로 정부 주최로 진행되었고, 또 처음으로 대통령이 직접 참석하며 추념사를 연설했다.[28] 아울러 '제주 4.3사건 진상규명 및 희생자 명예회복에 관한 특별법'(2000), '민주화운동기념사업회법'(2001), '국가인권위원회법'(2001), '광주민주유공자예우에관한법률'(2002) 등 과거사 정리에 관한 중요한 법률이 연달아 제정되었고, 5.18묘지가 '국립5.18 묘지'로 승격되었다(2002).

다섯 번째로 외교 정책도 국민의정부 시기 확연한 변화가 이루어졌다. 전임자들과 달리 김대중 대통령은 뭐니 뭐니 해도 평화와 북한과의 관계 개선에 중점을 두었으며, 대치 상황에 철저한 국방으로 대비하면서도 북한과의 협력을 강조하고 화해와 협력 정책을 일관되게 추구했다. 이른바 '햇볕정책'의 핵심은 정치적 문제와 경제적 문제를 분리하여 북한에 대한 경제적 지원에 집중함으로써 관계 개선을 목적으로 하는 것이었다. 그 일환으로 1998년 9월 금강산 관광이 승인되었고 남한 기업가들의 대북 투자가 장려되었으며, 2000년에는 평양에서 첫 남북 정상회담이 열렸고 종교, 역사, 언론, 교육 등 덜 민감한 분야에서의 공동 활동을 골자로 하는 '6.15공동선언'이 채택되었다. 또한, 남북한 간의 서로 이해를 제고하기 위해 북한과 북한 주민에 대한 한국인들의 인식을 바꾸기 위해 학교와 일반 대중을 대상으로 한 인식전환 캠페인을 진행하기도 했다. 이 정책은 남북한

---

28) Mosler, Hannes B. "The Contested Political Remembrance of the Kwangju Uprising and Presidential Speeches in South Korea," S/N Korean Humanities Vol. 6, No. 1 (2020), pp. 47-92.; Mosler, Hannes B. "Politics of Memory in South Korea: President Yoon Suk-yeol's 2022 Memorial Address on the Kwangju Democracy Movement," Studia Orientalia 124, 2023a, pp. 1-20.

간의 관계를 개선하고 장기적인 안정과 화해, 협력을 위해 노력하는 것을 목표로 했다.

　대북 정책 외에 김대중 정부의 또 다른 중요한 외교 정책 변화는 한편으로는 러시아와 중국, 다른 한편으로는 일본과 미국과 같은 중요한 국가에 대한 정책에 나타났다. 국민의정부는 국가 안보를 이유로 러시아와 중국과는 거리를 두면서도 동시에 외교와 경제통상 분야에서 관계 정상화를 위해 적극적으로 노력했다. 대미 외교 정책은 여전히 강력하고 긴밀한 동맹 관계를 유지하면서도, 북한과의 화해 정책을 이전보다 더 적극적으로 추진했다. 마찬가지로 일본과의 관계 개선에 전념하면서도 김대중—오부치 합의(21세기 새로운 한일 파트너십 공동선언)로 가장 잘 증명된 것처럼[29] 역사 문제 해결이라는 핵심 과제를 소홀히 하지 않았다.[30]

　노무현 대통령은 전임 대통령에 이어 진보적인 정책을 계승하고 확대했지만, 보수적인 이명박 대통령의 집권으로 한국은 또 한 번의 정권 교체를 경험했고, '민주주의의 시계는 다시 되돌아갔다'.[31] 법치주의라는 미명 아래 표현의 자유와 언론의 자유가 억압되고 집회의 자유가 제한되었으며 시민사회의 정치적 권리가 축소되었다. 이명박 대통령은 이후 부패, 뇌물수수, 횡령, 탈세 혐의로 징역 17년과 벌금 1,000여만 유로를 선고받았다. 이는 이후 박근혜 대통령이 집권하면서 전개될 정치적 위기의 전조와도 같았다. 박근혜 대통령 집권 초기에는 정치적 권리의 제한과 정권 비판자에 대한 압박 등 이전 정부와 유사한 반민주적 경향이 반복되었다. 또한 박근혜 대통령이

---

29) 김대중, 〈일본방문 귀국기자회견 서두말씀〉, 대통령실, 1998년 10월 10일.
30) 김대중, 〈제82주년 3·1절 기념사, 대통령실〉, 대통령실, 2001년 3월 1일.
31) Fifield, Anna, "S Korea risks turning back political clock," Financial Times, 12 December, 2007, p. 6.

348

최측근인 최순실에게 국정에 부당한 영향력을 행사하도록 허용한 '국정농단'의 거대 논란이 일었다. 궁극적으로는 박 대통령은 부패, 뇌물수수, 기밀 누설, 선거법 위반 등의 혐의로 대통령직에서 해임된 후 징역 22년과 벌금 1,700만 유로를 선고받고 말았다.

두 보수 정권이 민주주의에 끼친 피해는 막대했다. 하지만 '쓰레기 통에서 민주주의의 꽃이 필 수 있다'는 말처럼[32] 2016년과 2017년 수개월 동안 거리로 나와 박 대통령의 탄핵을 강력히 요구한 수백만 명의 한국 시민 덕분에 결국 국회에서 탄핵 절차가 시작되었다. 즉, 또다시 시민사회가 민주주의를 어떻게 작동하는지 정치인들에게 보여주었다. 그리고 전 세계 언론은 한국 시민들의 적극적인 정치 참여를 인상적으로 보도하였다. 독일 프리드리히 에버트 재단은 2017년 촛불집회 참가자들에게 인권상을 수여하며 촛불집회에 민주주의에 기여한 중요한 공헌을 기렸다.[33] 특히 이번 대규모 시위는 민주화 과정이나 민주화 이후와는 달리 평화적이었고, 모든 계층과 연령대가 참여했으며, 어느 한 정치 진영으로 분류할 수 없는, 즉 탈이념적이었다는 점에서 주목할 만했다. 2002년, 2008년, 2014년의 촛불 시위가 그 선례였으며, 이는 결국 전 세계 많은 사람에게 한국 정치 문화가 이상적인 모델로 발전하고 있었다.

이러한 민주주의 발전의 도취 속에서 진보 성향의 문재인 후보가 대통령에 당선되었고, 이는 촛불 민주화 운동의 정점이자 한국 민주

---

32) 이 말은 원래 1951년 영국 더타임즈에 실린 "쓰레기 더미에서 장미가 자라는 것을 기대하는 것이 한국의 폐허에서 건강한 민주주의가 생겨나길 기대하는 것보다 더 합리적이다."라는 당시 한국 민주주의의 앞날에 대한 회의적인 주장을 전도한 것이다 (Times, The. "War and Peace in Korea," The Times, 1 October, 1951, p. 5.).
33) Friedrich-Ebert-Stiftung. "Menschenrechtspreis 2017 – Organisationskomitee der Kerzenbürger-Demonstrationen Korea," Friedrich-Ebert-Stiftung, 2017.

주의의 재건을 가능케 했다. 문재인 정부 하에서 민주주의의 질은 개선되었다. 하지만, 대통령이 지나친 실질 권력을 휘두를 수 있는 근본적인 권력 구조 문제는 여전히 남아 있어 민주주의에 대한 도전이 반복되었다.[34] 문재인 정부 말기의 이러한 상황은 결국 정치 경험이 전무한 보수 성향의 윤석열 후보가 차기 대통령으로 당선되는 것으로 귀결되었고, 민주주의의 질이 나아지지 않고 오히려 다시 나빠졌다(아래 참조).

2. 민주주의 지수 기준과 시간 경과에 따른 비교

민주화 이후 진보와 보수 세력의 집권에 따른 역동적인 정치동요는 국제 민주주의 지수에도 비교적 명확하게 반영되어 있어 이를 통해 사회과학적인 자료를 통해 한국 민주주의가 국제적인 시각에서 어떻게 인식되는지 잘 알 수 있다. 민주주의 다양성 지수(Varieties of Democracies; V-DEM)는 가장 포괄적인 지수 중 하나로 꼽히며, 실제로 한국의 민주주의 발전 추세를 잘 파악할 수 있는 지표로 평가받고 있다(아래 그림 참조). 민주주의의 질에 대한 평가는 민주화 이후에 급격히 상승하고, 그 수준을 유지하며, (노태우 정부 시기) 부분적으로는 소폭 상승하기도 한 다음, 문민정부 시기(1993-1997년)는 이전 정부에 비해 개선된 점을 반영하여 다시 한번 상승 곡선을 보였다. 하지만 비로소 김대중 대통령(1998-2003년)이 취임하고서야 민주주의의 질이 다시 한번 급격히 상승하고, 이때부터 노무현 대통령 임기 말(2003-2008년)까지 지속되는 일종의 '민주주의 질의 고원'이 유지

---

34) Mosler, Hannes B. et al. (eds.). The Quality of Democracy in Korea. Three Decades after Democratization. Basingstoke: Palgrave Macmillan, 2018.

되었다. 한국 민주주의의 질적 수준은 이명박 대통령(2008-2013년)이 취임하자마자 1990년대 초반(문민정부) 수준으로 다시 급락했다가, 박근혜 대통령 정부(2013-2017년)와 함께 최저치를 기록할 정도로 악화된 후, 문재인 대통령(2017-2022년)이 취임한 이후에는 이전 수준을 빠르게 회복했다. 그러나 최근 수치를 보면 윤석열 대통령이 취임(2022년 이후)하면서 민주주의의 질이 다시 급격히 하락하고 있는 것을 알 수 있다. 따라서 전반적으로는 한국의 민주주의 수준은 진보 정부가 들어서면 상승하고 보수 정부가 들어서면 하락하는 뚜렷한 패턴을 보인다.

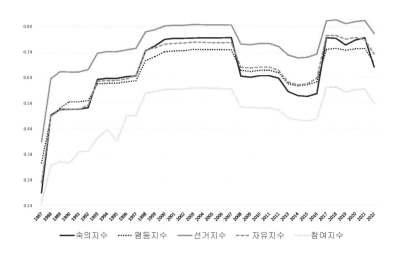

〈그림 1〉 V-DEM 한국의 5개 지수 (1987-2022)
출처: https://v-dem.net/; 도표작성: 저자.

조금 더 세밀하게 들여다보자. V-DEM 지수는 5개의 하위 지수로 구성되며, 각 1차 하위 지수는 특정 영역에 초점이 맞춰져 있다. 선거 민주주의 지수(Electoral Democracy Index: EDI)는 선거권, 표현의 자유, 공정하고 자유로운 선거 등 민주주의 국가에서 선거를 보장하는 데 핵심이 되는 요소를 포괄한다. 한국은 다섯 개의 1차 하위 지수 중 선거 민주주의 지수의 점수가 가장 높다. 즉, 민주주의의 기본 요건 또는 최소 기준이 한국에서도 잘 지켜지고 있다는 뜻이다. 나머지 4개의 1차 하위 지수는 모두 민주주의의 질을 구성하는 두 번째 구성 요소인 EDI를 포함하고 있으며, 이를 통해 민주주의의 질에 대한 각 영역에 대해 설명할 수 있다. 심의 민주주의 지수(DDI)는 정부, 정당, 정치인 등 정치사회가 시민사회와 대화와 교류를 하는 정도를 기록하는 정도로 구성된다. 이는 정치인들이 첫째, 시민사회 활동가들과 얼마나 자주, 그리고 어떤 주제에 대해 교류하며 협의하는지, 둘째, 정책을 얼마나 공개적으로 설명하고 정당화하려고 노력하는지, 그리고 셋째, 정치인들이 반론을 얼마나 존중하거나 관용을 베푸는지를 측정한다. 평등 민주주의 지수(Egalitarian Democracy Index: EGA)는 교육, 보건과 같은 자원에 대한 평등한 접근 또는 평등한 분배와 시민권의 평등한 보호 문제를 다룬다. 또한 성별 및 사회 계층 평등에 대해서도 포괄한다. 자유민주주의 지수(Liberal Democracy Index: LDI)는 법 앞에 평등한 대우와 개인의 자유가 얼마나 잘 보장되는지, 한편으로는 사법부와 입법부가 행정부를 얼마나 잘 견제하고 있는지에 대한 지수이다. 따라서 이 세 가지 2차 하위 지표는 민주주의의 기본 원칙을 설명하지만 단순한 선거 민주주의를 넘어서는 의미를 지니고 있다. 한국의 경우에는 이 세 가지 요소에 대한 점수는 EDI보다 약간 낮지만 참여 민주주의 지수(Participatory Democracy Index: PDI) 점수에 비해서는 여전히 높은 수준이다. 참여 민주주의 지수는 정치가 시민사회와 얼마나 잘 협력하는지, 시민이 의사결정에 직접 참여해 발언권을 행사할 수 있는 기회가 있는지 등을 묻는 항목으로 구성된다. 다른 하나는 중앙정부와 지방정부가 존재하는지와 이들이 전체 정치 시스템이나 과정에서 얼마나 효과적으로 역할을 수행하는지이다. 한국 민주주의의 참여 지수는 PDI에 반영된 모든 하위 지표 중 가장 취약한 수준이다.

다음으로 좀 더 구체적으로 각 지수의 하부 지수와 개별 항목을 살핌으로써 무엇이 문제인지를 알아보자(아래 그림2 참조). 즉, 여기서 이 장의 주제와 관련하여 흥미로운 대목은 한국 민주주의의 질에 대한 개별적인 항목이 시간이 지남에 따라 어떻게 발전해왔는지의 문제이다. 이를 통해 한국 민주주의 질의 수준이 특별히 부족한 분야를 파악할 수 있기 때문이다. 그러기 위해 V-DEM 지수에서 가장 큰 변동을 보이는 하위 지수를 면밀히 살펴봐야 한다. 전반적으로 봤을 때 숙의(DDI), 자유(LDI)와 선거(EDI)의 하위 영역의 동요가 가장 두드러진다.

DDI의 경우는 1998년, 2008년, 2017년, 2022년의 보수 · 진보 정부교체에 따라 민주주의의 질이 가장 크게 요동되는 요소는 '협의 범위(range of consultation)', '합리적 정당성 여부(reasoned justification)', '반론 존중 여부(respect counterarguments)'의 세 가지 부분이다(그림 2 참조). 협의 범위는 정부의 심의 및 의사결정에 얼마나 많은 그리고 어떤 정치 행위자가 관여하는지에 관한 것이다. 예컨대, 대통령 또는 그 주변의 극소수 집단만이 권위 있는 결정을 내리는지에 관한 것이다. 또는 심의과정에 관여한 행위자들은 정치적 스펙트럼의 모든 부분과 사회 및 경제의 모든 관련 정치 부문으로 구성되는지 이다. 보수 정부 시기는 주로 결정자 집단이 더 배타적이며 엘리트 중심적이라는 것을 알 수 있다. 이러한 엘리트 배타적 패턴은 정부 변화에 따라 크게 변동하는 PDI의 시민사회 단체와의 '협의수준' 기준에서도 발견된다. 이 항목은 정부가 시민사회 단체의 의견으로부터 고립되어 있는지, 아니면 주요 시민사회단체를 중요한 정책

영역의 이해관계자로 인정하고 의사결정 과정에서 이들의 의견을 듣는지 평가한다.

　마찬가지로 합리적 정당성은 특정 정책 결정에 대한 정당성이 공개적으로 설명하며 설득되는지에 관한 것이다. 여기서 한 가지 극단적인 예는 정치 엘리트들이 거의 항상 정당성 제시 없이 해야 할 일과 하지 말아야 할 일을 지시한다는 것이다. 다른 긍정적인 극단(이상형)은 더 복잡하고 미묘하며 완전한 정당성을 제시하는 정교한 정당화이다. 마지막으로 세 번째 항목은 숙의과정에서 정부가 반론을 얼마나 존중하는지에 관한 것이다. 즉, '반론이 허용되는가 아니면 반론을 제기하면 처벌을 받는가 하는 질문이고, 또한, 엘리트들은 거의 항상 반론을 인정하고 명시적으로 중요하게 생각하며, 심지어는 반론을 수용하고 입장을 바꾸는 경우도 많은가?'라는 질문이 그것이다.

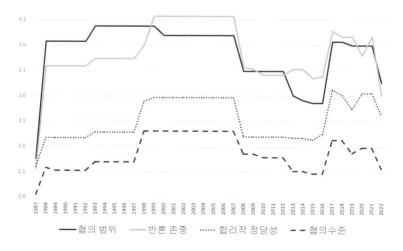

〈그림 2〉 V-DEM 숙의·참여민주주의 일부 하부 지수 (1987-2022)
출처: https://v-dem.net/; 도표작성: 저자

요약하자면, 이 4가지의 항목은 정치의 의사결정 과정이 얼마나 엘리트주의적이고 배타적인지를 측정한다. 여기 깔린 기본 가정은 이 과정이 더 광범위하고 개방적이며 포용적일수록 민주주의 질이 높아진다는 것이다. 결론은 보수적인 정부하에서는 이러한 과정들이 급격히 축소된 것도 바로 이 때문이다. 이러한 엘리트주의적이고 배타적인 의사결정 과정의 명백한 위험은 극히 일부의 이해관계와 아이디어만 고려된다는 것이다. 그러나 동시에 이를 기반으로 한 결정은 전체 인구에 영향을 미친다. 이러한 종류의 의사결정은 잠재적으로 다수를 배제하기 때문에 결과적으로 민주주의 원칙에 위배되기 때문에 민주주의의 질을 크게 해치는 효과를 가진다.

다음은 자유민주주의 지수를 들여다보자(그림 3 참조). 현대 민주주

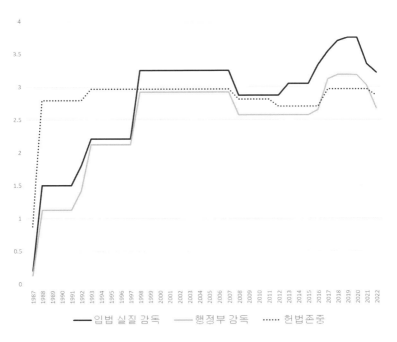

〈그림 3〉 V-DEM 자유 민주주의 일부 하부 지수 (1987-2022)
출처: https://v-dem.net/; 도표작성: 저자

의의 중요한 기본 기능은 권력의 집중과 남용을 방지하기 위해 국가
의 권한을 제한하는 것이다. 반대로 권력이 제대로 통제되면 광범위
하고 개방적이며 포용적인 의사결정 과정이 촉진되고 자의적인 통치
를 방지할 수 있다. 이러한 맥락에서 입법부 및 기타 기관에 의한
행정부 통제와 관련된 자유민주주의 지수의 두 가지 항목은 특히 크
게 변동한다. 역시 진보 정부 시기는 높은 수준을 유지하거나 향상되
는 반면에 보수 정부 시기는 떨어져 낮은 수준을 유지하거나 더 낮아
진다는 패턴이 재확인된다. 여기서 문제는 행정부가 위헌, 위법 또는
비윤리적으로 행동했을 때 국회('입법부의 실질적 조사, legislature
investigates in practice') 또는 감사원이나 검찰과 같은 기타 기관('행
정부 견제, executive oversight')이 효과적으로 개입할 가능성이 얼마나
되는가 하는 것이다. 비슷한 변동 추세는 '집행부는 헌법을 존중한다
(executive respects constitution)'는 항목에서도 확인할 수 있다. 동요
폭이 위의 경우만큼 심각하지는 않지만, 여전히 현저한 변화를 확인
할 수 있다. 이는 보수 정부하에서 행정부에 대한 견제와 통제, 권력
남용 방지에 대한 필요성이 현저히 낮다는 것을 나타낸다.

　마지막으로, 선거 민주주의 지수(EDI)이다. 선거 민주주의 지수에
는 언론자유, 정부검열, 기자협박 등이 있다. 조사에 따르면 한국의
보수적인 정부는 '표현의 자유 및 기타 대체 정보원(freedom of
expression and alternative sources of information)'을 제한하는 경향이
있다(아래 그림 4 참조). 이러한 항목은 유권자가 충분한 정보를 바탕으
로 의견을 형성할 수 있는 기회를 보장하는 데 매우 중요하다. 왜냐
하면, 이는 투표 결정에 결정적인 영향을 미치기 때문이다. 특히 다
음 네 가지 항목이 진보·보수 정부에 따른 가장 큰 상관관계를 보인
다. '정부의 언론에 대한 검열 시도(government censorship effort-
media)' 항목이 가장 큰 동요를 보였다. 이 사항은 정부가 신문·방송

매체를 직접 또는 간접적으로 검열하려고 시도하는지를 평가한다. '언론의 자기 검열(media self-censorship)' 항목에서도 마찬가지로 등급 상승과 하락이 뚜렷하게 나타나고 있다.[35] 또한 '언론인에 대한 협박(harassment of journalists)' 기준의 등급에도 상당한 변동이 있다. 예를 들어, 명예훼손 소송으로 언론인을 위협하거나 국가 또는 강력한 비국가 행위자가 정당한 언론 활동하는 언론인을 체포 또는 투옥하는 등의 행위가 여기에 포함된다. 일반적으로 보수 정부 시기는 언론의 자유가 현저하게 저해된다는 것을 말해준다.

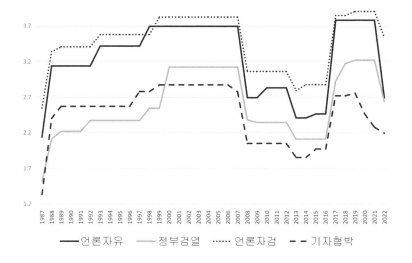

〈그림 4〉 V-DEM 선거 민주주의 일부 하부 지수 (1987-2022)
출처: https://v-dem.net/; 도표작성: 저자

---

35) '언론의 일방적인 보도' 등 선거 민주주의 지수의 다른 하부 항목도 비슷한 추세를 확인할 수 있다.

마지막으로 동아시아 지역의 다른 민주주의 국가인 일본과 대만과 간단히 비교해보면, 두 국가에 비해 한국의 보수·진보 정부 교체에 따라 민주주의 질의 요동이 더욱 크게 나타난다는 것을 실감할 수 있다(아래 그림 5 참조; 한국은 검은 직흑선). 그뿐만 아니다. 다섯 하위 지수 개별적으로 비교하면, 다음과 같은 또 다른 특징이 발견된다.

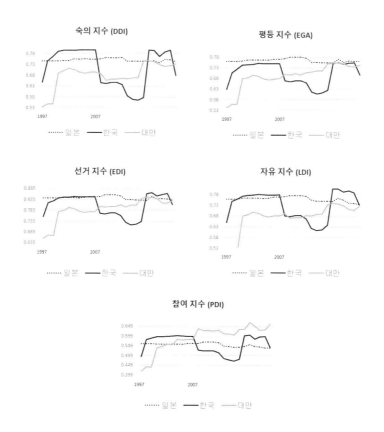

〈그림 5〉 한국, 일본, 대만 등 동아민주국가의 V-DEM 민주주의 지수 비교 (1997-2022) 출처: https://v-dem.net/; 도표작성: 저자

첫째, 평등 지수를 제외하고 한국 민주주의 질의 모든 지수는 진보정부가 들어섰을 때 거의 예외 없이 일본 지수보다 높다. 둘째, 이명박 정부부터 보수 정부 시기 한국 민주주의의 질은 극히 일부를 제외하고는 대만의 민주주의 질 지수보다 낮다. 셋째, 한국 민주주의의 참여 지수는 이명박 정부 이후부터 나빠졌다가 문재인 정부 들어 다시 회복하지만, 대만 민주주의의 상승세를 따라잡지 못한다. 요약해서 말하면, 한국의 국내적인 차원을 넘어서 아시아 지역의 비교적인 시각에서 한국의 민주주의 질의 발전을 봤을 때도 역시 보수정부 시기의 질적 악화 경향이 현저하다는 것을 알 수 있다.

지금까지는 국제 비교 관점에서 한국의 민주주의 질의 발전을 살펴봤다. 그 결과, 진보 정부가 들어설 때는 민주주의의 질이 진전되고 보수 정부가 들어설 때는 민주주의의 질이 후퇴하는 뚜렷한 패턴을 확인할 수 있었다. 특히 정부와 시민사회 간의 관계, 정부에 대한 민주적 통제, 언론의 자유 등의 변화가 두드러진다. 또한 전반적으로 일본과 대만과의 역내 비교에서 민주주의의 질적 하락은 매우 적나라하다. 그러나 한국의 민주주의 질과 관련된 일부 문제들은 민주주의 지수에 반영되지 않고 있다. 이는 해당 정부의 이념과는 비교적 무관한 엘리트와 국민들의 정치 문화나 정치 습관의 문제이기도 하다. 그리고 현재 한국 민주주의의 질에 대한 도전에 결정적으로 기여하는 것은 바로 정치 문화의 악화이다. 그런 점에서 다음 부문에서는 몇 가지 정치 문화나 정치 습관의 측면을 자세히 살펴볼 것이다.

3. 한국 현 민주주의와 문제 대응 방향

1) 시민사회와 민주주의
㈀ 문제제기

정부와 시민사회의 동업자적 협력은 여러 가지 이유로 민주주의의 질적 향상에 중요한 역할을 한다. 우선, 시민 참여와 대표성을 향상시키는 것에 중요하다. 시민사회는 다양한 이해관계와 관점을 대변하는 다양한 조직, 단체, 개인 등으로 구성되어 있기 때문에 시민사회의 참여는 더 다양한 사람들이 정치 과정에 관여하고 그들의 우려와 요구를 대변하고 반영될 수 있게 해준다. 이는 시민 참여를 강화하고 민주주의의 대표기능을 강화한다. 또한 시민사회는 보건, 교육, 환경 보호, 인권 등과 같은 다양한 분야에서 구체적인 경험, 전문지식과 전문성을 보유하고 있다. 따라서 시민사회(단체)와의 협력을 통해 정부는 이러한 자원을 활용할 수 있고, 민주적 혁신(democratic innovation)의 측면에서 건전하고 지속가능한 정책을 개발할 수 있다. 시민사회는 정부 활동을 모니터링하고 정부의 책임성을 유지하게끔 하는 등 정부에 대한 견제역할도 중요하다. 즉, 시민사회와 협력함으로써 독립적인 행위자가 정부를 관찰하고 권력 남용이나 오용 가능성을 지적하여 일종의 추가적인 통제 장치 역할을 한다. 이런 의미에서 시민사회는 흔히 제4의 권력인 언론에 이어 제5의 권력의 역할을 하고, 또한 정당과 또 다른 매개 역할을 하기도 한다. 또한 시민사회와의 교류와 협력을 통해 잠재적인 사회·정치적 갈등을 처음부터 피하거나 적어도 완화할 수 있다. 정책 결정 과정에 다양한 이해관계자가 참여하면 타협점을 찾고 건설적인 해결책을 개발하는 데 도움이 될 수 있기 때문이다. 아울러 정부와 시민사회의 파트너십에 기반한 투명한 협력은 정치제도와 민주주의 시스템 전반에 대한 정당성과 신뢰로 이어진다. 정부가 시민사회의 우려에 귀를 열고 기꺼이 협력한다면 정치 기관에 대한 시민의 신뢰가 강화되기 때문이다. 전반적으로 시민사회와 협력하는 정부는 민주주의를 더욱더 포용적이고 참여적이며 투명하고 책임감 있게 만드는 경향이 있고, 이는 민주적 거버넌스의 질을 향상시키고 사회 전반의 복지를 증진한다.

  (ㄴ) 현황 진단: 시민사회에 대한 정부의 이념화된 지원

  윤석열 정부에서 시민사회 주체와의 관계는 정부의 일방적인 선택과 동원이 특징이다. 정부의 이념적 성향이 보수적이기 때문에 시민사회 주체와의 협력은 상대적으로 약하다. 대신 국가 기관의 업무에 초점이 맞춰져 있다. 무엇보다도 노동조합의 권리와 자유는 정부에 의해 비판적으로 간주되며, 노동조합 활동이 정부 정책에 대한 비판을 포함할 경우 때때로 제한받기도 하다. 이는 이미 화물 노조, 조선 노조, 건설 노조, 교원 노조 등 많은 사례에서 입증된 바 있다. 그 결과 급진적인 민노총뿐만 아니라 온건한 한노총과의 관계도 급격히 악화되었다. 그 결과 정부, 사용자, 노동자 간의 중요한 삼각관계가 제대로 작동하지 않게 되었다. 그러나 윤석열 검찰총장은 이미 110대 국정과제에서 시민사회를 위한 정책 개발 분야를 제외했다. 그 결과 시민사회위원회와 대통령령인 '시민사회활동 및 공익활동 진흥에 관한 법률'을 폐지했다. 정부와 시민사회 간 협력을 위한 이 두 기구는 이전 보수 정부에서도 유지되던 제도였다. 또한 윤석열 대통령이 검찰총장 시절에 시민사회단체들이 일종의 '이권 카르텔'을 형성해 과거 시민단체 보조금을 부당하게 챙겼다는 의혹을 제기한 바 있다. 이는 시민사회에 대한 기본적인 적대적 태도를 매우 분명하게 보여준다. 적어도 정부에 비판적인 시민사회 단체에 대해서는 그렇

다. 반면 보수적인 시민사회단체의 경우는 상황이 다르다. 대표적으로 관변 단체 3곳에 대해서 강력한 예산 지원을 하고 있다. 한국자유총연맹, 새마을운동중앙회, 바르게살기운동협의회 등 이른바 '빅3'는 2023년 정부 보조금으로 지난해보다 총 26억 4,750만 원을 더 지원받게 된다. 이는 역대 관변단체 예산 증가액 중 가장 큰 규모이다. 일각에서는 이들 단체가 정부 진영의 이익을 위해 내년 국회의원 선거에 개입할 것이라는 우려도 있다.[36] 아직까지는 추측일 뿐이지만, 과도한 재정 지원을 보면 이러한 추측이 뒷받침되는 듯하다. 이들 단체의 주요 직책도 여당 인사로 채워져 있다. 아울러 올해 자유총연맹 창립 기념식에 윤석열 총장이 참석해 파문을 일으켰다. 현직 대통령이 자유총연맹 행사에 참석한 것은 1999년 이후 처음 있는 일인데 윤석열 대통령은 축사에서 매우 이념적이고 선동적인 모습을 보이며 자유총연맹에 대한 노골적인 지지를 표명했다.[37] 이는 정부에 비판적인 시민사회 단체에 대한 그의 태도와 행동과는 극명한 대조를 이룬다.[38]

물론 정부와 동반자적 관계를 맺어야 하는 시민사회도 그 역할을 효과적으로 수행하거나 제 기능을 다 할 수 있어야 한다. 그러기 위해서는 성숙한 정치문화가 자리 잡아야 한다. 한국 사회가 급속도로 발전해왔고 국제적 기준에 비춰볼 때 교육 수준이 매우 높을 뿐만 아니라 시민들이 정치, 사회, 경제의 문제에 대한 깨어 있고 비판적

---

36) 문광호, 〈'태극기 달기 캠페인' 등에 1억씩 펑펑…관리·감독 '허술'〉, 《경향신문》, 2023년 8월 14일.

37) 정아란과 이동환. 〈尹 "반국가세력들, 北제재 해제 읍소하고 종전선언 합창"〉, 《연합뉴스》, 2023년 6월 28일; 《경향신문》. 〈관변단체 보조금 늘려주면서 시민단체는 옥죄려는 정부〉. 《경향신문》. 2023년 8월 15일.

38) 예컨대, 2023 늦여름에 강승규 대통령실 시민사회수석 전화 통화 녹취록이 공개되었는데, 이를 통해 윤석열 정부하에서 일방적 목적을 위해 의도적으로 보수 시민사회단체를 관제데모에 위해 동원하고 있다는 추측이 제기되기도 했다. 이충재. 〈대통령실 참모의 '관제데모' 지시 의혹, 왜 위험한가〉. 《오마이뉴스》. 2023년 9월 7일.

인 인식을 갖고 있는 것은 부인할 수 없는 사실이다. 그럼에도 불구하고 민주화 이후에도 지적되어 온 한국 정치 문화는 강력한 중앙집권적 정부, 조직의 경직된 위계질서, 관료제에 의한 통치, 복종적인 시민을 일반적으로 선호하는 경향이 있으며,39) 엘리트들은 일반 시민들을 통제와 동원의 대상으로 간주한다는 것이다.40) 반면, 한국 국민들의 시민적 덕목은 지속적으로 변화하고 있으며, 최근 촛불 시위 문화의 발달에서 볼 수 있듯이 정부가 국민의 뜻에 반하는 행동을 할 때 지도자에 대해 훨씬 더 비판적이고 목소리를 높이고 있다는 주장도 있다.41) 그러나 동시에, 적어도 다른 선진 민주주의 국가들

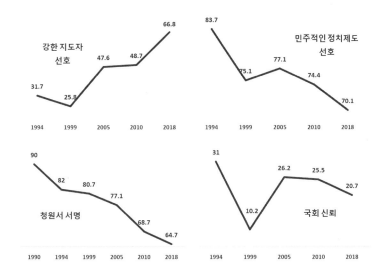

〈그림 6〉 한국 정치 문화에 관한 세계 가치관 조사의 일부 (%)
출처: https://www.worldvaluessurvey.org; 도표작성: 저자

---

39) 김운태 등,《한국 정치론》(서울: 박영사, 1999), 262쪽.
40) 김호진, 한국정치체제론 (서울: 박영사, 1995), 332쪽.
41) Kim, Jiyoon, Political Culture and Behavior. In Moon, C.-I. and Moon, M. J. (Eds.), Routledge Handbook of Korean Politics and Public Administration. London: Routledge, 2020, pp. 41-58., p. 55.

과 비교했을 때 권위주의적 태도가 여전히 존재한다는 증거도 있다 (WVS - 〈그림 6〉 참조). 가장 눈에 띄는 두 가지 추세는 강력한 지도자에 대한 지지 증가와 민주적 정치 시스템에 대한 지지 감소에 관한 것이다. 첫 번째 측면과 관련하여, 한국 사람들에게 '강력한 지도자가 의회와 선거와 상관없이 통치할 수 있는 정치 시스템에 대해 어떻게 생각하느냐'고 물었다. 이에 대해 1990년대 중반에는 '상당히 좋다' 또는 '매우 좋다'고 답한 비율이 약 32%로 비교적 낮았지만, 시간이 지남에 따라 강력한 지도자를 선호하는 사람들의 비율은 약 67%로 두 배 이상 증가다. 같은 기간에 대만에서도 그다지 강하지는 않지만 비슷한 추세가 뚜렷하다. 같은 질문에 긍정적으로 답한 비율이 39%에서 66%로 증가했기 때문이다. 반면, 일본에서는 같은 항목이 21%에서 29% 사이로 비교적 일정하게 유지되다. 민주적 정치 체제와 관련하여, 한국 사람들은 '민주적인 정부 시스템이 우리나라에 얼마나 좋거나 중요하다고 생각하는지'를 물었는데, '매우 좋다' 또는 '상당히 좋다'고 답한 응답자의 비율은 1990년대 중반에는 84%를 차지했지만 2018년에는 약 70%로 줄어들었다. 물론 70%로 여전히 민주적 제도가 중요하다고 생각하는 사람들이 대다수를 차지하고 있지만, 감소 추세는 분명하고, 또 일본과 대만과 비교했을 때 더욱 그러하다. 대만과 일본에서 같은 항목은 지속적으로 각각 약 90%와 약 80%를 차지해오고 왔기 때문이다. 그 외, 예컨대 정치 참여의 정도를 측정하는 '최근에 서명운동에 동참한 적이 있냐'거나 정치 기관에 대한 신뢰를 가늠하는 '국회를 믿는가'라는 질문에 긍정적으로 답하는 한국 사람들은 역시도 계속 줄어든다.

따라서 한국의 정치 문화는 한편으로는 국민이 권력을 위임하여 전권을 가진 강한 지도자를 선호하면서 다른 한편으로는 대통령이 선을 넘을 때 국민이 직접 주권을 강력하게 행사하는 것을 선호하는 이중적인 모습을 보인다. 하지만 이러한 정치 문화는 궁극적으로 국민들이 자신들이 선출한 대통령에게 대통령직 수행에 관대한 여지를 부여함으로써 대통령이 민의를 대의하기보다 개인적으로 해석하는 대통령직에 대한 이해에 기반해 독단적인 정책 수행을 가능하게 하는 큰 부작용을 가져온다.[42]

　이러한 정치 행태가 민주주의의 질에도 결정적인 타격을 가했다.[43] 한국에서 '정치인들이 시민의 삶을 개선하고 합의를 모색하는 대신 정치적 갈등 해소보다는 편파적 이해관계를 조장하는 데 정치적 노력을 기울인'다는 연구 결과가 있다. 영국의 이코노미스트 인텔리전스 유닛(EIU)이 초창기에 발표한 '2022 민주주의 지수(Democracy Index 2022)' 보고서에 의하면 그동안의 대립적인 정당 정치가 한국의 민주주의에 큰 타격을 입혔으며, 정치 적대적 흑백논리가 합의와 타협을 위한 공간을 축소시켜 정책 결정 과정을 교착 상태에 빠뜨렸다는 분석이다. 아울러 정치인들은 합의를 도출하고 국민의 삶을 개선하기 위해 노력하기보다는 경쟁 정치인을 무너뜨리는 데 정치적 에너지를 집중하기 때문에 국민은 점점 더 민주 정치에 매료되지 않고 공직자에 대한 신뢰를 잃어가는 결과를 가져왔다는 것이다. 그 결과 군부 통치나 정치적 제약에 구애받지 않는 강력한

---

42) Mosler, Hannes B. "Changing South Korean politics without taking power? The pesidential power trap three years after impeachment," in: Dumin, Julia (ed.). South Korea after the 2017 Impeachment Implications for Politics, Society, and Democracy. Nomos: Baden-Baden, 2022, pp. 23-66, p. 37.

43) Yeo, Andrew. "Has South Korean Democracy Hit a Glass Ceiling? Institutional-Cultural Factors and Limits to Democratic Progress." Asian Politics & Policy Vol. 12, No 4 (2020), pp. 539-558; Christopher Green and Steven Denney, "Why do democratic societies tolerate undemocratic laws? Sorting public support for the National Security Act in South Korea," Democratization Vol. 31, No. 1.

지도자에 대한 대중의 지지가 증가하고 있다고 지적하였다.[44] 이 때문에 한국의 EIU 민주주의 지수가 단기간 내에 16순위에서 24순위로 8단계나 떨어진 주원인이 됐다(아래 〈그림 7〉 참조). 몇 년 전 박근혜 대통령 탄핵을 주도한 '촛불 시민', 한국 시민사회가 독일 에버트 재단의 국제 인권상을 받고 성숙한 민주주의 문화로 칭송받은 상황과 사뭇 대조적이다. 즉, 민주주의에 대한 국민들의 요구가 약하고 진보와 보수를 막론하고 정치 엘리트는 법치주의, 자유주의의 진정성, 제한된 정부 등의 원칙을 유린함으로써 한국 민주주의가 저균형

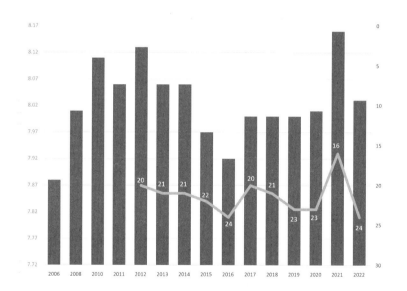

〈그림 7〉 이코노미스트의 민주주의 지수의 한국 평가 (2006–2022)
출처: https://www.eiu.com/n/; 도표작성: 저자

---

44) Economist Intelligence Unit (EIU). Democracy Index 2022. Frontline democracy and the battle for Ukraine. Economist Intelligence Unit. London: UK, 2023. p. 49.

의 덫(low-level equilibrium trap)에 걸려 있다.[45] 이 덫에서 빠져나와 벗어나려면 성숙한 민주 시민이 요구된다.[46]

　민주주의 질을 떨어뜨리는 또 다른 요인으로 대중 매체의 역할을 들 수 있다. 민주화 이후 언론 환경은 서서히 자유화되었고, 김대중 대통령 집권 이후 정치적 양극화가 심화되면서 정치적 병렬화 현상이 시작되었다고 할 수 있다. 정치적 병렬화란 특정 언론이 특정 사회적, 경제적, 정치적 이해관계와 해당 정당, 세력 또는 진영의 목소리를 대변함으로써[47] 정치적 분열이나 양극화를 재생산하거나 증폭시키는 현상을 말한다.[48] 70, 80년대 국가에 의해 일방적으로 동원된 보수 언론에 대항해 민주화 이후 진보 언론이 새롭게 형성되었다. 진보 진영은 불평등한 구조에 맞서 싸워왔지만, 정부나 권력층에 의한 언론 동원은 오늘날까지도 흔한 패턴으로 이어져 오고 있다. 이 점에서 양 진영 모두 비판에서 자유롭지는 않지만, 보수 정부하에서 언론의 동조는 훨씬 더 두드러진다. 이는 해방 이후 냉전, 한국전쟁, 이후 독재 정권 등으로 이어지는 과정에서 권력투쟁에 따라 형성된 권력 구조 때문이기도 하지만, 다른 한편으로는 재력으로 영향을 미치는 우파 세력의 개입과도 관련이 있다. 이러한 맥락에서 한국에서는 권위주의 정권의 유산에서 비롯된 진보 언론에 비해 보수 언론이 현저하게 우세하다는 점도 주의시해야 할 필요가 있다. 이는 보수 세력은 "한국에서의 특권적 사회정치적 지위를 유지"하기 위해 "진보

---

45) Cho, Youngho. "Citizens' Support for Democracy," in: Han, JeongHun (ed.) et al. The Oxford Handbook of South Korean Politcs. (Routledge: London, 2021), pp. 358-374, p. 373.

46) 김석호. 〈시민의 정치참여를 통해서 본 한국 민주주의의 질〉, 박종민과 마인섭 편, 《한국 민주주의의 질》 (서울: 박영사, 2018), pp. 115-150쪽.

47) Hallin, Daniel and Paolo Mancini. Comparing media systems. Three models of media and politics. (Cambridge University Press, 2004), p. 21 참조.

48) Hardy, Jonathan. Western Media Systems (London: Routledge, 2018).

에 대한 보수의 우위를 차지하기 위한 끊임없는 투쟁"을 수반해 왔
다.[49]

특히 통신기술과 인터넷의 발달로 다양한 대안 미디어 채널이 등
장하면서 보수적인 매스미디어의 패권에 도전하는 목소리가 점점 커
지고 있다. 공공 방송 부문에서는 비교적 강력한 형태의 노동조합
조직이 보도에서 최소한의 객관성을 보장하고 있어 보수 진영은 금
전적 수단만으로는 언론 시장을 장악할 수 없게 되었다. 따라서 방송
위원회 같은 정부 기관을 통해 경영진을 교체하거나 비판적인 언론
인에 대해 법적 조치를 취하는 등 정치적 수단을 동원해 신문은 물론
텔레비전과 라디오 방송에 압력을 가하는 일이 반복되고 있다. 특히
이명박과 박근혜에 이어 윤석열 정부도 언론 개혁이라는 미명하에
언론 장악의 시도가 엿보여 민주주의 발전에 저해되는 것이 아닌지
의구심이 일고 있다. 세계 언론자유의 현황을 관찰하는 국경없는 기
자회(Reporters Without Borders: RSF)의 세계언론자유지수(The
World Press Freedom Index: WPFI)도 역시 한국 언론의 자유 지수가
부침하는 패턴을 잘 보여준다(아래 〈그림 8〉 참조). 이 그림은 국제 비
교에서 언론의 자유에 관한 한국의 위치가 어떻게 변화해왔는지 보
여준다. 수치가 높을수록 한국의 언론자유가 국제 비교에서 열악하
다는 것을 의미하는데, 노무현 정부 시절에는 비교적 양호한 순위를
보이다가 이명박 정부 들어 급격히 하락하고 있고, 2010년에 갑자기
최고치를 기록한 후 특히 박근혜 정부가 들어섬과 함께 언론자유지
수는 다시 급격히 하락한다. 문재인 정부 들어와서야 다시 급격히
상승한 다음, 윤석열 대통령 취임과 함께 다시 뚜렷한 하락세를 보이

---

49) Shin, Wooyeol. "Conservative Journalists' Myth Making in South Korea: Use
　　of the Past in News Coverage of the 2008 Korean Candlelight Vigil," Asian
　　Studies Review Vol. 40, No. 1 (2016), pp. 120-136.

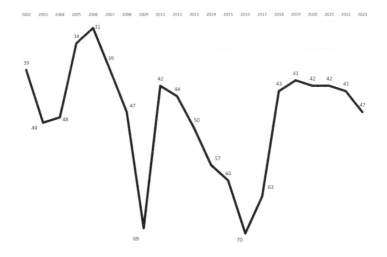

<그림 8> 한국 세계 언론 자유 지수 순위 (2002-2023) (국경없는 기자회)
출처: https://rsf.org; 도표작성: 저자

고 있는 패턴을 보여진다.

윤석열 정부 시기에 언론자유지수가 하락세를 보인 이유는 간단하다. 정부가 언론의 자유를 전격적으로 허용하지 않기 때문이다. 사례는 다양하고 많다. 예컨대, 윤 대통령은 미국 국빈 방문 중에 MBC의 비속어 논란 보도를 '악의적 행태'로 비난하고, MBC 기자를 국빈 방문에서 배제한 경우가 언론의 자유를 침해한 대표적인 사례로 가장 잘 알려져 있는데, 이에 대해 국제기자연맹(IFJ)가 언론의 자유 침해라면서 적극적으로 나서기도 했다. 이러한 비판에도 불구하고 외교부는 MBC에 대한 '사실관계 정정'을 요구하며 소송을 제기했는데, 이는 언론의 자유보다는 정권의 의지가 우세한 상황을 보여주어, 국제사회로부터 날카로운 비판을 계속 받았다. 방송통신위원회의 인사도 심각한 문제이다. 이동관 방송통신위원장은 언론인 출신으로 이명박 정부 시절 방송통신위원회 홍보수석 비서관을 역임한 바 있는데, 2008년부터 2011년까지 그는 청와대 언론 비서관으로 재직할 당시 공영방송 KBS의 인사에 부당한 영향력을 행사했다는 의혹을 받고 있다. 이번 인사로 인해 정권에 우호적인 언론 분위기가 조정될 것이라는 심각한 우려가 제기되고 있다.

  ㉢ 나아갈 방향: 성숙한 민주 시민사회를 위한 개혁, 교육과 혁신
    민주주의의 질에 중요한 역할을 하는 대중 매체는 자유롭고 독립적인 대중 매체를 보장하고 장려하는 것이 핵심이다. 대중 매체는 주로 시민들이게 시사, 정치적 결정, 사회 발전 및 기타 관련 주제에 대해 알 수 있도록 하는 중요한 정보원 역할을 하기 때문이다. 따라서 대중 매체는 복잡한 이슈를 이해하기 쉽게 설명함으로써 시민의 (정치) 교육에 기여한다. 또한 전문가, 정치인, 시민이 의견을 교환할 수 있는 플랫폼을 제공함으로써 공론화를 촉진한다. 미디어는 다양한 의견과 관점을 반영해야 한다. 이는 열린 의견 교환을 촉진하고 시민들이 다양한 관점을 이해할 수 있도록 한다. 균형 잡힌 보도를 통해 사람들은 다양한 정보에 입각한 의견을 형성할 수 있다. 정보에 입각한 시민만이 정보에 입각한 결정을 내리고 정치 과정에 건설적이고 의미 있게 참여할 수 있다. 이러한 정보에 입각한 참여는 정부 및 기타 정치 기관을 모니터링하는 데 중요하다. 언론은 정부의 과실, 부패, 권력 남용을 폭로하여 정부의 책임을 묻는 데 도움을 줄 수 있기 때문이다. 언론은 인권 침해와 사회적 불의를 폭로하는 데 중요한 역할을 할 수 있다. 이를 통해 이러한 문제에 대한 인식을 높이고 정치적 의사 결정권자에게 긍정적인 변화를 가져오도록 압력을 가할 수 있다.
  요약하자면, 대중 매체는 독립적이고 균형 잡힌 시각으로 객관적이고 책임감 있게 운영될 때만 민주주의의 질적 향상에 효과적으로

기여할 수 있다. 왜냐하면 정보에 입각한 시민이 민주주의에서 적극적인 역할을 수행하고 정부를 면밀히 조사하며 공론화를 촉진할 수 있게 해주기 때문이다. 따라서 공익 방송사는 미디어 다양성과 민주주의의 질에 중요한 역할을 한다. 공익 방송사는 상업적 이해관계에 좌우되지 않는 독립적인 미디어 조직이기 때문에 일반적으로 광고주나 기타 이익 단체의 경제적 압박과 영향력에 덜 취약하다. 이러한 독립성 덕분에 공익 방송사는 중립적이고 객관적으로 보도하고 다양한 의견과 관점을 균형 잡힌 방식으로 제시할 수 있다. 또한 교육 프로그램, 문화 행사 및 다큐멘터리를 제작하여 문화 다양성에 기여할 수 있다. 공익 방송은 한 국가의 문화적 정체성을 홍보하고 시민들에게 교육 기회를 제공한다. 이처럼 공익 방송사는 대안적인 관점과 콘텐츠를 제공함으로써 중요한 균형추 구실을 한다. 이를 통해 더 폭넓은 보도를 보장하고 미디어 독과점 현상을 방지할 수 있다. 균형 잡힌 미디어 환경에서는 공영 및 민영 방송사가 함께 민주주의의 질을 높이고 표현의 자유를 보호하며 시민들에게 올바른 정보를 제공하는 데 기여할 수 있다. 거꾸로 언론의 자유를 제한하면 한국 민주주의의 발전을 가로막는 중대한 장애물이 된다는 것은 분명하다.50) 그러므로 한국 공공 방송을 유지하고 더 건설적으로 발전할 수 있도록 노력해야 할 것이고, 또 전반적인 언론 부분이 성숙해질 수 있도록 정부가 부정적으로 개입하거나 관여하지 못하도록 보장해야 한다.

나아가 민주시민교육은 대중 매체 밖에서도 강력하게 촉진되어야 한다. 학교 부문에서는 민주 시민 교육의 양적 확대뿐만 아니라 질적 개선도 이루어져야 한다. 이는 민주 시민 교육의 내용을 시험에도

---

50) Haggard, Stephan, and Jong-Sung You. "Freedom of Expression in South Korea," Journal of Contemporary Asia Vol. 45, No. 1 (2015), pp. 167-179.

관련된 과목으로 만들어야 할 뿐만 아니라 일상적인 학교생활에서 민주 시민 교육을 적극적이고 구체적으로 실천함으로써 달성할 수 있다. 또한 국가 기관은 시민사회 단체와 개인이 학교 밖 민주 시민 교육(일종 성인교육)을 위해 활용할 수 있는 재정 및 콘텐츠 관련 지원을 더 많이 제공해야 할 필요가 있다. 이미 민주화기념사업회나 지방자치단체 차원의 민주시민교육 기구 등 시민교육 개발 및 제공 사업에 공적 자금을 지원하는 기관이 매우 유망하다. 하지만 민주 시민 교육에 대한 재원을 늘리고 시민사회가 민주 시민 교육에 더 많은 관심을 갖고 적극적인 활동을 확대하도록 더 많은 인센티브를 제공해야 한다.

동시에 시민사회가 제도화된 정치에 접근할 수 있는 통로를 만들어 상호 교류가 더욱 원활하게 이루어지도록 지원해야 한다. 이를 위해서는 민주적 혁신이 필요하다. 민주주의 혁신은 민주주의 과정에 시민의 참여를 강화하기 위해 새로운 아이디어, 관행 및 기술을 도입하여 민주주의의 질과 효율성을 개선하는 것을 목표로 하는 조치 및 접근 방식이다. 민주주의 혁신은 전통적인 민주주의 시스템의 문제점과 단점을 해결하고 국민의 정치 참여를 높이는 데 도움이 될 수 있으므로 민주주의의 질을 향상시키는 데 중요하다. 민주주의 혁신에는 다양한 형태가 있으며, 그중 일부는 이미 한국에서 시험된 바 있다. 예를 들어, 시민자문회의, 시민의회, 타운홀미팅, 시민배심제, 시민숙의예산, 시민포럼 등과 같은 심의 포럼과 같이 시민들이 모여 정치적 문제를 논의하고 함께 권고 또는 결정을 내리는 형태가 있다. 또 참여 예산제를 통해 시민들은 공공 예산의 일부를 결정할 수 있다. 시민들은 특정 공공 자금이 어떻게 사용되어야 하는지에 대해 제안서를 제출하고 투표할 수 있다. 기존 정치제도 밖의 다양한 형태의 사회운동과 시민사회 이니셔티브도 정치적 변화를 이끌어낼 수 있다는 점에서 민주주의 혁신으로 간주할 수 있다. 이들의 공통점은 변화하는 사회의 요구와 기대에 맞춰 민주주의를 적응시키고 도전에 대한 회복력을 높이는 데 중요한 기여를 할 수 있다는 점이다.

시민사회 국고보조금 제도도 개선이 필요하다. 정부가 자의적으로 일부 시민사회단체를 지원하고 다른 단체에 불이익을 주는 일이 없도록 해야 한다. 이를 위해 관련 업무를 감독하는 해당 기관과 위원회에 관한 법률을 개정하여 투명성과 균형성을 보장해야 한다. 시민사회단체에 대한 재정 지원은 공정하고 중립적이어야 할 뿐만 아니라 확대되어야 한다. 이상적으로는 시민사회단체가 기부금과 기타 수입원을 통해 스스로 자금을 조달할 수 있어야 하지만, 한국의 상황에서는 이것이 상대적으로 어렵기 때문에 최소한 체계적이고 충분한 보조금이 제공되어야 한다.

마지막으로, 성숙한 민주시민사회가 발전할 수 있도록 위의 개선이 이루어져도 의사표현, 결사, 시위, 집회 등 자유롭게 보장되지 못하면 소용이 없기 때문에 민주주의의 기본 권리의 자유가 보장되어야 한다.

역대 보수 정부에서와 마찬가지로 윤석열 정부도 집회시위권을 제한하려는 움직임을 보이고 있다. 한덕수 국무총리는 시위 문화를 개선한다는 명목으로 야간 시위를 금지하는 내용을 주로 집회·시위권을 제한하는 법안을 준비 중이라고 발표했다. 물론 어떤 시위가 민주주의에 기여하는 것보다 해를 끼치는 것이 더 많을 경우(비례의 원칙) 시위권을 제한할 수 있어야 하지만, 이는 사인별로 결정할 수 있다. 시위권을 근본적으로 제한하는 것은 민주적 기본권을 제한하는 문제가 있을 뿐만 아니라 헌법재판소에서도 이미 위헌으로 판단하고 있는 문제이다.[51]

2) 정치제도와 민주주의

(ㄱ) 문제제기

선거만으로 민주주의가 실현되는 것은 아니지만, 자유롭고 공정한 선거가 없다면 민주주의는 제대로 작동하지 않는다. 선거제도는 무궁무진하게 많지만 어떤 식으로든 비례대표제(proportional representation electoral system)를 도입하지 않은 나라는 지구상에 거의 없다. 절대적 비례대표제를 운용하는 국가는 많지 않지만, 비례대표제와 다수대표제(majoritarian representation electoral system)를 조합한 다양한 제도를 채택한 나라는 대부분이다. 비례대표제 선거제도는 민주주의를 크게 강화할 수 있는 잠재력을 가지고 있다. 소수의 국가만이 절대적 비례대표제를 유지하고 있지만, 연동형 비례대표제와 같은 다른 선거제도와 다양한 조합이 존재한다. 비례대표 선거제도는 시민의 의사를 대의(representation)하는 제도라는 점에서 민주주의 근본원리를 구현하는 핵심적 수단이다. 지구상 많은 나라가 일종의 비례대표제를 채택하고 있는 이유다. 비례대표제의 가장 큰 장점은 한 사회의 다양한 정치적 견해와 이해관계가 더 잘 대표될 수 있도록 하는 것이다. 다수대표제에서는 군소 정당이 유권자의 지지를 많이 받아도 다수대표를 획득하지 못하면 의석을 하나도 얻지 못할 수 있는 반면, 적은 표차로 다수를 획득하면 전체 의석을 가져가는 승자독식의 문제가 있다. 또 기본적으로 유권자 기반이 큰 정당이 불균형하게 많은 의석을 차지할 수 있다. 비례대표제는 이러한 왜곡을 완화하거나 방지하고 보다 공정한 의석 배분을 보장할 수 있기 때문에 군소 정당과 정치적, 인종적, 종교적 등 소수자들이 의회에 진출할 수 있는 실질적인 기회를 갖도록 하는 효과가 있다. 따라서

---

51) 한겨레신문, 〈민주국가 위상 좀먹는 '집회·시위 금지 강화' 중단해야〉, 《한겨레신문》, 2023년 9월 21일.

보다 포용적이고 다양한 정치 환경이 조성되고, 과대 대표 문제를 예방하고 정치적 양극화에도 대응할 수 있다. 다수대표제에서는 정당이 유권자 기반을 동원하기 위해 이념적 극단, 즉 정치 양극화로 치닫는 경향이 있는 반면, 비례대표제는 정당이 과반 의석을 차지하기 위해 더 넓은 연합을 구성해야 하기 때문에 중도정치를 촉진한다. 이에 따라 광범위한 정치 참여에 대한 유인과 기회를 제공하여 다원주의를 실현하는 효과를 갖는다. 또한, 유권자들은 자신의 투표가 실제로 중요하다고 느끼기 때문에 정치 참여가 증가시키는 효과도 동반한다. 다양한 정당과 아이디어가 의회에서 대표될 때 시민들의 투표 동기가 강화되고, 또한 정당들은 의회 과반수를 확보하기 위해 종종 협치, 즉 협력을 위한 연정을 구성해야 하기 때문에 비례대표제가 정치적 안정을 촉진하는 데 도움이 될 수 있다.

경우에 따라 다를 수 있지만, 연동형 비례대표제는 가장 효과적인 형태이다. 연동형 비례대표제에서는 지역구 선거와 비례대표 선거가 연동된다. 즉, 지역구 선거에서 얻은 의석수가 비례대표 선거에서 얻은 의석수에 영향을 미치는 방식으로 이루어진다는 것이다. 이로써 유권자들의 투표로 표현된 민의를 가급적 정확하게 반영해 의회의 대의 기능을 최대화할 수 있고, 의회 내 교섭단체 간의 권력 분배가 정당 득표율에 최대한 근접하도록 보장한다. 또한 다양한 정치세력들의 원내 진출을 가능하게 함으로써 승자독식 때문에 생기는 정치갈등을 예방하고 합의 민주주의의 협치 문화를 구축하는 효과를 발휘한다.

㉡ 현황 진단: 거꾸로 가는 정치체제 개선

이미 광복 직후, 한국에서도 비례대표제 도입에 대한 논의가 있었지만, 당시에 무산된 이유는 주로 냉전 상황이 본격화되는 가운데 국민들이 민주주의 제도를 잘 이해하지 못했고, 정당 정치가 아직 정착되지 않았던 시점에서 정치적 불안정성과 정당 분열로 인한 혼란을 우려했기 때문이다.[52] 한국 선거사에서 1963년 제6대 국회의원 선거에서 처음으로 비례대표제가 도입되었을 때, 명칭은 '전국구'라 불렸지만, 의석 분배 방식은 전혀 비례적이지 않아서 실은 비非비례대표제라고 해도 과언이 아니다.[53] 당시의 제도에서는 전체 국회의원 175명 중 1/4에 해당하는 44명을 전국구로 선출하였으나, 득표율이 5% 미만이거나 지역구에서 3석 이상을 확보하지 못한 정당에는 의석을 할당하지 않았다. 이어서, 제1당의 득표율이 50% 미만일 경우 제1당에 절반의 의석을 할당하였다. 반면 제1당의 득표율이 50% 이상일 경우, 당의 득표율에 비례하여 의석을 분배하였다. 이러한 방식으로 인해, 제1당이 어떤 경우에도 전체 의석의 최소 절반을 확보하는 형태로 의석이 분배되어 제1당에 유리하기 때문에 유권자의 의사를 완전히 반영하는 것으로 보기 어렵다. 1987년의 민주화 이후, 제9차 개정헌법으로 전국구 의석을 제1당에 몰아주는 방식은 변화하게 되었다. 제14대 국회의원 선거에서는 지역구에서 5석 이상을 확보한 정당에 해당하는 지역구 의석 비율에 기반하여 전국구 의석을 할당하였다. 마침내 1996년 제15대 국회의원 선거에서는 정당의 유효 득표율에 기반하여 전국구 의석을 할당하기 시작하였다. 2000년 제16대 국회의원 선거쯤, '전국구'라는 용어 앞에 '비례대표'를 붙여 명칭을 변경하였지만, 비례대표제는 여전히 '불비례'적인 것

---

52) 모슬러 하네스. 〈독일 비례대표제의 개혁사의 특징과 그 시사점〉. 유홍림 (연구책임자). 《다시 쓰는 민주주의:한국 민주주의의혁신》. 서울 : 서울대학교 국가미래전략원 / SBS 문화재단. 24–44쪽. 2023.

53) Mosler, Hannes B. "Political structure changes in South Korea since 1948," in: Lim, Sojin and Niki J.P. Alsford (eds.). Routledge Handbook of Contemporary South Korea. Routledge. 2021. pp. 45–64.

으로 남았다. 왜냐하면, 전체 의석의 극히 일부 의석만 비례대표로 채워졌고, 또 지역구 의석 배분과 별도도 할애되었기 때문이다.

그 때문에 선거가 마무리된 이후, 민주노동당은 1인 1표 비례대표제의 위헌문제를 제기하였다. 이 시점까지, 지역구 후보자에 대한 투표를 정당별로 더해 득표율을 산정하여 비례대표 의석을 할당한 결과, 이를 '얼굴 모르는 선거'로 비판하는 목소리가 있었다. 유권자는 후보자에게 투표하든 정당에 투표하든, 선택의 절반을 박탈당했다. 2001년 7월 19일, 헌법재판소는 정당에 대한 투표를 별도로 실시하지 않고 지역구 후보자에 대한 투표를 각 정당의 비례대표에 대한 투표로 간주하는 것이 위헌이라고 결정하였다. 그래서 2002년 제 3회 지방선거의 비례대표 시·도의회 의원 선거에서 처음으로 1인 2표 정당명부식 비례대표제가 도입되었다. 이로써 녹색 투표용지가 하나 더 늘어났다. 1인 2표제가 시행되면서 이전에 비례대표에 후보를 내지 않았던 많은 소규모 정당들이 선거에 참여하게 되었다. 제16대 국회의원 선거에는 8개의 정당이 참여하였지만, 제17대 국회의원 선거에서는 14개의 정당이 비례대표 후보 명부를 제출하였다. 공약 또한 다양하여 정책 선거의 가능성을 엿볼 수 있었다.

17대 총선(2004)에 처음으로 1인 2표제가 적용되면서 유권자는 제1표를 소선거구 후보에게, 제2표를 정당명부에 행사하는 방식으로, 정당득표율을 기반으로 비례대표에 준하게 의석을 할당하는 병립형 비례대표제가 시행되었다. 전체 의석 중 18.7%의 비율은 여전히 제한적이었지만, 이런 개혁은 대표의 다양성을 증진하는 데 도움을 줬다. 2004년 총선에서는 좌파 성향을 가진 민주노동당이 10석으로 원내에 진출하면서 준 비례대표제의 효과를 확인하는 사례가 되었다. 그러나 긍정적 효과에도 불구하고, 이후에는 이미 적은 비례대표 의석수가 더욱 줄어들어 결국 15.3%까지 내려갔다. 그것도 모자라, 2020년 총선에서 선거법 개정으로 47개의 비례대표 의석 중 17명은 병립형 비례대표제로 선출되고, 나머지 30석은 준연동형 비례대표제로 선출되는 제도가 도입되었다. 4년 후인 2024년 21대 총선에서는 비례대표 의석이 1석 줄어 총 46개의 비례대표 의석을 연동하는 제도로 치르게 된다(아래 그림9 참조).

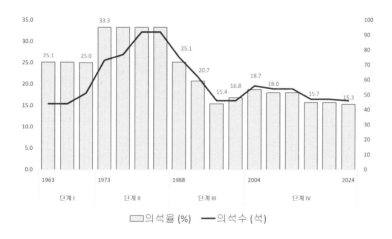

〈그림 9〉 한국에서 (비)비례대표 의석률과 의석수 (1963-2020)

출처: Hannes Mosler, "Political structure changes in South Korea since 1948," in: Lim, Sojin and Niki J.P. Alsford (eds.), Routledge Handbook of Contemporary South Korea, Routledge, 2021, pp. 45-64; Mosler, Hannes B. "Out of Proportion: The 2019 Electoral Reform and the State of Representative Democracy in South Korea," in: Lim, Sojin (ed.), Politics, International Relations and Diplomacy on the Korean Peninsula, London: Routledge, 2023, pp. 1-30; Aurel Croissant and Hannes B. Mosler "Das politische System Südkoreas," in: Derichs, Claudia, Thomas Heberer und Gunter Schubert (Hrsg.), Die politischen Systeme Ostasiens, Springer VS, 2023, pp. 401-483.

한국의 2020년 선거법 개정은 한국 민주주의 역사에서 중대한 사건이었다.[54] 이 개혁은 원래 의도와 달리 국회의원의 비례성을 왜곡시킨 결과를 가져왔기 때문이다. 반보 전진을 위한 이보 후퇴라고 해도 과언이 아닐 정도다. 왜냐하면, 매우 제한된 비례대표 의석수(47석, 16%)뿐만 아니라 전국구 제도와 소선거구 제도도 개선하지 않고 유지했기 때문이다. 또한, 연동제를 도입했지만 원래 개혁안과 달리 총 47석 비례대표의석 중 30석에만 채택되었고, 또 50% 정도로만 적용되었다. 이러한 한계 더해 양쪽 거대 정당들은 그마저도 독식하기 위해 이른바 '위성정당'을 만들어 준연동형 비례대표제의 기능을 와해시키기도 했다. 요약하면, 절차적 민주화 이후, 선거제도도 실질적인 민주화를 위한 개혁이 필요했지만, 이러한 시도가 오히려 비례대표의석 비율의 감소와 비례대표의석 할당방식의 불공정함을 불러왔다는 점을 알 수 있다. 원래 의도였던 독일 모델을 기반으로 한 연동형 비례대표제 도입 계획은 무색해졌다.

(ㄷ) 나아갈 방향: 권력분산과 비례적 참여를 위한 제도개혁

선거제 개혁은 어떻게 할 것인가? 만병통치약과 같은 완벽한 해결책은 없겠지만 가장 현실적인 개혁의 방향은 분명해 보인다. 대표적인 개혁안은 250개의 소선거구인 지역구 선거를 6개의 권역에서 110명을 선출하는 비례대표 선거와 연동하는 혼합 비례대표제의 도입이다. 여기서 연동이라 함은 국회 전체 의석 분포는 정당득표율에 따라 정한다는 뜻이다. 전체 의석 360석의 지역구 대표와 비례대표의 비율이 최소 2:1로, 즉 250 대 110석으로 재설정한다. 정당의

---

54) Mosler, Hannes B. "Out of Proportion: The 2019 Electoral Reform and the State of Representative Democracy in South Korea," in: Lim, Sojin (ed.), Politics, International Relations and Diplomacy on the Korean Peninsula. London: Routledge, 2023, pp. 1-30.

득표율에 따라 의석을 할당하는 방식을 통해 득표율과 실질 대표율 사이의 균형을 높이면, 민의가 정확하게 반영되어 결과적으로 더 공정한 결과를 얻을 수 있다. 물론 이 제도의 특성상 지역구에서 후보자가 당선됐어도 의석을 배분받지 못하는 경우가 발생할 수 있기 때문에 이를 대비할 필요가 있다. 먼저, 한 정당의 지역구 당선자 중 득표율이 가장 낮거나 상대 후보자에게 가장 큰 표 차이로 진 후보자부터 의석을 배분에서 제외시킨다. 또한, 지역구에서 당선되었지만, 의석을 배분받지 못한 경우를 대비해 석패율제나 비슷한 이중출마제를 도입할 필요가 있다. 이것은 지역구에서 원내진출에 실패했을 때 비례대표 명부로 대안적으로 원내진출을 가능하게 하는 기제이다. 아울러, 군소정당 난립을 방지하기 위해 의석 배분을 받을 최소한의 조건, 즉 5% 이상의 정당 득표율을 획득한 정당을 기준으로 비례의석을 배분하는 일조의 봉쇄 조항을 설정할 필요가 있다. 소수 정당과 신생정당의 원내진출을 용이하게 하여 정당 다원주의를 촉진하고, 이로써 사회의 다양한 집단이나 지역의 이해관계를 보다 잘 대표하도록 한다. 또한, 다당제 구조를 형성하여 다수를 획득하기 위해서는 다른 정당과 연립정부를 구성하는 등 타협과 협력을 피할 수 없는 유인 구조를 조성한다. 이로써 양당 중심의 기득권 구조를 해체하고 다양한 권력 분산 효과를 기대할 수 있다. 중요한 것은 연동형 비례대표제의 핵심기능을 저해할 수 있는 이른바 위성정당 내지 위장정당이 또다시 등장하는 것을 막아야 한다. 하나의 방법은 선거에 참여하는 정당은 지역구 국회의원 선거와 비례대표 국회의원 선거에 각각 몇 명 이상 후보자를 추천해야 선거보조금을 배분받을 수 있도록 하는 규정을 선거법에 신설하는 것이다.

하지만, 선거법 개혁에 그치지 않고 건전한 정당정치를 유인하기 위해 정당법도 역시 손볼 필요가 있다.[55] 현행 헌법 제8조에 따라 정당은 '국민의 정치적 의사 형성에 필요한 조직을 가져야' 한다. 하지만, 지금까지는 현 정당법으로 인해 이런 당위성에 부합한 의사 형성이 이루어지기가 어렵기 때문에 몇 가지 개선이 요구된다. 우선 정당 설립요건이 완화할 필요가 있다. 왜냐하면, 현재로는 두 기성 정당이 신생정당의 등장을 쉽게 가로막을 규모를 갖고 있고, 이는 국민의 의사가 정당으로 잘 표출되지 못하는 결과를 가져오기 때문이다. 또한, 지역사회에서 현재보다 더 쉽게 정당을 만들 수 있으면 지방자치의 활성화를 위해서도 결정적인 도움이 될 수 있다. 현행 정당법에 따라 정당을 설립하려고 하면 중앙당을 수도(서울)에 두고 5개의 시·도당을 확보해야 하며 각 시·도당에서 1천 명 이상의 당원이 있어야 한다. 즉, 정당설립은 어마어마한 인적 그리고 재정적 자원을 요구하기 때문에 자원이 부족한 조직은 소수정당이나 신생정당 또는 지역정당을 만들기가 불가능에 가깝다. 동시에 현 제도에서는 지구당 운영이 금지되어 역시 헌법이 요구하는 당내 민주주의 의사결정 보장되기가 어렵다. 따라서 지구당과 같이 정당 체계의 말단 수준에서의 정당조직을 재도입할 필요가 있다.

아울러 지방자치 활성화를 위해서는 지방의회 선거제도를 개선해 지역 주민들과 지방의회가 자율적으로 결정하도록 해야 하고, 정당의 분권화를 통해 지역 정당조직의 자율성을 높임으로써, 지역 주민의 정치적 관심과 참여를 촉진해야 한다. 중·단기적으로는 지역주의라는 폐해가 부담스러울 수도 있지만, 장기적으로는 지방자치 자율화가 반드시 이루어져야 하기 때문에 꼭 필요한 개혁이다. 지방의 자치와 자율성을 확보하고 활성화해야 하는 이유는 지역사회의 주권

---

55) 건전한 정당정치는 지도자 실력을 키우는 데도 도움이 된다. 국가의 장기적인 발전과 안정을 위해 헌신하는 숙련되고 비전 있는 지도자 풀을 육성해야 한다. 리더십 개발 프로그램은 국가의 안녕에 초점을 맞춘 정치인 간부를 양성하는 데 도움이 될 수 있다. 또한, 잘못된 후보자를 걸러내는 기능도 한다.

을 실천할 수 있는 잠재력을 향상할 뿐만 아니라, 대통령을 비롯한 중앙정부와 국회를 견제하는 매우 중요한 역할을 제대로 할 수 있기 때문이다.

같은 맥락에서 정치자금법 개정도 시급하다. 이렇게 원내에 진출하는 다양한 "정당 운영에 필요한 자금"은 기존과 다른 방식으로 정당 득표율에 따라 국고보조금을 분배하는 공정한 방식이 필요하다. 우선 기본 노선은 국고보조금 배분 과정에서 양당에 더 많이 배분하는 기존 방식에서 소수·신생 정당의 몫을 늘리는 방향으로 바꿀 필요가 있다. 예컨대, 교섭단체를 가진 정당에 한해 배타적인 특혜를 폐지하고, 원내진출한 모든 정당에게 유효 득표율과 의석수를 기준으로 하는 정치자금을 배분하는 방식의 도입이 바람직하다. 왜냐하면, 그래야만이 소수·신생정당이 유효 득표에 따라 자금을 획득하여 더 적극적으로 활동할 수 있고 거대 양당에 대해 적절한 견제장치의 역할을 할 수 있기 때문이다.

큰 틀에서 봤을 때 정부 제도도 바꿀 때가 되었다. 요즘 통치제도의 개혁은 주로 현 5년 단임 대통령제를 4년 중임제로 바꾸고, 대통령의 책임성을 강화하는 방향으로 가야 한다는 의견이 피력되곤 한다. 즉, 대통령 임기를 4년으로 줄이고 재선을 허용하면 중간 평가의 성격으로 대통령의 책임성을 향상시킬 수 있다는 문제의식이다. 물론 어느 정도로 동의할 수 있는 주장이지만, 일각에서 문제를 제기한 것처럼 오히려 5년 임기를 단지 8년으로 연장해주는 더 큰 문제로 귀결될 가능성을 배제할 수 없다. 또한, 대통령의 임기를 쪼개는 것이 책임성을 높이는 데 도움이 될 수 있다 하더라도 대통령을 강력하게 견제하여 국가권력 간의 균형을 잡도록 하는 제도개선이 더 결정적이다. 법에 입각한 사법부, 시민을 대표하는 권한을 부여받은 입법부, 자유로운 언론과 같이 정부 제도를 구성하는 각 기관의 독립성은 권력이 과도하게 집중을 막는 데에 필수적이다. 이런 점에서 의원내각제로 전환하는 것이 더 나은 대안이 될 수 있다. 왜냐하면, 의원내각제는 정부를 구성하고 유지하기 위해 협상과 타협, 다양한 관점을 대변할 것을 장려하여 처음부터 협치 문화를 촉진하는 경향이 있기 때문이다. 물론 일각에서는 의원내각제가 정치적 불안정을 초래할 수 있다는 우려가 존재하지만, 이런 우려의 일부는 개혁을 거부하는 정치인들의 억지주장에 불과하다. 일종의 자기실현적 예언(self-fulfilling prophecy)의 수사학이다. 불안정해질 가능성을 배제할 수 없지만, 만에 하나 그렇게 된다고 하더라도 과연 현 대통령제보다 더 불안정할 수 있는가 반문할 수 있다.[56]

의원내각제에 맞게 일원제를 양원제로 전환하면 분권과 견제에 유리하다. 예컨대, 독일의 연방의회(Bundesrat, 상원)는 주를 대표하여 국가 정책 결정에 지역의 목소리가 반영되도록 한다. 한국은 연방제도 아니고 중앙집권 전통이 오래되었지만 이와 유사한 양원제 구조를 도입하면 대통령의 권력 또는 중앙정부의 권력을 견제하고 지역문제를 반영하며 협력을 촉진할 수 있는 기반을 마련할 수 있다. 전반적으로 지역정치, 즉 자치의 지위를 향상시키는 효과를 가져오기 때문에 상기한 선거제도와도 연장선상에 있다.

맺음말

1990년대 말 야당 출신 최초의 대통령 김대중과 함께 대한민국 민주주의의 새로운 시대가 열렸다. 김대중 대통령의 한계에도 불구

---

56) 최태욱, 〈의원내각제 vs 분권형 대통령제, 무엇이 좋을까〉, 《프레시안》, 2014년 7월 14일.

하고 그의 임기는 한국 민주주의 발전의 분수령이었다. 그러나 이 '민주주의 한류'는 이명박 대통령 임기 시작과 함께 곧 시들해졌으며 그 이후에도 한 참 회복되지 않았다. 촛불 시위와 문재인 대통령의 당선은 민주주의의 부활을 알리는 신호탄처럼 보였지만, 이는 일부 부인할 수 없는 진전에도 신기루에 불과한 것으로 나타났고, 오히려 한국의 민주주의 질은 지표상으로는 그럴듯했으면서도 실제로는 이미 내리막길을 걷고 있었다는 것이 곧 밝혀졌다. 최근 들어서 한국 민주주의는 기로에 지나쳐 막다른 골목까지 들어섰으므로 다시 돌아오는 탈출로를 찾아내는 것이 시급한 직면과제로 떠오르고 있다.

위에서 살펴본 바와 같이 한국의 민주주의를 정상 궤도에 올려놓기 위한 도전은 두 차원에서 주어져 있다. 첫째는 보수 정부가 집권하여 지나치게 이념에 치우친 정책을 추진할 때 민주주의의 질이 매우 뚜렷하게 저하된다는 점인데, 이는 다양한 민주주의 지표에서 극명하게 드러난다. 보수 정부하에서 민주주의의 가장 두드러진 품질 저하는 정부와 시민사회의 관계, 정부에 대한 민주적 통제, 표현의 자유와 언론의 자유와 같은 영역에서 나타난다. 특히 한국은 민주주의 이웃 국가인 대만과 중국과도 매우 현저한 차이를 보이고 있기도 하다. 둘째는 이러한 심각한 문제들은 임기 중인 정부의 이념적 성향과는 무관하게 더 깊은 수준의 민주주의 문제와 밀접하게 얽혀 있다. 여기에는 민주시민교육 또는 성숙한 시민의 형성, 정부 기관(특히 대통령실) 내 및 기관 간 권력 분배·분산, 소수자와 사회적 약자(특히 여성)를 비롯한 모든 국민의 평등권, 과거사에 대한 책임 있는 처리, 대북 정책을 비롯한 외교 및 안보 정책 등이 포함된다.

여기에 더해 전 세계적인 팬데믹과 규칙에 기반한 세계 질서에 부정적인 영향을 미치는 전쟁의 시대가 도래하는 국제 관계의 도전들이 계속 증가하고 있다. 그 결과 자유민주주의가 설 자리가 점점 줄어들고 있기 때문이다. 그러나 이러한 지구적 민주주의의 위기를 기회로 삼아 뜻을 같이하는 동반자들과 더욱 긴밀히 협력하여 국제 무대에서 민주주의와 민주적 가치를 강화할 수 있다. 특히 격동의 민주주의 역사를 가진 한국은 자유, 평등, 인권, 법치 등의 문제에서 중요한 역할을 할 능력도 의무도 있어 보여진다. 김대중 전 대통령은 국제적으로도 많은 시선을 사로잡았던 아시아의 민주주의 잠재력에 대한 논쟁에서 이런 명언을 했다: "민주주의는 [우리의] 운명이다.""57) 그 말인즉슨, "행동하는 양심"58)으로 옳다고 생각하는 것을 행동으로 옮김으로써 우리의 운명을 우리가 스스로 결정해야 한다는 뜻이다.

---

57) Kim, Dae-jung. "Is Culture Destiny? The Myth of Asia's Anti-Democratic Values." Foreign Affairs Vol. 73, No. 6 (1994), pp. 189-194, p. 194.
58) 김대중. 《김대중 행동하는 양심으로: 독재와 나의 투쟁》(서울: 금문당, 2009).

저자 소개

강우진

경북대학교 정치외교학과 교수로 재직 중이며 한국선거학회 회장, 한국 정당학회 부회장을 역임했다. 고려대학교 정치외교학과와 동 대학원을 졸업했다. 미국 플로리다 주립대학에서 정치학 박사를 취득했다. 미국 텍사스 주립대학 중의 하나인 앤젤로 주립대학에서 조교수, 미국 하와이 대학 동서문화 센터 펠로우, 한국학 중앙연구원 펠로우, 미국 오클라호마 대학 방문학자를 지냈다. 학교에서는 한국 민주주의론, 한국 좋은 정부론, 한국 선거와 정치와 같은 과목을 가르치고 있다. 한국 민주주의가 보통 사람들의 삶을 개선하는 데 기여하는 제도적 대안에 관해서 관심을 가지고 민주주의 수행력, 권위주의 향수, 시민들의 정치행태를 연구하고 있다.

주요 저서로 《박정희 노스탤지어와 한국 민주주의》(2019, 고려대학교 아세아문제연구원, 한국 정당학회 학술상 수상), 《윤보선과 1950년대 한국 정치》(2021, 한국학 중앙연구원, 공저), 《한국 민주주의 역설-제도신뢰 결손》(2021, 경북대학교 출판부), 《거대한 뿌리 – 박정희 노스탤지어》(2022, 역락) 등이 있다.

김동춘

성공회대학교 사회융합자율학부 교수. 서울대 사회학과에서 석사와 박사학위를 받았다. 민주화운동기념사업회 한국민주주의연구소 소장, 진실화해를 위한 과거사정리위원회 상임위원. 참여사회연구소 소장, 참여연대 정책위원장을 역임하였다. 《경제와 사회》 편집위원장과 《역사비평》편집위원, 《한국사회학》 편집위원을 역임했다. 2005년 제20회 단재 상과 2016년 제10회 송건호 언론상 수상했다. 미국 미시간 대학 방문연 구원, 베를린자유대학 방문교수, 프랑스 사회과학고등연구원(EHESS) 방문교수를 역임했고, 노동운동, 국가폭력, 민주주의 등 정치사회학과 역사사회학 분야에 관심을 갖고 연구해 왔다. 주요 저서로는 《한국사회 노동자연구》(1995), 《전쟁과 사회》(2000), 《전쟁정치》(2013), 《가족주의》 (2020), 《시험능력주의》(2022), 《고통에 응답하지 않는 정치》(2022) 등이 있다.

신진욱

연세대학교에서 사회학 학사와 석사를, 독일 베를린자유대학교에서 사 회학 박사학위를 취득했으며 2005년부터 중앙대학교 사회학과 교수로 재직하고 있다. 베를린자유대학교와 오스트리아 그라츠대학교의 방문 교수, 알렉산더 폰 훔볼트 펠로우를 지냈고, 한국사회정책학회 및 한독 사회과학협회 부회장, 참여사회연구소 부소장, DAAD-독일유럽연구센 터장을 역임했다. 민주주의, 시민사회, 사회운동, 불평등과 복지국가에 관심을 갖고 연구해왔다. 저서로 《한국의 근대화와 시민사회》(독일어), 《시민》, 《상징에서 동원으로》(공저), 《다중격차: 한국사회 불평등 구조》 (공저), 《한국 민주주의, 100년의 혁명 1919-2019》(공저), 《한국 민주주 의 100년, 가치와 문화》(공저), 《성공한 나라, 불안한 시민》(공저), 《그런 세대는 없다》, 《한국 정치 리부트》(공저) 등이 있다.

하네스 모슬러(Hannes Mosler)

독일 뒤스부르크-에센대학교(University of Duisburg-Essen) 정치학 교 수, 아시아연구소(IN-EAST) 소장이며 동아시아 연구 연합(AREA Ruhr) 공동대표다. 독일 베를린 훔볼트 대학교에서 석사학위를, 서울대학교 정치학과에서 박사학위를 취득했다. 2009년부터 베를린자유대학교 한국학과에서 전임 연구원 및 전임강사로 지냈다가, 2013년에 동대학교 동아시아대학원(GEAS)에서 조교수로 임명된 후 2019년에 정교수가 되었고, 2020년에 뒤스부르크-에센대학교로 옮겼다. 관심분야는 한국 권력구조, 선거제도, 정당, 헌법, 민주시민교육, 기억의 정치, 한반도 정치, 비교정치 등이다. 최근 출판물로 〈Populism in the Liberal Democracies of East Asia〉(편저, 2023), 〈Politics of Memory in Korea〉(편저, 2022), 〈South Korea's Democracy Challenge〉(편저, 2020), 〈The Quality of Democracy in Korea〉(공편저, 2018) 등이 있다.

한상희

'서울의 봄'을 거치며 헌법사회학에 관심 갖게 된 이후 인권학과 정치학의 관점에서 헌법의 (재)정치화를 모색하고 있다. 시민운동에 관여하면서 노동자와 소수자를 위한 헌법읽기에 나서기도 한다. 김대중 정부 시기부터는 사법개혁에도 관심을 가지게 되었다. 주된 저술로는 《헌법 다시 읽기》, 《감시사회》 등 공저와, 《헌법은 왜 중요한가》라는 역저가 있으며, 〈87년헌법의 헌정사적 의미와 과제〉, 〈시민주도형 헌법개정절차〉, 〈근대화와 법발전: 1970, 80년대 소설에서 나타난 법의식의 양상〉 등의 논문이 있다. 현재는 '예외적 입법기구에 의한 입법실태와 그 청산의 과제'라는 주제의 연구를 하고 있다.

한홍구

서울대 국사학과에서 학사와 석사를 마친 후 미국 워싱턴대학교 사학과에서 김일성의 항일무장투쟁과 민생단 사건에 대한 연구로 박사학위를 받았다. 2000년부터 성공회대학 교수로 재직하고 있으며 성공회대 민주자료관장을 겸하고 있다. 2001년 주간지 《한겨레21》에 '한홍구의 역사이야기'를 연재해 역사와 현실을 접목하며 역사대중화를 위해 노력했다. 베트남전진실위원회와 양심에 따른 병역거부권 실현을 위한 연대행위 등에서 활동했으며, 평화박물관 건립추전위원회 이사로 일하고 있다. 2004년 국가정보원 과거사건 진실규명을 통한 발전위원회에 민간위원회 참여한 이후 국가폭력, 특히 가해자와 가해기구에 대한 연구에 주력하고 있다. 2015년부터 현재에 이르기까지 반헌법행위자열전 편찬위원회 책임편집을 맡아 대한민국 공직자로서 헌법을 파괴하고 유린한 자들에 대한 열전을 정리하고 있다. 민주화운동기념사업회의 용역사업으로 전국 국가폭력 고문피해 실태조사를 진행하여 중앙정보부–안기부(2020년), 보안사(2021년), 대공경찰(2022년), 공안검찰(2023년)에 대한 상세한 자료집을 펴냈다. 저서로는 《대한민국사》, 《유신》, 《사법부》, 《역사와 책임》 등이 있다.

참고문헌

강명세, 〈한국선거의 중요쟁점: 지역주의는 언제 시작되었는가―역대
　　　대통령 선기를 기반으로〉, 《한국과 국제정치》, 제17권
　　　2호(2001), 127-158쪽.

강병수, 〈백혈병 치료제 글리벡―생명의 약, 죽음의 약값〉,
　　　《월간복지동향》 2001. 8. 10.

강수돌, 《팔꿈치 사회 ― 경쟁은 어떻게 내면화되는가》(서울:
　　　갈라파고스, 2013).

강우진, 〈김대중 시기 민주당 계승정당의 성공과 유산〉, 김용철외 8인,
　　　《민주당 계승정당 연구》(코리아컨센서스 연구원/전남대
　　　5.18연구소, 2015), 186-237쪽.

강우진, 〈민주당 계열 정당과 한국 민주주의의 정치적 대표〉,
　　　《황해문화》 통권 116호(2022), 36-56쪽.

강우진, 〈한국의 준연동형 선거제도 개혁과정 평가―주체, 목적, 정치적
　　　결과를 중심으로〉, 《21세기정치학회보》 제30권 4호(2020),
　　　65-86쪽.

강원택, 〈제3공화국의 선거〉, 한국선거학회, 《한국선거 60년 ― 이론과
　　　실제》 (서울: 오름, 2011).

강인철, 〈한국 개신교 반공주의의 형성과 재생산〉, 《역사비평》, 2005년
　　　봄호.

강정인 외, 《민주주의의 한국적 수용 ― 한국의 민주화, 민주주의의
　　　한국화》(서울: 책세상, 2002).

강준만, 《인물과 사상 23: 김대중 신드롬》(서울: 개마고원, 2003).

강준만, 《한국 현대사 산책: 1990년대편 ― 3당합당에서
　　　스타벅스까지》, 1-3권(서울: 인물과 사상사, 2006).

경향신문, 〈관변단체 보조금 늘려주면서 시민단체는 옥죄려는 정부〉,
　　　《경향신문》, 2023년 8월 15일.

고대훈 · 강병철 · 오대훈, 〈"87년 대선, 우리는 서로 싸우다 졌고
　　　국민은 나를 원망했다" – 김대중 육성 회고록16〉, 《중앙일보》,
　　　2023년 8월 29일.

고명섭, 《이희호 평전 –고난의 길, 신념의 길》(서울 : 한겨레 출판,
　　　2016).

곽노현, 〈인권법 제정과 국가인권기구 설립–의미, 성격, 과정, 내용〉,
　　　민주주의법학연구회, 《인권법제정과 국가인권기구설치의
　　　바람직한 방향》, 1998년 9월.

구도완 · 홍덕화, 〈한국 환경운동의 성장과 분화–제도화 논의를
　　　중심으로〉, 《ECO》 제17권 제1호(2013), 79–120쪽.

국가정보원 과거사건 진실구명을 통한 발전위원회, 《과거와 대화 미래의
　　　성찰 2 – 주요 의혹사건편 상권》(서울: 국가정보원, 2007),

국회사무처, 〈6대국회 제41회 19차 국회본회의〉, 1964년 4월 20일.

국회사무처, 〈제12대 국회 135회 국회 국방위원회 회의록〉 제2호,
　　　1987년 8월 13일.

권자경, 〈민주화이후의 정부 관료제〉, 《행정논총》 제49권
　　　제2호(2011).

글라이스틴, 윌리엄, 《알려지지 않은 역사》(서울: 중앙 M&B, 1999).

김경희, 〈법제화 운동을 중심으로 본 한국여성운동의 제도화와
　　　위기론〉, 《사회과학연구》 제15권 제1호(2007), 108–141쪽.

김대중 외, 〈항소이유서〉, 이도성, 《남산의 부장들 3》(서울:
　　　동아일보사, 1993).

김대중, 〈김대중의 21세기 시민경제이야기: 우리 경제 어떻게 살릴
　　　것인가(1997)〉, 류동민, 〈김대중의 경제사상에 관한 검토:
　　　경제적 민주주의 개념을 중심으로〉, 《기억과 전망》 제23권
　　　(2010), 160–161쪽.

김대중, 〈대한민국 50년 경축사(제2의 건국에 동참합시다)〉, 대통령실,
　　　1998년 8월 15일.

김대중, 〈독재와 나의 투쟁〉, 《김대중 전집 6》(서울: 중심서원, 1993).

김대중, 〈의식 · 생활개혁실천여성대회 연설〉, 대통령실, 1999년 7월

15일.

김대중, 〈일본방문 귀국기자회견 서두말씀〉, 대통령실, 1998년 10월10일.

김대중, 〈제35회 전국여성대회 연설 (여성의 발전은 국가 발전의 밑거름)〉, 대통령실, 1998년 9월29일.

김대중, 〈제54주년 광복절 경축사〉, 《위키문헌》, 검색일: 2023년 7월 23일.

김대중, 〈제82주년 3·1절 기념사〉, 대통령실, 2001년 3월 1일.

김대중, 〈한국노동운동의 진로〉, 《사상계》, 1955년 10월 1일.

김대중, 《김대중 자서전 1, 2》(서울 : 삼인, 2011).

김대중, 《김대중 자서전 1,2》, 서울: 삼인, 2010.

김대중, 《김대중씨의 대중경제 100문 100답》(서울: 대중경제연구소, 1971).

김대중, 《대중참여경제론》, 도서출판 산하, 1997

김대중, 《새로운 시작을 위하여》(서울: 김영사, 1994)

김대중도서관 편, 《김대중 전집 Ⅱ》, 제10권, 연세대학교 김대중도서관, 2019.

김대중도서관 편, 《김대중 전집 Ⅱ》, 제15권, 연세대학교 김대중도서관, 2019.

김대중도서관 편, 《김대중 전집 Ⅱ》, 제8권, 연세대학교 김대중도서관, 2019.

김대중도서관, 〈정의 승리 역사를 창조하자〉, 평화민주당과 신민주연합당 통합전당대회 총재 치사, 검색일: 2023년 3월 3일.

김대중도서관, 〈정치안정적인 절대적인 명제〉, 새천년민주당 창당준비위원회 결성대회 치사, 검색일: 2023년 3월 4일.

김대중도서관, 〈제7대 대통령 선거 부산 유세 연설〉, 검색일: 2023년 3월 2일.

김대중도서관, 〈타임즈(The Times)지와의 인터뷰〉, 검색일: 2023년 4월 30일.

392

김대중도서관, 〈평화민주당과 신민주 연합당 통합전당대회 총재
　　　치사-정의 승리의 역사를 창조하자〉, 검색일: 2023년 4월
　　　30일.
김도균, 〈"대통령되면 수류탄 들겠다" … 군은 왜 DJ 미워했나?
　　　김대중과 군, 반세기에 걸친 악연〉, 《OhmyNews》, 2020년
　　　9월 8일.
김동춘 외, 〈개발협력관점에서의 한국 민주주의 발전경험〉, KOICA,
　　　2019.
김동춘, 〈4·13 총선, 4·15 총선, 코로나19 재난 속 한국 민주주의-
　　　국가와 정당, 그리고 시민사회〉, 《기억과 전망》, 통권
　　　42호(2020).
김동춘, 〈개발독재 하의 노동문제와 대중경제론〉, 류상영·김동노
　　　엮음, 《김대중과 대중경제론》(서울: 연세대학교
　　　김대중도서관, 2013).
김동춘, 〈한국 민주주의 질적 전환과 인권〉, 부산민주항쟁기념사업회
　　　민주주의사회연구소 편, 《인권과 민주주의》,
　　　민주주의사회연구소 연구총서 13, 2020.
김동춘, 《1997년 이후 한국사회의 성찰-기업사회로의 변환과
　　　과제》(서울: 도서출판 길, 2006).
김동춘, 《한국사회 노동자 연구 - 1987 이후를 중심으로》(서울:
　　　역사비평사, 1995).
김동춘·조효제·이대훈, 《시민단체 활동여건 개선을 위한
　　　비영리민간단체 지원사업 성과분석 및 발전방안 연구》,
　　　성공회대학교 연구보고서, 2004.
김미곤, 〈국민기초생활보장법 제정 10년의 성과와 과제〉, 《보건·복지
　　　Issue & Focus》 2009년 제2호, 1-8쪽.
김삼웅, 〈평민당, 여소야대 정국의 중심 축으로 - [평화민주당 연구
　　　25] 대선 3위라는 치욕적인 패배를 겪었지만 총선을 통해
　　　화려하게 재기해〉, 《OhmyNews》, 2021년 11월 10일.
김석호, 〈시민의 정치참여를 통해서 본 한국 민주주의의 질〉,

박종민 · 마인섭 편, 《한국 민주주의의 질》(서울: 박영사, 2018), 115–150쪽.

김선수, 〈사회권 홀대로 망신살 뻗네 : 유엔 사회권규약에 따른 한국보고서 심사회의에서 드러난 대한민국 인권의 현주소〉, 《한겨레21》 제358호, 2001년 5월 17일.

김소연 · 신권화정 · 류홍번 · 김승순, 《한국 시민사회 관련 법제도 현황, 쟁점과 과제》(사단법인 시민, 2020).

김순양, 〈한국 노동정책과정에서의 '사회적 합의'의 형성과정 분석〉, 《한국행정논총》 제11권 1호(1999), 107–129쪽.

김연명, 〈김대중 정부의 사회복지 정책〉, 김연명 편, 《한국 복지국가 성격논쟁 1》(서울: 인간과 복지, 2002).

김연명, 〈연금, 의료보험의 변화: '배제의 정치'의 종언〉, 《복지동향》 제6권(1999), 11–14쪽.

김영삼, 《40대 기수론》(서울: 신진문화사, 1971).

김영삼, 《김영삼 대통령 회고록》 하(서울: 조선일보사, 2001).

김운태외, 《한국 정치론》(서울: 박영사, 1999).

김윤태, 〈제3의 길과 한국 정치〉, 《기억과 전망》 통권 19호(2008), 264–292쪽.

김일영, 〈참여민주주의인가 신자유주의적인 포퓰리즘인가–김대중 및 노무현 정권과 포퓰리즘 논란〉, 《의정연구》, 제10권 1호(2004).

김장권, 〈참여민주주의와 지방자치〉, 아태평화재단 · 조선일보사, 《국민의 정부: 과제와 전망》, 제7회 아태평화재단 국내학술회의, 1998년 9월 22일.

김정한 편저, 《최장집의 한국민주주의론》(서울 :소명출판, 2013).

김진방, 《재벌의 소유구조》(서울: 나남, 2005).

김창혁, 〈DJP연합, 3 · 1일 합의문 발표 … 내달 3일 서명식〉, 《동아일보》, 2009년 9월 26일.

김창혁, 〈간판은 '동북아연구모임'… DJP연합 작업이 시작됐다〉, 《동아일보》, 2015년 4월 11일.

김충식, 《남산의 부장들》(서울: 메디치미디어, 2012년 개정증보판).

김태룡·고계현, 〈경실련 25년, 운동의 평가와 전망〉, 《한국시민사회운동 25년사, 1989-2014》(시민운동정보센터, 2015), 423-440쪽.

김현섭, 〈야통합체제 3개안 제시〉, 《경향신문》, 1991년 8월 18일.

김현우, 《한국정당통합운동사》(서울: 을유문화사, 2000).

김현희, 〈'국민정부'의 여성정책: 김대중 정부는 가부장제와 자본주의로부터 어느 정도의 자율성을 갖는가?〉, 《여/성이론》, 통권 2호(2000), 114-140쪽.

김형욱, 《김형욱 회고록-1, 2, 3권》(서울: 아침, 1985).

김호진, 《한국 정치체제론》(서울: 박영사, 1995).

남찬섭, 〈최근 복지국가론의 의미와 전망- 민주정부 10년 복지개혁의 성과와 한계에 비추어〉, 학술단체협의회, 《위기의 한국사회, 대안은 지역이다》(메이데이, 2011).

노대명, 〈사회적 경제를 강화해야 할 세 가지 이유 - '생활세계의 위기'를 넘어〉, 《창작과 비평》 145호(2009), 73-93쪽.

노무현사료관, 〈이호철 구술녹취문3: 1995년 부산시장 선거 당시 지역등권론과 노무현의 선택〉, 2012년 7월 18일(검색일: 2023년 1월 28일).

노무현사료관, 〈지역주의에 맞서 바보 노무현이 되다: 1996년 종로 국회의원 출마, 2000년 다시 부산으로〉(검색일: 2023년 5월 30일).

노성민, 〈비영리민간단체의 혁신 방향에 대한 사례연구: 관변단체를 중심으로〉, 《한국조직학회보》 제18권 제1호(2021), 83-105쪽.

노중기, 〈한국 사회의 노동개혁에 관한 정치사회학적 연구-'노사관계개혁위원회'와 '노사정위원회'의 비교〉, 《경제와 사회》 제48호(2000), 166-201쪽.

달, 로버트, 《민주주의》(서울: 동명사, 2018).

대한변호사협회, 《인권보고서, 1998년도》, 제13집(1998).

뤼시마이어 외, 《자본주의 발전과 민주주의》, 박명림외 옮김(서울 : 나남, 1997).

류동민, 〈김대중의 경제사상에 관한 검토: 경제적 민주주의 개념을 중심으로〉, 《기억과 전망》 제23권(2010), 142-171쪽.

류상영 외, 《김대중 연보: 1924-2009 - 제1권》(서울: 시대의창, 2011).

마루야마 마사오, 《현대정치의 사상과 행동》, 김석근 역(서울 : 한길사, 1999).

모슬러, 하네스 B., 〈독일 비례대표제의 개혁사의 특징과 그 시사점〉, 유홍림 (연구책임자), 《다시 쓰는 민주주의:한국 민주주의의혁신》(서울: 서울대학교 국가미래전략원, SBS 문화재단, 2023), 24-44쪽.

모슬러, 하네스 B., 《사라진 지구당, 공전하는 정당개혁》(서울 : 인간사랑, 2013).

문광호, 〈'태극기 달기 캠페인' 등에 1억씩 펑펑 … 관리 · 감독 '허술'〉, 《경향신문》, 2023년 8월 14일.

문명자, 《내가 본 박정희와 김대중》(서울: 월간 말, 1999).

문준영, 〈한국의 사법, 관료사법체제의 강화의 역사〉, 민주화 · 사법개혁 실현을 위한 국민연대, 《국민이 함께 하는 민주적 사법개혁의 길》(서울: 필맥, 2006).

민주 · 통일민중운동연합, 《87년 10월 5일 민통련에서의 평민당 김대중 총재 민주당 김영상 총재 초청 정책세미나 전문》, 1987년 10월 13일.

민주노동당정책위원회, 《김대중 정부 3년, 평가와 대안》(서울: 이후, 2000).

민주화운동기념사업회 한국민주주의연구소 엮음, 《한국민주화운동사 3》(서울: 돌베개, 2010).

박동, 〈한국의 노동체제 변화와 사회협약의 정치〉, 《경제와 사회》 2001년 봄호, 113-141쪽.

박명림 외, 《김대중의 사상과 정치: 평화, 민주주의, 화해,

협력》(연세대학교 출판문화원, 2023).

박명림, 〈박정희 시대의 민중운동과 민주주의: 재야의 기원, 제도관계, 이념을 중심으로〉, 《한국과 국제정치》, 제24권 2호(2008), 231-263쪽.

박명준, 〈한국 사회적 대화 체제의 혁신적 전환은 가능한가? – '노사정위체제'와 비교한 '경사노위체제'의 전망〉, 《노동연구》 제37권(2018), 5-48쪽.

박명준, 《새로운 사회적 대화의 쟁점과 과제》, 한국노동연구원 정책자료 2019-07, 한국노동연구원, 2019.

박병섭, 〈비용절감에 발목 잡힌 선거개혁〉, 정대화 외, 《김대중정부 개혁 대해부》(서울: 지·정, 1998), 180-200쪽.

박병춘, 〈시민사회단체의 법적 조직 형태〉, 《지역사회연구》 제23권 4호(2015), 1-14쪽.

박세정, 〈주민참여 관점에서 본 주민자치센터: 현실과 향후과제〉, 경상대학교 사회과학연구소, 《사회과학연구》, 제24권 2호(2008), 135-151쪽.

박영선, 〈한국 시민사회 관련법의 변화에 대한 연구〉, 성공회대학교 사회학과 박사학위논문, 2010.

박원순, 〈새 정부의 개혁정책, 어디쯤 와 있는가?〉, 한겨레신문사·참여연대, 《김대중 정부 100일을 진단한다》, 1998년 6월 9일.

박윤영, 〈국민기초생활보장법 제정 과정에 관한 연구〉, 《한국사회복지학》 제49권 5호(2002), 264-295쪽.

박재규, 〈신자유주의 경제정책과 노동자의 삶의 질 변화: 한국의 사례〉, 《한국사회학》 제35집 6호(2001), 79-104쪽.

박찬표, 《한국의 의회정치와 민주주의》(서울: 도서출판 오름, 2002).

박철언, 《바른 역사를 위한 증언》 1(서울: 랜덤하우스중앙, 2005).

반종빈, 〈OECD 주요국 성별 경제활동 참가율 격차〉, 《연합뉴스》, 2023년 6월 11일.

반헌법행위자열전 편찬위원회, 〈양두원〉, 2023, 미발표원고.

백운조, 〈대한민국 국가인권위원회법의 입법과정에 관한 연구〉, 인하대학교 법학과 박사학위논문, 2002.

베버, 박스, 〈국가사회학〉, 금종우 · 전남석 공역, 《지배의 사회학》(서울: 한길사, 1981).

벨, 다이엘 A., 《차이나 모델―중국의 지도자들은 왜 유능한가》, 김기협 옮김(서울: 서해문집, 2017).

변영학, 〈한국 근대화의 정치균열과 선거동학〉, 《지역사회 현안과 담론》 제19권(2020), 127−145쪽.

사워드, 마이클, 《민주주의란 무엇인가》, 강정인 · 이석희 옮김(서울: 까치, 2018).

서경석, 〈민중신학의 위기〉, 《기독교사상》, 제417호(1993), 187−204쪽.

서규환, 〈민주주의 사상의 재성찰을 위해〉, 민주화운동기념사업회 연구소 엮음, 《민주주의 강의 2: 사상》(서울 : 민주화운동기념사업회, 2007.

서복경, 〈제1공화국의 선거〉, 한국선거학회, 《한국선거 60년 ― 이론과 실제》(서울: 오름, 2011).

서승, 《옥중 19년》(서울: 진실의 힘, 2018).

서중석 · 김덕련, 《서중석의 현대사 이야기 20》(서울: 오월의 봄, 2020).

손혁재, 〈시민운동과 정치개혁 25년〉, 《한국시민사회운동 25년사, 1989−2014》(시민운동정보센터, 2015), 41−47쪽.

신영전 · 조홍준 · 박세홍 · 손수인, 《국민건강보험 쟁취사》(비판과 대안을 위한 건강정책학회 전국사회보험지부, 2010).

신진욱, 〈1987년 이후 30년, 한국 민주주의의 궤적과 시민정치의 변화〉, 민주화운동기념사업회 민주주의 연구소 엮음, 《한국 민주주의, 100년의 혁명, 1919−2019》(서울: 한울, 2019), 253−288쪽.

신진욱, 〈한국 저항문화의 전통과 변화: 3 · 1운동에서 촛불집회까지, 1919−2019〉, 민주화운동기념사업회 민주주의연구소 엮음,

《한국 민주주의 100년, 가치와 문화》(서울: 한울, 2020), 214-255쪽.

신진욱, 《한국 시민사회의 새로운 흐름에 대한 질적 면접 연구》, 아름다운재단, 2022.₩

신진욱·정보영, 〈한국 시민사회의 확장, 위기, 혁신의 삼중과정 - 전략적 행위장 이론에 기초한 구조변동 분석〉, 《시민과 세계》 제40호(2022), 97-140쪽.

심지연, 《한국정당정치사-위기와 통합의 정치》(서울: 백산서당, 2014).

심지연·김민전, 《한국 정치제도의 진화경로-선거 정당정치자금제도》(서울: 백산서당, 2006).

안철홍, 〈'후단협'의 씨앗 DJ가 뿌렸다〉, 《시사저널》, 2002년 10월 21일.

안홍욱, 〈KAL기 폭파 "대선 정략적 이용 … 조작은 아니다"〉, 《경향신문》, 2006년 8월 1일.

양기대, 〈金대통령, 정당명부제 도입 검토 지시〉, 《동아일보》, 1998년 6월 19일.

에드워즈, 마이클, 《시민사회》, 서유경 옮김, 제3판(명인문화사, 2018).

예춘호, 《서울의 봄 - 그 많은 사연》(서울: 언어문화, 1996).

오장미경, 〈여성운동의 제도화, 운동정치의 확대인가, 제도정치로의 흡수인가〉, 《여성과 사회》 제16호(2005), 8-34쪽.

오픈 아카이브, 〈장애인 이동권 투쟁에 불을 지핀 오이도역 휠체어 리프트 사건〉, https://archives.kdemo.or.kr/contents/view/341 (2023. 11. 20 열람).

월린, 셸던, 《이것을 민주주의라고 말할 수 있을까-관리되는 민주주의와 전도된 전체주의의 유령》, 우석영 옮김(서울: 후마니타스, 2013).

이도성, 《남산의 부장들 - 제3권》(서울: 동아일보사, 1993).

이동걸, 〈대한민국 관료제의 대수술을 제안한다〉, 《창작과 비평》,

제42권 3호(2014), 122‑137쪽.

이동우, 〈김대중 대통령의 정치리더십 연구〉, 전북대학교 정치학과 박사학위논문, 2012.

이병주, 〈민주화운동명예회복과 과거청산: 민주화운동명예회복보상심의위원회 활동에 대하여〉, 포럼 '진실과정의', 《과거청산포럼 자료집, 정권교체기과거청산 운동의 위기와 향후 과제》, 2008년 2월.

이병천·신진욱 엮음, 《민주정부 10년, 무엇을 남겼나》(서울: 후마니타스, 2014).

이병훈, 〈김대중 정부의 노동정책 평가 Ⅱ: 김대중정부의 노동정책과 노동운동의 대응〉, 《노동사회》 1999년 2월호(1999).

이병훈·유범상, 〈한국 노동정치의 새로운 실험: 노사관계개혁위원회와 노사정위원회에 대한 비교 평가〉, 《산업노동연구》 제4권 제1호(1998), 83‑116쪽.

이승희, 〈여성의 정치참여의 현황과 과제〉, 정대화 등 공저, 《김대중정부 개혁 대해부》(서울: 지·정, 1998), 326‑347쪽.

이영재, 〈이행기 정의의 본질과 형태에 관한 연구 ‑공감적 정의 원리를 중심으로〉, 《민주주의와 인권》 제12권 1호(2012), 121‑151쪽.

이영훈, 《파벌로 보는 한국 야당사》(서울: 에디터, 2000).

이종찬, 《숲은 고요하지 않다‑1권》(서울: 한울, 2015).

이지호·서복경, 〈새로운 이슈로서 '청년'에 대한 정당 대응: 선거강령분석을 중심으로〉, 《현대정치연구》 제12권 1호(2019), 101‑144쪽.

이총재, 〈대통령실 참모의 '관제데모' 지시 의혹, 왜 위험한가〉, 《오마이뉴스》, 2023년 9월 7일.

이태호, 《영웅의 최후‑김대중 평전》(서울: 한뜻, 1992).

임옥희, 《채식주의자 뱀파이어‑폭력의 시대, 타자와 공존하기》(여이연, 2010).

장상환, 〈김대중 정권의 경제적 과제와 전망〉, 학술단체협의회

400

정책토론회, "김대중 정권의 과제와 전망", 1998년 2월 7일.

장신기, 〈김대중의 민주화 이행 전략〉, 류상영 외, 《김대중과 한국 야당사》(서울: 연세대 대학출판문화원, 2013).

장신기, 〈보수주의 헤게모니 재형성의 동학: 1998-2014〉, 연세대학교 대학원 사회학과 박사논문, 2014.

장신기, 《성공한 대통령 김대중과 현대사—김대중 재평가》(서울: 시대의창, 2021).

장화식, "투기자본—로펌—관료들의 삼각동맹", 이병천·신진욱 엮음, 《민주정부 10년, 무엇을 남겼나》(서울: 후마니타스, 2014).

장훈각, 〈김대중의 민주주의 철학과 사상: 국민이 주인인 정치, 대화와 협력의 정치〉, 박명림 외, 《김대중의 사상과 정치 2》(서울: 연세대학교 출판문화원, 2023).

전광석, 〈헌법과 한국 민주주의: 1987년 헌정체제를 중심으로〉, 《헌법학연구》 제12권 2호 (2006), 205-248쪽.

정병기, 〈한국 대선 선거 연합의 성격과 정당 체제적 요인〉, 《대한정치학회》 제24권 3호 (2016), 221-242쪽.

정상호, 《동아시아 시민 개념의 비교 연구: 한·중·일 3국에서 시민의 탄생과 분화》(에듀컨텐츠휴피아, 2022).

정승화, 《12.12사건—정승화는 말한다》(서울: 까치, 1987).

정아란과 이동환, 〈尹 〈반국가세력들, 北제재 해제 읍소하고 종전선언 합창〉, 《연합뉴스》, 2023년 6월 28일.

정영태, 〈15대 대선, 김대중 정권, 그리고 민주주의〉, 《경제와 사회》, 제37호(1998), 202-223쪽.

정영태, 〈김대중 정부 100일을 진단한다: 제1부 정치분야〉, 한겨레신문·참여연대 공동기획 대토론회 발제문 (https://www.peoplepower21.org/Politics/525220).

정예슬·김헌, 〈중앙·지방정부 민간단체 지원제도에 대한 논의: 관변단체 지원을 중심으로〉, 《지방행정연구》 제26권 2호(2012), 217-250쪽.

정재훈, 〈김대중 정부 여성복지정책 평가와 제언〉, 《사회복지리뷰》

제6집(2001), 25-38쪽.

정현백, 〈김대중과 양성평등〉, 박명림외, 《김대중의 사상과 정치 2》(서울: 연세대학교 출판문화원, 2023).

조갑제, 《김대중의 정체》(서울: 조갑제닷컴, 2006).

조선일보, 〈여야 대선후보, 'DJP연합' 공방〉, 《조선일보》, 1997년 10월 30일.

조성대, 〈민주화 이후 한국 대통령선거에서 제3후보 현상과 선거연합에 관한 연구〉, 《선거연구》 제3집 1호(2013), 73-107쪽.

조용환, 〈국가인권기구의 국제적 발전과 한국의 대안〉, 서울대학교 법학과 석사학위논문, 2000.

조효제, 《인권의 문법》(서울: 후마니타스, 2007).

조희연, 〈'87년체제', '97년체제'와 민주개혁운동의 전환적 위기〉, 김종엽 편, 《87년체제론-민주화이후 한국사회의 인식과 새 전망》(창비, 2009).

조희연, 〈시민사회의 정치개혁운동과 낙천·낙선운동〉, 《한국사회학평론》 제6권(2001), 10-59쪽.

조희연, 〈신자유주의적 세계화와 시민행동〉, 《호사연 학술대회 자료집》, 2000.

조희연, 〈종합적 시민운동의 구조적 성격과 변화전망에 대한 연구〉, 유팔무·김정훈 편, 《시민사회와 시민운동 2》(한울, 2001), 232-258쪽.

조희연, 〈한국시민사회단체(NGO)의 역사, 현황과 전망〉, 김동춘 외, 《NGO란 무엇인가》(아르케, 2000), 127-156쪽.

조희연, 〈한국 정치와 낙천·낙선운동 - 사회정치적 의미와 한계〉, 참여사회연구소 제2회 정책포럼, 2000년 2월 18일.

주성수 편저, 《한국시민사회지표: CIVICUS 국제공동연구 한국보고서》(아르케, 2006).

주성수, 《한국 시민사회사: 민주화기 1987-2017》(학민사, 2017).

중앙선거관리위원회, 《大韓民國選擧史. 第4輯(1980. 1. 1. - 1988. 2. 24.》, 경기: 중앙선거관리위원회, 2009.

중앙선거관리위원회, 《大韓民國選擧史. 第5輯, 1988. 2 . 25 – 1993.
    2. 24.》. 경기: 중앙선거관리위원회, 2009.

중앙선거관리위원회, 《大韓民國選擧史. 第6輯, 1993. 2. 25 – 1998.
    2. 24.》. 경기: 중앙선거관리위원회, 2009.

중앙선거관리위원회, 《大韓民國選擧史. 第7輯: 1998. 2. 25. – 2003.
    2. 24.》. 경기: 중앙선거관리위원회, 2016.

중앙선거관리위원회, 《大韓民國政黨史. 1988. 2. 25 – 1993. 2. 24
    第4輯》. 경기; 중앙선거관리위원회, 2009.

중앙선거관리위원회, 《大韓民國政黨史. 1993. 2. 25 – 1998. 2. 24.
    第5輯》. 경기: 중앙선거관리위원회, 2009.

중앙선거관리위원회, 《역대 국회의원 선거상황》(서울:
    중앙선거관리위원회, 1967).

중앙선거관리위원회, 《정당의 활동개황 및 회계보고 1998》, 서울:
    중앙선거관리위원회, 1999.

중앙선거관리위원회, 《정당의 활동개황 및 회계보고 1999》, 서울:
    중앙선거관리위원회, 2000.

중앙선거관리위원회, 《정당의 활동개황 및 회계보고 2000》, 서울:
    중앙선거관리위원회, 2001.

중앙성거관리위원회, 《大韓民國政黨史. 第6輯, 1998. 2. 25. – 2003.
    2. 24.》. 경기: 중앙선거관리위원회, 2016.

지병근, 〈제19대 총선에서 한국정당들의 정책경쟁: 총선공약에서
    나타난 정책적 일관성과 차별성을 중심으로〉,
    《인문사회과학연구》 제36권(2012), 31–65쪽.

총선시민연대, 〈2000년 4.13 총선, 낙선대상자 명단발표 기자회견〉,
    2000년 4월 3일.

최경석, 〈글리벡의 보험약가 논란〉, 《월간참여사회》 2001. 11.
    29(https://naver.me/GhNVhbe2 2023. 11. 20 열람).

최영훈 · 김영순, 〈김대중 정부의 정보통신정책의 성과와 과제〉,
    한국지역정보화학회지 제8권 제2호, 2005.

최장집, 《민주화이후의 민주주의》(서울: 후마니타스, 2005).

최장집, 《한국민주주의의 조건과 전망》(서울: 나남, 1996).

최장집, 《한국 정치의 구조와 변화》(서울: 까치, 1989).

최장집·이성형, 〈한국사회의 정치 이데올로기〉, 한국산업사회연구회 편, 《한국사회와 지배 이데올로기》(서울: 녹두, 1991).

최태욱, 〈의원내각제 vs 분권형 대통령제, 무엇이 좋을까〉, 《프레시안》, 2014년 7월 14일.

코튼, 데이비드, 《기업이 세계를 지배할 때》, 차혜원 옮김(서울: 세종서적, 1997).

평화민주당 정책위원회, 《정책과 전망 – 상, 하》(서울: 학민사, 1989).

폴란차스, 니코스, 《정치권력과 사회계급》, 홍순권·조형제 역(서울: 풀빛, 1986).

하잔, 르우벤(Reuven Y. Hazan), 기드온 라핫(Gideon Rahat), 《공천과 정당정치》, 김인균 외 옮김(서울: 박영사, 2019).

한겨레신문, 〈민주국가 위상 좀먹는 '집회·시위 금지 강화' 중단해야〉, 《한겨레신문》, 2023년 9월 21일.

한겨레신문사 정치부, 《김대중 집권 비사》(서울: 한겨레신문사, 1998).

한상희, 〈과거청산을 위한 위원회조직의 기능성 및 한계〉, 《법과 사회》, 제71호(2001).

한승헌, 《재판으로 본 한국현대사》(서울: 창작과비평사, 2018).

한용원, 《한용원 회고록: 1980년 바보들의 행진》(서울: 선인, 2012).

한홍구, 《유신》(서울: 한겨레출판, 2014).

허선, 〈국민기초생활보장법 제정 10년! 한계와 과제〉, 《시민과 세계》 제16호(2009), 274–289쪽.

헬드, 데이비드, 《민주주의의 모델》, 이정식 옮김(서울: 인간사랑, 2007).

현재호, 〈민주화 이후 정당 간 연합에 관한 연구 –DJP연합을 중심으로〉, 《아세아 연구》 통권 115호(2004), 147–178쪽.

홍득표, 〈공동정부 모형의 실험–경험적 분석〉, 《한국 국제정치논총》 제40집 2호(2020), 295–317쪽.

홍성태, 〈민주화 이후 시민운동의 성장과 위기: 제도적 전문주의와 성공의 역설〉, 《한국사회》 제18권 2호(2017), 111-141쪽.

홍승상,《현장에서 본 좌익의 실체-보안경찰 교양도서》(서울: 풍산기획, 2010).

홍익표, 〈참여민주주의의 제도화를 위한 정책 과제 〉, 아태평화재단 정책연구 시리즈, 2000.

홍일표, 〈'이중의 탈제도화' 압력과 한국 시민운동의 대응〉, 《기억과 전망》 제21호(2009), 75-109쪽.

홍태영, 〈민주주의 국가와 민주주의 주체들의 자유〉, 박종민과 마인섭 편, 《한국 민주주의의 질》(서울: 박영사, 2018), 265-304쪽.

황인구, 〈김대중의 인권사상과 인권정치: 초국가적 운동과 코즈모폴리턴 비전〉, 박명림 외, 《김대중의 사상과 정치 2》(서울: 연세대학교 출판문화원, 2023).

황정미, 〈'성차별'과 한국의 여성정책: 법 담론과 위원회 활동 분석〉, 《페미니즘 연구》 제4권 1호(2004), 195 - 233쪽.

Alexander, Jeffrey C. "After Neofunctionalism: Action, Culture, and Civil Society." in: J. C. Alexander, Neofunctionalism and After (Oxford: Basil Blackwell, 1998), pp. 210-233.

Alexander, Jeffrey C. "Civil Society I, II, III: Constructing an Empirical Concept from Normative Controversies and Historical Transformations." in: J. C. Alexander ed., Real Civil Societies: Dilemmas of Institutionalization (London: Sage, 1998), pp. 1-9.

Anheier, Helmut. "Theories of the Nonprofit Sector: Three Issues," Nonprofit and Voluntary Sector Quarterly Vol. 24, No. 1 (1995), pp. 15-23.

Bartolini, S., and Mair, P. Identity, competition, and electoral availability: The stabilisation of European electorates, 1885 - 1985. ECPR Press. 2007 (Original work published in 1990), pp. 213-220.

Blume, Georg, "Die demokratische Chance," taz, 16 December, 1997, p. 12.

Bolleyer, Nicole, Wilfried Swenden, and Nicola McEwen. "A theoretical perspective on multilevel systems in Europe: Constitutional power and partisan conflict." Comparative European Politics. Vol. 12, No. 4 (2014), pp. 367 - 383.

Britannica. "political party." Britannica. https://www.britannica.com/topic/political-party. 검색일: 2023년 4월 26일.

Brooks David. "Two Moons." The New York Times. Nov 21, 2021.

Campbell, Charlie. "The Negotiator," Time, 4 May, 2017.

Cho, Youngho, 2021. "Citizens' Support for Democracy," in: Cho Youngho, Han JeongHun, and Ramon Pacheco Pardo ed., The Oxford Handbook of South Korean Politics (Oxford, UK: Oxford University Press, 2022), pp. 358-374.

Croissant, Aurel and Jung-eun Kim, "Keeping Autocrats at Bay: Lessons from South Korea and Taiwan," Global Asia, Vol. 15, No.1 (March 2020).

Croissant, Aurel and Hannes B. Mosler, "Das politische System Südkoreas," in: Derichs, Claudia, Thomas Heberer und Gunter Schubert (Hrsg.). Die politischen Systeme Ostasiens (Berlin: Springer VS, 2023), pp. 401-483.

Crouch, Colin, Post-Democracy (London: Polity, 2004).

Deutsche Welle. "Ein Sieg der Demokratie in Südkorea," Deutsche Welle, March 10, 2017.

Die Welt. "Demokratie findet man jetzt in Südkorea," Die Welt,

November 13, 2016.

Die Zeit. "Von den mutigen und leidenschaftlichen Demokraten in Seoul können Europäer und Amerikaner nur lernen," Die Zeit, December 14, 2016.

Economist Intelligence Unit (EIU), Democracy Index 2022. Frontline democracy and the battle for Ukraine. Economist Intelligence Unit. London: UK, 2023.

Edwards, Michael, "Introduction: Civil Society and the Geometry of Human Relations," in: M. Edwards ed., The Oxford Handbook of Civil Society (Oxford, UK: Oxford University Press, 2011), pp. 3–14.

Fifield, Anna, "S Korea risks turning back political clock," Financial Times, 12 December, 2007, p. 6.

Haggard, Stephan, and Jong-Sung You, "Freedom of Expression in South Korea," Journal of Contemporary Asia Vol. 45, No. 1 (2015), pp. 167–79.

Hahn, Thomas. "Frauenrechte in Südkorea: Die Machos schlagen zurück," FAZ, 8 March, 2022.

Hallin, Daniel and Paolo Mancini. Comparing media systems. Three models of media and politics (Cambridge University Press, 2004).

Hardy, Jonathan, Western Media Systems (London: Rouledge, 2018).

Held, David, Democracy and the Global Order: From the Modern State to Cosmopolitan Governance (Stanford: Stanford University Press, 1995)

Huntington, Samuel P. The Third Wave. Democratization in the Late Twentieth Century (Norman: University of Oklahoma Press, 1991).

Jensen, Mark N., "Concepts and conceptions of civil society,"

Journal of Civil Society Vol. 2, No. 1 (2006), pp. 39-56.

Kim, Dae-jung. "Is Culture Destiny? The Myth of Asia's Anti-Democratic Values." Foreign Affairs Vol. 73, No. 6 (1994), pp. 189-194.

Kim, Dong-choon. "The social grounds of anticommunism in South Korea-crisis of the ruling class and anticommunist reaction." Asian Journal of German and European Studies Vol. 2, No. 7 (2017).

Kim, Dong-Choon. 2013. "Korea's Truth and Reconciliation Commission: An Overview and Assessment." Buffalo Human Rights Law Review Vol. 19 (2013), pp. 97-124.

Kim, Jiyoon. "Political Culture and Behavior." in C.-I. Moon and M. J. Moon ed., Routledge Handbook of Korean Politics and Public Administration (London: Routledge, 2020), pp. 41-58.

Kim, Ki-Jung. "Korean foreign policy. A historical overview." in: Moon, Chung-in and M. Jae Moon ed., Routledge Handbook of Korean Politics and Public Administration (London: Routledge, 2020), pp. 129-143.

Kim, Tammy. "The Worrying Democratic Erosions in South Korea." New Yorker, 30 September, 2023.

Koselleck, Reinhart. Zeitschichten: Studien zur Historik (Frankfurt/M.: Suhrkamp, 2003).

Laebens, Melis G. and Anna Lührmann. "What halts democratic erosion? The changing role of accountability." Democratization Vol. 28, No. 5 (2021), pp. 908-928.

Levitsky, Steven and Daniel Ziblatt. How Democracies Die (New York: Randomhouse, 2018).

Levitsky, Steven. "Institutionalization and Peronism: the case, the concept, and the case for unpacking the concept."

Party Politics Vol. 4. No. 1 (1998), pp. 77 - 92.

Lipset, Seymour M. and Stein Rokkan. "Cleavage Structures, Party Systems and Voter Alignments: An Introduction." in Seymour M. Lipset and Stein Rokkan ed., Party Systems and Voter Alignments: Cross-National Perspectives (New York: Macmillan, 1967), pp. 1–64.

Lührmann, Anna and Staffan I. Lindberg. "A third wave of autocratization is here: what is new about it?" Democratization 26(7) (2019), pp. 1095–1113.

Martínez, Miguel A. "How Do Squatters Deal with the State? Legalization and Anomalous Institutionalization in Madrid." International Journal of Urban and Regional Research Vol. 38, No. 2 (2014), pp. 646–674..

Meyer, David S., and Eulalie Laschever, "Social Movements and the Institutionalization of Dissent in America," in R. Valelly, S. Mettler, and R. Lieberman ed., The Oxford Handbook of American Political Development (Oxford, UK: Oxford University Press, 2014, pp. 563–589.

Meyer, David S., and Sidney Tarrow, "A Social Movement Society," in: D. S. Meyer and S. Tarrow ed., The Social Movement Society: Contentious Politics for a New Century (Lanham et al.: Rowman & Littlefield, 1998), pp. 1–28.

Mosler, Hannes B. "Changing South Korean politics without taking power? The pesidential power trap three years after impeachment," in: Julia Dumin ed., South Korea after the 2017 Impeachment Implications for Politics, Society, and Democracy (Nomos: Baden-Baden, 2022), pp. 23–66.

Mosler, Hannes B. "Out of Proportion: The 2019 Electoral

Reform and the State of Representative Democracy in South Korea," in: Sojin Lim (ed.), Politics, International Relations and Diplomacy on the Korean Peninsula (London: Routledge, 2023), pp. 1-30.

Mosler, Hannes B. "Political structure changes in South Korea since 1948," in: Sojin Lim and Niki J.P. Alsford ed., Routledge Handbook of Contemporary South Korea (London: Routledge, 2021), pp. 45-64.

Mosler, Hannes B. "Politics of Memory in South Korea: President Yoon Suk-yeol's 2022 Memorial Address on the Kwangju Democracy Movement," Studia Orientalia 124 (2023), pp. 1-20.

Mosler, Hannes B. "The Contested Political Remembrance of the Kwangju Uprising and Presidential Speeches in South Korea." S/N Korean Humanities Vol. 6, No. 1 (2020), pp. 47-92.

Mosler, Hannes B. et al. (eds.), The Quality of Democracy in Korea. Three Decades after Democratization. Basingstoke: Palgrave Macmillan, 2018.

Mounk, Yascha. The People vs. Democracy: Why Democracy Is in Danger & How to Save It (Cambridge, MA: Harvard University Press, 2018).

New York Times. "Day of hope in South Korea," New York Times, 25 February, 1998.

O'Donnell, Guillermo A. "Transitions, Continuities and Paradoxes", Scott Mainwaring, J. Samuel Valenzuela, and Guillermo O'Donnell ed., Issues in Democratic Consolidation: The New South American Democracies in Comparative Perspectives (Nortre dame : Univesity of Nortre dame Press, 1992).

O'Donnell, Guillermo A. "Human Development, Human Rights, and Democracy," in G. A. O'Donnell, V. Cullell, and O. Iazzetta ed., The Quality of Democracy: Theory and Applications (Notre Dame: Notre Dame Press, 2004), pp 9-92.

Panebianco, Angelo, Political parties: organization and power (Cambridge: Cambridge University Press, 1988).

Park, S. Nathan, "Hässlicher Rechtsruck in Südkorea: Unter jungen Männern ist der Hass auf Feminismus weit verbreitet," Merkur, July 23, 2021.

Phillips, Susan D. and Tessa Hebb, "Financing the third sector: Introduction." Policy and Society Vol. 29 (2010), pp. 181-187.

Piñeiro Rodríguez, Rafael, and Fernando Rosenblatt. "Stability and incorporation: Toward a new concept of party system institutionalization." Party Politics Vol.26, No.2 (2020), pp. 249-260.

Ponce1 Aldo F., and Susan E. Scarrow, "Party Institutionalization and Partisan Mobilization," Government and Opposition Vol. 58 (2023), pp. 745 - 764.

Powell, Walter W., and Richard Anheier, The Nonprofit Sector: A Research Handbook (New Haven, CT: Yale University Press, 2006).

Randall V and Svåsand L. "Party Institutionalization in New Democracies." Party Politics Vol. 8, No. 1 (2002), pp. 5 - 29.

Salamon, Lester M., and Helmut K. Anheier, "The Civil Society Sector," Society Vol. 34 (1997), pp. 60-65.

Salamon, Lester M., and Helmut K. Anheier. "In search of the

non-profit sector. I: The question of definition,"
Voluntas: International Journal of Voluntary and
Nonprofit Organizations Vol. 3, No. 2 (1992), pp.
125-151

Salamon, Lester M., Helmut K. Anheier, Regina List, Stefan
Toepler, and S. Wojciech Sokolowski, Global Civil
Society. Dimensions of the Nonprofit Sector (Baltimore,
MD: Johns Hopkins Center for Civil Society Studies,
1999).

Sartori, Giovanni. "Politics, ideology, and belief systems,"
American Political Science Review Vol. 63, No.2 (1969),
pp. 398-411.

Scarrow, Susan E., Jamie M. Wright, and Anika Gauja. "Party
statutes and party institutionalization," Party Politics
Vol. 29, No. 2 (2023), pp. 217-228.

Schmitt, Carl, Political Theology : Four Chapters on the
Concept of Sovereignty (Chicago: University of Chicago
Press, 2005).

Schmitt, Carl, The Concept of the Political (Chicago: University
of Chicago Press, 2007).

Schneider, Mark, and Paul Teske. "Toward a theory of the
political entrepreneur: Evidence from local
government." American Political Science Review Vo.
86, No. 3 (1992), pp. 737-747.

Schneppen, Anne. "Symbolfigur der Demokratie," Frankfurter
Allgemeine Zeitung, 17 September, 1998, p. 5.

Selznick, Philip. "Institutionalism 'Old' and 'New',"
Administrative Science Quarterly Vol. 41, No. 2 (1996),
pp. 270-277.

Shils, Edward, The Virtue of Civility (Indianapolis: Liberty

412

Fund, 1997).

Shin, Jin-Wook. "Changing Patterns of South Korean Social Movements, 1960s-2010s: Testimony, Firebombs, Lawsuit, and Candlelight." in D. Chiavacci, S. Grano, and J. Obinger ed., Civil Society and the State in Democratic East Asia (Amsterdam: Amsterdam University Press, 2020), pp. 239-368.

Shin, Jin-Wook. "Social Movements: Developments and Structural Changes after Democratisation," in Cho Youngho, Han JeongHun, and Ramon Pacheco Pardo ed., The Oxford Handbook of South Korean Politics (Oxford, UK: Oxford University Press, 2022), pp. 305-325.

Shin, Wooyeol. "Conservative Journalists' Myth Making in South Korea: Use of the Past in News Coverage of the 2008 Korean Candlelight Vigil," Asian Studies Review Vol. 40, No. 1 (2016), pp. 120-136.

Staggenborg, Suzanne. 2013. "Institutionalization of Social Movements." in: David A. Snow, Donatella della Porta, Bert Klandermans, and Doug McAdam (ed.). The Wiley-Blackwell Encyclopedia of Social and Political Movements, Vol. 2 (Malden, MA: Wiley-Blackwell), pp. 613-614.

Taylor, Charles. "Modes of Civil Society," Public Culture Vol. 3, No. 1 (1990), pp. 95-118.

Tilly, Charles, Democracy (New York: Cambridge University Press, 2007).

Torcal, Mariano, and Scott Mainwaring, "The Political Recrafting of Social Bases of Party Competition: Chile, 1973-95." British Journal of Political Science No. 33,

No. 1 (2003), pp. 55–84.

Touraine, Alain. What is Democracy (Boulder, CO: Westview Press, 1997).

The Times. "War and Peace in Korea," 1 October, 1951, p. 5.

V–DEM. Varieties of Democracy Codebook v13. Gothenburg: University of Gothenburg, V–DEM Institute, 2023.

Walzer, Michael. "The Idea of Civil Society: A Path to Social Reconstruction." Dissent Vol. 39 (1991), pp. 293–304.

Welter, Patrick. 2023. „Enttäuschung über Südkoreas Präsidenten Yoon Suk–seol,"*Frankfurter Allgemeine Zeitung*",January 24.

Wills–Otero, Laura. "*The electoral performance of latin American traditional parties, 1978 – 2006: does the internal structure matter?*" Party Politics Vol. 22, No. 6 (2016), pp. 758 – 772.

Yeo, Andrew. "*Has South Korean Democracy Hit a Glass Ceiling? Institutional–Cultural Factors and Limits to Democratic Progress.*" Asian Politics & Policy Vol. 12, No 4 (2020), pp. 539 – 58.

Zielinski, Jakub. "*Translating social cleavages into party systems: The significance of new democracies.*" World Politics Vol. 54, No. 2 (2002), pp. 184–211.

416

418